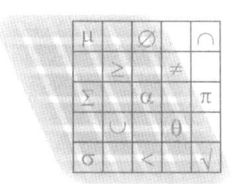

Estatística
para Economistas

Dados Internacionais de Catalogação na Publicação (CIP)
(Câmara Brasileira do Livro, SP, Brasil)

Hoffmann, Rodolfo, 1942-
  Estatística para economistas / Rodolfo Hoffmann.-
4. ed. rev. e ampl. - São Paulo: Cengage Learning, 2018.

  6. reimpr. da 4. ed. de 2006.
  Bibliografia
  ISBN 978-85-221-0494-9

  1. Economia - Métodos estatísticos 2. Econometria
  3. Estatística matemática I. Título.

  05-9460   CDD-330.015195

Índices para catálogo sistemático:

1. Econometria   330.015195
2. Métodos econométricos : Economia   330.015195
3. Métodos estatísticos : Economia   330.015195

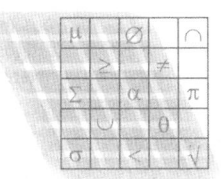

Estatística para Economistas

Rodolfo Hoffmann

4ª Edição Revista e Ampliada

CENGAGE

Austrália • Brasil • México • Cingapura • Reino Unido • Estados Unidos

CENGAGE

Estatística para Economistas - 4ª edição revista e ampliada

Rodolfo Hoffmann

Gerente Editorial: Dulcy Grisolia

Editora de Desenvolvimento: Danielle Mendes Sales

Supervisora de Produção Editorial: Patricia La Rosa

Produtor Editorial: Fábio Gonçalves

Produtora Gráfica: Fabiana Alencar Albuquerque

Copidesque: Marcos Soel Silveira Santos

Revisão: Ana Paula Ribeiro e Silvana Gouveia

Composição: Segmento & Co. Produções Gráficas Ltda.

Capa: Megaart

Digitação: Joselene Rodrigues da Silva

© 2006 Cengage Learning Edições Ltda.

Todos os direitos reservados. Nenhuma parte deste livro poderá ser reproduzida, sejam quais forem os meios empregados, sem a permissão, por escrito, da Editora. Aos infratores aplicam-se as sanções previstas nos artigos 102, 104, 106 e 107 da Lei nº 9.610, de 19 de fevereiro de 1998.

Esta editora empenhou-se em contatar os responsáveis pelos direitos autorais de todas as imagens e de outros materiais utilizados neste livro. Se porventura for constatada a omissão involuntária na identificação de algum deles, dispomo-nos a efetuar, futuramente, os possíveis acertos.

A editora não se responsabiliza pelo funcionamento dos links contidos neste livro que possam estar suspensos.

Para informações sobre nossos produtos, entre em contato pelo telefone **0800 11 19 39**

Para permissão de uso de material desta obra, envie seu pedido para **direitosautorais@cengage.com**

© 2006 Cengage Learning. Todos os direitos reservados.

ISBN-10: 85-221-0494-8
ISBN-13: 978-85-221-0494-9

Cengage Learning
Condomínio E-Business Park
Rua Werner Siemens, 111 – Prédio 11 – Torre A – Conjunto 12
Lapa de Baixo – CEP 05069-900 – São Paulo – SP
Tel.: (11) 3665-9900 – Fax: (11) 3665-9901
SAC: 0800 11 19 39

Para suas soluções de curso e aprendizado, visite
www.cengage.com.br

Impresso no Brasil
Printed in Brazil
6. reimpr. – 2018

Sumário

Prefácio XI

Introdução XIII

1 TEORIA DOS CONJUNTOS 1
   1.1   Conceito e notação 1
   1.2   Relações entre conjuntos 1
   1.3   Operações com conjuntos 2
   1.4   População e amostra 4
   Exercícios 5

2 PROBABILIDADE 7
   2.1   Experimento, espaço amostral e eventos 7
   2.2   Definição clássica de probabilidade 8
   2.3   Probabilidade como limite de uma freqüência relativa 8
   2.4   Conceito moderno de probabilidade 9
   2.5   A probabilidade do complemento e o teorema da soma 10
   2.6   Probabilidade condicional e o teorema do produto 11
   2.7   O caso de n eventos elementares igualmente prováveis 13
   2.8   Eventos independentes 14
   2.9   Combinações e permutações 14
   2.10 Teorema de Bayes 14
   Exercícios 16

3 A DISTRIBUIÇÃO DE FREQÜÊNCIAS E SUA REPRESENTAÇÃO GRÁFICA 23
   3.1   Os níveis de medida 23
   3.2   A distribuição de freqüências 24
   3.3   Representação gráfica das distribuições de freqüências 26
   Exercícios 29

4 MEDIDAS DE TENDÊNCIA CENTRAL.. 31
    4.1   Introdução 31
    4.2   A média aritmética 31
    4.3   A mediana 32
    4.4   A moda... 33
    4.5   Posição relativa da média, da moda e da mediana e a assimetria da distribuição... 34
    4.6   A média geométrica e a média harmônica............................. 39
    4.7   A média ponderada 41
    4.8   Caracterização adicional da média, da mediana, da moda e do ponto central de um conjunto de dados 41
    Exercícios 44

5 MEDIDAS DE DISPERSÃO... 47
    5.1   Amplitude, variância e desvio padrão 47
    5.2   O desvio médio e a diferença média....................................... 50
    Exercícios 52

6 ESPERANÇA MATEMÁTICA... 57
    6.1   Variável aleatória e sua distribuição 57
    6.2   Definição de esperança matemática.. 59
    6.3   Distribuição conjunta e variáveis independentes.................. 59
    6.4   Propriedades da esperança matemática 63
    6.5   Variância e covariância... 65
    6.6   Momentos... 70
    6.7   Separatrizes 75
    6.8   O coeficiente de variação 76
    Exercícios 77

7 A DISTRIBUIÇÃO BINOMIAL 81
    7.1   Importância e conceito 81
    7.2   O binômio de Newton... 83
    7.3   Determinação de $P(X = k)$... 84
    7.4   Média e variância da distribuição binomial 84
    7.5   Aplicação.. 85
    7.6   A distribuição hipergeométrica... 87
    7.7   A distribuição de Poisson 89
    Exercícios 90

8 A DISTRIBUIÇÃO NORMAL 93
    8.1   A distribuição normal como limite de uma distribuição binomial 93
    8.2   O teorema do limite central... 97
    8.3   Características da distribuição normal 99
    8.4   A função de distribuição e o uso da tabela 100

8.5   A aproximação normal da distribuição binomial e a correção de continuidade 103
Exercícios 105

9   AMOSTRAGEM E ESTIMADORES 113
   9.1   Amostragem aleatória simples 113
   9.2   Parâmetro e estimador 117
   9.3   A média e a variância de $\bar{X}$ 118
   9.4   Estimador não-tendencioso 119
   9.5   A distribuição de $\bar{X}$ 124
   9.6   Estimador de variância mínima 126
   9.7   Estimadores de mínimos quadrados 128
   9.8   Estimadores de máxima verossimilhança 128
   9.9   Propriedades assintóticas dos estimadores 131
   9.10 Amostragem estratificada 138
   Exercícios 140

10 INTERVALO DE CONFIANÇA 143
   10.1 Intervalo de confiança para μ quando o valor de σ é conhecido 143
   10.2 Intervalo de confiança para μ quando o valor de σ é desconhecido .. 145
   10.3 Intervalo de confiança para uma proporção 147
   10.4 Determinação do tamanho necessário da amostra para obter estimativa com desvio máximo predeterminado, a um certo nível de confiança ... 149
   Exercícios 152

11 TESTE DE HIPÓTESES 157
   11.1 Conceitos básicos 157
   11.2 Hipótese alternativa composta 165
   11.3 A curva característica de operação de um teste 167
   11.4 Introdução à teoria das decisões em condições de incerteza 171
   11.5 A determinação do nível de significância de um teste de hipóteses .. 175
   11.6 Teste de hipóteses sobre o valor de μ quando o valor de σ é desconhecido 179
   11.7 Teste de hipóteses sobre o valor da diferença entre duas médias nos casos em que as variâncias são conhecidas 180
   11.8 Teste de hipóteses sobre o valor da diferença entre duas médias nos casos em que as variâncias são desconhecidas 182
   11.9 Testes sobre proporções 188
   Exercícios 191

12 O TESTE DE QUI-QUADRADO 205
   12.1 A distribuição de qui-quadrado (χ^2) 205
   12.2 Intervalo de confiança e teste de hipóteses a respeito do valor de σ^2 .. 207
   12.3 O teste de qui-quadrado para proporções 209

12.4 O teste de qui-quadrado para tabelas de contingência 212
Exercícios 217

13 TESTES NÃO-PARAMÉTRICOS 221
13.1 Introdução 221
13.2 Teste sobre o valor da mediana de uma população e teste dos sinais.... 222
13.3 O teste de Wilcoxon-Mann-Whitney para duas amostras independentes 225
13.4 Teste da ordenação casual 229
13.5 O coeficiente de correlação ordinal de Spearman 234
Exercícios 237

14 ANÁLISE DE VARIÂNCIA 243
14.1 Introdução 243
14.2 O modelo e os estimadores de mínimos quadrados 244
14.3 As somas de quadrados 246
14.4 Esperanças das somas de quadrados 248
14.5 Os quadrados médios 250
14.6 O teste F 251
14.7 O caso de apenas dois tratamentos 253
14.8 O modelo com dois critérios de classificação, os estimadores de mínimos quadrados e as somas de quadrados 254
14.9 Análise de variância com dois critérios de classificação 259
14.10 O caso de apenas dois tratamentos em uma análise de variância com dois critérios de classificação 262
14.11 Comparação de médias por meio do teste t 264
14.12 O teste de Tukey e o teste de Scheffé 270
14.13 O teste da igualdade de duas variâncias 273
Exercícios 275

15 CORRELAÇÃO E REGRESSÃO 279
15.1 O coeficiente de correlação entre duas variáveis em uma amostra 279
15.2 O coeficiente de correlação para uma distribuição bidimensional 285
15.3 O modelo estatístico de uma regressão linear simples 287
15.4 O método de mínimos quadrados 288
15.5 Análise de variância da regressão 293
15.6 Variâncias das estimativas dos parâmetros 297
15.7 A variância da estimativa de Y e o intervalo de previsão 298
15.8 Modelos que se tornam lineares por anamorfose 300
Exercícios 304

16 NÚMEROS-ÍNDICES 309
16.1 Introdução 309
16.2 Preço relativo 310
16.3 O índice simples de preços agregados e a média aritmética dos preços relativos 311

16.4 O índice de preços de Laspeyres e o índice de preços de Paasche 313
16.5 O coeficiente de correlação entre preços relativos e quantidades relativas 317
16.6 O índice de Fisher e o índice de Marshall-Edgeworth 319
16.7 O índice de Divisia 321
16.8 Índices de quantidades 322
16.9 Qualidades dos números-índices 324
16.10 Índices em cadeia 326
16.11 Índice de custo de vida 327
16.12 Cálculo de valores reais ou deflacionados 330
Exercícios 332

17 MEDIDAS DE DESIGUALDADE 335
17.1 Introdução 335
17.2 A curva de Lorenz e o índice de Gini 336
17.3 O índice de Gini para uma distribuição discreta 338
17.4 A discrepância máxima 342
17.5 O princípio de Pigou-Dalton e o índice de Gini 344
17.6 A posição da curva de Lorenz e as transferências regressivas 345
17.7 Cálculo do índice de Gini quando se dispõe apenas de dados por estratos de renda 346
17.8 Alguns conceitos da teoria da informação 350
17.9 As medidas de desigualdade de Theil 353
17.10 As medidas de desigualdade de Theil e a condição de Pigou-Dalton ... 357
17.11 A variância dos logaritmos 360
Exercícios 363

18 MEDIDAS DE CONCENTRAÇÃO 369
18.1 Introdução 369
18.2 Razão de concentração 370
18.3 O índice de Hirschman-Herfindahl 372
18.4 O índice de Rosenbluth 372
18.5 A entropia 373
Exercícios 373

19 MEDIDAS DE POBREZA 375
19.1 O conceito de pobreza e as dificuldades para mensurá-la 375
19.2 A proporção de pobres, a insuficiência de renda e o índice de pobreza de Sen 377
19.3 O índice de Foster, Greer e Thorbecke 379
Exercícios 381

20 DETERMINAÇÃO DO PADRÃO DE VARIAÇÃO ESTACIONAL EM UMA SÉRIE TEMPORAL 383
20.1 Introdução 383

20.2	Fundamentos	384
20.3	Modelos	385
20.4	O método da média geométrica móvel centralizada	389
20.5	Análise de variância dos índices estacionais e medidas da intensidade das flutuações estacionais	396
20.6	Modificações no padrão de variação estacional	397
	Exercícios	400

Apêndice 403
Bibliografia 425
Índice analítico 429

Prefácio

A importância do estudo da estatística parece dispensar maiores comentários, dada a crescente utilização de métodos estatísticos em quase todos os campos do saber.

Entretanto, a escolha da maneira mais adequada de tratar um conjunto de dados depende não só do conhecimento de estatística, como também de certo discernimento, que só se adquire com o manuseio de dados e com a experiência.

Este livro se propõe a dar, a todos aqueles que pretendem utilizar a estatística como ferramenta de trabalho, condições para adquirir conhecimentos fundamentais tanto no aspecto conceitual como no aspecto metodológico da estatística.

Um aspecto que se destaca como didaticamente importante, neste livro, é a apresentação de grande número de exercícios, acompanhados de respostas. Cumpre ainda frisar que tais exercícios dependem de pouco cálculo, uma vez que quase todos se baseiam em dados fictícios. Dessa maneira, o leitor poderá, mesmo sem dispor de uma calculadora, testar os conhecimentos recém-adquiridos sem despender muito tempo em cálculo. Também são usados exemplos numéricos para facilitar a compreensão dos métodos expostos e para fazer a verificação de teoremas, demonstrados ou apenas enunciados no texto.

Além dos temas usuais em textos de estatística básica, incluindo a análise de regressão e correlação, neste livro são discutidos alguns tópicos de especial interesse para profissionais ligados à área de economia, mas nem sempre tratados em textos de estatística. É o caso dos números-índices e da determinação do padrão de variação estacional de uma série temporal. Também há capítulos em que são estudadas as propriedades das medidas de desigualdade, concentração e pobreza, bastante discutidas devido ao destaque que a literatura econômica e os órgãos de imprensa têm dado às questões relativas à distribuição da renda e da riqueza.

Este livro surgiu, basicamente, da necessidade de preparar material didático para lecionar disciplinas nas áreas de estatística básica e estatística aplicada às ciências sociais para alunos da Esalq-USP, do bacharelado em Estatística da Unicamp e do Instituto de Economia da Unicamp.

Nesta 4ª edição de *Estatística para Economistas*, procuramos tornar o texto mais claro, sempre respeitando o rigor dos conceitos estatísticos.

A ordenação de alguns capítulos foi alterada, deixando para o final os temas com aplicação mais específica em economia. Foram acrescentadas novas seções sobre as distribuições hipergeométrica e de Poisson e sobre o índice de Divisia, além de incluir vários exercícios novos na maioria dos capítulos. Outra novidade nesta edição é tornar disponível na rede, para professores cadastrados na editora, a resolução dos exercícios do livro.

Somos especialmente gratos à professora de estatística da Unicamp, Sonia Vieira, cuja revisão crítica de todo o texto original em muito melhorou a primeira edição, quer no que se refere à clareza de exposição, quer no que se refere à correção na apresentação de conceitos de estatística.

Devemos também agradecer à professora Angela A. Kageyama, que fez cuidadosa revisão de todo o texto original, e ao professor José Ferreira de Noronha, pelos comentários sobre uma versão preliminar dos atuais capítulos 16 e 20.

Ficam registrados nossos agradecimentos a colegas e alunos que, com suas observações críticas, ajudaram a aperfeiçoar o texto, cabendo mencionar Daniela Verzola Vaz e Sidnei Pereira do Nascimento.

O Autor

Introdução

No conceito comum, estatística se refere à coleta de dados e à apresentação desses dados em tabelas e gráficos. Às vezes também se abrange, nesse conceito, o cálculo de totais, de médias e de porcentagens.

Entretanto, o campo da estatística é muito mais amplo, envolvendo, entre outros tópicos, a amostragem, o delineamento de experimentos e a análise e o processamento de dados.

Pode-se dividir a estatística em duas partes principais: a estatística descritiva, que se refere à maneira de apresentar sucintamente um conjunto de dados e de descrevê-los; e a inferência estatística, que trata das generalizações que podem ser feitas a partir de informações incompletas. Do ponto de vista da estatística matemática, a inferência estatística é a mais importante.

Entretanto, na solução de um determinado problema, é usual que ambas as partes da estatística sejam utilizadas. Assim, os dados coletados com determinada finalidade são colocados em uma tabela, descritos por meio de estatísticas e finalmente analisados, procurando-se fazer inferência.

Neste livro analisaremos dois tópicos importantes da inferência estatística: a estimativa de parâmetros e os testes de hipóteses. Entretanto, antes de entrarmos no seu estudo, desenvolveremos rapidamente alguns assuntos básicos, iniciando pela teoria dos conjuntos, base da moderna teoria de probabilidade.

Um dos aspectos mais notórios no desenvolvimento da literatura econômica nas últimas décadas é a crescente aplicação de técnicas estatísticas na análise de problemas econômicos. As relações teóricas entre variáveis econômicas são expressas matematicamente e, para dar conteúdo empírico a essas relações, os economistas empregam métodos estatísticos para estimar os parâmetros envolvidos, testar hipóteses sobre as relações econômicas e prever mudanças nos valores de certas variáveis. Esse campo de estudo, no qual se combinam conhecimentos de economia, de matemática e de estatística, é denominado econometria. Neste livro são desenvolvidas as noções de estatística necessárias ao estudo e à aplicação da econometria, conhecimentos que são importantes para compreender pesquisas econométricas e perceber as suas limitações.

A estatística é um instrumento que pode ser muito útil para o investigador, permitindo fazer descrições mais sucintas e obter inferências a partir dos dados de maneira bastante sistemática e segura. É verdade, entretanto, que, freqüentemente, o pesquisador, no afã de aplicar modelos matemático-estatísticos, acaba limitando indevidamente e até mesmo mutilando a análise socioeconômica do problema. Dependendo do tema e do objetivo da pesquisa, pode ser importante manter a estatística no papel de instrumento auxiliar na investigação, embora também haja muitos problemas cuja natureza é essencialmente econométrica.

1

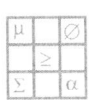

Teoria dos Conjuntos

1.1 CONCEITO E NOTAÇÃO

A palavra conjunto sugere, intuitivamente, a idéia de coleção, classe, grupo ou lista de elementos – que podem ser números, pessoas, objetos, letras etc.

A noção matemática de conjunto implica a extensão da idéia intuitiva; assim, em matemática, falamos em conjuntos com um único elemento (conjuntos unitários), conjuntos sem nenhum elemento (conjuntos vazios) e conjuntos com um número infinito de elementos.

Os conjuntos são designados, convencionalmente, por letras maiúsculas, e um conjunto vazio é designado pelo símbolo $\emptyset$.

Um conjunto fica definido se forem indicados todos os seus elementos, um após o outro, separados por vírgulas e entre chaves, ou se for dado o critério, também entre chaves, mediante o qual é possível dizer, dado um elemento, se ele pertence ou não ao conjunto.

Se a é um elemento do conjunto S, isto é, se a pertence a S, escrevemos $a \in S$; se b não é elemento do conjunto S, isto é, se b não pertence a S, escrevemos $b \notin S$.

Exemplo: Dados os conjuntos

$A = \{2, 3, 4\}$ e
$B = \{x \mid x \text{ é inteiro e positivo}\}$,

é fácil ver que o conjunto A possui três elementos e o conjunto B possui um número infinito de elementos. Verifica-se que $5 \in B$ e $5 \notin A$.

1.2 RELAÇÕES ENTRE CONJUNTOS

Dizemos que dois conjuntos, A e B, são iguais e escrevemos $A = B$ se ambos contêm exatamente os mesmos elementos, isto é, se todo elemento de A é também elemento de B e todo elemento de B é também elemento de A.

Exemplo: Dados os conjuntos

$A = \{2, 3, 4\}, C = \{4, 3, 2\}$ e $D = \{4, 5, 6\}$,

temos $A = C$, $A \neq D$ e $C \neq D$.

Se todo elemento de A é também um elemento de S, A é um subconjunto de S e escrevemos

$A \subset S$.

De acordo com essa definição, todo conjunto é subconjunto de si próprio e, por convenção, todo conjunto tem como subconjunto o conjunto vazio.

Exemplo: Dados os conjuntos

$A = \{2, 3, 4\}$ e
$S = \{2, 3, 4, 5, 6\}$,

temos que: $A \subset S, \emptyset \subset A, \emptyset \subset S, A \subset A, S \subset S$.

1.3 OPERAÇÕES COM CONJUNTOS

A *união* de dois conjuntos, A e B, indicada por $A \cup B$, é o conjunto cujos elementos pertencem a A, a B, ou a ambos.

Considerando os exemplos dados, temos:

$A \cup D = \{2, 3, 4, 5, 6\} = S$
$A \cup B = B$

A *interseção* de dois conjuntos, A e B, indicada por $A \cap B$, é o conjunto dos elementos que pertencem tanto ao conjunto A como ao conjunto B, isto é, dos elementos comuns aos dois conjuntos.

Considerando os exemplos dados, temos:

$A \cap D = \{4\}$
$A \cap B = A$

Se $A \cap B = \emptyset$, isto é, se A e B não possuem elementos comuns, dizemos que A e B são conjuntos disjuntos.

Exemplo: Dados os conjuntos

$A = \{2, 3, 4\}$ e
$F = \{7\}$,

verifica-se que A e F são conjuntos disjuntos.

Se A é um subconjunto de S, o conjunto dos elementos que pertencem a S e não pertencem a A é denominado *complemento* de A com relação a S e é indicado por $\bar{A}$. Considerando os exemplos dados, temos que o complemento de A com relação a S é

$\bar{A} = \{5, 6\}$

As operações definidas podem ser representadas geometricamente por meio de *Diagramas de Venn*, nos quais um conjunto é representado por uma área do plano. Sendo o conjunto A o círculo maior e o conjunto B o círculo menor, nas figuras 1.1 e 1.2 sombreamos, respectivamente, as áreas que correspondem a $A \cup B$ e a $A \cap B$. Na Figura 1.3 o conjunto S é representado por um quadrado e, sendo B um subconjunto de S, sombreamos a área que corresponde ao complemento de B em relação a S.

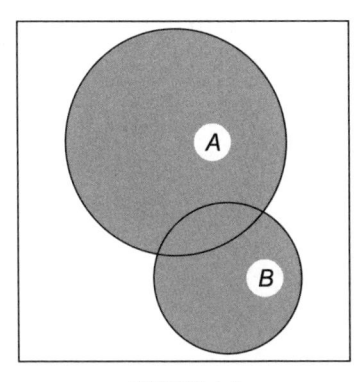

FIGURA 1.1

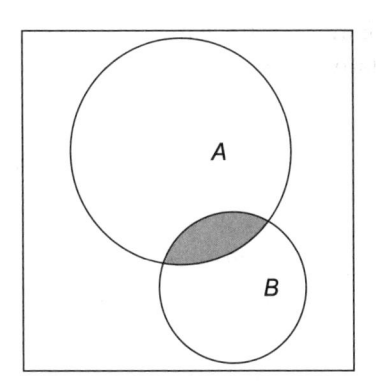

FIGURA 1.2

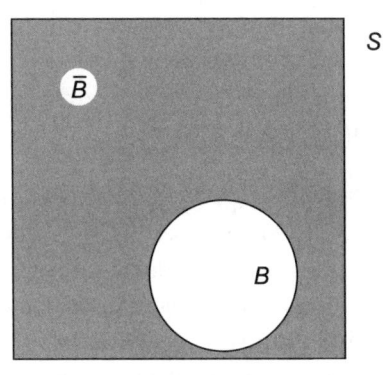

FIGURA 1.3

A união e a interseção de conjuntos são operações comutativas, isto é,

$A \cup B = B \cup A$
$A \cap B = B \cap A$

As operações de união e interseção podem facilmente ser estendidas para três ou mais conjuntos. Para obter a união de três conjuntos, A, B e C, podemos obter

$A \cup B$ e, então, fazer a união desse resultado com C, isto é, fazemos $(A \cup B) \cup C$. É fácil verificar que a ordem em que são tomados os conjuntos não afeta o resultado final, isto é, a união de conjuntos é associativa.

$$(A \cup B) \cup C = A \cup (B \cup C)$$

A interseção de conjuntos também é associativa:

$$(A \cap B) \cap C = A \cap (B \cap C)$$

É interessante lembrar que tanto a soma como a multiplicação de números são comutativas e associativas, isto é,

$a + b = b + a$, $ab = ba$,
$(a + b) + c = a + (b + c)$ e $(ab)c = a(bc)$

Tratando-se de uma combinação das operações de união e interseção, temos a propriedade distributiva:

$A \cup (B \cap C) = (A \cup B) \cap (A \cup C)$
$A \cap (B \cup C) = (A \cap B) \cup (A \cap C)$

Note-se a semelhança dessa propriedade com a propriedade distributiva da multiplicação em relação à soma:

$a(b + c) = ab + ac$

1.4 POPULAÇÃO E AMOSTRA

O conjunto de todos os elementos que possuem determinada característica em comum constitui uma população ou universo. Todo subconjunto não-vazio e menor do que a população constitui uma amostra dessa população.

O termo população refere-se tanto aos indivíduos como às medidas ou aos valores associados a esses indivíduos. Consideremos, por exemplo, a população das pessoas economicamente ativas no Brasil; podemos considerar a população constituída pelos pesos dessas pessoas, a população de suas idades, a população de suas rendas mensais etc.

A população pode ser finita (exemplo: as crianças de uma cidade) ou infinita (exemplo: os resultados obtidos lançando um dado indefinidamente).

Nos exemplos e exercícios numéricos apresentados neste livro, quando se considera uma amostra, com dados fictícios, ela é quase sempre muito pequena (menos de 20 observações), para facilitar os cálculos. Em uma pesquisa real, a amostra geralmente será muito maior e, então, para efetuar os cálculos, torna-se praticamente indispensável a utilização de um computador.

Exercícios

1.1 Os conjuntos $\emptyset$ e $\{0\}$ são iguais?

1.2 Seja $S = \{x, y, z\}$. Quantos são os subconjuntos de S e quais são eles?

1.3 Seja $A = \{x \mid x^2 = 1\}$. Sejam $b = 1$ e $c = -1$. Então, $A = \{b, c\}$?

1.4 Dados os conjuntos $A = \{1, 2, 3\}$, $B = \{3, 4, 5\}$ e $C = \{1, 3\}$, obtenha:
   a) $A \cup B \cup C$
   b) $A \cup (B \cap C)$
   c) $A \cap (B \cap C)$
   d) $\bar{C}$, em relação a A
   e) $\bar{C} \cap B$
   f) um subconjunto comum a A, B e C

Respostas

1.1 Não são iguais.

1.2 São 8 subconjuntos, incluindo $\emptyset$ e o próprio conjunto S.

1.3 Sim.

1.4 a) $\{1, 2, 3, 4, 5\}$
   b) A
   c) $\{3\}$
   d) $\{2\}$
   e) $\emptyset$
   f) $\{3\}$ ou $\emptyset$

2

Probabilidade

2.1 EXPERIMENTO, ESPAÇO AMOSTRAL E EVENTOS

Denominamos experimento todo fenômeno ou ação que geralmente pode ser repetido e cujo resultado é casual ou aleatório.

Exemplo: Quando jogamos um dado uma única vez, estamos fazendo um experimento cujo resultado será um dos valores 1, 2, 3, 4, 5 ou 6.

Denominamos espaço amostral o conjunto de todos os resultados possíveis de um experimento. Os resultados devem ser definidos de maneira que sejam mutuamente exclusivos e coletivamente exaustivos, isto é, de maneira que um, e apenas um deles, possa ser observado quando o experimento termina.

Exemplo: Em um jogo de dados, o espaço amostral é

$$E = \{1, 2, 3, 4, 5, 6\}$$

O espaço amostral relativo a um experimento pode ser representado de diferentes maneiras.

Exemplo: O espaço amostral relativo ao lançamento de duas moedas é

$$E = \{KK, KC, CK, CC\}$$

onde K e C representam cara e coroa, respectivamente. Entretanto, se estamos interessados apenas no número de caras obtidas, o espaço amostral relativo ao lançamento de duas moedas é

$$E = \{0, 1, 2\}$$

Denominamos evento todo subconjunto do espaço amostral, e chamamos de evento simples ou elementar todo subconjunto unitário do espaço amostral.

Exemplo: No espaço amostral relativo ao lançamento de uma moeda uma única vez, que é E = {K, C}, K e C são eventos simples.

2.2 DEFINIÇÃO CLÁSSICA DE PROBABILIDADE

De acordo com a definição clássica, se um espaço amostral é constituído por n eventos mutuamente exclusivos e igualmente prováveis e se n_A desses eventos têm o atributo A, então a probabilidade de A é

$$P(A) = n_A/n$$

Exemplo: Quando se lança um dado (um hexaedro regular) feito de material homogêneo, ocorre 1 de 6 eventos mutuamente exclusivos e igualmente prováveis; então, a probabilidade associada a cada 1 desses eventos é $\frac{1}{6}$.

Essa definição não é válida logicamente, porque, ao se exigir que os n eventos possíveis sejam igualmente prováveis, utiliza-se o conceito do que se pretende definir.

2.3 PROBABILIDADE COMO LIMITE DE UMA FREQÜÊNCIA RELATIVA

Denominamos freqüência relativa do evento A ao quociente entre o número de vezes em que A ocorreu (n_A) e o número total de eventos observados (n).

Podemos, então, definir probabilidade de A como o limite da freqüência relativa de A, quando o número de eventos observados tende a infinito, isto é,

$$P(A) = \lim_{n \to \infty} \frac{n_A}{n} \tag{2.1}$$

Exemplo: Sejam K e C os eventos cara e coroa, respectivamente, relativos ao lançamento de uma moeda, uma única vez. Se a moeda é feita de material homogêneo, podemos, baseados na sua simetria, estabelecer que $P(K) = P(C) = 0{,}5$. Entretanto, se a moeda não for homogênea, para obter $P(K)$ devemos lançar a moeda um número suficientemente grande de vezes e calcular n_K/n, onde n_K é o número de vezes que saiu cara em n lançamentos da moeda.

O conceito de probabilidade como limite de uma freqüência relativa é bastante útil na prática. As casas de jogos e as companhias de seguros dependem da estabilidade, a longo prazo, de freqüências relativas. Entretanto, a definição não é satisfatória do ponto de vista matemático, porque não é possível uma interpretação rigorosa sem usar o próprio conceito de probabilidade.

Outro inconveniente dessa definição é que ela se limita aos casos em que o número de eventos observados pode crescer indefinidamente. Afirmações como "a probabilidade de que haja uma guerra nuclear no próximo ano é 0,05", que envolvem uma probabilidade subjetiva, não podem ser interpretadas como limites de freqüências relativas.

2.4 CONCEITO MODERNO DE PROBABILIDADE

Seja E um espaço amostral e seja A qualquer evento em E, isto é, A é um subconjunto de E. Então, por definição, a probabilidade de ocorrer A é dada pela medida de A, nas seguintes condições:

1) A medida do universo é 1.
$P(E) = 1$ (2.2)

2) A medida é não-negativa.
$P(A) \geq 0$ (2.3)

3) Se A e B são dois eventos disjuntos,
$P(A \cup B) = P(A) + P(B)$ (2.4)

Desses postulados, segue-se que
$0 \leq P(A) \leq 1$

Pode ser bastante difícil, na prática, determinar o valor de uma probabilidade. O caso mais simples é aquele em que o universo é constituído por n eventos elementares e, por razões de simetria, sabemos que esses eventos são igualmente prováveis; nessas condições, a probabilidade de cada evento elementar é $\dfrac{1}{n}$. Assim, a probabilidade de sair 5 em um lançamento de um dado não-chumbado é $\dfrac{1}{6}$.

O seguinte problema ilustra bem a idéia de probabilidade como medida de um conjunto: duas pessoas combinam um encontro entre às 17 e às 18 horas; uma não esperará pela outra mais do que 15 minutos; nenhuma chegará ao local de encontro antes das 17 horas nem ficará depois das 18 horas; determinar a probabilidade de as duas pessoas se encontrarem.

Consideremos um sistema de eixos cartesianos ortogonais, marcando nos eixos coordenados os momentos de chegada de cada indivíduo ao local de encontro. O conjunto (universo) de todas as combinações possíveis corresponde ao quadrado da Figura 2.1. Haveria encontro no caso dos pontos pertencentes à faixa sombreada nesta figura, delimitada pelas retas $y - x = 15$ e $x - y = 15$.

FIGURA 2.1

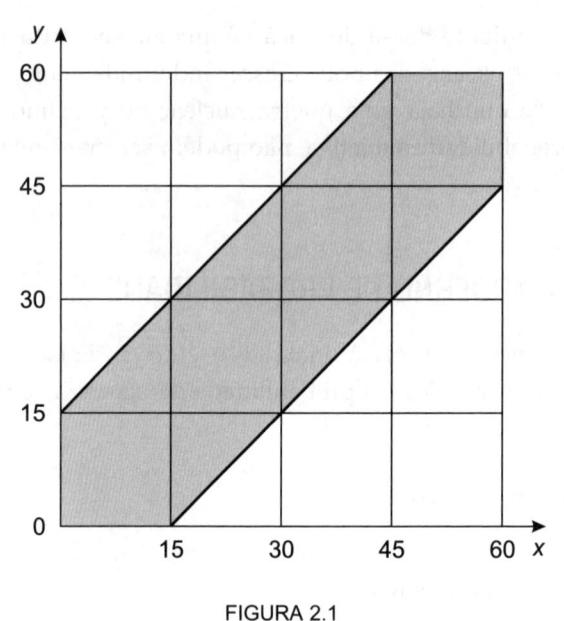

Calculando a relação entre as áreas, obtemos a probabilidade de encontro, que é

$$P = \frac{7}{16} = 0{,}4375 \text{ ou } 43{,}75\%$$

2.5 A PROBABILIDADE DO COMPLEMENTO E O TEOREMA DA SOMA

TEOREMA: Seja E o espaço amostral. Então, a probabilidade de que A não ocorra é dada por

$$P(\bar{A}) = 1 - P(A) \tag{2.5}$$

Esse teorema é uma decorrência imediata de (2.2) e (2.4).

TEOREMA DA SOMA: Se A e B são dois eventos do espaço amostral E, então a probabilidade de que ocorra ou A ou B é

$$P(A \cup B) = P(A) + P(B) - P(A \cap B) \tag{2.6}$$

Como $P(A) + P(B)$ é a soma das probabilidades dos eventos em A mais a soma das probabilidades dos eventos em B, $P(A) + P(B)$ inclui as probabilidades dos pontos do conjunto $A \cap B$ duas vezes. Logo, subtraindo $P(A \cap B)$, temos $P(A \cup B)$.

COROLÁRIO: Se A e B são disjuntos, isto é, $A \cap B = \emptyset$, então

$$P(A \cup B) = P(A) + P(B) \tag{2.7}$$

Para exemplificar, consideremos os seguintes eventos no lançamento de um dado:

A: sair resultado par, isto é, $A = \{2, 4, 6\}$
$\bar{A}$: sair resultado ímpar, isto é, $\bar{A} = \{1, 3, 5\}$
B: sair resultado inferior a 3, isto é, $B = \{1, 2\}$

Notando que A é a união de três eventos elementares, cada um com probabilidade $\frac{1}{6}$, temos, de acordo com o teorema da soma, que

$$P(A) = \frac{3}{6} = \frac{1}{2}$$

Analogamente,

$$P(B) = \frac{1}{3}$$

De acordo com (2.5), temos

$$P(\bar{A}) = 1 - \frac{1}{2} = \frac{1}{2}$$

Determinemos agora o valor de $P(A \cup B)$. Para tanto, existem dois caminhos. Primeiro, notando que $A \cup B = \{1, 2, 4, 6\}$, podemos concluir que

$$P(A \cup B) = \frac{4}{6} = \frac{2}{3}$$

O problema também poderia ser resolvido da seguinte forma: temos $A \cap B = \{2\}$ e, conseqüentemente, $P(A \cap B) = \frac{1}{6}$; aplicando o teorema da soma, vem:

$$P(A \cup B) = P(A) + P(B) - P(A \cap B) = \frac{1}{2} + \frac{1}{3} - \frac{1}{6} = \frac{2}{3}$$

2.6 PROBABILIDADE CONDICIONAL E O TEOREMA DO PRODUTO

Vamos introduzir a idéia de probabilidade condicional por meio de um exemplo. Então, suponhamos que no lançamento de um dado sejam definidos os seguintes eventos:

A: sair resultado par, isto é, $A = \{2, 4, 6\}$
B: sair resultado inferior a 3, isto é, $B = \{1, 2\}$

Segue-se, daí, que $A \cap B = \{2\}$. Já vimos que $P(A) = \dfrac{1}{2}$ e que $P(A \cap B) = \dfrac{1}{6}$.

Consideremos agora a seguinte situação: um dado foi lançado, fora do alcance de nossas vistas, e fomos informados de que saiu resultado par, ou seja, de que ocorreu A. Nessas condições, pergunta-se: qual é a probabilidade de que tenha ocorrido o evento B?

Para resolver esse problema, é necessário introduzir a idéia de *probabilidade condicional*.

Então, vejamos: fomos informados de que A ocorreu; logo, o espaço amostral passou a ser A. Devemos agora obter a probabilidade de ocorrer B, sob a condição de que A tenha ocorrido ou, o que é o mesmo, obter a probabilidade de B dado A, que indicamos por $P(B\,|\,A)$.

O novo universo, que é $A = \{2, 4, 6\}$, é constituído por três eventos elementares igualmente prováveis, e nos interessa um desses eventos, definido pelo conjunto $A \cap B = \{2\}$. Então

$$P(B\,|\,A) = \dfrac{1}{3}$$

Se dividirmos numerador e denominador por 6, que é o número total de eventos do universo original, temos:

$$P(B\,|\,A) = \dfrac{\frac{1}{6}}{\frac{3}{6}} = \dfrac{P(A \cap B)}{P(A)}$$

Por definição, dados dois eventos A e B, no espaço amostral E, se $P(A) > 0$ e $P(B) > 0$, a probabilidade de B, dado A, é

$$P(B\,|\,A) = \dfrac{P(A \cap B)}{P(A)} \tag{2.8}$$

e a probabilidade de A, dado B, é

$$P(A\,|\,B) = \dfrac{P(A \cap B)}{P(B)} \tag{2.9}$$

TEOREMA DO PRODUTO: Se A e B são dois eventos do espaço amostral E, a probabilidade da ocorrência simultânea de A e B é dada por

$$P(A \cap B) = P(A) \cdot P(B\,|\,A) = P(B) \cdot P(A\,|\,B) \tag{2.10}$$

Esse teorema é decorrência imediata de (2.8) e (2.9).

2.7 O CASO DE n EVENTOS ELEMENTARES IGUALMENTE PROVÁVEIS

A compreensão dos teoremas apresentados é mais fácil no caso em que o universo é constituído por n eventos elementares igualmente prováveis, cada um com probabilidade $\frac{1}{n}$.

Seja n_A o número de eventos elementares em A, isto é, o número de resultados favoráveis ao evento A; n_B o número de eventos elementares em B, e seja n_{AB} o número de eventos elementares pertencentes tanto a A como a B.
Então

$$P(A) = \frac{n_A}{n}, P(B) = \frac{n_B}{n} \text{ e } P(A \cap B) = \frac{n_{AB}}{n}$$

É fácil ver que o número de eventos elementares em $\bar{A}$ é $n - n_A$. Então

$$P(\bar{A}) = \frac{n - n_A}{n} = 1 - \frac{n_A}{n} = 1 - P(A),$$

que é o teorema apresentado no início da Seção 2.5.

O número de eventos elementares pertencentes a A ou a B é $n_A + n_B - n_{AB}$ (subtrai-se n_{AB} para evitar dupla contagem dos elementos que pertencem tanto a A como a B). Então

$$P(A \cup B) = \frac{n_A + n_B - n_{AB}}{n} = \frac{n_A}{n} + \frac{n_B}{n} - \frac{n_{AB}}{n} =$$

$$= P(A) + P(B) - P(A \cap B),$$

confirmando o teorema da soma.

A probabilidade condicional de B dado A é a freqüência relativa de resultados favoráveis a B no "universo" de n_A elementos de A, isto é,

$$P(B|A) = \frac{n_{AB}}{n_A}$$

Dividindo o numerador e o denominador por n, obtemos:

$$P(B|A) = \frac{\frac{n_{AB}}{n}}{\frac{n_A}{n}} = \frac{P(A \cap B)}{P(A)},$$

confirmando (2.8).

2.8 EVENTOS INDEPENDENTES

Por definição, dizemos que o evento A é estatisticamente independente do evento B se $P(A|B) = P(A)$.

De acordo com (2.10), $P(A|B) = P(A) \neq 0$ implica $P(B|A) = P(B)$, isto é, o fato de A ser independente de B implica que B é independente de A. Então podemos dizer, simplesmente, que A e B são eventos independentes.

No caso de eventos independentes, a relação (2.10) – o teorema do produto – fica

$$P(A \cap B) = P(A) \cdot P(B) \tag{2.11}$$

2.9 COMBINAÇÕES E PERMUTAÇÕES

Na resolução de problemas de probabilidade são bastante úteis as fórmulas relativas ao número de combinações e permutações, que serão apresentadas aqui sem demonstração.

Dados m diferentes elementos, o número de combinações de n elementos que podemos fazer é

$$C_m^n = \binom{m}{n} = \frac{m(m-1)(m-2)...(m-n+1)}{n!} = \frac{m!}{n!(m-n)!}$$

Dados m diferentes elementos, o número de permutações que podemos fazer é igual a $m!$.

2.10 TEOREMA DE BAYES

Suponhamos que um geólogo, com base em observações superficiais, tenha estabelecido que a probabilidade de que haja petróleo, em certo lugar, é 0,2. Então os eventos "há petróleo" e "não há petróleo", que representaremos por e_1 e e_2, respectivamente, têm probabilidade $P(e_1) = 0,2$ e $P(e_2) = 0,8$. Após o estabelecimento dessas probabilidades, o geólogo realiza um teste sísmico. Consideremos, por simplicidade, que o teste pode resultar em um de três eventos mutuamente exclusivos: f_1, f_2 e f_3. O resultado do teste está relacionado à existência ou não de petróleo. Suponhamos que as probabilidades condicionais sejam:

$P(f_1|e_1) = 0,10$ $P(f_1|e_2) = 0,60$
$P(f_2|e_1) = 0,40$ $P(f_2|e_2) = 0,30$
$P(f_3|e_1) = 0,50$ $P(f_3|e_2) = 0,10$

Essas probabilidades mostram, por exemplo, que o resultado f_3 é mais provável quando há petróleo. Então, se o teste sísmico resultar em f_3, o geólogo deve determinar a probabilidade de que haja petróleo, dado que f_3 ocorreu, ou seja, deve determinar a probabilidade condicional $P(e_1|f_3)$.

O problema é mais facilmente resolvido se construirmos a "árvore" apresentada na Figura 2.2. Cada ramo mostra uma situação possível e no fim de cada ramo estão colocados os valores de

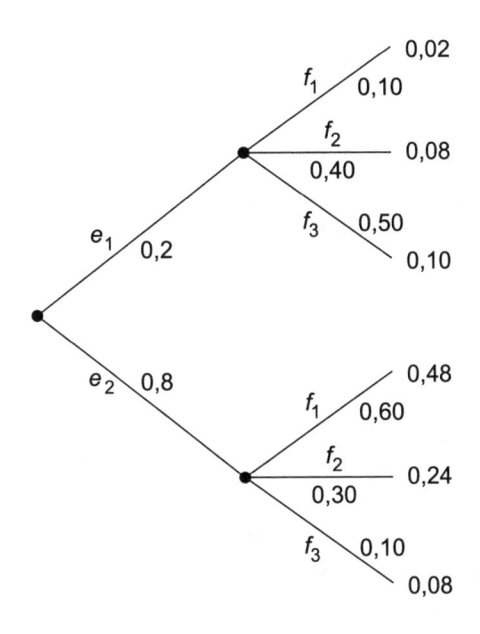

FIGURA 2.2

$P(e_1 \cap f_j) = P(e_i) \cdot P(f_j|e_i)$, com $i = 1, 2$ e $j = 1, 2, 3$

Não é difícil verificar agora que

$$P(e_1|f_3) = \frac{P(e_1 \cap f_3)}{P(e_1 \cap f_3) + P(e_2 \cap f_3)} =$$

$$= \frac{P(e_1) \cdot P(f_3|e_1)}{P(e_1) \cdot P(f_3|e_1) + P(e_2) \cdot P(f_3|e_2)} =$$

$$= \frac{0{,}10}{0{,}10 + 0{,}08} = \frac{5}{9} = 0{,}5556 \text{ ou } 55{,}56\%$$

Analogamente, obteríamos, se houvesse interesse,

$P(e_1|f_1) = 0{,}04$ e

$P(e_1|f_2) = 0{,}25$

Em geral, se $i = 1, 2, \ldots, n$ e $j = 1, 2, \ldots, m$,

$$P(e_i|f_j) = \frac{P(e_i \cap f_j)}{\sum_{h=1}^{n} P(e_h \cap f_j)} = \frac{P(e_i) \cdot P(f_j|e_i)}{\sum_{h=1}^{n} P(e_h) \cdot P(f_j|e_h)}$$

Esse resultado é conhecido como Teorema de Bayes. Dado um experimento em dois estágios e conhecidas as probabilidades *a priori* $P(e_i)$ e as probabilidades condicionais $P(f_j|e_i)$, o Teorema de Bayes permite calcular as probabilidades *a posteriori* $P(e_i|f_j)$, isto é, as probabilidades associadas aos resultados do primeiro estágio, dado o resultado do segundo estágio. No caso do exemplo analisado, o primeiro estágio do experimento é a formação geológica do subsolo, e o segundo estágio é o teste sísmico realizado pelo geólogo.

Exercícios

2.1 Uma urna contém quatro bolas brancas e duas pretas. Outra urna contém três bolas brancas e cinco pretas. Se for retirada uma bola de cada urna, qual a probabilidade de:

a) uma das bolas ser branca e a outra ser preta;

b) ambas as bolas serem pretas;

c) ambas as bolas serem brancas.

2.2 Sendo defeituosos 10% dos rádios produzidos por uma indústria, se forem examinados, ao acaso, três rádios por ela produzidos, qual é a probabilidade de nenhum ter defeito?

2.3 Uma pessoa tem quatro notas no bolso: uma de R$ 10,00; outra de R$ 20,00; outra de R$ 50,00 e outra de R$ 100,00. Se ela tirar ao acaso duas notas do bolso, ao mesmo tempo, qual a probabilidade de a soma ser R$ 30,00?

2.4 No jogo de "par ou ímpar", qual é a probabilidade de ocorrer par? Qual é a probabilidade de ocorrer valor maior do que 5?

2.5 Dois dados são lançados simultaneamente. Verificar se os eventos "sair valor par em ambos" e "sair soma igual a 5" são independentes.

2.6 Sabe-se que um casal tem dois filhos. Sabe-se que um deles é do sexo masculino. Qual é a probabilidade de o outro filho ser do sexo feminino?

2.7 Um casal tem dois filhos do sexo masculino. Qual é a probabilidade de os dois próximos filhos (o terceiro e o quarto) serem do sexo feminino? (Supor que a probabilidade de nascer menino é 50%.)

2.8 Uma urna contém 5 bolas pretas, 3 brancas e 2 vermelhas. Três bolas são retiradas da urna, uma após a outra. Determine a probabilidade de as bolas retiradas serem da mesma cor, admitindo que:

a) as bolas foram repostas após cada retirada;

b) não houve reposição.

2.9 Uma partida de certo produto consiste de 10 artigos perfeitos, 4 com pequenos defeitos e 2 com defeitos graves. Retirando ao acaso dois artigos, qual é a probabilidade de que:

a) ambos sejam perfeitos?

b) pelo menos um seja perfeito?

c) nenhum tenha defeito grave?

2.10 Dê o conceito e um exemplo de eventos independentes.

2.11 Jogando-se um dado duas vezes, qual é a probabilidade de a soma dos pontos obtidos ser igual a 3?

2.12 Jogando-se um dado três vezes, qual é a probabilidade de a soma dos pontos obtidos ser igual a 4?

2.13 Jogam-se três dados. Qual é a probabilidade de ser 5 a soma dos pontos obtidos?

2.14 Em um jogo com moedas, o jogador faz um ponto se tirar duas "caras" consecutivamente. Um dos jogadores lançou a moeda duas vezes e sabe-se que em uma das vezes saiu "cara". Nessas condições, qual é a probabilidade de esse jogador ter feito um ponto?

Lâmpada 1	Lâmpada 2	
	Acesa	Apagada
Acesa	0,15	0,45
Apagada	0,10	0,30

2.15 Certo aparelho eletrônico tem duas lâmpadas que podem estar acesas ou apagadas, tendo sido observadas as seguintes probabilidades:

A tabela mostra, por exemplo, que ambas as lâmpadas estavam simultaneamente apagadas 30% do tempo.

Pergunta-se:

a) O fato "lâmpada 1 acesa" é independente de "lâmpada 2 acesa"?

b) O fato "lâmpada 1 apagada" é independente de "lâmpada 2 acesa"?

Justifique as respostas.

2.16 A probabilidade de se dar um evento em uma prova é igual a $\frac{1}{n}$.

a) Qual é a probabilidade de esse evento se repetir n vezes em n provas?

b) Qual é a probabilidade de esse evento não ocorrer nenhuma vez em n provas?

c) Para que valores tendem essas probabilidades quando n tende para infinito?

2.17 Três estudantes deixam seu blusão em um mesmo lugar. Posteriormente, como os blusões são iguais, cada um pega um dos blusões ao acaso. Determine a probabilidade de:

a) nenhum pegar o próprio blusão;

b) um, e somente um, pegar o blusão correto;

c) dois, e somente dois, pegarem o blusão correto;

d) os três pegarem o blusão correto.

2.18 Dois dados são lançados simultaneamente. Definem-se os eventos:

A = sair valor par em ambos

B = sair valor ímpar em ambos

C = sair soma igual a seis

a) A e B são mutuamente exclusivos? E A e C? E B e C?

b) A e B são independentes? E A e C? E B e C?

c) Quanto valem $P(A|C)$, $P(C|A)$, $P(A|B)$, $P(B|C)$ e $P(C|B)$?

2.19 Dois dados (um amarelo e um branco) são lançados. Definem-se os eventos:

A = sair valor par no dado amarelo

B = sair valor superior a 4 no dado amarelo

C = sair soma de pontos dos dois dados igual a 8

Pergunta-se:

a) Quais os valores de $P(A)$, $P(B)$, $P(C)$, $P(A|B)$, $P(A|C)$, $P(C|A)$ e $P(C|B)$?

b) A e B são mutuamente exclusivos? São independentes?

c) A e C são mutuamente exclusivos? São independentes?

2.20 Dois dados (hexaedros regulares de material homogêneo), um branco e outro amarelo, são lançados. Definimos os seguintes eventos:

A = o resultado do dado amarelo é igual a 5

B = a soma dos resultados dos dois dados é igual a 7

C = a soma dos resultados nos dois dados é igual a 10

a) Determine $P(A)$, $P(B)$, $P(C)$, $P(A|B)$, $P(A|C)$, $P(C|A)$ e $P(B|C)$.

b) A e B são mutuamente exclusivos? São independentes?

c) B e C são mutuamente exclusivos? São independentes?

d) A e C são mutuamente exclusivos? São independentes?

2.21 Pedro e José são pastores de cabras. Pedro tem 3 vezes mais cabras do que José. No rebanho de Pedro, 20% das cabras são malhadas, e no rebanho de José, apenas 10% das cabras são malhadas. Encontrou-se uma cabra desgarrada. Sem saber nada sobre essa cabra, qual é a probabilidade de que ela pertença a José? Sabendo-se que a cabra desgarrada é malhada, qual é a probabilidade de que ela pertença a José?

2.22 São dados dois números reais, x e y, que assumem qualquer valor real no intervalo de 0 a 10, isto é, $0 \leq x \leq 10$ e $0 \leq y \leq 10$, de maneira que a probabilidade associada a um conjunto de pontos x, y seja proporcional à área correspondente a esse conjunto no plano xy. De acordo com conceitos, que só serão formalmente apresentados no Capítulo 7, isso corresponde a pressupor que a distribuição de x e y é uniforme, ou seja, que a densidade de probabilidade associada a um ponto x, y é constante para $0 \leq x \leq 10$ e $0 \leq y \leq 10$. Qual é a probabilidade de

a) a soma desses dois números ser maior do que 15?

b) o valor absoluto da diferença entre esses dois números ser maior do que 6?

2.23 Dois dados, um azul e um branco, são lançados. Definimos os eventos:

A = sair valor primo no dado azul

B = a soma dos resultados é um número primo

C = sair valor par no dado azul

D = a soma dos resultados é par

Determine $P(A)$, $P(B)$, $P(C)$, $P(D)$, $P(B/A)$, $P(D/C)$ e $P(D/B)$.

A e B são independentes?

C e D são independentes?

2.24 A urna A tem 8 bolas brancas e 2 bolas pretas. A urna B tem 8 bolas pretas e 2 bolas brancas. Uma pessoa pega ao acaso uma dessas urnas e retira ao acaso 2 bolas. Sabendo que foram retiradas 2 bolas pretas, qual é a probabilidade de a pessoa ter pego a urna A?

2.25 Temos 5 urnas: (a) duas urnas do tipo A, que têm, cada uma, 1 bola branca e 3 bolas pretas; (b) uma urna do tipo B, com 3 bolas brancas e 3 bolas pretas; (c) duas urnas do tipo C, que têm, cada uma, 4 bolas brancas e 2 bolas pretas. Toma-se, ao acaso, uma das 5 urnas e dela se retira, ao acaso, uma bola. Qual é a probabilidade de que essa bola seja branca?

2.26 Considere, novamente, as 5 urnas da questão anterior. Sabe-se que ao retirar, ao acaso, uma bola de uma das urnas, obteve-se uma bola *preta*. Qual é a probabilidade de a urna de onde foi retirada essa bola ser do tipo C?

Respostas

2.1 a) $\dfrac{13}{24}$ b) $\dfrac{5}{24}$ c) $\dfrac{1}{4}$

2.2 0,729

2.3 $\dfrac{1}{6}$

2.4 0,5; $\dfrac{5}{12}$

2.5 Não são independentes.

2.6 $\dfrac{2}{3}$

2.7 $\dfrac{1}{4}$

2.8 a) 0,16   b) $\dfrac{11}{120}$

2.9 a) $\dfrac{3}{8}$ b) $\dfrac{7}{8}$ c) $\dfrac{91}{120}$

2.11 $\dfrac{1}{18}$

2.12 $\dfrac{1}{72}$

2.13 $\dfrac{1}{36}$

2.14 $\dfrac{1}{3}$

2.15 a) sim   b) sim

2.16 a) $\left(\dfrac{1}{n}\right)^n$ b) $\left(1-\dfrac{1}{n}\right)^n$ c) zero e $\dfrac{1}{e}$

2.17 a) $\dfrac{1}{3}$ b) $\dfrac{1}{2}$ c) zero   d) $\dfrac{1}{6}$

2.18 a) Apenas A e B são mutuamente exclusivos;

b) A e B não são independentes; o mesmo é verdade para A e C e para B e C;

c) $P(A|C) = \dfrac{2}{5}$; $P(C|A) = \dfrac{2}{9}$; $P(A|B) = 0$; $P(B|C) = \dfrac{3}{5}$ e $P(C|B) = \dfrac{1}{3}$.

2.19 a) $P(A) = \dfrac{1}{2}$; $P(B) = \dfrac{1}{3}$; $P(C) = \dfrac{5}{36}$; $P(A|B) = \dfrac{1}{2}$; $P(A|C) = \dfrac{3}{5}$; $P(C|A) = \dfrac{1}{6}$

e $P(C|B) = \dfrac{1}{6}$;

b) A e B não são mutuamente exclusivos e são independentes;

c) A e C não são mutuamente exclusivos e não são independentes.

2.20 a) $P(A) = \dfrac{1}{6}$; $P(B) = \dfrac{1}{6}$; $P(C) = \dfrac{1}{12}$; $P(A|B) = \dfrac{1}{6}$; $P(A|C) = \dfrac{1}{3}$; $P(C|A) = \dfrac{1}{6}$

e $P(B|C) = 0$;

b) A e B não são mutuamente exclusivos e são independentes;

c) B e C são mutuamente exclusivos e não são independentes;

d) A e C não são mutuamente exclusivos e não são independentes.

2.21 $\dfrac{1}{4}$; $\dfrac{1}{7}$

2.22 $P(x + y > 15) = 0{,}125$, $P(|x - y| > 6) = 0{,}16$

2.23 $P(A) = 2/3$; $P(B) = 5/12$; $P(C) = 0{,}5$; $P(D) = 0{,}5$; $P(B|A) = 11/24$; $P(D|C) = 0{,}5$; $P(D|B) = 1/15$. A e B não são independentes. C e D são independentes.

2.24 $1/29$

2.25 $7/15$

2.26 $0{,}25$

3

A Distribuição de Freqüências e sua Representação Gráfica

3.1 OS NÍVEIS DE MEDIDA

Para que haja interesse na aplicação da estatística a um conjunto de dados, é necessário que o atributo em estudo não seja igual em todos os elementos desse conjunto.

Consideremos, por exemplo, o conjunto dos estudantes universitários de certa cidade. Tomada uma amostra dessa população, pode-se medir o peso e a altura dos estudantes, classificá-los segundo suas notas, suas áreas de estudo, sua religião. Contudo, não apresentaria interesse a observação de características comuns a todos os elementos da população, como a classificação dos alunos em alfabetizados e analfabetos.

Por essa razão, certos autores definem a estatística como o conjunto de processos empregados no estudo da variação.

Toda vez que dispomos de um conjunto de dados (variáveis), podemos classificá-los de acordo com determinado critério. Dado um conjunto, o critério de classificação fica na dependência do nível de medida dos dados.

Vejamos, então, os níveis de medida ou escalas, que são quatro: escala nominal, escala ordinal, escala de intervalos e escala-razão.

Dizemos que os dados são medidos em escala nominal quando eles podem ser distribuídos em determinado número de categorias mutuamente exclusivas. Dados relativos a sexo, a religião ou a filiação a partido político, por exemplo, são medidos em escala nominal.

Dizemos que os dados são medidos em escala ordinal quando eles podem ser distribuídos em determinado número de categorias mutuamente exclusivas e que se apresentam ordenadas. A relação entre as categorias pode ser do tipo "maior do que" ou "mais difícil do que", ou "superior a" etc., genericamente indicada pelo símbolo >.

São medidos em escala ordinal o *status* socioeconômico, a hierarquia militar, a dureza dos minerais. É comum associar números inteiros às diferentes categorias de uma escala ordinal. Devemos ressaltar, no entanto, que apenas a ordem dos números tem significado, mas não é válido, nesse caso, afirmar que "4 é o dobro de 2", ou que "a diferença entre 8 e 6 é igual à diferença entre 5 e 3".

Dizemos que os dados são medidos em escala de intervalos quando eles podem ser ordenados e é possível quantificar a diferença entre as observações. O exemplo típico de medida em escala de intervalos é a temperatura. Assim, se os corpos A, B e C apresentam temperaturas $t_A = 10°C$ ou $50°F$, $t_B = 20°C$ ou $68°F$ e $t_C = 40°C$ e ou $104°F$, podemos afirmar que $t_C > t_B > t_A$ e que $t_C - t_B = 2(t_B - t_A)$. Essas afirmações são aritmeticamente verdadeiras tanto em graus centígrados como em graus Fahrenheit. Entretanto, considerando o conceito físico de temperatura, não tem sentido afirmar que $t_B = 2t_A$ ou $t_C = 4t_A$, isto é, não é válido fazer razões entre os valores, porque a origem da escala é arbitrária. Aliás, nesse exemplo, as razões feitas são aritmeticamente verdadeiras se usarmos graus centígrados, mas são falsas se considerarmos graus Fahrenheit.

Dizemos que os dados são medidos em escala-razão quando, além das propriedades da escala de intervalos, existe uma origem fixa e é possível estabelecer relações entre os dados. São medidos em escala-razão o comprimento, a massa, a velocidade, a renda, o capital.

3.2 A DISTRIBUIÇÃO DE FREQÜÊNCIAS

Sejam $X_1, X_2, ..., X_n$ os valores observados em uma amostra de n elementos. Admitamos que a variável é medida em escala de intervalos ou em escala-razão.

Para facilitar a análise dos dados, é interessante organizá-los em tabelas ou quadros.

Consideremos, por exemplo, uma amostra de 200 famílias de certa cidade e seja X_i ($i = 1, ..., n$) o número de filhos dependentes por família. Os dados originais seriam: 3, 5, 0, 1, 1, 0, 3, 2, 2, 1, 2 etc. A Tabela 3.1 mostra a distribuição de freqüências de X, isto é, dá os valores assumidos por X_i e as freqüências (número de vezes que cada X_i ocorreu) associadas a X_i.

TABELA 3.1
Distribuição das famílias conforme o número de filhos dependentes

Número de filhos dependentes (X)	Freqüência observada (f)	Freqüência relativa (f/n)
0	32	0,16
1	46	0,23
2	50	0,25
3	40	0,20
4	16	0,08
5	8	0,04
6	6	0,03
7	0	0,00
8	2	0,01

O número de filhos dependentes é uma variável discreta. Dados de contagem são sempre variáveis discretas. As variáveis discretas se caracterizam pelo fato de só poderem assumir um número finito de diferentes valores dentro de um intervalo finito. As variáveis contínuas, por outro lado, podem assumir um número infinito de diferentes valores dentro de um intervalo finito. A altura e o peso das pessoas, a área dos estabelecimentos agrícolas e os intervalos de tempo são exemplos de variáveis contínuas. Normalmente, admite-se que as variáveis econômicas medidas em unidades monetárias, como renda, riqueza, custo e preço, são contínuas.

Vejamos como organizar uma distribuição de freqüências quando a variável em análise é contínua. Consideremos, por exemplo, o conjunto das alturas, em centímetros, de 200 alunos do sexo masculino. Os dados originais seriam: 172, 187, 165 etc.

Para construir uma distribuição de freqüências, devemos, em primeiro lugar, escolher os intervalos de classe. Precisamos considerar, nessa escolha, que é conveniente obter de 5 a 20 classes (Hoel recomenda de 10 a 20 classes). Se o número de classes é pequeno, os intervalos de classe serão grandes, o que implica muita perda de informação; por outro lado, um número de classes muito grande torna a distribuição de freqüências desnecessariamente extensa. É conveniente, embora não seja necessário, que os intervalos de classe tenham a mesma amplitude.

Admitamos que, dentre as alturas observadas nos 200 alunos, o menor e o maior valor sejam, respectivamente, 152 cm e 194 cm. A amplitude total dos dados é, então, 194 – 152 = 42 cm.

Se resolvemos definir 9 classes de igual amplitude, a amplitude de cada classe será $\frac{42}{9}$, ou, aproximadamente, 5 cm. Ao delimitar as classes, é necessário que não fique dúvida quanto ao seu conteúdo; assim, se estabelecermos que a primeira classe vai de 152 cm a 157 cm e a classe seguinte vai de 157 cm a 162 cm, não fica claro onde deverá ser colocada uma observação de 157 cm; uma maneira de superar essa dubiedade é definir os intervalos como fechados à esquerda e abertos à direita (ou vice-versa); outra maneira é estabelecer os limites de classe com uma precisão de unidade da ordem seguinte à que caracteriza a precisão das medidas, como é feito na Tabela 3.2. Definidos os intervalos de classe, os dados são classificados, obtendo-se a distribuição de freqüências.

Em uma tabela de distribuição de freqüências, além dos limites de classe e respectivas freqüências, também podem ser dados as freqüências relativas e os valores centrais ou pontos médios de classe. Estes são definidos como a semi-soma dos limites de classe.

TABELA 3.2
Distribuição de freqüências das alturas de 200 estudantes do sexo masculino

Limites da classe (cm)	Valor central (cm)	Freqüência	Freqüência relativa
151,5 a 156,5	154	2	0,01
156,5 a 161,5	159	6	0,03
161,5 a 166,5	164	24	0,12
166,5 a 171,5	169	40	0,20
171,5 a 176,5	174	46	0,23
176,5 a 181,5	179	44	0,22
181,5 a 186,5	184	28	0,14
186,5 a 191,5	189	8	0,04
191,5 a 196,5	194	2	0,01

3.3 REPRESENTAÇÃO GRÁFICA DAS DISTRIBUIÇÕES DE FREQÜÊNCIAS

A distribuição de freqüências de uma variável discreta é adequadamente representada por um gráfico de barras. Para traçar esse gráfico, marcamos sobre um eixo os pontos correspondentes aos valores assumidos pela variável (X_i). Em seguida, traçamos barras verticais, cujas bases se situam sobre o eixo, nos pontos marcados, e cujas alturas são proporcionais às freqüências relativas de cada X_i. Na Figura 3.1 temos o gráfico de barras da distribuição de freqüências apresentada na Tabela 3.1.

Uma distribuição de freqüências de uma variável contínua pode ser representada por um histograma ou por um polígono de freqüências.

O histograma é constituído por um conjunto de retângulos cujas bases, situadas sobre um eixo coordenado, são os intervalos de classe e cujas áreas são proporcionais às respectivas freqüências ou freqüências relativas, como ilustra a Figura 3.2.

O polígono de freqüências é obtido ligando, em um sistema de eixos cartesianos ortogonais, os pontos cujas abscissas são os valores centrais das classes e cujas ordenadas são as freqüências correspondentes; ao construir um polígono de freqüências, considera-se, sempre, uma classe inicial e uma final com freqüências iguais a zero. A Figura 3.3 mostra o polígono de freqüências da distribuição apresentada na Tabela 3.2.

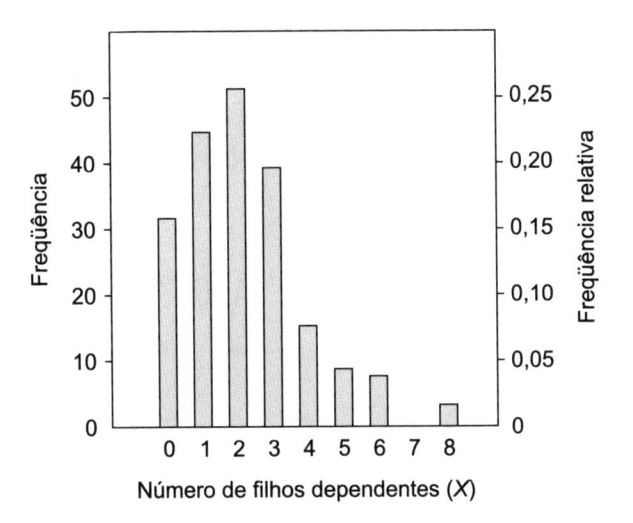

FIGURA 3.1
Gráfico de barras relativo à Tabela 3.1

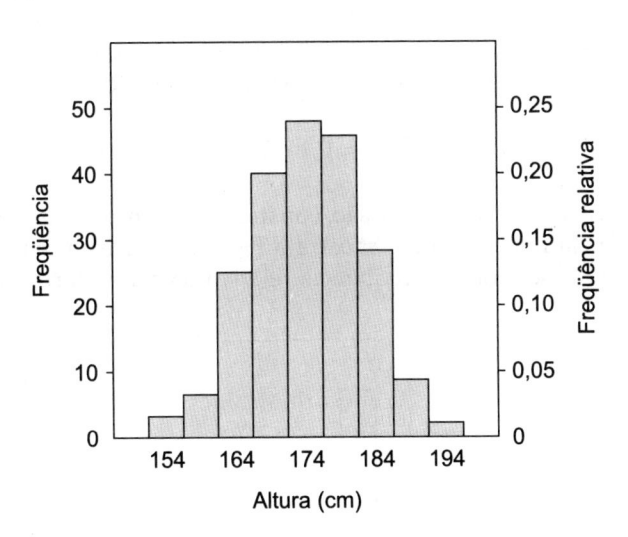

FIGURA 3.2
Histograma relativo à Tabela 3.2

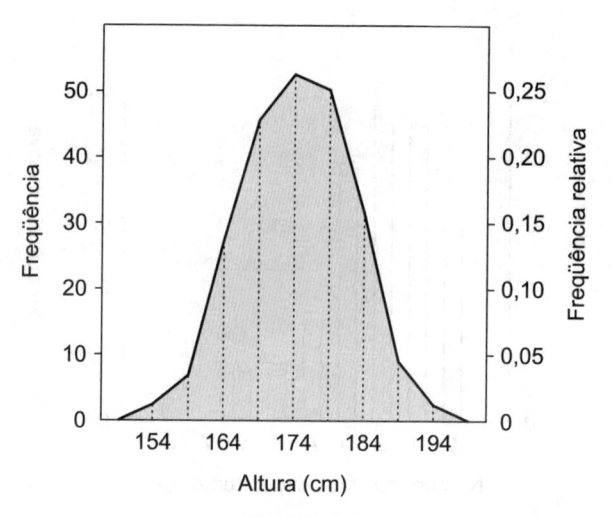

FIGURA 3.3
Polígono de freqüências relativo à Tabela 3.2

Quando os intervalos de classe não são iguais, para construir o histograma é necessário calcular, para cada classe, a densidade de freqüência relativa, definida como o quociente entre a freqüência relativa e a amplitude da classe. Vamos admitir que 40% dos trabalhadores da indústria K recebem de 1 a 2 salários mínimos, 30% recebem mais de 2 a 5 salários mínimos e 30% recebem mais de 5 a 10 salários mínimos. As densidades de freqüência relativa nas três classes de rendimento são:

$$h_1 = \frac{0,4}{2-1} = 0,4;\ h_2 = \frac{0,3}{5-2} = 0,1\ \text{e}\ h_3 = \frac{0,3}{10-5} = 0,06$$

Os retângulos do histograma são construídos com alturas iguais às densidades de freqüência relativa, como mostra a Figura 3.4. Dessa maneira, a área de cada retângulo é proporcional à freqüência relativa da classe correspondente.

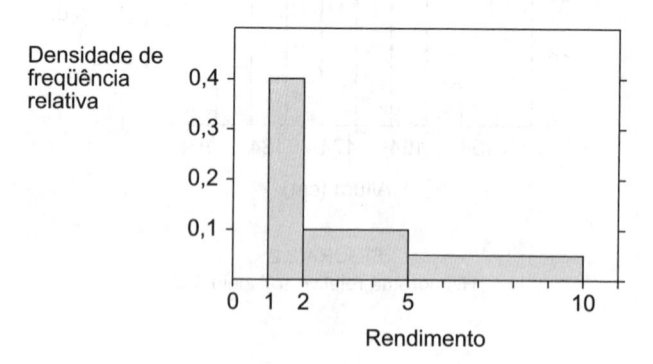

FIGURA 3.4
Histograma da distribuição de freqüências dos trabalhadores da indústria K em 3 classes de rendimento (em salários mínimos)

Exercícios

3.1 É dada a seguinte distribuição de freqüências da variável X, que só assume valores inteiros:

X	Freqüência
2	0
3	2
4	4
5	10
6	12
7	9
8	5
9	4
10	2
11	1
12	1

Faça o gráfico de barras dessa distribuição de freqüências.

3.2 São fornecidos os seguintes dados a respeito das famílias de certa região, classificadas em 2 estratos, conforme sua renda familiar mensal:

Limites do estrato em R$	Nº de famílias em milhares	Renda total do estrato em R$ 1.000.000
0 a menos de 1.000	24	4,8
1.000 a 9.000	6	19,2

Construa o histograma da distribuição da renda entre as famílias.

4

Medidas de Tendência Central

4.1 INTRODUÇÃO

Uma medida de tendência central de um conjunto de dados mostra o valor em torno do qual se agrupam as observações. As principais medidas de tendência central são a média aritmética (ou, simplesmente, média), a mediana e a moda. Também são bastante utilizadas a média ponderada e a média geométrica.

As medidas de tendência central, com as medidas de dispersão, de assimetria, de desigualdade, e outras que serão analisadas em capítulos posteriores, permitem caracterizar, de maneira bastante concisa, um conjunto de dados.

4.2 A MÉDIA ARITMÉTICA

A média aritmética de n dados $(X_1, X_2, ..., X_n)$ é, por definição, o valor

$$\bar{X} = \frac{1}{n} \sum_{i=1}^{n} X_i \qquad (4.1)$$

Se os dados estiverem classificados em uma distribuição de freqüências com k classes, se X_j ($j = 1, 2, ..., k$) são os valores centrais das classes ou os diferentes valores observados (no caso de uma variável discreta) e se f_j são as respectivas freqüências, a média aritmética é dada por

$$\bar{X} = \frac{\sum_{j=1}^{k} X_j f_j}{\sum_{j=1}^{k} f_j} = \frac{1}{n} \sum_{j=1}^{k} X_j f_j \qquad (4.2)$$

É fácil verificar, aplicando (4.2) aos dados da Tabela 3.1, que o número médio de filhos dependentes é 2,11 por família e, aplicando (4.2) aos dados da Tabela 3.2, que a altura média dos estudantes é, aproximadamente, 174 cm.

4.3 A MEDIANA

Por definição, mediana de um conjunto de dados é o valor ao qual metade dos dados são iguais ou inferiores e metade dos dados são iguais ou superiores.

Então, se os dados estão dispostos em ordem crescente ou decrescente, chamamos mediana o valor que é precedido e seguido pelo mesmo número de dados.

Assim, se o número de dados de um conjunto ordenado é ímpar, a mediana é o valor central; se o número de dados é par, a mediana é, por convenção, a média aritmética dos dois valores centrais.

Para exemplificar, vamos supor que o conjunto dos pesos, em quilogramas, de cinco pessoas é

$$P = \{61, 74, 69, 68, 59\}$$

Para obter a mediana, ordenamos os dados e escrevemos

$$P = \{59, 61, 68, 69, 74\}$$

Como o número de dados é cinco, a mediana é 68.
Para o conjunto

$$A = \{2, 3, 5, 6, 7, 10\},$$

com seis elementos, a mediana é 5,5.

Pode-se verificar que a mediana para os dados da Tabela 3.1 é 2, pois a freqüência total é 200 e há 100 famílias com número de filhos dependentes igual ou menor que 2 e 100 famílias nas quais esse número é igual ou maior que 2.

A mediana também pode ser calculada quando os dados estão dispostos em uma distribuição de freqüências. Para tanto, primeiro localizamos a classe que contém a mediana, denominada classe mediana. Obtemos, então, o valor da mediana por interpolação, usando a fórmula

$$D = L_h + \frac{1}{f_h} \left(\frac{n}{2} - \sum_{j=1}^{h-1} f_j \right) (L_{h+1} - L_h) \tag{4.3}$$

onde se supõe que a classe mediana seja a h-ésima, D indica a mediana, L_h é o limite inferior da classe mediana, L_{h+1} é o limite superior da classe mediana, n é o número de dados observados, f_h é a freqüência da classe mediana e $\sum_{j=1}^{h-1} f_j$ é a soma das freqüências das classes inferiores à classe mediana.[1]

---

[1] A expressão (4.3) é obtida por interpolação linear, admitindo-se que os elementos pertencentes à classe mediana estão uniformemente distribuídos dentro dessa classe.

No caso da Tabela 3.2, a classe mediana é a quinta, cujos limites são 171,5 e 176,5. Então, a mediana dos dados é

$$D = 171,5 + \frac{1}{46}(100 - 72)\, 5 = 174,5 \text{ cm}$$

4.4 A MODA

Por definição, moda de um conjunto de dados é o valor que ocorre com maior freqüência, ou seja, é o valor mais comum. Um conjunto de observações pode não ter moda, pode ter uma única moda (unimodal), duas modas (bimodal) ou mais de duas modas (multimodal).

Assim, por exemplo, o conjunto $A = \{2, 3, 5, 6, 7, 10\}$ não tem moda, o conjunto $B = \{1, 2, 2, 3, 4\}$ tem uma única moda, que é $M = 2$, e o conjunto $C = \{1, 1, 2, 3, 4, 4\}$ tem duas modas, que são $M_1 = 1$ e $M_2 = 4$.

Os dados apresentados na Tabela 3.1 têm moda $M = 2$.

A moda também pode ser calculada quando os dados estão dispostos em uma distribuição de freqüências. Para tanto, primeiro localizamos a classe modal que, no caso de os intervalos de classe terem a mesma amplitude, é aquela que apresenta a maior freqüência. Se a amplitude das classes varia, a classe modal é aquela que apresenta o maior valor para o quociente da divisão da freqüência pela amplitude do intervalo de classe. Então, no histograma, a classe modal corresponde sempre ao retângulo de maior altura. Podemos adotar o valor central da classe modal como a moda da distribuição de freqüências, mas alguns autores recomendam o uso da seguinte fórmula quando a classe modal e as classes vizinhas têm a mesma amplitude:

$$M = L_h + \frac{f_h - f_{h-1}}{2f_h - f_{h-1} - f_{h+1}}(L_{h+1} - L_h) \tag{4.4}$$

onde se supõe que a classe modal seja a h-ésima, M representa a moda, L_h, L_{h+1} e f_h são, respectivamente, o limite inferior, o limite superior e a freqüência da classe modal, e f_{h-1} e f_{h+1} são as freqüências das classes vizinhas à classe modal.[2]

Para os dados da Tabela 3.2, a classe modal é a quinta, com limites 171,5 e 176,5 cm. Então, a moda é

$$M = 171,5 + \frac{46 - 40}{2 \cdot 46 - 40 - 44} \cdot 5 = 175,2 \text{ cm}$$

---

[2] A fórmula (4.4) nos dá, no caso de os intervalos de classe terem a mesma amplitude, a abscissa do vértice de uma parábola que passa pelos pontos médios dos lados superiores (horizontais) dos retângulos do histograma correspondentes à classe modal e às duas classes vizinhas na distribuição de freqüências.

4.5 POSIÇÃO RELATIVA DA MÉDIA, DA MODA E DA MEDIANA E A ASSIMETRIA DA DISTRIBUIÇÃO

Examinemos a distribuição de freqüências apresentada na Tabela 4.1 e representada pelo gráfico de barras da Figura 4.1.

TABELA 4.1
Uma distribuição de freqüências unimodal e simétrica

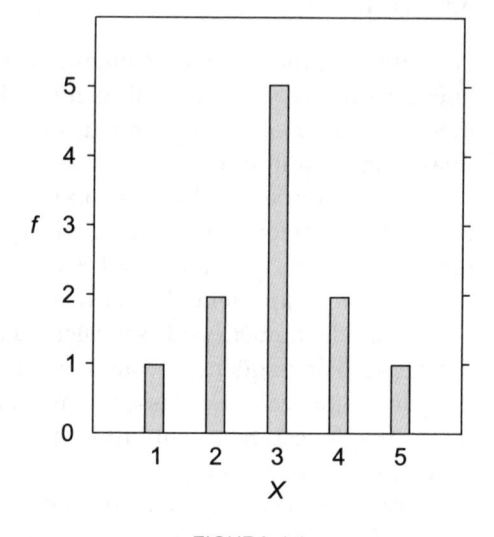

X	f
1	1
2	2
3	5
4	2
5	1

FIGURA 4.1

Verificamos que a média, a mediana e a moda dessa distribuição têm o mesmo valor, isto é,

$$\bar{X} = D = M = 3$$

Esse é um exemplo de distribuição de freqüências simétrica, isto é, de uma distribuição em que a freqüência de $X_j = \bar{X} - a$ é igual à freqüência de $X_h = \bar{X} + a$. Portanto, a mediana de uma distribuição simétrica é sempre igual à média. Na representação gráfica de uma distribuição simétrica, a primeira metade é igual à imagem, refletida em um espelho plano, da segunda metade da distribuição.

Examinemos, a seguir, a distribuição de freqüências apresentada na Tabela 4.2 e representada pelo gráfico de barras da Figura 4.2.

TABELA 4.2
Uma distribuição de freqüências
unimodal e assimétrica à direita
(assimetria positiva)

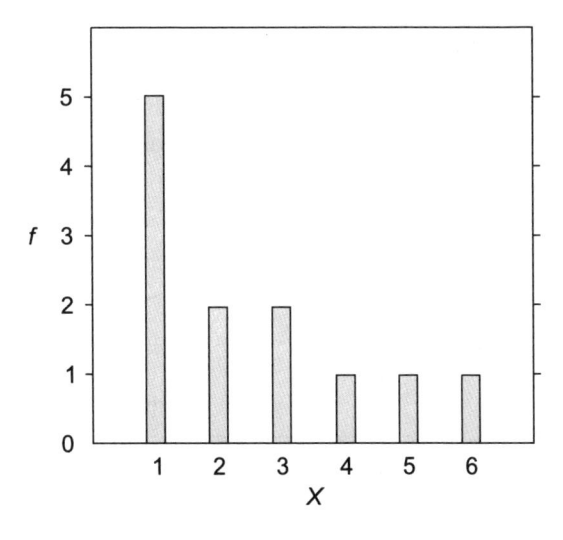

X	f
1	5
2	2
3	2
4	1
5	1
6	1

FIGURA 4.2

A média, a mediana e a moda dessa distribuição são, respectivamente, $\bar{X} = 2{,}5$, $D = 2$ e $M = 1$. Note-se que $M < D < \bar{X}$, que é a posição relativa típica dessas medidas de tendência central no caso de distribuições unimodais assimétricas à direita (ou positivamente assimétricas).

Consideremos agora uma distribuição de freqüências assimétrica à esquerda ou negativamente assimétrica, como a da Tabela 4.3, que está representada na Figura 4.3.

TABELA 4.3
Uma distribuição de freqüências
unimodal e assimétrica à
esquerda (assimetria negativa)

X	f
1	1
2	1
3	1
4	2
5	2
6	5

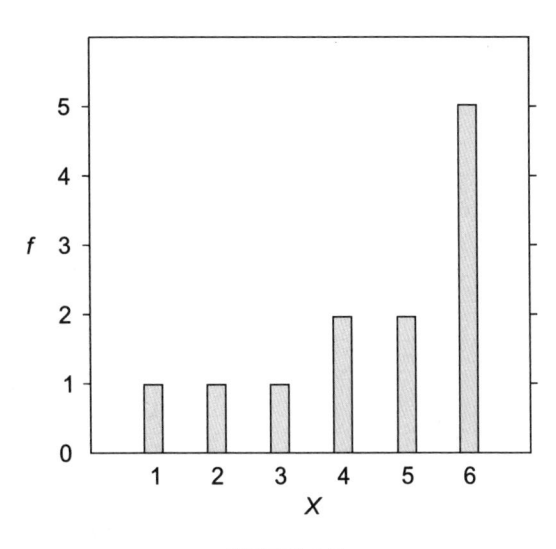

FIGURA 4.3

A média, a mediana e a moda dessa distribuição são, respectivamente, $\bar{X} = 4{,}5$, $D = 5$ e $M = 6$. Note-se que $\bar{X} < D < M$, que é a posição relativa típica dessas medidas de tendência central no caso de distribuições negativamente assimétricas.

Nas tabelas 4.4, 4.5 e 4.6 e nas figuras 4.4, 4.5 e 4.6 são apresentados mais três exemplos de distribuições de freqüências, agora considerando uma variável contínua. Utilizando (4.2), (4.3) e (4.4), calculamos o valor da média ($\bar{X}$), da mediana (D) e da moda (M) para cada uma dessas três distribuições de freqüência.

TABELA 4.4
Uma distribuição de freqüências simétrica

Intervalo da classe	Valor central (X_j)	Freqüência relativa f_j/n
[1,5; 2,5)	2	0,10
[2,5; 3,5)	3	0,20
[3,5; 4,5)	4	0,40
[4,5; 5,5)	5	0,20
[5,5; 6,5)	6	0,10

Na distribuição de freqüências apresentada na Tabela 4.4, média, mediana e moda coincidem, isto é, $\bar{X} = D = M = 4$.

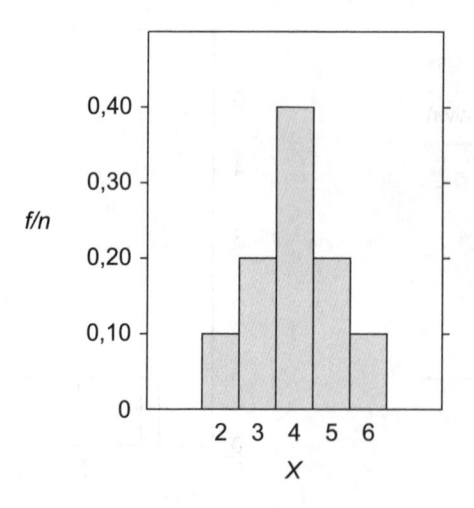

FIGURA 4.4
Histograma de uma distribuição de freqüências simétrica

TABELA 4.5
Uma distribuição de freqüências positivamente assimétrica

Intervalo da classe	Valor central (X_j)	Freqüência relativa f_j/n
[2,5; 3,5)	3	0,45
[3,5; 4,5)	4	0,25
[4,5; 5,5)	5	0,15
[5,5; 6,5)	6	0,15

Na distribuição de freqüências apresentada na Tabela 4.5, a média é 4,0, a mediana é 3,7 e a moda é 3,2.

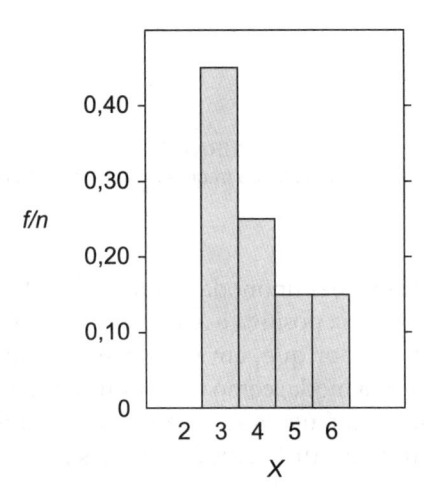

FIGURA 4.5
Histograma de uma distribuição de freqüências positivamente assimétrica

TABELA 4.6
Uma distribuição de freqüências negativamente assimétrica

Intervalo da classe	Valor central (X_j)	Freqüência relativa f_j/n
[1,5; 2,5)	2	0,15
[2,5; 3,5)	3	0,15
[3,5; 4,5)	4	0,25
[4,5; 5,5)	5	0,45

A distribuição de freqüências da Tabela 4.6 tem média igual a 4,0, mediana igual a 4,3 e moda igual a 4,8.

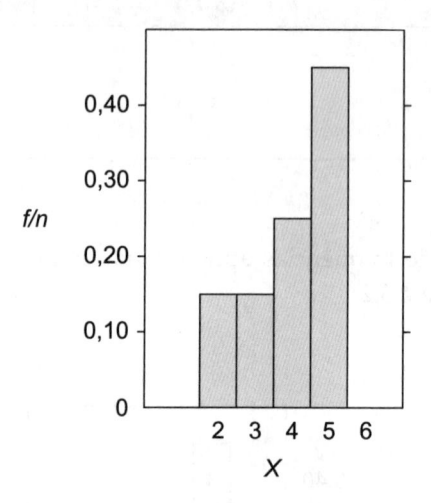

FIGURA 4.6
Histograma de uma distribuição de freqüências negativamente assimétrica

Tratando-se de distribuições unimodais, temos $\bar{X} = D = M$ quando há simetria, $M < D < \bar{X}$ quando há assimetria positiva e $\bar{X} < D < M$ quando há assimetria negativa.

Não é difícil entender por que, em uma distribuição assimétrica à direita, a mediana deve ser superior à moda; como a distribuição se estende mais à direita da moda do que à sua esquerda, é necessário caminhar para a direita da moda para encontrar um valor que divida a distribuição em duas partes com o mesmo número de observações.

Para explicar por que, em uma distribuição assimétrica à direita, a média é maior do que a mediana, vamos recorrer a uma analogia com a física. Se o histograma de uma distribuição fosse recortado em uma tábua, a média assinalaria a posição em que esse "histograma" ficaria equilibrado sobre um fulcro. Isso porque:

a) Cada retângulo do "histograma" tem um peso que é proporcional à sua área, que, por sua vez, é proporcional à freqüência relativa f_j/n daquela classe.

b) O momento exercido por essa força (o peso) em relação a um ponto de apoio na abscissa a é proporcional a $(X_j - a)f_j/n$.

c) Haverá equilíbrio se os momentos se anularem, isto é, se

$$\sum_{j=1}^{k}(X_j - a)\frac{f_j}{n} = 0$$

Lembrando que $\Sigma f_j = n$, concluímos que

$$a = \Sigma X_j \frac{f_j}{n} = \bar{X},$$

isto é, haverá equilíbrio se o "histograma" for apoiado sobre um fulcro situado na média da distribuição.

No caso de uma distribuição simétrica, se o "histograma" for apoiado na mediana, haverá equilíbrio, já que, devido à simetria, para cada momento positivo haverá um momento igual e de sinal contrário que o anula; confirma-se, assim, que a média e a mediana coincidem quando se trata de uma distribuição simétrica.

Se o "histograma" de uma distribuição positivamente assimétrica for apoiado sobre sua mediana, ele penderá para a direita porque, enquanto o peso está igualmente dividido entre os dois lados, o momento no sentido horário é maior, pois, devido à assimetria, os "braços de alavanca" $(X_j - D)$ são maiores do lado direito. Concluímos, então, que o ponto de apoio para equilíbrio do histograma deve estar mais à direita, ou seja, a média é maior do que a mediana nas distribuições positivamente assimétricas.

Raciocínio análogo permite compreender por que nas distribuições unimodais negativamente assimétricas temos $\bar{X} < D < M$.

A distribuição de variáveis econômico-sociais é freqüentemente assimétrica. A distribuição dos salários em uma indústria, a distribuição da renda e a distribuição dos estabelecimentos agrícolas conforme sua área, no Brasil, mostram acentuada assimetria positiva. Uma vez que, nesses casos, temos $M < D < \bar{X}$, surge a questão: Qual dessas medidas de tendência central deve ser usada? Não há uma resposta geral a essa pergunta, pois a escolha de uma ou mais dentre as diferentes medidas de tendência central vai depender do enfoque da análise.

Para ilustrar o assunto, imaginemos um litígio salarial em uma empresa. Do ponto de vista do empresário, preocupado com os custos de produção, o salário médio é a medida de tendência central mais conveniente (basta multiplicar o salário médio pelo número de empregados para obter o total da folha de pagamentos). Para os representantes dos trabalhadores, por outro lado, o salário modal e o salário mediano seriam medidas de tendência central mais apropriadas do que o salário médio, pois refletem melhor a situação da maioria dos empregados.

4.6 A MÉDIA GEOMÉTRICA E A MÉDIA HARMÔNICA

Por definição, a média geométrica de n valores não-negativos $(X_1, X_2, ..., X_n)$ é

$$G = \sqrt[n]{X_1 X_2 ... X_n} = \sqrt[n]{\prod_{i=1}^{n} X_i} \qquad (4.5)$$

Aplicando logaritmos, obtemos

$$\log G = \frac{1}{n} \sum_{i=1}^{n} \log X_i$$

isto é, o logaritmo da média geométrica é igual à média aritmética dos logaritmos dos valores observados.

Para qualquer conjunto de n números não-negativos, temos $G \leq \bar{X}$, com $G = \bar{X}$ somente se os n números forem todos iguais. Apresentaremos a demonstração dessa desigualdade para o caso de apenas duas observações, X_1 e X_2. Temos

$$\bar{X} = \frac{X_1 + X_2}{2} \text{ e } G = \sqrt{X_1 X_2}$$

Então,

$$\bar{X}^2 - G^2 = \frac{X_1^2 + 2 X_1 X_2 + X_2^2}{4} - X_1 X_2$$

$$= \frac{X_1^2 - 2 X_1 X_2 + X_2^2}{4}$$

Segue-se que

$$\bar{X}^2 - G^2 = \left(\frac{X_1 - X_2}{2}\right)^2 \geq 0$$

Conclui-se que $\bar{X} \geq G$ e que $\bar{X} = G$ somente se $X_1 = X_2$.

Por definição, a média harmônica (H) de n valores diferentes de zero ($X_1, X_2, ..., X_n$) é o recíproco da média aritmética dos recíprocos dos valores, isto é,

$$H = \left(\frac{1}{n} \sum_{i=1}^{n} X_i^{-1}\right)^{-1}$$

Para qualquer conjunto de n valores positivos, temos $H \leq G$, com $H = G$ somente se os n valores forem todos iguais. Apresentaremos a demonstração dessa desigualdade para o caso de apenas duas observações, X_1 e X_2. Temos

$$H = \left[\frac{1}{2}\left(\frac{1}{X_1} + \frac{1}{X_2}\right)\right]^{-1} = \frac{2 X_1 X_2}{X_1 + X_2} = \frac{2G^2}{2\bar{X}} = \left(\frac{G}{\bar{X}}\right) G \qquad (4.6)$$

Como $G \leq \bar{X}$ e ambos são positivos, temos $0 < \dfrac{G}{\bar{X}} \leq 1$. Conclui-se, então, que $H \leq G$.

Considerando as duas desigualdades apresentadas nesta seção, em resumo, temos que, para um conjunto de n valores positivos, $H \leq G \leq \bar{X}$, com $H = G = \bar{X}$ somente se os n valores forem todos iguais.

4.7 A MÉDIA PONDERADA

Dado um conjunto de n valores observados $(X_1, X_2, ..., X_n)$ e conhecidos os respectivos fatores de ponderação $(q_1, q_2, ..., q_n)$, a média ponderada de X é

$$W = \frac{\sum_{i=1}^{n} X_i q_i}{\sum_{i=1}^{n} q_i} \quad (4.7)$$

Consideremos, por exemplo, os dados da Tabela 4.7.

TABELA 4.7
Preços e quantidades vendidas de determinada mercadoria, em três diferentes mercados, em certo período

Mercado	Preço (X_i)	Quantidade vendida (q_i)
A	10,00	200
B	8,00	700
C	12,00	100

Quem, inadvertidamente, calculasse a média aritmética dos preços obteria $\bar{X} = 10,00$. Esse valor não é o preço médio correto, pois não leva em consideração o fato de que aos preços menores correspondem maiores quantidades vendidas. Utilizando as quantidades vendidas como fatores de ponderação, obtivemos $W = 8,80$. Note-se que a média ponderada é, nesse caso, o quociente do valor total das transações pela quantidade total vendida.

4.8 CARACTERIZAÇÃO ADICIONAL DA MÉDIA, DA MEDIANA, DA MODA E DO PONTO CENTRAL DE UM CONJUNTO DE DADOS

Nesta seção mostraremos que, dado um conjunto de observações, são válidas as seguintes afirmativas:

1º) o valor central entre os extremos (a média aritmética entre o menor e o maior valor observado) é o valor em relação ao qual é mínimo o valor absoluto do maior desvio;

2º) a moda é o valor em relação ao qual é máximo o número de desvios nulos;

3º) a média aritmética é o valor em relação ao qual é mínima a soma dos quadrados dos desvios, e

4º) a mediana é o valor em relação ao qual é mínima a soma dos valores absolutos dos desvios.

Se os valores observados são indicados por X_i ($i = 1, 2, ..., n$), o desvio da i-ésima observação em relação a um valor qualquer a é

$$e_i = X_i - a$$

Admitindo que os dados observados estão em ordem crescente, o valor central é

$$C = \frac{X_1 + X_n}{2}$$

O valor absoluto máximo dos desvios em relação ao ponto central é

$$|X_1 - C| = |X_n - C| = \frac{1}{2}(X_n - X_1),$$

que é a metade da amplitude total dos dados.

Para $a > C$, temos

$$|e_1| = |X_1 - a| > \frac{1}{2}(X_n - X_1)$$

e para $a < C$, temos

$$|X_n - a| > \frac{1}{2}(X_n - X_1)$$

isto é, para qualquer $a \neq C$, temos ao menos um desvio com valor absoluto superior à metade da amplitude total dos dados. Fica demonstrada, assim, a primeira afirmativa.

A segunda afirmativa é uma consequência imediata da definição de moda.

Antes de provar a terceira afirmativa, demonstraremos que a soma dos desvios em relação à média é igual a zero.

Como

$$\bar{X} = \frac{1}{n}\sum X_i,$$

temos

$$\sum(X_i - \bar{X}) = \sum X_i - n\bar{X} = 0, \qquad (4.8)$$

c.q.d.

Consideremos agora a identidade

$$(X_i - a) = (X_i - \bar{X}) + (\bar{X} - a), i = 1, ..., n.$$

Elevando ambos os membros ao quadrado e somando, obtemos

$$\Sigma(X_i - a)^2 = \Sigma(X_i - \bar{X})^2 + n(\bar{X} - a)^2 + 2(\bar{X} - a) \Sigma (X_i - \bar{X})$$

Lembrando (4.8), obtemos

$$\Sigma(X_i - a)^2 = \Sigma(X_i - \bar{X})^2 + n(\bar{X} - a)^2 \tag{4.9}$$

Essa relação mostra que, para qualquer $a \neq \bar{X}$, a soma dos quadrados dos desvios é maior do que a soma dos quadrados dos desvios em relação à média. Podemos, então, concluir que a média aritmética é o valor que torna mínima a soma dos quadrados dos desvios.

Outra forma de demonstrar a terceira afirmativa consiste em determinar o valor de a que minimiza $\Sigma(X_i - a)^2$. Então, derivando essa expressão em relação a a e igualando a zero, obtemos:

$$2 \Sigma(X_i - a)(-1) = 0$$

$$\Sigma X_i - na = 0$$

$$a = \frac{\Sigma X_i}{n} = \bar{X}, \quad \text{c.q.d.}$$

Não é necessário verificar a condição de segunda ordem para mínimo por tratar-se de uma soma de quadrados.

Para verificar a quarta afirmativa, consideremos a distribuição de freqüências apresentada na Tabela 4.8.

TABELA 4.8
Distribuição de freqüências de 13 observações

X	0	1	2	3	4	5	6	7	8
Freqüência	1	5	1	1	1	1	2	0	1

Para os dados da Tabela 4.8, a mediana é 2 e a soma dos valores absolutos dos desvios em relação à mediana é 27 (7 para os valores abaixo da mediana e 20 para os valores acima da mediana). Para mostrar que a mediana é o ponto que minimiza a soma dos valores absolutos dos desvios, consideremos um ponto abaixo da mediana, isto é, um ponto de abscissa $2 - \Delta$, com $0 < \Delta < 1$. Para os seis pontos abaixo da mediana, os desvios ficam diminuídos de Δ; para os seis pontos localizados acima da mediana, os desvios ficam aumentados de Δ, e para o ponto cuja abscissa é igual à mediana surge um desvio igual a Δ (em valor absoluto). A soma dos valores absolutos dos desvios em relação ao ponto de abscissa $2 - \Delta$ é, portanto, igual a

$$7 - 6\Delta + 20 + 6\Delta + \Delta = 27 + \Delta > 27$$

Raciocínio semelhante mostra que a soma dos valores absolutos dos desvios em relação a um ponto acima da mediana também é maior do que 27. Concluímos, então, que essa soma é mínima quando referida à mediana.

Exercícios

4.1 Determine a média, a mediana e a(s) moda(s) da seguinte amostra de vendas diárias para 20 varejistas:

7	4	10	9	6	9	7
8	11	6	8	10	11	6
10	10	8	11	6	5	

4.2 Calcule a média geométrica de 7 e 10.

4.3 Calcule a média geométrica de 4, 6 e 9.

4.4 Os salários mensais médios, em cinco diferentes setores da indústria, são dados na tabela a seguir. Determine o salário médio de toda a indústria.

Setor	A	B	C	D	E
Porcentagem do emprego industrial	30	25	20	20	5
Salário mensal médio no setor	320	350	320	300	280

4.5 O que acontece com a média ($\bar{X}$) de uma amostra se adicionarmos uma constante k a todos os elementos da amostra? E se multiplicarmos todos os elementos por uma constante θ? Prove suas afirmativas.

4.6 Determine a média, a mediana e a(s) moda(s) da seguinte distribuição de freqüências:

Valor observado (X)	0	1	2	3	4	5	6	7	8	9
Freqüência (f)	1	0	2	4	1	0	1	0	5	1

4.7 Determine a moda, a mediana e a média de X para a distribuição de freqüências dada no Exercício 3.1.

4.8 Determine a renda média em cada estrato e a renda média da população para os dados do Exercício 3.2.

Respostas

4.1 $\bar{X} = 8{,}1$; mediana = 8; modas: 6 e 10

4.2 8,37

4.3 6

4.4 321,50

4.5 a) A média aumenta de k;
     b) A média fica multiplicada por θ

4.6 $\bar{X} = 5$; mediana = 4; moda = 8

4.7 A moda é 6, a mediana é 6 e a média é 6,52

4.8 R$ 200,   R$ 3.200   e   R$ 800

5

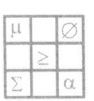

Medidas de Dispersão

5.1 AMPLITUDE, VARIÂNCIA E DESVIO PADRÃO

Consideremos os seguintes conjuntos:

$A = \{5, 5, 5, 5, 5\}$
$B = \{3, 4, 5, 6, 7\}$
$C = \{13, 14, 15, 16, 17\}$
$D = \{1, 3, 5, 7, 9\}$
$E = \{3, 5, 5, 5, 7\}$
$F = \{3, 3, 4, 4, 5, 5, 6, 6, 7, 7\}$

A média aritmética dos elementos do conjunto C é 15, e para todos os demais conjuntos a média aritmética dos seus elementos é 5.

Com base no simples exame desses conjuntos, podemos fazer as seguintes afirmativas, relativas à dispersão dos valores dos elementos de cada conjunto:

1º) o conjunto A apresenta dispersão nula;
2º) os conjuntos B e C apresentam a mesma dispersão, só diferindo quanto à média;
3º) a dispersão de D é maior do que a dispersão de B; ainda, como para o conjunto D a diferença entre dois valores consecutivos é sempre igual a 2 e para o conjunto B é sempre igual a 1, parece lícito afirmar que a dispersão de D é, em certo sentido, igual ao dobro da dispersão de B;
4º) a dispersão de E é maior que a dispersão de A e menor que a dispersão de B;
5º) o conjunto F apresenta dispersão igual à de B, pois esses conjuntos só diferem quanto ao número de elementos (o conjunto F é, simplesmente, uma duplicação de B).

Uma medida de dispersão é a amplitude total, que é a diferença entre o maior e o menor valor observado. A amplitude total é zero para o conjunto A, 4 para os conjuntos B, C, E e F, e 8 para o conjunto D. Nota-se que os valores da amplitude não obedecem à quarta afirmativa, pois eles indicam, erroneamente, que os conjuntos B e E apresentam o mesmo grau de dispersão. Isso acontece porque a amplitude só leva em consideração os valores extremos. Uma boa medida de dispersão deve levar em consideração todos os dados, não apenas o maior e o menor valor observado.

Os valores dos desvios em relação à média mostram o grau de dispersão dos dados. Para os conjuntos em análise, os conjuntos de desvios são:

$A' = \{0, 0, 0, 0, 0\}$
$B' = \{-2, -1, 0, 1, 2\}$
$C' = \{-2, -1, 0, 1, 2\}$
$D' = \{-4, -2, 0, 2, 4\}$
$E' = \{-2, 0, 0, 0, 2\}$
$F' = \{-2, -2, -1, -1, 0, 0, 1, 1, 2, 2\}$

É interessante notar que, ao considerarmos os desvios em relação à média, eliminamos a diferença entre os conjuntos B e C.

Não podemos usar a soma dos desvios como medida da dispersão porque, de acordo com (4.8), essa soma é sempre igual a zero. Então, para caracterizar a dispersão dos dados, devemos considerar os desvios independentemente do sinal, o que se pode obter tomando os desvios ao quadrado.

O valor da soma dos quadrados dos desvios (Σe_i^2) é zero para o conjunto A, 10 para os conjuntos B e C, 40 para o conjunto D, 8 para o conjunto E, e 20 para o conjunto F. Entretanto, Σe_i^2 não pode ser usado como medida de dispersão, porque tende a crescer com o número de observações; embora os conjuntos B e F apresentem a mesma dispersão, o valor de Σe_i^2 para F é duas vezes maior do que para B.

Dividindo a soma de quadrados dos desvios pelo número de observações, obtemos a variância dos dados

$$\hat{\sigma}^2 = \frac{\Sigma e_i^2}{n} = \frac{\Sigma(X_i - \bar{X})^2}{n} \tag{5.1}$$

Veremos adiante que, se $X_1, X_2, ..., X_n$ são os valores observados em uma amostra, $\hat{\sigma}^2$ é o "estimador de máxima verossimilhança da variância de X". Veremos também que o "estimador não-tendencioso da variância de X" é

$$s^2 = \frac{\Sigma e_i^2}{n-1} = \frac{\Sigma(X_i - \bar{X})^2}{n-1} \tag{5.2}$$

A variância, como medida de dispersão, tem o inconveniente de apresentar unidade de medida igual ao quadrado da unidade de medida dos dados. Assim, por exemplo, se X é medido em kg, a variância é medida em kg^2.

O desvio padrão é, por definição, a raiz quadrada, com sinal positivo, da variância. A unidade de medida do desvio padrão é igual à unidade de medida dos dados.

Na Tabela 5.1 são apresentados os valores da amplitude, de $\hat{\sigma}^2$ e $\hat{\sigma}$ para os seis conjuntos considerados. Note que o valor de $\hat{\sigma}$ obedece às cinco afirmativas relativas ao grau de dispersão nesses seis conjuntos, feitas no início desta seção.

TABELA 5.1
Valores de várias medidas de dispersão para seis conjuntos de dados

Conjunto	Amplitude	$\hat{\sigma}^2$	$\hat{\sigma}$
A	0	0	0
B	4	2	$\sqrt{2}$
C	4	2	$\sqrt{2}$
D	8	8	$2\sqrt{2}$
E	4	1,6	$\sqrt{1,6}$
F	4	2	$\sqrt{2}$

A seguinte igualdade, cuja demonstração deixamos para o leitor, pode ser bastante útil no cálculo da soma dos quadrados dos desvios:

$$\Sigma(X_i - \bar{X})^2 = \Sigma X_i^2 - \frac{1}{n}(\Sigma X_i)^2 \tag{5.3}$$

No caso de os dados estarem agrupados em uma distribuição de freqüências, cada valor distinto ou valor central da classe (X_j, com $j = 1, 2, ..., k$) deve ser ponderado pela respectiva freqüência (f_j), e as expressões (5.1), (5.2) e (5.3) ficam:

$$\hat{\sigma}^2 = \frac{\Sigma(X_j - \bar{X})^2 f_j}{n}, \tag{5.4}$$

e

$$s^2 = \frac{\Sigma(X_j - \bar{X})^2 f_j}{n-1} \tag{5.5}$$

$$\Sigma(X_j - \bar{X})^2 f_j = \Sigma X_j^2 f_j - \frac{1}{n}(\Sigma X_j f_j)^2 \tag{5.6}$$

com

$$n = \Sigma f_j$$

5.2 O DESVIO MÉDIO E A DIFERENÇA MÉDIA

Por definição, o desvio (absoluto) médio de um conjunto de dados $(X_1, X_2, ..., X_n)$ é a média aritmética dos valores absolutos dos desvios em relação a $\bar{X}$, isto é:

$$\delta = \frac{1}{n} \sum |X_i - \bar{X}| \qquad (5.7)$$

Se os valores de X estiverem em ordem crescente, isto é, se $X_1 \leq X_2 \leq ... \leq X_n$, sendo válida pelo menos uma desigualdade, e se h é um inteiro positivo tal que

$$X_i < \bar{X} \text{ para } 1 \leq i \leq h$$

e

$$X_i \geq \bar{X} \text{ para } h < i \leq n,$$

temos,

$$\delta = \frac{1}{n} \left[-\sum_{i=1}^{h}(X_i - \bar{X}) + \sum_{i=h+1}^{n}(X_i - \bar{X}) \right] \qquad (5.8)$$

De (4.8) segue-se que

$$\sum_{i=h+1}^{n}(X_i - \bar{X}) = -\sum_{i=1}^{h}(X_i - \bar{X})$$

Substituindo esse resultado em (5.8), obtemos

$$\delta = \frac{2}{n} \sum_{i=h+1}^{n}(X_i - \bar{X}) = \frac{2}{n} \sum_{i=1}^{h}(\bar{X} - X_i) \qquad (5.9)$$

Na Tabela 5.2 estão os valores do desvio médio para os seis conjuntos apresentados no início da Seção 5.1. Como exercício, o leitor deve verificar esses resultados, utilizando (5.7) e (5.9). É interessante notar que o valor do desvio médio obedece às cinco afirmativas relativas ao grau de dispersão nesses conjuntos, feitas no início da Seção 5.1.

Por definição, a diferença (absoluta) média de um conjunto de dados $(X_1, X_2, ..., X_n)$ é

$$\Delta = \frac{1}{n^2} \sum_i \sum_j |X_i - X_j| \qquad (5.10)$$

Admitindo que $X_1 \leq X_2 \leq ... \leq X_n$, podemos escrever os valores de $|X_i - X_j|$, com $i = 1, ..., n$ e $j = 1, ..., n$, como segue:

$$\begin{array}{ccccc}
X_n - X_n & X_n - X_{n-1} & \cdots & X_n - X_2 & X_n - X_1 \\
X_n - X_{n-1} & X_{n-1} - X_{n-1} & \cdots & X_{n-1} - X_2 & X_{n-1} - X_1 \\
\vdots & \vdots & \cdots & \vdots & \vdots \\
X_n - X_2 & X_{n-1} - X_2 & \cdots & X_2 - X_2 & X_2 - X_1 \\
X_n - X_1 & X_{n-1} - X_1 & \cdots & X_2 - X_1 & X_1 - X_1
\end{array}$$

Coletando os termos positivos e os negativos, obtemos:

$$\Delta = \frac{1}{n^2} [X_1 + 3X_2 + ... + (2n-3) X_{n-1} + (2n-1) X_n] -$$

$$- \frac{1}{n^2} [X_n + 3X_{n-1} + ... + (2n-3) X_2 + (2n-1) X_1]$$

Uma vez que o segundo membro dessa expressão é a soma algébrica de duas parcelas de sinais contrários, seu valor não se altera se adicionarmos a cada uma das expressões entre colchetes a expressão

$$[X_n + 3X_{n-1} + ... + (2n-3) X_2 + (2n-1) X_1]$$

Dessa maneira, obtemos

$$\Delta = \frac{1}{n^2} 2n(X_1 + X_2 + ... + X_{n-1} + X_n) -$$

$$- \frac{2}{n^2} [X_n + 3X_{n-1} + ... + (2n-3) X_2 + (2n-1) X_1]$$

Como $\Sigma X_i = n\bar{X}$, segue-se que

$$\Delta = 2\bar{X} - \frac{2}{n^2} [(2n-1) X_1 + (2n-3) X_2 + ... + 3X_{n-1} + X_n] \qquad (5.11)$$

Somando e subtraindo $\Sigma X_i = n\bar{X}$ à expressão entre colchetes em (5.11), obtemos

$$\Delta = 2\bar{X}\left(1 + \frac{1}{n}\right) - \frac{4}{n^2} [nX_1 + (n-1) X_2 + ... + 2X_{n-1} + X_n]$$

ou

$$\Delta = 2\bar{X}\left(1 + \frac{1}{n}\right) - \frac{4}{n^2} \Sigma(n - i + 1) X_i \qquad (5.12)$$

Com mais algumas transformações algébricas, obtemos

$$\Delta = \frac{4}{n^2} \Sigma i X_i - 2\bar{X}\left(1 + \frac{1}{n}\right) \tag{5.13}$$

Na Tabela 5.2 estão os valores da diferença média para os seis conjuntos apresentados no início da Seção 5.1. Como exercício, o leitor deve verificar os resultados utilizando (5.10), (5.12) e (5.13). É interessante notar que o valor da diferença média obedece às cinco afirmativas sobre o grau de dispersão desses conjuntos, feitas no início da Seção 5.1.

TABELA 5.2
Valores do desvio médio (δ) e da diferença média (Δ) para seis conjuntos de dados

Conjunto	δ	Δ
$A = \{5, 5, 5, 5, 5\}$	0	0
$B = \{3, 4, 5, 6, 7\}$	1,2	1,6
$C = \{13, 14, 15, 16, 17\}$	1,2	1,6
$D = \{1, 3, 5, 7, 9\}$	2,4	3,2
$E = \{3, 5, 5, 5, 7\}$	0,8	1,28
$F = \{3, 3, 4, 4, 5, 5, 6, 6, 7, 7\}$	1,2	1,6

A variância, o desvio padrão, o desvio médio e a diferença média são todos boas medidas de dispersão, mas não há dúvida de que a variância e o desvio padrão são as mais usuais. Cabe lembrar que a média é a medida de tendência central que minimiza a soma de quadrados dos desvios, usada no cálculo da variância. Uma razão para a preferência pela variância na teoria estatística é a relativa dificuldade de obter derivadas de expressões envolvendo módulo, como ocorre na definição do desvio médio e da diferença média. No Capítulo 17 veremos que a diferença média está diretamente associada ao índice de Gini, que é a mais usual das medidas de desigualdade.

Exercícios

5.1 São dados seis valores observados em uma amostra da variável aleatória X: 9, 13, 6, 7, 10, 9.

Determine, para essa amostra, os valores (a) da média de X, (b) da variância de X e (c) do desvio padrão de X. Determine também a amplitude da amostra.

5.2 A tabela a seguir dá os valores observados e as respectivas freqüências, em uma amostra de 15 observações da variável aleatória X.

X	Freqüência
9	1
8	5
0	1
2	2
6	1
3	4
4	1

Determine os valores, na amostra, (a) da amplitude de X, (b) da média de X, (c) da mediana de X, (d) da moda de X e (e) da variância de X.

5.3 Determine a estimativa da variância e do desvio padrão de X com base na seguinte amostra de oito valores:

2,0   2,5   3,0   2,0   2,5   2,0   2,0   4,0

5.4 A distribuição de freqüências a seguir refere-se às alturas de 10 indivíduos do sexo masculino. Determine a média e a variância dos dados tabulados.

Intervalo de classe	Freqüência
1,55 – 1,65	2
1,65 – 1,75	5
1,75 – 1,85	3

5.5 Calcule a média, a moda, a mediana e o desvio padrão da seguinte amostra, correspondente à distribuição, por número do calçado, das vendas de pares de calçados em uma loja, em uma semana.

Número do calçado	Número de pares vendidos
37	2
38	7
39	19
40	29
41	26
42	13
43	4
44	1

5.6 Dada uma variável X, definimos as variáveis Y e Z da seguinte maneira: $Y_i = a + X_i$ e $Z_i = bX_i$, onde a e b são constantes.

Considerando uma amostra de n observações, deduza a relação existente:

a) entre as médias de X e Z (isto é, entre $\bar{X}$ e $\bar{Z}$);
b) entre as estimativas das variâncias de Y e X, isto é, entre s_Y^2 e s_X^2;
c) entre as estimativas das variâncias de Z e X, isto é, entre s_Z^2 e s_X^2.

5.7 O que acontece com a média e a variância de uma amostra se dividirmos todos os elementos da amostra por uma constante k? Demonstre.

5.8 Dado um conjunto de n observações $(X_1, X_2, ..., X_n)$, prove que

$$\frac{1}{n^2} \sum_{i=1}^{n} \sum_{j=1}^{n} (X_i - X_j)^2 = 2\hat{\sigma}^2,$$

onde

$$\hat{\sigma}^2 = \frac{1}{n} \sum_{i=1}^{n} (X_i - \bar{X})^2$$

5.9 Calcule a média ($\bar{X}$), o desvio padrão (s ou $\hat{\sigma}$), o desvio médio (δ) e a diferença média (Δ) para o seguinte conjunto de observações: 1, 4, 5, 7 e 8.

5.10 Considerando a distribuição de freqüências dada no Exercício 3.1 como uma amostra, calcule o valor de s^2 (o estimador não-tendencioso da variância de X).

5.11 É dada a seguinte tabela de distribuição de freqüências da variável X, com intervalos de classe fechados à direita:

Intervalo da classe	Freqüência
(0, 4]	1
(4, 8]	4
(8, 12]	5
(12, 16]	3
(16, 20]	2
(20, 24]	1

Determine a média ($\bar{X}$) e a variância ($\hat{\sigma}^2$) de X nessa tabela.

Respostas

5.1 a) $\bar{X} = 9$ b) $s^2 = 6$ ou $\hat{\sigma}^2 = 5$ c) $s = 2{,}45$ ou $\hat{\sigma} = 2{,}24$ Amplitude = 7

5.2 a) 9   b) $\bar{X} = 5$ c) 4   d) 8   e) $s^2 = \dfrac{61}{7}$ ou $\hat{\sigma}^2 = \dfrac{122}{15}$

5.3 $s^2 = 0{,}5$ ou $\hat{\sigma}^2 = \dfrac{7}{16}$; $s = 0{,}707$ ou $\hat{\sigma} = 0{,}661$

5.4 $\bar{X} = 1{,}71$ e $s^2 = 0{,}00544$ ou $\hat{\sigma}^2 = 0{,}00490$

5.5 Média = 40,29; moda = 40; mediana = 40; $s = 1{,}37$ ou $\hat{\sigma} = 1{,}36$

5.6 a) $\bar{Z} = b\bar{X}$ b) $s_Y^2 = s_X^2$ c) $s_Z^2 = b^2 s_X^2$

5.7 A média fica dividida por k e a variância fica dividida por k^2.

5.9 $\bar{X} = 5$; $s = \sqrt{7{,}5} = 2{,}74$ ou $\hat{\sigma} = \sqrt{6} = 2{,}45$; $\delta = 2$; $\Delta = 2{,}72$

5.10 $s^2 = 3{,}8465$

5.11 $\bar{X} = 11$, $\hat{\sigma}^2 = 27$

6

Esperança Matemática

6.1 VARIÁVEL ALEATÓRIA E SUA DISTRIBUIÇÃO

Dizemos que a variável discreta X é aleatória se a cada um de seus possíveis valores se associa uma probabilidade $P(X)$. O conjunto dos valores da variável e das respectivas probabilidades, isto é, o conjunto dos valores de X_i e $P(X_i)$, com $i = 1, ..., n$, é a distribuição de X.

É claro que

$$\sum_{i=1}^{n} P(X_i) = 1$$

Exemplo: O resultado do lançamento de um dado é uma variável aleatória cuja distribuição está representada na Figura 6.1.

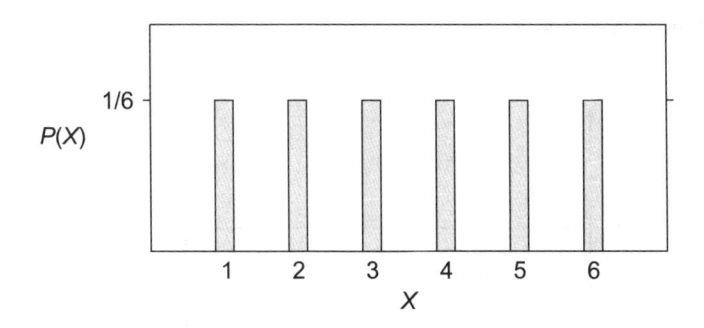

FIGURA 6.1
Gráfico de barras da distribuição da variável aleatória definida como o resultado do lançamento de um dado

Se X é uma variável aleatória discreta que assume os valores $X_1 < X_2 < ... < X_n$, a função de distribuição de X é, por definição,

$$F(X_i) = \sum_{h=1}^{i} P(X_h)$$

Se a variável aleatória é contínua, a probabilidade de obtermos exatamente um determinado valor, ao acaso, é zero.

$$P(X = X_0) = 0$$

Para caracterizar a distribuição, definimos a *função de densidade* $f(X)$, de tal maneira que

$$P(a < X < b) = \int_a^b f(X)dX$$

isto é, a probabilidade de X assumir um valor dentro do intervalo (a, b) é numericamente igual à área compreendida entre a função de densidade e o eixo das abscissas, nesse intervalo.

O valor de $f(X)$ também é denominado densidade de probabilidade.
É claro que

$$\int_{-\infty}^{\infty} f(X)dX = 1$$

Vejamos, como exemplo de distribuição contínua, a distribuição uniforme representada na Figura 6.2, cuja função de densidade é

$f(X) = \dfrac{1}{\theta}$, para $a \leq X \leq a + \theta$,

$f(X) = 0$, para $X < a$ e

$f(X) = 0$, para $X > a + \theta$

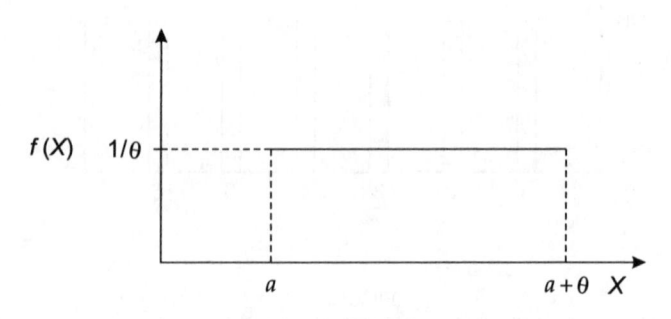

FIGURA 6.2
A função de densidade de uma distribuição uniforme

Se X é uma variável aleatória contínua com função de densidade $f(X)$, a função de distribuição de X é, por definição,

$$F(X) = \int_{-\infty}^{X} f(Z)dZ$$

6.2 DEFINIÇÃO DE ESPERANÇA MATEMÁTICA

Seja X uma variável discreta que assume os valores X_1, X_2, ..., X_n com probabilidades $P(X_1)$, $P(X_2)$, ..., $P(X_n)$, respectivamente. Por definição, a esperança matemática de X é

$$\mu = E(X) = \sum_{i=1}^{n} X_i P(X_i) \tag{6.1}$$

A esperança matemática também é denominada valor médio.

Exemplo: Seja X a variável aleatória correspondente ao lançamento de um dado. Obtemos $E(X) = 3,5$. Isso significa que, em um grande número de jogadas, espera-se uma média de pontos igual a 3,5.

Se X é uma variável contínua com função de densidade $f(X)$, a esperança matemática de X é

$$\mu = E(X) = \int_{-\infty}^{\infty} Xf(X)dX \tag{6.2}$$

Exemplo: Para uma distribuição uniforme definida no intervalo $(a, a + \theta)$, obtemos:

$$E(X) = \frac{1}{\theta} \int_{a}^{a+\theta} X dX = a + \frac{\theta}{2}$$

6.3 DISTRIBUIÇÃO CONJUNTA E VARIÁVEIS INDEPENDENTES

Vejamos, inicialmente, a distribuição conjunta de duas variáveis discretas.

Sejam X e Y variáveis aleatórias discretas que assumem os valores X_1, X_2, ..., X_n e Y_1, Y_2, ..., Y_k. Seja $P(X_i, Y_j)$ a probabilidade associada ao par X_i, Y_j. Então, o conjunto dos pares de valores X_i, Y_j e das respectivas probabilidades $P(X_i, Y_j)$ constitui a distribuição conjunta de X e Y.

Devemos ter

$$\sum_i \sum_j P(X_i, Y_j) = 1$$

De acordo com o teorema da soma, temos

$$P(X_i) = \sum_j P(X_i, Y_j)$$

para $i = 1, ..., n$. Essas são as probabilidades da distribuição marginal de X.

Os valores de $P(Y_j) = \sum_i P(X_i, Y_j)$, para $j = 1, ..., k$, são as probabilidades da distribuição marginal de Y.

Fixado o valor $Y = Y_h$, o conjunto de valores de X_i e de

$$P(X_i \mid Y = Y_h) = \frac{P(X_i, Y_h)}{P(Y_h)} \tag{6.3}$$

constitui a distribuição condicional de X, dado $Y = Y_h$.

Analogamente, fixado o valor $X = X_h$, o conjunto de valores de Y_j e de

$$P(Y_j \mid X = X_h) = \frac{P(X_h, Y_j)}{P(X_h)} \tag{6.4}$$

constitui a distribuição condicional de Y, dado $X = X_h$.

Se as variáveis X e Y são independentes, a probabilidade associada ao par X_i, Y_j é igual ao produto das probabilidades marginais de X_i e de Y_j, isto é,

$$P(X_i, Y_j) = P(X_i)P(Y_j) = \sum_j P(X_i, Y_j) \sum_i P(X_i, Y_j) \tag{6.5}$$

De (6.5) e (6.3) ou de (6.5) e (6.4), concluímos que, se as variáveis são independentes, as distribuições condicionais são iguais à correspondente distribuição marginal.

Para exemplificar, consideremos um tetraedro regular feito de material homogêneo em cujas faces estão marcados os números 0, 2, 4 e 6. Ao lançar esse tetraedro, considera-se que o resultado, indicado por X, é o valor marcado na face do tetraedro que fica em contato com a mesa. Lançando esse tetraedro sucessivamente, geramos uma população infinita. A cada um dos quatro possíveis valores de X está associada a probabilidade $\frac{1}{4}$. A Tabela 6.1 mostra a distribuição de X.

Temos

$$E(X) = \sum X_i P(X_i) = 3$$

TABELA 6.1
Distribuição da variável aleatória discreta gerada pelo lançamento do tetraedro

X_i	$P(X_i)$
0	1/4
2	1/4
4	1/4
6	1/4

Consideremos agora que temos dois desses tetraedros, um azul e outro branco, e que esses tetraedros são lançados simultaneamente ou um após o outro. Sejam X e Y os resultados relativos aos tetraedros azul e branco, respectivamente. A Tabela 6.2 mostra a distribuição conjunta de X e Y. Obviamente, as variáveis X e Y são independentes.

TABELA 6.2
Distribuição conjunta de duas variáveis independentes

Y	X				P(Y)
	0	2	4	6	
0	1/16	1/16	1/16	1/16	1/4
2	1/16	1/16	1/16	1/16	1/4
4	1/16	1/16	1/16	1/16	1/4
6	1/16	1/16	1/16	1/16	1/4
P(X)	1/4	1/4	1/4	1/4	1

Admitamos agora que temos um tetraedro azul como o descrito e quatro tetraedros brancos, denominados B_1, B_2, B_3 e B_4, diferentes quanto aos números marcados em suas faces, que são:

B_1: 0, 0, 0 e 2
B_2: 0, 2, 2 e 4
B_3: 2, 4, 4 e 6
B_4: 4, 6, 6 e 6

Suponhamos que lançamos o tetraedro azul e que X foi o resultado obtido. Suponhamos ainda que devemos, então, lançar um dos tetraedros brancos, de acordo com a seguinte regra: B_1 se $X = 0$; B_2 se $X = 2$; B_3 se $X = 4$ e B_4 se $X = 6$. Seja Y o resultado obtido desse segundo lançamento. É claro que X e Y não são independentes. A Tabela 6.3 mostra a distribuição conjunta dessas variáveis, assim como as distribuições marginais de X e de Y.

TABELA 6.3
Distribuição conjunta de duas variáveis dependentes

Y	X				P(Y)
	0	2	4	6	
0	3/16	1/16	0	0	1/4
2	1/16	2/16	1/16	0	1/4
4	0	1/16	2/16	1/16	1/4
6	0	0	1/16	3/16	1/4
P(X)	1/4	1/4	1/4	1/4	1

Vejamos como foram calculadas as probabilidades apresentadas na Tabela 6.3. Admitamos que o lançamento do tetraedro azul resultou em $X = 2$. Sabemos que $P(X = 2) = 1/4$. Foi, então, lançado o tetraedro B_2. Dados os números marcados nas faces desse tetraedro, concluímos que as probabilidades condicionais $P(Y_j | X = 2)$ são:

$P(Y = 0 | X = 2) = 1/4,$
$P(Y = 2 | X = 2) = 2/4,$
$P(Y = 4 | X = 2) = 1/4$ e
$P(Y = 6 | X = 2) = 0$

Finalmente, de acordo com (6.4), as probabilidades da distribuição conjunta para $X = 2$ são dadas por

$$P(X = 2, Y_j) = P(X = 2)P(Y_j | X = 2)$$

Se X e Y são variáveis contínuas, a caracterização da distribuição conjunta é feita por meio de uma função de densidade $f(X,Y)$, tal que

$$P(a < X < b, \alpha < Y < \beta) = \int_\alpha^\beta \int_a^b f(X,Y)dXdY$$

É claro que

$$\int_{-\infty}^{\infty} \int_{-\infty}^{\infty} f(X,Y)dXdY = 1$$

As funções de densidade nas distribuições marginais são

$$g(X) = \int_{-\infty}^{\infty} f(X,Y)dY$$

e

$$\phi(Y) = \int_{-\infty}^{\infty} f(X,Y)dX$$

Se as variáveis X e Y são independentes, temos

$$f(X,Y) = g(X)\,\phi(Y)$$

6.4 PROPRIEDADES DA ESPERANÇA MATEMÁTICA

As propriedades apresentadas a seguir são válidas tanto para variáveis discretas como para variáveis contínuas. Para não estender demasiadamente o texto, apresentaremos apenas as demonstrações para o caso de variáveis discretas.

a) Se K é uma constante,

$$E(KX) = KE(X) \qquad (6.6)$$

Demonstração:

$$E(KX) = \sum KX_i P(X_i) = K \sum X_i P(X_i) = KE(X), \quad \text{c.q.d.}$$

b) Se K é uma constante,

$$E(X + K) = E(X) + K \qquad (6.7)$$

Demonstração:

$$E(X + K) = \sum (X_i + K)P(X_i) = \sum X_i P(X_i) + K \sum P(X_i)$$

Como $\sum P(X_i) = 1$, obtemos

$$E(X + K) = E(X) + K, \quad \text{c.q.d.}$$

c) Se X e Y são duas variáveis aleatórias quaisquer,

$$E(X + Y) = E(X) + E(Y) \qquad (6.8)$$

Demonstração:

$$E(X + Y) = \sum_i \sum_j (X_i + Y_j) P(X_i, Y_j) =$$
$$= \sum_i X_i \sum_j P(X_i, Y_j) + \sum_j Y_j \sum_i P(X_i, Y_j) =$$
$$= \sum_i X_i P(X_i) + \sum_j Y_j P(Y_j) =$$
$$= E(X) + E(Y), \quad \text{c.q.d.}$$

d) Se X e Y são duas variáveis aleatórias independentes,

$$E(XY) = E(X)E(Y) \qquad (6.9)$$

Demonstração:

$$E(XY) = \sum_i \sum_j X_i Y_j P(X_i, Y_j)$$

Se as variáveis são independentes, temos

$$P(X_i, Y_j) = P(X_i) P(Y_j)$$

Então,

$$E(XY) = \sum_i X_i P(X_i) \sum_j Y_j P(Y_j) = E(X)E(Y), \quad \text{c.q.d.}$$

Para exemplificar, consideremos as variáveis X e Y definidas como os resultados do lançamento de dois de nossos tetraedros, cuja distribuição conjunta é a apresentada na Tabela 6.2.

Temos

$$E(X) = 3$$

e

$$E(Y) = 3$$

De acordo com (7.8), temos

$$E(X + Y) = 3 + 3 = 6$$

Esse resultado também pode ser obtido aplicando diretamente a definição (6.1):

$$E(X + Y) = \sum_i \sum_j (X_i + Y_j)P(X_i, Y_j) \qquad (6.10)$$

Os valores de $X_i + Y_j$ estão na Tabela 6.4.

TABELA 6.4
Valores de $Z = X + Y$

Y	X			
	0	2	4	6
0	0	2	4	6
2	2	4	6	8
4	4	6	8	10
6	6	8	10	12

Substituindo os valores apresentados nas tabelas 6.2 e 6.4 em (6.10), obtemos

$$E(X + Y) = \frac{96}{16} = 6$$

Uma vez que as variáveis X e Y são, nesse caso, independentes, podemos aplicar (6.9), obtendo

$$E(XY) = 3 \cdot 3 = 9$$

Esse resultado também pode ser obtido aplicando diretamente a definição (6.1):

$$E(XY) = \sum_i \sum_j X_i Y_j P(X_i, Y_j) \qquad (6.11)$$

Utilizando os valores apresentados nas tabelas 6.2 e 6.5, obtemos

$$E(XY) = \frac{144}{16} = 9$$

TABELA 6.5
Valores de XY

Y	X			
	0	2	4	6
0	0	0	0	0
2	0	4	8	12
4	0	8	16	24
6	0	12	24	36

Para o caso da distribuição conjunta apresentada na Tabela 6.3, temos:

$E(X) = 3$

$E(Y) = 3$

Aplicando (6.8) ou a definição (6.1), obtemos

$E(X + Y) = 6$

Aplicando a definição (6.1), obtemos

$E(XY) = 13{,}25$

Note que a relação (6.9) não é válida, pois as variáveis não são independentes.

6.5 VARIÂNCIA E COVARIÂNCIA

Por definição, a variância de uma variável aleatória X, de população infinita, é

$$\sigma^2 = V(X) = E[X - E(X)]^2 = E(X - \mu)^2 \tag{6.12}$$

Demonstraremos agora que, se K é uma constante,

$$V(X + K) = V(X) \tag{6.13}$$

e

$$V(KX) = K^2 V(X) \tag{6.14}$$

De acordo com (6.12), temos

$$V(X + K) = E[X + K - E(X + K)]^2$$

Lembrando (6.7), obtemos

$$V(X + K) = E[X - E(X)]^2 = V(X), \quad \text{c.q.d.}$$

De acordo com (6.12), temos

$$V(KX) = E[KX - E(KX)]^2$$

Lembrando (6.6), obtemos

$$V(KX) = E\{K^2[X - E(X)]^2\} =$$
$$= K^2 E[X - E(X)]^2 = K^2 V(X), \quad \text{c.q.d.}$$

Para exemplificar, consideremos a população infinita gerada quando se lança, sucessivamente, um tetraedro regular, feito de material homogêneo, em cujas faces estão marcados os valores 0, 2, 4 e 6. A distribuição da variável aleatória assim definida está na Tabela 6.1. Obtemos:

$$\mu = E(X) = 3$$

$$\sigma^2 = V(X) = (0-3)^2 \left(\frac{1}{4}\right) + (2-3)^2 \left(\frac{1}{4}\right) + (4-3)^2 \left(\frac{1}{4}\right) + (6-3)^2 \left(\frac{1}{4}\right) = 5$$

O leitor pode verificar, aplicando a definição (6.12), que:

a) se os valores da variável forem todos acrescidos de 10, passando a ser 10, 12, 14 e 16, a variância continua sendo igual a 5, confirmando (6.13);

b) se os valores da variável forem todos divididos por 2 (ou multiplicados por 0,5), passando a ser 0, 1, 2 e 3, a variância será igual a $\frac{5}{4} = 1,25$, confirmando (6.14).

Por definição, dadas duas variáveis aleatórias, X e Y, a *covariância* entre X e Y é

$$\text{cov}(X,Y) = E[X - E(X)][Y - E(Y)] = E(X - \mu_X)(Y - \mu_Y) \tag{6.15}$$

Se σ_X^2 é a variância da distribuição marginal de X e σ_Y^2 é a variância da distribuição marginal de Y, a *correlação* entre X e Y é

$$\rho = \frac{\text{cov}(X,Y)}{\sigma_X \sigma_Y}$$

O conceito de correlação será pormenorizadamente analisado no Capítulo 15.

Demonstraremos, a seguir, que

$$V(X + Y) = V(X) + V(Y) + 2\operatorname{cov}(X,Y) \tag{6.16}$$

Temos

$$V(X + Y) = E[(X + Y) - E(X + Y)]^2$$

Então,

$$\begin{aligned}V(X + Y) &= E\{[X - E(X)] + [Y - E(Y)]\}^2 = \\&= E[(X - \mu_X)^2 + (Y - \mu_Y)^2 + 2(X - \mu_X)(Y - \mu_Y)] = \\&= V(X) + V(Y) + 2\operatorname{cov}(X,Y), \quad \text{c.q.d.}\end{aligned}$$

É fácil verificar que

$$V(X - Y) = V(X) + V(Y) - 2\operatorname{cov}(X,Y) \tag{6.17}$$

Se X e Y são duas variáveis aleatórias independentes, temos

$$\operatorname{cov}(X,Y) = E(X - \mu_X)(Y - \mu_Y) = E(X - \mu_X) \cdot E(Y - \mu_Y) = 0$$

Portanto, se X e Y são variáveis independentes,

$$V(X \pm Y) = V(X) + V(Y) \tag{6.18}$$

Para exemplificar, consideremos novamente as variáveis X e Y definidas como os resultados do lançamento de dois tetraedros, cuja distribuição conjunta é apresentada na Tabela 6.2. Uma vez que X e Y são variáveis independentes, devemos verificar que

$$\operatorname{cov}(X,Y) = 0$$

Na Tabela 6.6 são dados os valores do produto $(X - \mu_X)(Y - \mu_Y)$, que serão utilizados no cálculo de $\operatorname{cov}(X,Y)$.

TABELA 6.6
Valores de $(X - \mu_X)(Y - \mu_Y) = (X - 3)(Y - 3)$

Y	X			
	0	2	4	6
0	9	3	−3	−9
2	3	1	−1	−3
4	−3	−1	1	3
6	−9	−3	3	9

De (6.15), temos

$$\text{cov}(X,Y) = \sum_i \sum_j (X_i - \mu_X)(Y_j - \mu_Y) P(X_i, Y_j) \qquad (6.19)$$

Substituindo os valores apresentados nas tabelas 6.2 e 6.6 em (6.19), obtemos

$\text{cov}(X,Y) = 0$

Seja $Z = X + Y$. De acordo com (6.18), temos

$V(Z) = 5 + 5 = 10$

Verifiquemos esse resultado calculando $V(Z)$ diretamente da definição. Os valores de Z estão na Tabela 6.4 e as respectivas probabilidades estão na Tabela 6.2. Já vimos que

$E(Z) = E(X + Y) = 6$

Então,

$$V(Z) = E[Z - E(Z)]^2 =$$

$$= (0-6)^2 \frac{1}{16} + (2-6)^2 \frac{1}{16} + \ldots + (12-6)^2 \frac{1}{16} = 10$$

Devemos frisar que, embora $\text{cov}(X,Y) = 0$ sempre que X e Y são variáveis aleatórias independentes, o inverso não é verdadeiro, isto é, se $\text{cov}(X,Y) = 0$, não podemos concluir que X e Y são variáveis independentes.[1] Na Tabela 6.7 apresentamos uma distribuição conjunta em que $\text{cov}(X,Y) = 0$ e as variáveis não são independentes, pois

$P(X_i, Y_j) \neq P(X_i) \cdot P(Y_j)$

TABELA 6.7
Valores de $P(X_i, Y_j)$ para a distribuição conjunta de duas variáveis dependentes com $\text{cov}(X,Y) = 0$

Y	X			P(Y)
	-1	0	+1	
-1	0,10	0,30	0,10	0,50
+1	0,25	0	0,25	0,50
P(X)	0,35	0,30	0,35	1,00

---

[1] Entretanto, é possível demonstrar que, se as variáveis têm distribuição normal (ver Capítulo 8), o fato de a covariância ser igual a zero é condição suficiente para podermos afirmar que são variáveis independentes.

Vejamos um exemplo de duas variáveis com covariância não-nula. No lançamento de um de nossos tetraedros, seja X o valor marcado na face que fica em contato com a mesa e seja W a soma dos valores marcados nas outras três faces. A Tabela 6.8 mostra os valores de X e de W.

TABELA 6.8
Elementos para o cálculo da cov(X,W)

X	W	[X − E (X)][W − E (W)]
0	12	− 9
2	10	− 1
4	8	− 1
6	6	− 9

Temos que

$E(X) = 3$
$E(W) = 9$

e

$$\text{cov}(X,W) = E[X - E(X)][W - E(W)] =$$
$$= (-9)\frac{1}{4} + (-1)\frac{1}{4} + (-1)\frac{1}{4} + (-9)\frac{1}{4} =$$
$$= -\frac{20}{4} = -5$$

Como exercício, o leitor pode verificar que $V(W - X) = 20$.

É fácil demonstrar que, se K é uma constante e se X, Y e Z são variáveis aleatórias, a covariância apresenta as seguintes propriedades:

a) $\text{cov}(X + Y, Z) = \text{cov}(X,Z) + \text{cov}(Y,Z)$
b) $\text{cov}(KX,Y) = \text{cov}(X,KY) = K\,\text{cov}(X,Y)$
c) $\text{cov}(K,X) = \text{cov}(X,K) = 0$

Segue-se que, se α_1, β_1, γ_1, α_2, β_2, e γ_2 são constantes,

$$\text{cov}(\alpha_1 + \beta_1 X + \gamma_1 Y, \alpha_2 + \beta_2 X + \gamma_2 Y) =$$
$$= \beta_1\beta_2 V(X) + (\gamma_1\beta_2 + \beta_1\gamma_2)\,\text{cov}(X,Y) + \gamma_1\gamma_2 V(Y) \quad (6.20)$$

Como caso particular de (6.20), temos que

$$\text{cov}(X, \alpha + \beta X) = \beta V(X) \quad (6.21)$$

A covariância entre as variáveis X e W da Tabela 6.8 pode ser obtida por meio de (6.21). Como a soma de todos os valores marcados no tetraedro é 12, temos que $W = 12 - X$. Então,

$$\text{cov}(X,W) = \text{cov}(X, 12 - X) = -V(X) = -5,$$

confirmando o resultado obtido anteriormente.

6.6 MOMENTOS

Dada a distribuição de uma variável aleatória X, por definição, o momento de ordem k em relação à origem é

$$M'_k = E(X^k)$$

O primeiro momento em relação à origem é a média de X, isto é,

$$M'_1 = E(X) = \mu$$

Por definição, o momento de ordem k em relação à média de X é

$$M_k = E(X - \mu)^k$$

O primeiro momento em relação à média é a esperança do desvio de X em relação à sua média, que é zero.

$$M_1 = E(X - \mu) = E(X) - \mu = \mu - \mu = 0$$

O segundo momento em relação à média é a variância de X.

$$M_2 = E(X - \mu)^2 = \sigma^2$$

Temos

$$M_2 = \sigma^2 = E(X - \mu)^2$$
$$\sigma^2 = E(X^2 - 2\mu X + \mu^2)$$
$$\sigma^2 = E(X^2) - \mu^2 \qquad (6.22)$$

ou

$$M_2 = M'_2 - (M'_1)^2$$

O terceiro momento em relação à média está relacionado com a assimetria da distribuição.

Uma distribuição discreta é simétrica se $P(\mu - u_i) = P(\mu + u_i)$, onde $u_i = X_i - \mu$.

Uma distribuição contínua com função de densidade $f(X)$ é simétrica se $f(\mu - u) = f(\mu + u)$, onde $u = X - \mu$.

Nas distribuições simétricas, o terceiro momento em relação à média é sempre igual a zero.[2] Nas distribuições assimétricas à direita, o terceiro momento em relação à média é positivo, e nas distribuições assimétricas à esquerda, é negativo.

Vejamos como exemplo as três distribuições apresentadas na Tabela 6.9.

TABELA 6.9
Uma distribuição simétrica (A), uma distribuição positivamente assimétrica (B) e uma distribuição negativamente assimétrica (C)

X_i	$P(X_i)$ na distribuição		
	A	B	C
–2	0,10	0,00	0,15
–1	0,20	0,45	0,15
0	0,40	0,25	0,25
1	0,20	0,15	0,45
2	0,10	0,15	0,00

Essas três distribuições estão graficamente representadas nas figuras 6.3, 6.4 e 6.5.

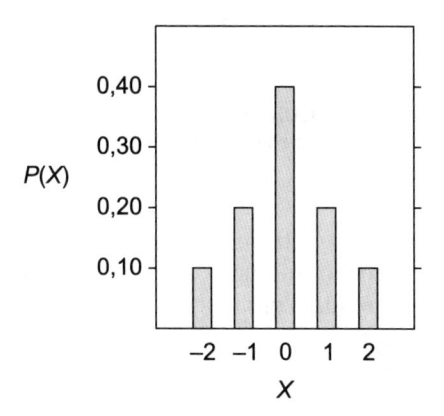

FIGURA 6.3
A distribuição A (simétrica)

---

[2] Entretanto, o fato de o terceiro momento em relação à média ser igual a zero não permite concluir que a distribuição é simétrica, como mostra o Exercício 6.9.

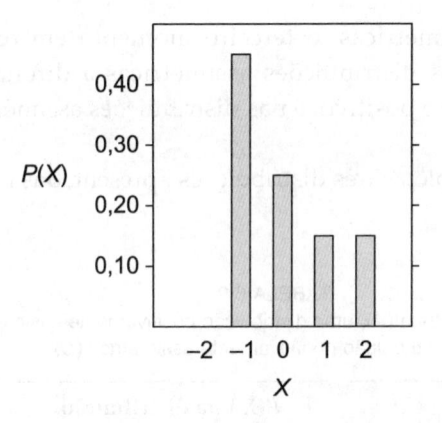

FIGURA 6.4
A distribuição *B* (positivamente assimétrica)

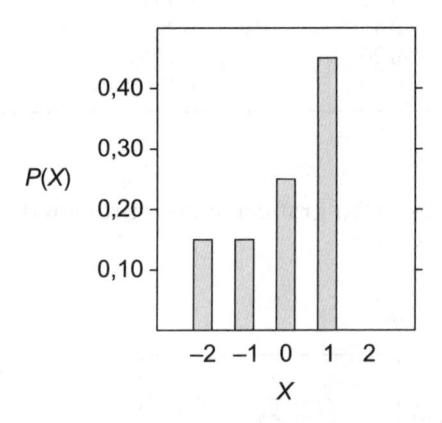

FIGURA 6.5
A distribuição *C* (negativamente assimétrica)

É fácil verificar que, para as três distribuições, a média é igual a zero e a variância é igual a 1,20. Entretanto, os terceiros momentos em relação à média são diferentes, porque as distribuições diferem quanto à assimetria. Assim, a distribuição simétrica, que indicamos por *A*, tem M_3 igual a zero, a distribuição positivamente assimétrica, que indicamos por *B*, tem M_3 igual a 0,90 e a distribuição negativamente assimétrica, que indicamos por *C*, tem M_3 igual a – 0,90.

O coeficiente de assimetria, definido por

$$\alpha_3 = \frac{M_3}{\sigma^3}, \tag{6.23}$$

dá uma medida adimensional da assimetria. Para as distribuições *A*, *B* e *C*, dadas na Tabela 6.9, esse coeficiente assume os valores zero, 0,685 e –0,685, respectivamente.

Vimos, na Seção 4.5, que a média ($\bar{X}$), a mediana (D) e a moda (M) de uma distribuição de freqüências unimodal têm suas posições relativas relacionadas com a assimetria da distribuição.

Em uma distribuição discreta, a moda é o valor da variável aleatória associado com a maior probabilidade.

Admitindo que, em uma distribuição discreta, $X_1 < X_2 < ... < X_n$, a mediana é o valor $D = X_n$ tal que[3]

$$\sum_{i=1}^{h-1} P(X_i) < 0{,}5 \text{ e } \sum_{i=1}^{h} P(X_i) \geq 0{,}5$$

Para as distribuições A, B e C, dadas na Tabela 6.9, a mediana é sempre igual a zero e as modas são zero, -1 e 1, respectivamente.

Se a variável aleatória é contínua, com função de densidade $f(X)$, a moda é o valor (M) que maximiza $f(X)$ e a mediana é o valor D, tal que

$$\int_{-\infty}^{D} f(X)dX = 0{,}5 \tag{6.24}$$

Uma distribuição pode não ter moda, como a distribuição uniforme, por exemplo; pode ter uma moda (unimodal), duas modas (bimodal) ou mais modas (multimodal).

Nas distribuições unimodais simétricas, temos $\mu = D = M$. Tipicamente, temos $M < D < \mu$ em distribuições unimodais positivamente assimétricas e $\mu < D < M$ em distribuições unimodais negativamente assimétricas.

O primeiro coeficiente de assimetria de Pearson é

$$a_1 = \frac{\mu - M}{\sigma} \tag{6.25}$$

Para as distribuições A, B e C da Tabela 6.9, os valores desse coeficiente são zero, $0{,}913$ e $-0{,}913$, respectivamente.

O segundo coeficiente de assimetria de Pearson é

$$a_2 = \frac{3(\mu - D)}{\sigma} \tag{6.26}$$

Uma vez que $\mu - M$ é aproximadamente igual a $3(\mu - D)$ para distribuições contínuas unimodais moderadamente assimétricas, os dois coeficientes de assimetria de Pearson terão valores semelhantes para tais distribuições.

O quarto momento em relação à média está relacionado com a curtose da distribuição. Ilustraremos a questão por meio das duas distribuições dadas na Tabela 6.10.

---

[3] Embora os conceitos sejam distintos, estamos usando, para indicar a moda e a mediana de uma distribuição (ou seja, de uma população), os mesmos símbolos utilizados para indicar a moda e a mediana de uma distribuição de freqüências (ou de uma amostra).

É fácil verificar que as duas distribuições, D e E, da Tabela 6.10, representadas graficamente nas figuras 6.6 e 6.7, têm média igual a zero, variância igual a 1,40 e terceiro momento em relação à média igual a zero, uma vez que ambas são simétricas.

Entretanto, como essas distribuições diferem quanto à curtose, os valores do quarto momento em relação à média são diferentes. Assim, para a distribuição D, que é leptocúrtica, $M_4 = 9,8$, e para a distribuição E, que é platicúrtica, $M_4 = 4,28$.

TABELA 6.10
Uma distribuição leptocúrtica (D) e uma distribuição platicúrtica (E)

X_i	$P(X_i)$ na distribuição	
	D	E
−3	0,05	0,00
−2	0,05	0,12
−1	0,05	0,22
0	0,70	0,32
1	0,05	0,22
2	0,05	0,12
3	0,05	0,00

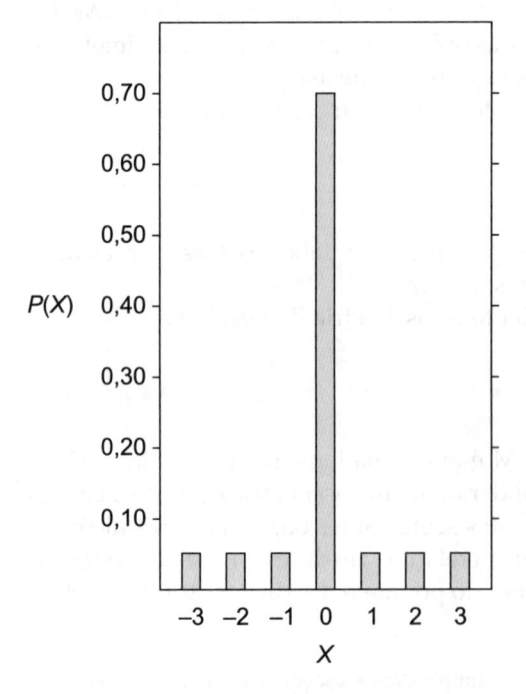

FIGURA 6.6
Distribuição (D) leptocúrtica

O coeficiente de curtose, definido por

$$\alpha_4 = \frac{M_4}{\sigma^4},\qquad(6.27)$$

dá uma medida adimensional da curtose de uma distribuição.

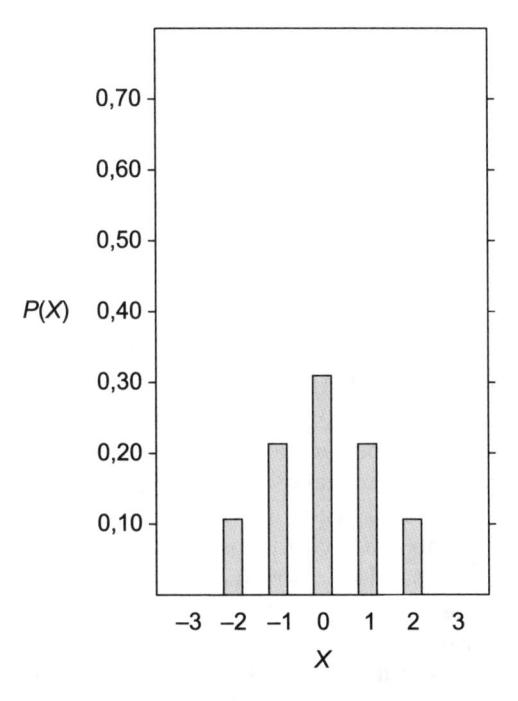

FIGURA 6.7
Distribuição (*E*) platicúrtica

Se $\alpha_4 > 3$, a distribuição é dita leptocúrtica, como no caso da distribuição *D* da Tabela 6.10, para a qual $\alpha_4 = 5$. Se $\alpha_4 < 3$, a distribuição é dita platicúrtica, como no caso da distribuição *E* da Tabela 6.10, para a qual $\alpha_4 = 2{,}184$. Se $\alpha_4 = 3$, como ocorre em uma distribuição normal, a distribuição é denominada mesocúrtica.

6.7 SEPARATRIZES

Vimos que a função de distribuição de uma variável contínua *X* é

$$F(X) = \int_{-\infty}^{X} f(Z)dZ \qquad(6.28)$$

Se o valor de $F(X)$ é fixado em 0,5, o correspondente valor de X é a mediana da distribuição, como mostra a expressão (6.24).

Se, em (6.28), o valor de $F(X)$ for fixado, sucessivamente, em 0,25, 0,50 e 0,75, os correspondentes valores de X são, respectivamente, o 1º quartil, o 2º quartil e o 3º quartil. Os 3 quartis dividem a distribuição em 4 partes com igual probabilidade. O 2º quartil é a mediana.

Se, em (6.28), o valor de $F(X)$ for fixado, sucessivamente, em 0,1; 0,2; 0,3; 0,4; 0,5; 0,6; 0,7; 0,8 e 0,9, os correspondentes valores de X são os 9 decis da distribuição, que dividem a distribuição em 10 partes (décimos) com igual probabilidade. O 5º decil é a mediana.

Analogamente, os 4 quintis dividem a distribuição em 5 quintos e os 99 percentis dividem a população em 100 centésimos. O h-ésimo percentil é o valor de X tal que

$$\int_{-\infty}^{X} f(Z)dZ = \frac{h}{100}$$

A mediana, os quartis, quintis, decis e percentis são *separatrizes* (ou *quantis*) da distribuição. Da mesma maneira que as medidas de tendência central, as separatrizes são medidas de *posição* da distribuição.

É comum, na literatura econômica, o uso errôneo da palavra "decis" para designar os 10 décimos da distribuição, delimitados pelos decis. É óbvio que o uso de uma mesma palavra para dois conceitos distintos pode causar confusão. E não há nenhuma razão para isso, pois já dispomos de termos apropriados para designar as partes em que a distribuição fica dividida: os 9 decis dividem a distribuição em 10 *décimos*. Se estivermos analisando a distribuição da renda, o 9º decil é o limite inferior para a renda das pessoas que constituem o décimo mais rico da população. O 1º decil é o limite superior do décimo mais pobre. O segundo décimo, em ordem crescente de renda, é delimitado pelo 1º e pelo 2º decis, e assim por diante.

A determinação de separatrizes em uma amostra pode exigir interpolações, como já foi visto no caso da determinação da mediana, na Seção 4.3. Como ilustração, considere-se a determinação dos 3 quartis em uma amostra com apenas 10 observações, com valores já colocados em ordem crescente: 3, 3, 3, 4, 8, 10, 14, 25, 50 e 80. O 1º quartil é 3, o 2º quartil (mediana) é 9 e o 3º quartil é 25. É óbvio que a determinação apropriada dos 99 percentis só pode ser feita em amostras que tenham pelo menos várias centenas de observações.

6.8 O COEFICIENTE DE VARIAÇÃO

Dada uma variável aleatória com média μ e variância σ^2, o coeficiente de variação da distribuição é, por definição, igual a σ/μ ou $(100\ \sigma/\mu)\%$.

O coeficiente de variação é um número adimensional e, portanto, seu valor independe da unidade de medida da variável analisada. Ele é uma medida da dispersão relativa ou da desigualdade de uma distribuição. Outras medidas de desigualdade serão analisadas no Capítulo 17.

Se dispomos apenas dos valores das estimativas ($\bar{X}$ e s^2) da média e da variância da distribuição, podemos obter a estimativa do coeficiente de variação, dada por $s/\bar{X}$ ou $(100\, s/\bar{X})\%$.

Exercícios

6.1 Uma variável aleatória X tem média $\mu = 7$ e variância $\sigma^2 = 0$. Quais são os valores de X que podem ser observados em uma amostra aleatória com três elementos?

6.2 Em uma das faces de um hexaedro de material homogêneo está marcado o valor $X = 0$; em duas faces está marcado o valor $X = 3$, e nas três faces restantes está marcado o valor $X = 4$. Associamos a cada um desses três valores de X a probabilidade de ele ser obtido quando o "dado" descrito é lançado. Pergunta-se:

a) Qual é a moda da distribuição de X?
b) Qual é a média da distribuição de X?
c) Qual a variância de X?
d) Qual é a variância da média calculada em (b)?

6.3 Em que tipo de distribuição a média coincide com a mediana? Em que tipo de distribuição a média é maior do que a mediana? Dê um exemplo desse último caso.

6.4 É dada a função de densidade da variável aleatória contínua X

$$f(X) = \frac{1}{M} \exp\{-(X-K)^2\}, \; -\infty < X < \infty$$

onde M e K são constantes. Determine a moda dessa distribuição.

6.5 É dada a função de densidade da variável aleatória contínua X:

$f(X) = 0$ para $X < 0$

e

$f(X) = Xe^{-X}$ para $X \geq 0$,

onde e é a base dos logaritmos naturais. Determine a moda dessa distribuição.

6.6 Considere a distribuição dos pontos tirados no lançamento de um dado. Determine o primeiro momento em relação à origem, o primeiro momento em relação à média e o segundo momento em relação à média.

6.7 Sendo M'_2 o segundo momento em relação à origem, prove que

$$\sigma^2 = M'_2 - \mu^2$$

6.8 Dada uma variável aleatória contínua com distribuição uniforme, isto é,

$$f(X) = \frac{1}{\theta} \text{ para } a \leq X \leq a + \theta$$

e

$$f(X) = 0 \text{ para } X < a \text{ e } X > a + \theta$$

Mostre que

$$\mu = a + \frac{\theta}{2}$$

6.9 Faça o gráfico de barras para a distribuição dada na tabela ao lado. Mostre que a média da distribuição é igual a zero, que a variância é igual a 1,16 e que o terceiro momento em relação à média (M_3) e o coeficiente de assimetria (α_3) são iguais a zero. Note que, embora o coeficiente de assimetria seja igual a zero, a distribuição não é simétrica.

X	P(X)
–2	0,12
–1	0,12
0	0,48
1	0,22
2	0,04
3	0,02

6.10 Partindo da definição (6.15), deduza que

$$E(XY) = E(X) \cdot E(Y) + \text{cov}(X,Y)$$

Note que (6.9) é um caso particular dessa relação.

6.11 (ANPEC, 1986) Considere a seguinte distribuição conjunta das variáveis X e Y:

Valores de $P(X_i, Y_j)$

X_i	Y_j		
	1	2	3
0	0,08	0,24	0,08
1	0,12	0,36	0,12

Determine: a) $P(Y = 3)$ d) $V(Y)$
           b) $P(Y = 2 \mid X = 0)$ e) $\text{cov}(X,Y)$
           c) $E(X)$ e $E(Y)$ f) $\text{cov}(X + Y, X - Y)$

As variáveis X e Y são independentes? Justifique a resposta.

6.12 Considere a seguinte distribuição conjunta das variáveis X e Y:

Valores de $P(X_i, Y_j)$

Y_j	X_i		
	2	4	8
1	1/4	0	0
2	1/8	1/8	0
4	1/8	1/16	1/8
8	0	1/16	1/16
16	0	0	1/16

As variáveis X e Y são independentes? Justifique.

Determine: a) $E(X)$ e $E(Y)$ e) $cov(X,Y)$
            b) $P(X = 2 | Y = 4)$ f) $V(X + Y)$
            c) $P(Y = 4 | X = 8)$ g) $cov(X + Y, X - Y)$
            d) $V(X)$ e $V(Y)$

6.13 Uma moeda é lançada quatro vezes. Seja X o número de caras nos dois primeiros lançamentos e seja Y o número de caras nos três últimos lançamentos.

a) Construa uma tabela mostrando a distribuição conjunta de X e Y.
b) Determine $E(X)$, $E(Y)$, $V(X)$ e $V(Y)$.
c) Determine $cov(X,Y)$ e a correlação entre X e Y.
d) Se $Z = X + Y$, obtenha $E(Z)$ e $V(Z)$.
e) As variáveis X e Y são independentes? Justifique sua resposta.
f) Obtenha a distribuição condicional de $X | Y = 2$ e determine a média e a variância dessa distribuição condicional.

6.14 Calcule o coeficiente de assimetria e o coeficiente de curtose para os dados apresentados no Exercício 5.11.

Respostas

6.1   7, 7 e 7

6.2   a) moda = 4   b) $\mu = 3$ c) $\sigma^2 = 2$ d) 0

6.4   Moda = K

6.5   Moda = 1

6.6 $\mu = M'_1 = 3{,}5; \quad M_1 = 0; \quad \sigma^2 = M_2 = \dfrac{35}{12}$

6.11 a) $P(Y = 3) = 0{,}20$ d) $V(Y) = 0{,}4$
     b) $P(Y = 2 \mid X = 0) = 0{,}6$ e) $\text{cov}(X,Y) = 0$
     c) $E(X) = 0{,}6$ e $E(Y) = 2{,}0$ f) $\text{cov}(X + Y, X - Y) = V(X) - V(Y) = -0{,}16$

As variáveis são independentes, pois $P(X_i, Y_j) = P(X_i) \cdot P(Y_j)$ para todo i, j.

6.12 As variáveis não são independentes:
     a) $E(X) = E(Y) = 4$ e) $\text{cov}(X,Y) = 6$
     b) $P(X = 2 \mid Y = 4) = 0{,}4$ f) $V(X + Y) = 32{,}25$
     c) $P(Y = 4 \mid X = 8) = 0{,}5$ g) $\text{cov}(X + Y, X - Y) = V(X) - V(Y) = -8{,}25$
     d) $V(X) = 6$ e $V(Y) = 14{,}25$

6.13 b) $E(X) = 1,\ E(Y) = 1{,}5,\ V(X) = 0{,}5$ e $V(Y) = 0{,}75$
     c) $\text{cov}(X,Y) = 0{,}25$ e $\rho = \sqrt{6/6} = 0{,}408$
     d) $E(Z) = 2{,}5$ e $V(Z) = 1{,}75$
     e) Não são independentes, pois $\text{cov}(X,Y) \neq 0$.
     f) Os valores de X são 0, 1 e 2, e as respectivas probabilidades na distribuição condicional são 1/6, 1/2 e 1/3.

         $E(X \mid Y = 2) = 7/6$ e $V(X \mid Y = 2) = 17/36 = 0{,}472$

6.14 $\alpha_3 = 2\sqrt{3/9} = 0{,}3849,\ \alpha_4 = 599/243 = 2{,}465$

7

A Distribuição Binomial

7.1 IMPORTÂNCIA E CONCEITO

O conhecimento de certas distribuições teóricas é essencial para a resolução de problemas de inferência estatística. Entre as distribuições de variáveis discretas, a distribuição binomial, que veremos em seguida, é a fundamental.

Então, consideremos um experimento constituído por n ensaios independentes, em que cada ensaio pode resultar em um de dois eventos mutuamente exclusivos. Suponhamos que estamos interessados em um desses eventos, que denominaremos resultado favorável. Seja p a probabilidade de ocorrer o resultado favorável, em qualquer dos n ensaios. Então, como cada ensaio pode resultar em um, e apenas um, de dois eventos mutuamente exclusivos, a probabilidade de não se obter resultado favorável, isto é, de se obter um resultado desfavorável, será $q = 1 - p$. Seja X o número de resultados favoráveis em n ensaios; então, X é uma variável aleatória discreta que pode assumir valores inteiros de zero a n. Dizemos que X tem distribuição binomial com parâmetros n e p.

Para exemplificar, consideremos um tetraedro regular, feito de material homogêneo, que tem uma face azul (A) e três faces brancas (B). O resultado do lançamento desse tetraedro será considerado favorável se a face azul ficar em contato com a mesa, do que se segue que $p = \dfrac{1}{4}$ e $q = 1 - p = \dfrac{3}{4}$. Vamos analisar, sucessivamente, experimentos com $n = 1$, $n = 2$, $n = 3$ e $n = 4$ ensaios.

Se o experimento é constituído por apenas um ensaio, o número de resultados favoráveis (X) será zero ou 1, pois, ou o resultado é "azul" (A), com $X = 1$, ou o resultado é "branco" (B), com $X = 0$. A Tabela 7.1 mostra a distribuição de X, neste caso.

TABELA 7.1
Distribuição binomial com $p = \dfrac{1}{4}$ e $n = 1$

X	Evento	P(X)
0	B	$q = \dfrac{3}{4}$
1	A	$p = \dfrac{1}{4}$

Se o experimento for constituído por dois ensaios, o número de resultados favoráveis (X) pode ser 0, 1 ou 2. Se sair "branco" nos dois ensaios (evento BB), temos X = 0; se sair "branco" no primeiro ensaio e "azul" no segundo (BA), ou vice-versa (AB), temos X = 1; se sair "azul" nos dois ensaios (AA), temos X = 2. Lembrando os teoremas da soma e do produto, podemos escrever:

$P(X = 0) = P(BB) = qq = q^2$

$P(X = 1) = P(AB \cup BA) = pq + pq = 2\,pq$

$P(X = 2) = P(AA) = pp = p^2$

A Tabela 7.2 mostra a distribuição de X neste caso.

TABELA 7.2
Distribuição binomial com $p = \dfrac{1}{4}$ e $n = 2$

X	Evento	P(X)
0	BB	$q^2 = 9/16$
1	AB ou BA	$2\,pq = 6/16$
2	AA	$p^2 = 1/16$

Se o experimento for constituído por três ensaios, o número de resultados favoráveis (X) pode ser 0, 1, 2 ou 3. A Tabela 7.3 mostra os eventos associados a cada valor de X e as respectivas probabilidades, neste caso.

TABELA 7.3
Distribuição binomial com $p = \dfrac{1}{4}$ e $n = 3$

X	Evento	P(X)
0	BBB	$q^3 = 27/64$
1	ABB, BAB ou BBA	$3pq^2 = 27/64$
2	AAB, ABA ou BAA	$3p^2q = 9/64$
3	AAA	$p^3 = 1/64$

Se o experimento for constituído por quatro ensaios, obtemos a distribuição de X mostrada na Tabela 7.4.

TABELA 7.4
Distribuição binomial com $p = \dfrac{1}{4}$ e $n = 4$

X	Evento	P(X)
0	BBBB	$q^4 = 81/256$
1	ABBB, BABB, BBAB ou BBBA	$4pq^3 = 108/256$
2	AABB, ABAB, ABBA, BBAA, BABA ou BAAB	$6p^2q^2 = 54/256$
3	AAAB, AABA, ABAA ou BAAA	$4p^3q = 12/256$
4	AAAA	$p^4 = 1/256$

7.2 O BINÔMIO DE NEWTON

É conveniente, neste ponto, relembrar os termos do desenvolvimento do binômio de Newton. Temos:

$$(p + q)^1 = q + p \tag{7.1}$$

$$(p + q)^2 = q^2 + 2pq + p^2 \tag{7.2}$$

$$(p + q)^3 = q^3 + 3pq^2 + 3p^2q + p^3 \tag{7.3}$$

$$(p + q)^4 = q^4 + 4pq^3 + 6p^2q^2 + 4p^3q + p^4 \tag{7.4}$$

e, em geral,

$$(p + q)^n = q^n + npq^{n-1} + \binom{n}{2}p^2q^{n-2} + \ldots + \binom{n}{k}p^kq^{n-k} + \ldots + p^n \tag{7.5}$$

7.3 DETERMINAÇÃO DE $P(X = k)$

Nas tabelas 7.1, 7.2, 7.3 e 7.4, constam as expressões que dão $P(X)$ como função de p e q para distribuições binomiais onde n vale 1, 2, 3 e 4, respectivamente. Comparando essas expressões com os termos do segundo membro de (7.1), (7.2), (7.3) e (7.4), verifica-se que $P(X)$ corresponde sempre a um dos termos do desenvolvimento de $(p + q)^n$, para $n = 1, 2, 3$ ou 4.

Generalizando, concluímos que, se X tem distribuição binomial com parâmetros p e n, as probabilidades associadas aos $n + 1$ diferentes valores de X são dadas pelos termos do desenvolvimento de $(p + q)^n$. Lembrando a expressão do termo geral que aparece em (7.5), podemos afirmar que a probabilidade de que ocorram $X = k$ resultados favoráveis em n ensaios é dada por

$$P(X = k) = \binom{n}{k} p^k q^{n-k} \tag{7.6}$$

Essa fórmula também pode ser deduzida da seguinte maneira: a probabilidade de, em n tentativas, obter $X = k$ resultados favoráveis e $n - k$ resultados desfavoráveis em determinada seqüência é, de acordo com o teorema do produto, igual a $p^k q^{n-k}$; uma vez que, combinando k a k as n posições da seqüência, temos $\binom{n}{k}$ diferentes seqüências com k resultados favoráveis, concluímos que $P(X = k) = \binom{n}{k} p^k q^{n-k}$, c.q.d.

Para exemplificar, vamos calcular a probabilidade de obter duas vezes a face azul em seis lançamentos do tetraedro descrito na Seção 7.1. De acordo com (7.6), temos

$$P(X = 2) = \binom{6}{2} \left(\frac{1}{4}\right)^2 \left(\frac{3}{4}\right)^4 = \frac{1.215}{4.096} = 0{,}2966$$

7.4 MÉDIA E VARIÂNCIA DA DISTRIBUIÇÃO BINOMIAL

A média do número X de resultados favoráveis em uma distribuição binomial, ou seja, a esperança de X, é dada pela soma de todos os produtos que se obtêm multiplicando cada valor de X pela respectiva probabilidade.

Entretanto, existe uma maneira mais fácil de obter a média de X. Basta definir uma variável I_i, com $i = 1, 2, ..., n$, que será igual a 1 se no i-ésimo ensaio ocorrer resultado favorável, e igual a zero se no i-ésimo ensaio ocorrer resultado desfavorável. Então, o número X de resultados favoráveis, em n ensaios, é dado pela soma de n termos I_i, isto é,

$$X = I_1 + I_2 + ... + I_n \tag{7.7}$$

Como I_i é uma variável aleatória que só assume valores 1 e 0, com probabilidades p e q, respectivamente, podemos obter:

$$E(I_i) = 1 \cdot p + 0 \cdot q = p \tag{7.8}$$

De (7.7) e (7.8), isto é, lembrando que X é uma soma de n termos, cada um com esperança p, segue-se que

$$\mu = E(X) = np \tag{7.9}$$

Usando o mesmo raciocínio, podemos calcular a variância de X. Então,

$$\begin{aligned} V(I_i) &= E[I_i - E(I_i)]^2 \\ &= (1-p)^2\, p + (0-p)^2\, q \\ &= q^2 p + p^2 q \\ &= pq(p+q) \end{aligned}$$

Como $p + q = 1$, segue-se que

$$V(I_i) = pq \tag{7.10}$$

De (7.7) e (7.10), ou seja, como X é uma soma de n termos independentes, cada um com variância pq, podemos escrever

$$\sigma^2 = V(X) = npq \tag{7.11}$$

7.5 APLICAÇÃO

Admitamos que, em uma população com m elementos, existem mp elementos com determinada característica. Então, se tomarmos ao acaso um elemento qualquer dessa população, a probabilidade de que ele apresente a característica considerada é p. É importante frisar que o elemento deve ser escolhido ao acaso ou aleatoriamente, ou seja, é importante que todos os elementos sejam escolhidos com a mesma probabilidade $1/m$ para que a probabilidade de se obter um elemento com a característica considerada seja p.

Vamos, agora, obter uma amostra de n elementos dessa população. Cada elemento da população pode apresentar ou não a característica considerada, o que indicaremos por A e por $\bar{A}$, respectivamente. Vamos supor que os componentes da amostra são sorteados, isto é, escolhidos aleatoriamente, um após o outro. É claro que, na escolha do primeiro elemento, $P(A) = p$. Se, após o primeiro sorteio, o elemento escolhido é reposto, isto é, reincorporado à população, no segundo sorteio também teremos $P(A) = p$. Em geral, se todo elemento sorteado é reposto, $P(A) = p$ nos n sorteios feitos para a obtenção da amostra. Nesse caso, o número X de elementos da amostra com a característica considerada é uma variável aleatória com distribuição binomial de parâmetros n e p. É interessante observar que a reposição dos elementos sorteados, durante a amostragem, faz que eles possam aparecer repetidos na amostra.

Entretanto, quando se amostram n elementos de uma população com m elementos, é usual não proceder à reposição dos elementos sorteados. Nesse caso, ao sortear o segundo elemento, temos:

$$P(A) = \frac{mp - 1}{m - 1} < p$$

se o primeiro elemento sorteado apresenta a característica considerada, e

$$P(A) = \frac{mp}{m - 1} > p$$

se o primeiro elemento sorteado não apresenta a característica considerada.

Essas probabilidades são diferentes de p. Estendendo a idéia, podemos dizer que o valor de $P(A)$ varia de elemento para elemento, durante a obtenção da amostra. Concluímos, então, que se a amostragem for feita sem reposição, o número X de elementos da amostra com a característica considerada não tem, a rigor, distribuição binomial.

Entretanto, se a população for bastante grande, a distribuição de X pode ser considerada praticamente binomial.

Vejamos em quanto, na pior das hipóteses, o valor de $P(A)$ difere de p. Se os $(n - 1)$ primeiros elementos sorteados apresentarem a característica desejada, ao sortear o último elemento da amostra, temos

$$P(A) = \frac{mp - (n - 1)}{m - (n - 1)} < p$$

e

$$p - P(A) = \frac{(n - 1)(1 - p)}{m - n + 1} \tag{7.12}$$

Se os $(n - 1)$ primeiros elementos sorteados não apresentarem a característica desejada, ao sortear o último elemento da amostra, temos

$$P(A) = \frac{mp}{m - (n - 1)} > p$$

e

$$P(A) - p = \frac{(n - 1)p}{m - n + 1} \tag{7.13}$$

Se o valor de m for bastante grande, as diferenças (7.12) e (7.13) são desprezíveis, ou seja, o valor de $P(A)$ é praticamente constante e igual a p. Conseqüentemente, podemos considerar que a distribuição do número X de elementos da amostra que apresentam a característica considerada é binomial.

Para exemplificar, consideremos uma população com um milhão de indivíduos, dos quais 250 mil são analfabetos. A probabilidade de um indivíduo escolhido aleatoriamente ser analfabeto é $p = 0{,}25$. Se tirarmos uma amostra aleatória de 300 indivíduos dessa população, sem fazer reposição dos elementos sorteados, o valor da probabilidade de um indivíduo sorteado ser analfabeto, indicada por $P(A)$, varia durante a amostragem, mas o valor máximo da diferença entre p e $P(A)$, dado por (7.12), é

$$p - P(A) = \frac{(300-1)(1-0{,}25)}{1.000.000 - 300 + 1} = 0{,}0002$$

Concluímos que $P(A)$ é praticamente constante e igual a $p = 0{,}25$. Conseqüentemente, podemos considerar que a distribuição do número X de analfabetos na amostra tem distribuição binomial com parâmetros $p = 0{,}25$ e $n = 300$.

7.6 A DISTRIBUIÇÃO HIPERGEOMÉTRICA

Consideremos, novamente, o problema discutido na seção anterior, em que se retira uma amostra aleatória de n elementos, sem reposição, de uma população com m elementos, dos quais mp têm determinada característica A de interesse do pesquisador. Seja X o número de elementos da amostra que apresentam essa característica. Vimos que, se n for muito pequeno em comparação com m, X tem distribuição aproximadamente binomial com parâmetros n e p. Vamos examinar, agora, a distribuição exata de X, nessa situação, denominada distribuição hipergeométrica, que deverá ser usada se n não for bastante pequeno em relação a m. O número de combinações dos m elementos da população em amostras de n elementos é $\binom{m}{n}$. Vejamos como determinar a probabilidade de ter k elementos com a característica A na amostra. Há $\binom{mp}{k}$ maneiras de combinar os mp elementos da população com a característica A para obter k elementos da amostra com a característica, e há $\binom{m-mp}{n-k}$ maneiras de combinar os demais elementos da população para constituir os demais elementos da amostra. Conclui-se que

$$P(X = k) = \frac{\binom{mp}{k}\binom{m-mp}{n-k}}{\binom{m}{n}} \tag{7.14}$$

São três os parâmetros da distribuição hipergeométrica: m, p e n. O parâmetro p (com $0 \leq p \leq 1$) é a proporção dos m elementos da população que têm a característica A.

Para que sejam definidos os três tipos de combinação considerados na expressão (7.14), devemos ter $n \leq m$, $k \leq mp$ e $n - k \leq m(1 - p)$. A partir das duas últimas desigualdades, obtemos

$$n - m(1 - p) \leq k \leq mp \qquad (7.15)$$

Obviamente, também devemos ter $0 \leq k \leq n$, que é o intervalo de variação de k quando o tamanho da amostra (n) for substancialmente menor do que a população (m), ou seja, $k = 0, 1, ..., n$.

Pode-se deduzir que a média e a variância da distribuição hipergeométrica são[1]

$$\mu = E(X) = np \qquad (7.16)$$

e

$$\sigma^2 = V(X) = npq \, \frac{m - n}{m - 1}, \qquad (7.17)$$

com $q = 1 - p$.

Note-se que a expressão da esperança de X é exatamente a mesma que na distribuição binomial, e a expressão da variância difere da variância da binomial pelo fator $(m - n)/(m - 1)$, que se torna praticamente igual a 1 se m for muito maior do que n. A distribuição binomial pode ser considerada o limite da distribuição hipergeométrica quando m tende a infinito, mantendo fixos os valores de n e p.

Para ilustrar, consideremos a distribuição hipergeométrica com parâmetros $m = 5$, $p = 0,4$ e $n = 2$. O estudante deve usar (7.14) para calcular os valores de $P(X = k)$ apresentados na Tabela 7.5. Verifica-se, por exemplo, que a probabilidade de que um (e apenas um) dos dois elementos da amostra tenha a característica de interesse é 0,6.

Usando os valores de k e $P(X = k)$ da Tabela 7.5, podemos calcular $\mu = E(X) = 0,8$ e $\sigma^2 = E(X - \mu)^2 = 0,36$, e depois verificar que os mesmos valores são obtidos por meio de (7.16) e (7.17).

TABELA 7.5
A distribuição hipergeométrica com parâmetros $m = 5$, $p = 0,4$ e $n = 2$

k	$P(X = k)$
0	0,3
1	0,6
2	0,1

---

[1] Ver Casella e Berger (1990).

7.7 A DISTRIBUIÇÃO DE POISSON

Outra distribuição de variável discreta associada à distribuição binomial é a distribuição de Poisson. A variável X pode assumir valores inteiros não-negativos (0, 1, 2, ...), e as respectivas probabilidades são

$$P(X = k) = \frac{e^{-\lambda} \lambda^k}{k!}, \qquad (7.18)$$

sendo λ o único parâmetro da distribuição. Pode-se provar[2] que tanto a esperança de X como a variância de X são iguais a λ:

$$E(X) = V(X) = \lambda \qquad (7.19)$$

Se, em uma distribuição binomial, considerarmos valores crescentes de n, mantendo fixo o valor de $np = \lambda$, a distribuição binomial se aproxima de uma distribuição de Poisson com média λ.

A Tabela 7.6 mostra as probabilidades associadas aos diferentes valores de $X = k$ em uma distribuição de Poisson com parâmetro $\lambda = 2$, e as probabilidades associadas aos mesmos valores de X em uma distribuição binomial com parâmetros $n = 100$ e $p = 0{,}02$, cuja média também é igual a 2. Note-se que as probabilidades nas duas distribuições são muito semelhantes, sendo que ambas são praticamente iguais a zero para $k \geq 12$.

TABELA 7.6
A distribuição de Poisson com $\lambda = 2$ e a distribuição binomial com $n = 100$ e $p = 0{,}02$

k	P(X = k) Poisson	P(X = k) Binomial
0	0,13534	0,13262
1	0,27067	0,27065
2	0,27067	0,27341
3	0,18045	0,18228
4	0,09022	0,09021
5	0,03609	0,03535
6	0,01203	0,01142
7	0,00344	0,00313
8	0,00086	0,00074
9	0,00019	0,00015
10	0,00004	0,00003
11	0,00001	0,00000
k ≥ 12	0,00000	0,00000

---

[2] Ver Casella e Berger (1990).

Muitas vezes, é apropriado admitir que o número (X) de certas ocorrências em determinado intervalo de tempo, como o número de clientes que vão entrar em um banco no próximo minuto, é uma variável com distribuição de Poisson. O mesmo acontece com a freqüência de certos eventos no espaço, como a distribuição de peixes em um lago.

Exercícios

7.1 Se jogarmos 5 moedas, simultaneamente, qual é a probabilidade de obtermos 3 caras e 2 coroas?

7.2 Admite-se que um terço dos adultos de certa região sejam alfabetizados. Nessas condições, qual é a probabilidade de que, entre 5 adultos escolhidos ao acaso,

a) 2 sejam alfabetizados e 3 analfabetos?

b) mais de 2 sejam alfabetizados?

7.3 Em um grupo de 1.000 famílias com 4 filhos e/ou filhas, quantas você espera que tenham:

a) 3 filhos (do sexo masculino)?

b) 4 filhas?

c) 1 ou 2 filhas?

7.4 Um exame é constituído de 10 testes tipo certo-errado. Qual é o valor exato da probabilidade de um aluno, que nada sabe sobre a matéria do exame, acertar 7 e errar 3 dos 10 testes? Qual é o valor da média e do desvio padrão do número de testes respondidos corretamente por um aluno que nada sabe?

7.5 Determine, a partir da definição, o terceiro e o quarto momentos em relação à média (M_3 e M_4) da distribuição binomial com $n = 3$ e $p = \frac{1}{3}$. A seguir, calcule os coeficientes de assimetria e curtose $\left(\alpha_3 = \frac{M_3}{\sigma^3} \text{ e } \alpha_4 = \frac{M_4}{\sigma^4} \right)$, e verifique que os mesmos resultados são obtidos por meio das expressões

$$\alpha_3 = \frac{q-p}{\sqrt{npq}} \text{ e } \alpha_4 = 3 + \frac{1-6pq}{npq}$$

7.6 Idem, para a distribuição binomial com $n = 4$ e $p = \frac{1}{3}$.

7.7 Um aluno responde ao acaso uma prova que consiste em 4 questões tipo múltipla escolha, em que cada questão tem 4 alternativas das quais apenas uma é correta. Determine a média, a variância, o terceiro momento em relação à média (e o coeficiente de assimetria) e o quarto momento em relação à média (e o coeficiente de curtose) da variável definida como sendo o número de questões respondidas corretamente por esse aluno.

7.8 Uma companhia de seguros vendeu apólices a 5 pessoas, todas da mesma idade e de boa saúde. De acordo com as tábuas atuariais, a probabilidade de que uma pessoa da idade desses assegurados esteja viva daí a 30 anos é $\frac{2}{3}$. Calcular a probabilidade de que passados 30 anos:
   a) todas as 5 pessoas estejam vivas;
   b) pelo menos 3 pessoas estejam vivas.

7.9 Suponhamos que, em determinado vôo, motores de avião falhem com probabilidade igual a 0,4, independentemente. Suponhamos ainda que um avião voa se pelo menos metade dos seus motores não falha. Nessas condições, um avião quadrimotor deverá ser preferido a um bimotor? Justifique a resposta.

7.10 Considerando a situação do problema anterior, seja p a probabilidade de um motor de avião falhar. Determine o intervalo de valores de p que tornam preferível a utilização do avião quadrimotor, em comparação com o bimotor.

7.11 Demonstre que, fixado o número n de ensaios, a variância de uma distribuição binomial é máxima quando $p = 0{,}5$.

7.12 Um dado é lançado 6 vezes.
   a) Qual é a probabilidade de o resultado ser um número primo em exatamente 3 dos 6 lances?
   b) Qual é a probabilidade de o resultado ser um número primo em mais de 3 dos 6 lances?

7.13 Um par de dados é lançado 6 vezes. Determine a probabilidade de se obter:
   a) valor ímpar nos 2 dados em 4 ou mais lançamentos;
   b) valor ímpar nos 2 dados em menos de 3 lançamentos.

7.14 De acordo com dados do último Censo Demográfico, sabemos que apenas 15% das 133.740 famílias de determinado município têm rendimento familiar mensal superior a 10 salários mínimos. Admitindo que essa proporção seja a mesma hoje, determine a probabilidade de, em uma amostra aleatória de 10 famílias, encontrar duas famílias ou menos com rendimento familiar superior a 10 salários mínimos.

7.15 Calcule as probabilidades de obter $X = 2$ e $X = 3$ em uma distribuição de Poisson com média igual a 1.

7.16 Em uma classe com 16 alunos, há 11 meninos e 5 meninas. Por meio de sorteio, sem reposição, forma-se uma amostra com 6 alunos dessa classe. Qual é a probabilidade de mais da metade dos alunos da amostra serem meninas?

Respostas

7.1 $\dfrac{5}{16}$ ou 31,25%

7.2 a) $\dfrac{80}{243}$ ou 32,92%   b) $\dfrac{17}{81}$ ou 20,99%

7.3 a) 250   b) 62 ou 63   c) 625

7.4 $\dfrac{15}{128}$ ou 11,72%; $\mu = 5$ e $\sigma = \dfrac{\sqrt{10}}{2} = 1{,}58$

7.5 $M_3 = \dfrac{2}{9}$; $M_4 = \dfrac{10}{9}$; $\alpha_3 = \dfrac{\sqrt{6}}{6}$; $\alpha_4 = \dfrac{5}{2}$

7.6 $M_3 = \dfrac{8}{27}$; $M_4 = \dfrac{56}{27}$; $\alpha_3 = \dfrac{\sqrt{2}}{4}$; $\alpha_4 = \dfrac{21}{8}$

7.7 $\mu = 1$; $\sigma^2 = \dfrac{3}{4}$; $M_3 = \dfrac{3}{8}$; $\alpha_3 = \dfrac{\sqrt{3}}{3}$; $M_4 = \dfrac{51}{32}$; $\alpha_4 = \dfrac{17}{6}$

7.8 a) $\dfrac{32}{243}$ b) $\dfrac{64}{81}$

7.9 A probabilidade de o bimotor cair é 0,16, e a probabilidade de o quadrimotor cair é 0,1792. Portanto, o bimotor é preferível.

7.10 $0 < p < \dfrac{1}{3}$

7.12 a) $P(X = 3) = \dfrac{160}{729}$ b) $P(X > 3) = \dfrac{496}{729}$

7.13 a) $P(X \geq 4) = \dfrac{154}{4.096} = 3{,}76\%$ b) $P(X < 3) = \dfrac{3402}{4.096} = 83{,}06\%$

7.14 82,02%

7.15 $P(X = 2) = 0{,}18394$ e $P(X = 3) = 0{,}06131$

7.16 1/28 ou 3,571%

8

A Distribuição Normal

8.1 A DISTRIBUIÇÃO NORMAL COMO LIMITE DE UMA DISTRIBUIÇÃO BINOMIAL

Consideremos três distribuições binomiais: a primeira com parâmetros $n = 6$ e $p = \frac{1}{3}$, a segunda com parâmetros $n = 18$ e $p = \frac{1}{3}$, e a terceira com parâmetros $n = 72$ e $p = \frac{1}{3}$.

É fácil verificar que a primeira distribuição tem média $\mu = 2$ e variância $\sigma^2 = \frac{4}{3}$; a segunda distribuição tem média $\mu = 6$ e variância $\sigma^2 = 4$, e a terceira distribuição tem média $\mu = 24$ e variância $\sigma^2 = 16$.

Portanto, as três distribuições apresentadas ocupam diferentes posições e têm diferentes graus de dispersão. Para comparar a forma dessas distribuições, independentemente das suas posições e dispersões, fazemos uma transformação de variáveis, isto é, definimos

$$Z = \frac{X - \mu}{\sigma} \tag{8.1}$$

Pode-se verificar que $E(Z) = 0$ e $V(Z) = 1$. A nova variável Z, que tem média 0 e variância 1, é denominada variável reduzida.

Vejamos, como exemplo, a transformação de variáveis para a distribuição binomial com $n = 18$ e $p = \frac{1}{3}$. Nessa distribuição, a variável X assume os valores 0, 1, 2, 3, ..., 18. Aplicando (8.1), verificamos que a variável reduzida correspondente assume os valores -3; $-2,5$; -2; $-1,5$; ...; 6.

Para comparar a forma das distribuições, construímos os histogramas que estão nas figuras 8.1, 8.2 e 8.3, respectivamente para a primeira, a segunda e a terceira distribuição. Na construção desses histogramas, o valor de Z é marcado no eixo das abscissas, e a área de cada retângulo é proporcional à probabilidade associada ao valor de X, correspondente a cada Z.

Vejamos, por exemplo, como foi construído o retângulo correspondente a $X = 3$, na distribuição $n = 18$ e $p = \dfrac{1}{3}$.

Nessa distribuição, o valor da variável reduzida correspondente a $X = 3$ é $Z = -1{,}5$. De acordo com (7.6), temos

$$P(Z = -1{,}5) = P(X = 3) = \binom{18}{3}\left(\dfrac{1}{3}\right)^3 \left(\dfrac{2}{3}\right)^{15} \cong 0{,}069$$

Como a diferença entre dois valores consecutivos de Z é igual a 0,5, o retângulo correspondente a $Z = -1{,}5$ tem por base o segmento limitado pelos valores $-1{,}75$ e $-1{,}25$, no eixo das abscissas, e altura

$$h = \dfrac{0{,}069}{0{,}5} = 0{,}138$$

Examinando os três histogramas, verificamos que, com $n = 6$, a distribuição é nitidamente assimétrica. Entretanto, com $n = 18$ e $n = 72$, a distribuição é praticamente simétrica. As figuras 8.1, 8.2 e 8.3 sugerem que, à medida que n cresce, a distribuição de Z se aproxima de uma determinada distribuição simétrica. Na realidade, demonstra-se que, dada uma variável aleatória X com distribuição binomial, quando n cresce, mas p permanece fixo, a distribuição de

$$\dfrac{X - np}{\sqrt{npq}}$$

tende à distribuição normal reduzida, representada na Figura 8.4, cuja função de densidade é

$$f(Z) = \dfrac{1}{\sqrt{2\pi}} \exp\left\{-\dfrac{Z^2}{2}\right\} \qquad (8.2)$$

Note a semelhança de forma da curva da Figura 8.4 com o histograma da Figura 8.2 e, especialmente, com o histograma da Figura 8.3. A comparação será melhor se a curva normal reduzida, da Figura 8.4, for copiada em papel transparente e superposta aos histogramas das figuras 8.2 e 8.3.

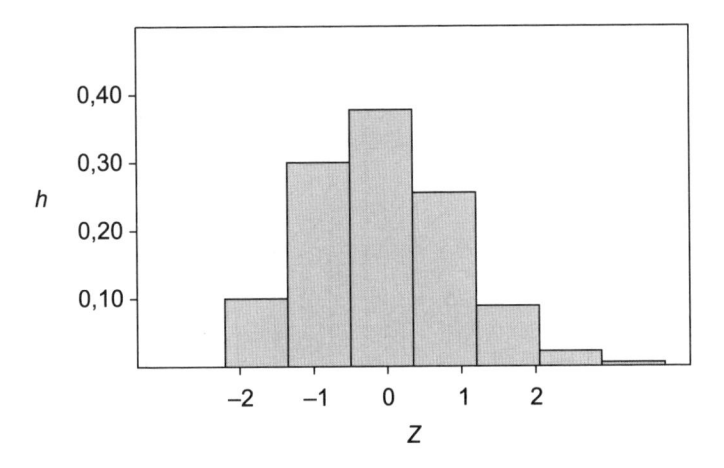

FIGURA 8.1
Distribuição binomial com $p = 1/3$ e $n = 6$, considerando a variável reduzida $Z = (X - np)/\sqrt{npq}$

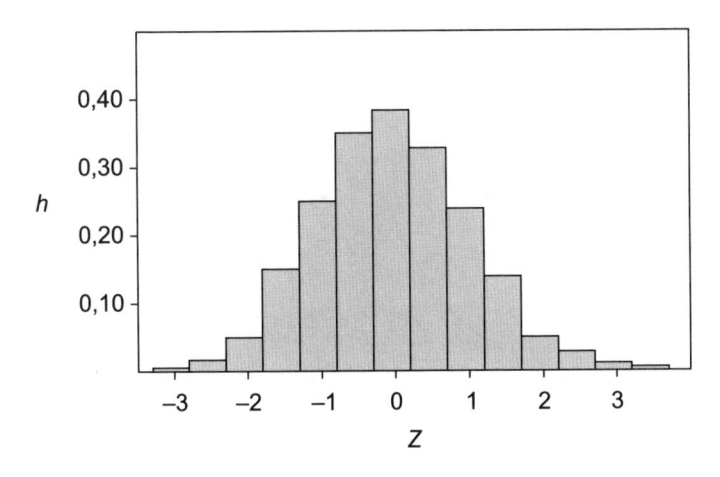

FIGURA 8.2
Distribuição binomial com $p = 1/3$ e $n = 18$, considerando a variável reduzida $Z = (X - np)/\sqrt{npq}$

Na prática, para saber se a forma de uma distribuição binomial pode ser considerada aproximadamente igual à forma da distribuição normal, usamos a seguinte regra empírica: se $np > 5$ quando $p \leq 0{,}5$, ou $nq > 5$ quando $p > 0{,}5$, a aproximação é aceitável. Para maior exatidão, devemos ter np e nq maiores do que 15 (ver Hoel, 1968, p. 88 e Silva Leme, 1972, p. 119).

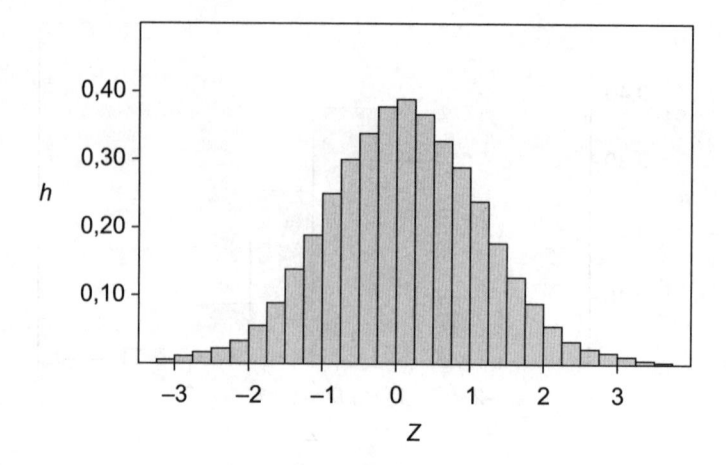

FIGURA 8.3
Distribuição binomial com $p = 1/3$ e $n = 72$, considerando a variável reduzida $Z = (X - np)/\sqrt{npq}$

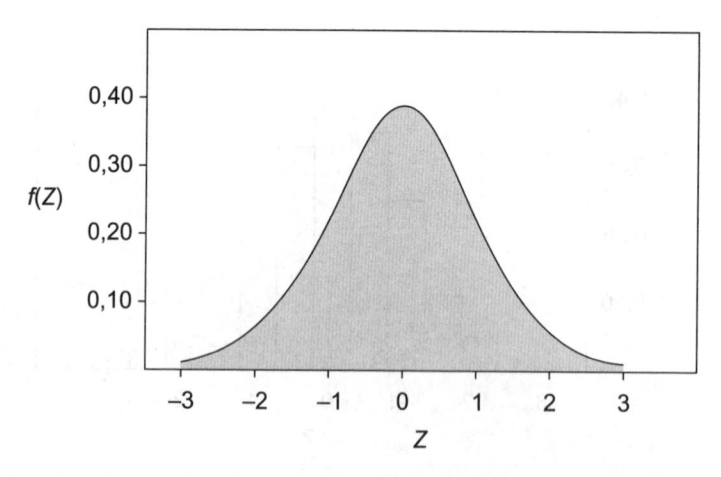

FIGURA 8.4
Função de densidade da distribuição normal reduzida

A equação (8.2) é a função de densidade da distribuição normal reduzida, isto é, com média 0 e variância 1. A função de densidade da distribuição normal com média μ e variância σ^2 é

$$f(X) = \frac{1}{\sigma\sqrt{2\pi}} \exp\left\{-\frac{(X-\mu)^2}{2\sigma^2}\right\} \tag{8.3}$$

com

$$-\infty < X < \infty$$

Pode-se demonstrar que

$$\int_{-\infty}^{\infty} f(X)dX = 1$$

$$\int_{-\infty}^{\infty} Xf(X)dX = E(X) = \mu$$

e

$$\int_{-\infty}^{\infty} (X - \mu)^2 f(X)dX = E(X - \mu)^2 = \sigma^2$$

8.2 O TEOREMA DO LIMITE CENTRAL

Seja X a variável aleatória que se obtém lançando um tetraedro regular, em cujas faces estão marcados os números 0, 2, 4 e 6. Vimos, nas seções 6.3 e 6.5, que

$$E(X) = 3 \text{ e } V(X) = 5$$

Seja Y a soma dos resultados obtidos lançando cinco desses tetraedros. Então, a variável Y assume os valores 0, 2, 4, ..., 30. Como

$$Y = \sum_{i=1}^{5} X_i$$

temos

$$E(Y) = \sum_{i=1}^{5} E(X_i) = 15$$

Uma vez que o resultado obtido em um determinado tetraedro é independente dos resultados obtidos nos demais, temos

$$V(Y) = \sum_{i=1}^{5} V(X_i) = 25$$

Considerando a variável reduzida, relativa aos valores assumidos por Y, isto é,

$$Z = \frac{Y - 15}{5}$$

construímos o histograma da Figura 8.5.

A comparação da forma desse histograma com a forma da distribuição normal reduzida, da Figura 8.4, sugere que a distribuição da soma dos resultados do lançamento de n tetraedros é aproximadamente normal quando n é bastante grande. Isso é verdade e constitui um exemplo de aplicação do teorema do limite central.

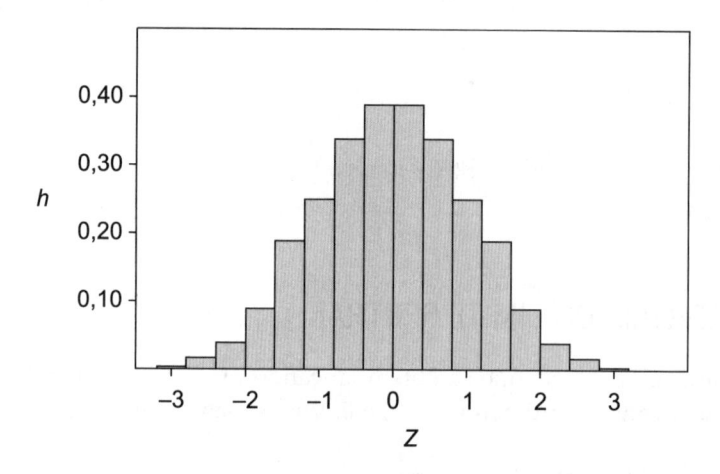

FIGURA 8.5
Distribuição da soma dos resultados obtidos lançando cinco tetraedros, considerando a variável reduzida

TEOREMA DO LIMITE CENTRAL: Se $X_1, X_2, ..., X_n$ são variáveis aleatórias independentes com média μ e variância σ^2, e se μ e σ^2 são valores finitos, a distribuição de $Y = \sum X_i$ tende a uma distribuição normal com média $E(Y) = n\mu$ e variância $V(Y) = n\sigma^2$, à medida que n cresce; em outras palavras, a distribuição limite de

$$Z = \frac{\sum X_i - n\mu}{\sigma\sqrt{n}},$$

quando n tende para infinito, é uma distribuição normal reduzida.

Vimos, na seção anterior, que uma distribuição binomial tende a uma distribuição normal quando o número n de ensaios cresce. Esse é um exemplo de aplicação do teorema do limite central, pois o número de resultados favoráveis, nos n ensaios, é igual à soma de n variáveis aleatórias independentes de média $\mu = p$ e variância

$\sigma^2 = pq$, com cada variável assumindo valor 1 ou 0, conforme seja favorável ou desfavorável o resultado de determinado ensaio.

Uma versão mais geral do teorema do limite central admite que as variáveis que constituem as parcelas da soma tenham diferentes médias e variâncias. Então, sejam X_i ($i = 1, ..., n$) variáveis aleatórias independentes com média μ_i ($i = 1, ..., n$) e variâncias σ_i^2 ($i = 1, ..., n$). Se $\Sigma Y = X_i$, temos

$$E(Y) = \Sigma \mu_i$$

e

$$V(Y) = \Sigma \sigma_i^2$$

Pode-se demonstrar que, em certas condições, a distribuição de

$$\frac{Y - \Sigma \mu_i}{\sqrt{\Sigma \sigma_i^2}}$$

quando n tende a infinito é, no limite, uma distribuição normal reduzida. É condição necessária (embora não seja suficiente) que

$$\lim_{n \to \infty} \Sigma \sigma_i^2 = \infty \text{ e que } \lim_{n \to \infty} \frac{\sigma_i^2}{\Sigma \sigma_i^2} = 0 \text{ para todo } i$$

Em outras palavras, a soma de um número bastante grande de variáveis aleatórias independentes tem distribuição aproximadamente normal, desde que nenhuma delas seja dominante.

Essa versão mais geral do teorema do limite central deve ser relacionada com o fato de muitas variáveis biológicas (como altura de indivíduos adultos de mesmo sexo, largura das folhas de determinada espécie vegetal etc.) apresentarem distribuição aproximadamente normal. Isso ocorre porque essas variáveis biológicas são afetadas por grande número de fatores. A altura de um adulto, por exemplo, é determinada pelas condições em que se deu seu crescimento (alimentação, doenças etc.) e pelo seu genótipo, que, por sua vez, é igual à soma das cargas genéticas que recebeu de seus ancestrais.

8.3 CARACTERÍSTICAS DA DISTRIBUIÇÃO NORMAL

A função de densidade da distribuição normal, definida em (8.3), mostra que o valor da função é o mesmo para dois pontos eqüidistantes de μ, isto é, definido um acréscimo u, se somarmos e subtrairmos esse acréscimo à média μ, teremos sempre

$$f(\mu + u) = f(\mu - u)$$

Podemos concluir, então, que a distribuição normal é simétrica em torno de μ, o que implica afirmar que μ, além de média, é a mediana da distribuição.

Vamos obter agora a moda da distribuição normal. Já vimos que a moda é o valor de X que maximiza o valor da função de densidade. Então, derivando a expressão (8.3), obtemos:

$$f'(X) = \frac{d}{dX} f(X) = -f(X) \frac{X-\mu}{\sigma^2} \tag{8.4}$$

e

$$f''(X) = \frac{d^2}{dX^2} f(X) = \frac{1}{\sigma^2} f(X) \left[\left(\frac{X-\mu}{\sigma}\right)^2 - 1\right] \tag{8.5}$$

Para $X = \mu$, temos $f'(X) = 0$ e $f''(X) < 0$. Portanto, μ é também a moda da distribuição.

A curva normal é assintótica ao eixo das abscissas, o que se verifica facilmente. Basta observar que $f(X) > 0$ e $\lim_{X \to \pm\infty} f(X) = 0$.

A curva normal tem dois pontos de inflexão, cujas abscissas são $X = \mu \pm \sigma$. Para verificar essa afirmativa, basta obter os valores de X que tornam $f''(X) = 0$.

Uma propriedade importante da distribuição normal: a soma de variáveis com distribuição normal também tem distribuição normal.

8.4 A FUNÇÃO DE DISTRIBUIÇÃO E O USO DA TABELA

Segue-se, de (8.3), que a função de distribuição normal é dada por

$$F(X) = \frac{1}{\sigma\sqrt{2\pi}} \int_{-\infty}^{X} \exp\left\{-\frac{(Y-\mu)^2}{2\sigma^2}\right\} dY$$

O valor dessa função depende de X, de μ e de σ.

Para a variável reduzida $Z = \frac{(X-\mu)}{\sigma}$, temos

$$\Phi(Z) = \frac{1}{\sqrt{2\pi}} \int_{-\infty}^{Z} \exp\left\{-\frac{Y^2}{2}\right\} dY$$

que depende apenas de Z, permitindo a construção de uma tabela simples, que dá a probabilidade de a variável assumir qualquer valor, de $-\infty$ até Z, para diversos valores de Z. Entretanto, como a distribuição normal é simétrica, é comum o uso de tabelas que fornecem apenas metade da distribuição.

Assim, a Tabela I do Apêndice fornece os valores que correspondem à área hachurada na Figura 8.6, apenas para valores positivos de Z. É claro que $\Phi(0) = 0{,}5$, que é a área pontilhada na Figura 8.6.

É fácil ver que a tabela dá a probabilidade de a variável assumir qualquer valor, entre a média 0 (zero) e um valor positivo qualquer Z.

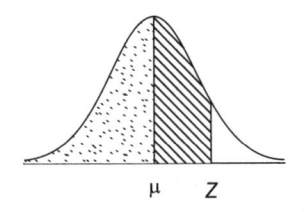

FIGURA 8.6
Valores tabelados da distribuição normal reduzida

Para mostrar como se usa a tabela da distribuição normal, vejamos alguns exemplos.

Então, seja X uma variável com distribuição normal de média $\mu = 20$ e desvio padrão $\sigma = 4$. Determinemos:

a) $P(X < 24)$

O valor da variável reduzida, correspondente a $X = 24$, é

$$Z = \frac{X - \mu}{\sigma} = \frac{24 - 20}{4} = 1$$

Então, a probabilidade pedida, que corresponde, na Figura 8.7, à soma das áreas pontilhada (que é 0,5) e hachurada (que é dada pela tabela e vale 0,3413), é

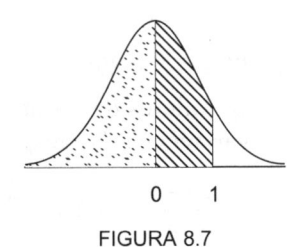

FIGURA 8.7

$$P(X < 24) = P(Z < 1) = \Phi(1) = 0{,}5 + 0{,}3413 = 0{,}8413$$

b) $P(X > 25)$

Temos $Z = \dfrac{25 - 20}{4} = 1{,}25$

Então, a probabilidade pedida, que corresponde, na Figura 8.8, à área em branco, é obtida subtraindo-se da metade da área da curva (que vale 0,5) a área hachurada, cujo valor é obtido na tabela para $Z = 1{,}25$, ou seja,

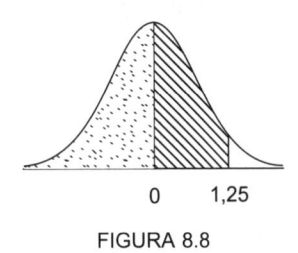

FIGURA 8.8

$$P(X > 25) = P(Z > 1{,}25) = 0{,}5 - 0{,}3944 = 0{,}1056$$

c) $P(X < 12)$

O valor da variável reduzida, correspondente a $X = 12$, é

$$Z = \frac{12 - 20}{4} = -2$$

Devido à simetria da distribuição, podemos escrever

$P(X < 12) = P(Z < -2) = P(Z > 2)$

Então, a probabilidade procurada corresponde, na Figura 8.9, à área em branco, que é obtida subtraindo-se de 0,5 a área hachurada, cujo valor é obtido na tabela para $Z = 2$, ou seja,

$P(X < 12) = P(Z > 2) = 0,5 - 0,4772 = 0,0228$

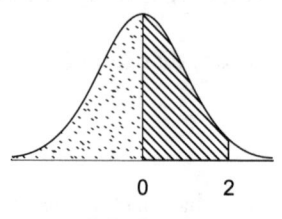

FIGURA 8.9

d) $P(22 < X < 25)$

Os valores da variável reduzida, correspondentes aos valores 22 e 25 da variável X, são, respectivamente,

$$\frac{22 - 20}{4} = 0,5 \text{ e } \frac{25 - 20}{4} = 1,25$$

Então, a probabilidade pedida, que corresponde à área hachurada da Figura 8.10, é obtida subtraindo-se, da área compreendida entre 0 e 1,25, achada na tabela para $Z = 1,25$, a área pontilhada, encontrada na tabela para $Z = 0,5$, isto é,

$P(22 < X < 25) = P(0,5 < Z < 1,25) = 0,3944 - 0,1915 = 0,2029$

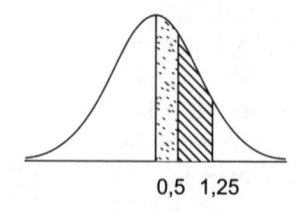

FIGURA 8.10

e) $P(14 < X < 22)$

As variáveis reduzidas, correspondentes aos valores 14 e 22 assumidos por X, são, respectivamente,

$$\frac{14-20}{4} = -1{,}5 \text{ e } \frac{22-20}{4} = 0{,}5$$

A probabilidade de X assumir valores entre 14 e 22 corresponde à soma das áreas pontilhada e hachurada na Figura 8.11. A área hachurada é obtida na tabela para $Z = 0{,}5$ e a área pontilhada é obtida procurando-se na tabela o valor $Z = 1{,}5$, porque, devido à simetria da curva,

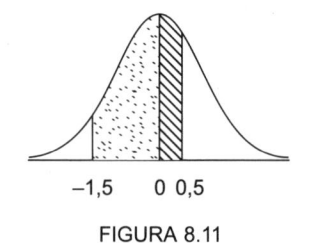

FIGURA 8.11

$P(-1{,}5 < Z < 0) = P(0 < Z < 1{,}5)$

Então,

$P(14 < X < 22) = P(0 < Z < 1{,}5) + P(0 < Z < 0{,}5) =$
$= 0{,}4332 + 0{,}1915 = 0{,}6247$

8.5 A APROXIMAÇÃO NORMAL DA DISTRIBUIÇÃO BINOMIAL E A CORREÇÃO DE CONTINUIDADE

Vimos, na Seção 8.1, as condições nas quais uma distribuição binomial se torna aproximadamente igual a uma distribuição normal.

É interessante frisar, nesse ponto, que na distribuição binomial a variável aleatória só assume valores inteiros, mas que na distribuição normal a variável aleatória é contínua. Então, ao valor $X = k$, na distribuição binomial, corresponde o intervalo de $k - 0{,}5$ a $k + 0{,}5$, na distribuição normal. Conseqüentemente, ao intervalo $k_1 \leq X \leq k_2$, da distribuição binomial de parâmetros n e p, corresponde o intervalo de $k_1 - 0{,}5$ a $k_2 + 0{,}5$ da distribuição normal de média $\mu = np$ e variância $\sigma^2 = npq$. Na distribuição normal reduzida, esse intervalo corresponde a

$$\frac{k_1 - 0{,}5 - np}{\sqrt{npq}} < Z < \frac{k_2 + 0{,}5 - np}{\sqrt{npq}}$$

Então,

$$P(k_1 \leq X \leq k_2) = P\left(\frac{k_1 - 0{,}5 - np}{\sqrt{npq}} < Z < \frac{k_2 + 0{,}5 - np}{\sqrt{npq}}\right)$$

O valor 0,5, que é adicionado ou subtraído de X, é denominado correção de continuidade. O sinal dessa correção é diferente se o intervalo de X não inclui os extremos. Temos

$$P(k_1 < X < k_2) = P\left(\frac{k_1 + 0{,}5 - np}{\sqrt{npq}} < Z < \frac{k_2 - 0{,}5 - np}{\sqrt{npq}}\right)$$

Para exemplificar, consideremos a distribuição binomial com parâmetros $n = 18$ e $p = \frac{1}{3}$. Determinemos:

a) $P(X < 8)$

A média e o desvio padrão de X são, respectivamente, $\mu = np = 6$ e $\sigma = \sqrt{npq} = 2$. Utilizando a aproximação normal da binomial, obtemos

$$P(X < 8) = P\left(Z < \frac{8 - 0{,}5 - 6}{2}\right) = P(Z < 0{,}75) = 0{,}5 + 0{,}2734 = 0{,}7734$$

Esse resultado é aproximado. O valor exato, de acordo com (7.6), é

$$P(X < 8) = P(X = 0) + P(X = 1) + P(X = 2) + \ldots + P(X = 7) =$$

$$= \left(\frac{2}{3}\right)^{18} + 18 \cdot \frac{1}{3}\left(\frac{2}{3}\right)^{17} + \binom{18}{2}\left(\frac{1}{3}\right)^2\left(\frac{2}{3}\right)^{16} + \ldots +$$

$$+ \binom{18}{7}\left(\frac{1}{3}\right)^7\left(\frac{2}{3}\right)^{11} = 0{,}7767$$

b) $P(4 \leq X \leq 8)$

Temos

$$P(4 \leq X \leq 8) = P\left(\frac{4 - 0{,}5 - 6}{2} < Z < \frac{8 + 0{,}5 - 6}{2}\right) =$$

$$= P(-1{,}25 < Z < 1{,}25) = 2P(0 < Z < 1{,}25) = 2 \cdot 0{,}3944 = 0{,}7888$$

Usando (7.6), obtemos

$$P(4 \leq X \leq 8) = P(X = 4) + P(X = 5) + \ldots + P(X = 8) =$$

$$= \binom{18}{4}\left(\frac{1}{3}\right)^4\left(\frac{2}{3}\right)^{14} + \binom{18}{5}\left(\frac{1}{3}\right)^5\left(\frac{2}{3}\right)^{13} + \ldots +$$

$$+ \binom{18}{8}\left(\frac{1}{3}\right)^8\left(\frac{2}{3}\right)^{10} = 0{,}7907$$

O cálculo pela aproximação normal é bem menos trabalhoso. Para um dado valor p, quanto maior for o valor de n, maior será a vantagem em calcular a probabilidade por meio da aproximação normal, pois a aproximação obtida será melhor e o cálculo do valor exato, utilizando (7.6), será cada vez mais trabalhoso.

Como outro exemplo, consideremos, novamente, o problema discutido na Seção 7.5. De uma população com 25% de analfabetos, tiramos uma amostra aleatória de 300 indivíduos. Vimos que o número (X) de analfabetos na amostra é uma variável aleatória que tem, praticamente, distribuição binomial com parâmetros $n = 300$ e $p = 0{,}25$. Como $p < 0{,}5$ e $np = 75 > 5$, sabemos, agora, que a distribuição de X é aproximadamente normal com média $\mu = np = 75$ e desvio padrão $\sigma = \sqrt{npq} = 7{,}5$. Determinemos a probabilidade de que o número de analfabetos na amostra seja igual ou inferior a 65. Temos

$$P(X \leq 65) = P\left(Z < \frac{65 + 0{,}5 - 75}{7{,}5}\right) = P(Z < -1{,}267) =$$

$$= P(Z > 1{,}267) = 0{,}5 - 0{,}3974 = 0{,}1026$$

A probabilidade procurada é aproximadamente igual a 10%.

Exercícios

8.1 Uma variável aleatória X tem distribuição normal com média $\mu = 7$ e variância $\sigma^2 = 16$. Em uma amostra de cinco elementos, essa variável assumiu os seguintes valores: 4, 6, 5, 10 e 9.

a) Qual é a mediana da população?

b) Qual é a mediana da amostra?

8.2 Admite-se que 80% dos adultos de certa região sejam alfabetizados. Nessas condições, qual é a probabilidade de, entre 5 pessoas escolhidas ao acaso, encontrar 2 alfabetizados e 3 analfabetos? Qual é a probabilidade de encontrar pelo menos 2 analfabetos na amostra de 5 adultos? Qual é a probabilidade de encontrar mais de 100 analfabetos em uma amostra aleatória de 400 pessoas? Use a aproximação normal da distribuição binomial para responder à terceira questão.

8.3 Um fabricante sabe que a resistência dos resistores que ele produz tem distribuição normal com média igual a 100 ohms e desvio padrão igual a 2 ohms.

a) Que porcentagem de resistores terá resistência entre 98 ohms e 102 ohms?

b) Que porcentagem de resistores terá resistência maior do que 95 ohms?

8.4 Um dado é jogado 180 vezes. Qual é a probabilidade de o resultado ser "seis" em 40 ou mais dessas jogadas? Qual é a probabilidade de o resultado ser "cinco" ou "seis" em menos de 50 das 180 jogadas? (Use a aproximação normal da binomial.)

8.5 Um produto que pesa em média 8 g com desvio padrão de 5 g é embalado em caixas de 144 unidades. A caixa vazia pesa, em média, 200 g com desvio padrão de 10 g. Admitindo que as variáveis em questão tenham distribuições normais e que as 144 unidades que são colocadas em uma caixa são tomadas ao acaso, determine a probabilidade de uma caixa cheia pesar mais de 1.400 g.

8.6 Um exame é constituído de 100 testes tipo certo-errado. Qual é o valor da média e do desvio padrão do número de testes respondidos corretamente por um aluno que nada sabe sobre a matéria? Qual é a probabilidade de esse aluno acertar 60 ou mais dos 100 testes? Qual é a probabilidade de ele acertar menos de 45 testes? Qual é a probabilidade de ele acertar de 44 a 60 testes, incluindo os extremos?

8.7 O peso médio de 500 estudantes do sexo masculino é 75 kg. Admite-se que essa medida tem distribuição normal com desvio padrão igual a 6 kg. Determine o número esperado de estudantes no grupo (a) com mais de 81 kg e (b) cujo peso esteja entre 69 e 81 kg.

8.8 Certo tipo de lâmpada tem vida média de 1.500 horas e desvio padrão de 150 horas. Suponha que dispomos de quatro dessas lâmpadas e que usaremos uma lâmpada por vez, substituindo-a prontamente quando se queimar. Pressupondo que a vida média das lâmpadas tem distribuição normal, determine a probabilidade de que tenhamos, usando essas quatro lâmpadas, iluminação por (a) mais de 6.600 horas e (b) menos de 5.550 horas.

8.9 Sabe-se que, em uma população de 10 milhões de pessoas, há 1 milhão que obtém renda mensal superior a X. Se, dessa população, tira-se uma amostra aleatória de 100 pessoas, qual é a probabilidade de se encontrar menos de 6 pessoas com renda mensal superior a X?

8.10 Um exame é constituído de 300 testes tipo certo-errado. Calcule a probabilidade de um aluno, sem nada saber sobre a matéria do exame, acertar 200 dos testes propostos. Determine a média e o desvio padrão do número de testes respondidos corretamente por um aluno que nada sabe. Qual é a probabilidade de esse aluno acertar 200 ou mais testes?

8.11 Nas faces de um tetraedro regular, feito de material homogêneo, são marcados zero, dois, quatro e seis pontos (X pode assumir os valores 0, 2, 4 e 6).

a) Jogando-se dois desses tetraedros, qual é a probabilidade de a soma de pontos ser igual a 2?

b) Jogando-se dois desses tetraedros, qual é a probabilidade de sair em ambos resultado igual ou inferior a 4?

c) Jogando-se duas vezes os dois tetraedros, qual é a probabilidade de a soma de pontos dos dois tetraedros ser 6 nas duas jogadas? Qual é a probabilidade de a soma dos pontos ser 6 em ao menos uma das duas jogadas?

d) Considerando-se que dois desses tetraedros são jogados, definem-se os eventos:

A = sair soma de pontos igual a 4

B = sair soma de pontos igual ou superior a 6

C = sair o mesmo resultado nos dois tetraedros

Pergunta-se:

1) A e B são mutuamente exclusivos? São independentes?
2) A e C são mutuamente exclusivos? São independentes?
3) B e C são mutuamente exclusivos? São independentes?

e) Um dos tetraedros é lançado cinco vezes. Qual é a probabilidade de o resultado ser zero em duas dessas jogadas? Qual é a probabilidade de o resultado ser zero em mais de três dessas jogadas?

f) Um dos tetraedros é lançado 300 vezes. Qual é a probabilidade de o resultado ser zero em 80 ou mais vezes? Qual é a probabilidade de o resultado ser zero menos de 60 vezes? (Use a aproximação normal da binomial.)

8.12 Em uma cidade haverá um plebiscito em que 1.250.000 eleitores decidirão entre aceitar (SIM) ou rejeitar (NÃO) certa política. Suponha que um partidário da aceitação dessa política afirme que 80% dos votos serão SIM. Admitindo essa previsão como verdadeira, qual é a probabilidade de, em uma amostra de 900 eleitores, menos de 684 serem partidários do SIM?

8.13 Uma máquina de ensacar determinado produto apresenta variações de peso com desvio padrão de 3 kg.

a) Se a máquina for regulada para um peso médio de 60 kg, qual é a probabilidade de se obter sacos com menos de 55 kg? E com mais de 66 kg?

b) Em quanto deve ser regulado o peso médio do saco para que apenas 10% tenham menos de 60 kg?

8.14 Um exame é constituído de 100 testes tipo múltipla-escolha, com 5 alternativas cada um. Qual é o valor da média e do desvio padrão do número de testes respondidos corretamente por um aluno que nada sabe sobre a matéria? Qual é a probabilidade de esse aluno acertar 30 ou mais dos 100 testes? Qual é a probabilidade de ele acertar menos de 15 testes? Qual é a probabilidade de ele acertar de 15 (inclusive) a 30 (inclusive) testes?

8.15 Uma máquina de ensacar determinado produto apresenta variações de peso com desvio padrão de 2 kg. Em quanto deve ser regulado o peso médio do saco para que apenas 5% tenham menos de 60 kg?

8.16 Uma loja vende certo produto a crédito, sem entrada. Sabe-se que, em média, a loja não recebe pagamento de 2% das unidades entregues. Se não houvesse essa perda, o preço por unidade do produto seria R$ 100,00.

a) De quanto deve ser aumentado o preço para que as perdas sejam, em média, compensadas?

b) Se o preço for aumentado de R$ 3,00 por unidade, qual é a probabilidade de esse acréscimo não compensar as perdas em um mês em que são entregues 900 unidades?

8.17 A máquina de empacotar um determinado produto apresenta variações de peso com desvio padrão de 20 g. Em quanto deve ser regulado o peso médio do pacote para que apenas 10% tenham menos de 400 g?

8.18 Uma companhia de seguros tem 400 segurados de certo tipo. Cada um deles paga R$ 1.000,00 por ano. Caso ocorra determinado acidente, a companhia deverá pagar R$ 8.000,00. Sabe-se que a probabilidade de ocorrência desse acidente, com qualquer um dos segurados durante um ano, é 0,1. Desprezando outros custos, determine a probabilidade de a companhia de seguros ter prejuízo em certo ano.

8.19 Sabe-se que, em uma população de 12 milhões de pessoas, há 240 mil empregadores. Se, dessa população, tira-se uma amostra aleatória de 5 pessoas, qual é a probabilidade de não haver, na amostra, nenhum empregador? Em uma amostra de 400 pessoas, qual é a probabilidade de se encontrar menos de 5 empregadores?

8.20 Uma companhia de seguros tem 400 segurados de certo tipo. Cada um deles paga R$ 2.000,00 por ano. Caso ocorra um determinado acidente, a companhia deverá pagar R$ 15.000,00 para cada acidentado. Sabe-se que a probabilidade de ocorrência desse acidente, com qualquer um dos segurados durante um ano, é 0,1. Os custos fixos da companhia são de R$ 8.000,00 por ano. Qual é a probabilidade de a companhia de seguros ter prejuízo em certo ano?

8.21 Um aluno que nada sabe sobre determinada matéria responde, ao acaso, uma prova com 400 testes tipo certo-errado. Sabe-se que a probabilidade de esse aluno acertar X ou mais testes é 12,5%. Determine X.

8.22 Ao fazer um orçamento, utilizamos valores dados até centavos de reais. Antes de fazer a soma dos itens que constituem o orçamento, arredondamos cada um dos valores para os décimos de reais mais próximos (nos casos em que o valor original termina em 5 centavos, arredondamos para cima em metade desses casos). Se o orçamento consiste na soma de 850 itens, e admitindo que são igualmente prováveis valores terminando em 0, 1, 2, 3, 4, 5, 6, 7, 8 ou 9 centavos, qual é a probabilidade de o valor absoluto do erro de arredondamento no total ultrapassar R$ 2,00?

8.23 Uma moeda é jogada 3.600 vezes. Associamos valor $X = 1$ ao resultado "cara" e valor $X = 0$ ao resultado "coroa". Qual é a probabilidade de que a média de X, obtida nessas 3.600 jogadas, difira da média verdadeira μ por menos de 0,01?

8.24 Sabe-se que 5% das 258.740 famílias de uma região têm renda mensal superior a R$ 2.000,00. Qual é a probabilidade de que haja mais de 30 famílias com essa característica em uma amostra aleatória de 400 famílias?

8.25 Nas seis faces de um pequeno cubo feito de material homogêneo estão marcados os seguintes valores: 0 (zero) em duas faces, 1 em duas faces e 2 em duas faces. Seja X a variável aleatória discreta definida como o resultado de um lançamento desse "dado". Seja Y a soma dos resultados de 3 lançamentos. Seja W a soma dos resultados de 150 lançamentos. Determine:

a) $E(X)$ e $V(X)$

b) $E(Y)$ e $V(Y)$

c) a distribuição de Y e o correspondente gráfico de barras

d) a probabilidade de $Y \geq 4$

e) o coeficiente de assimetria e o coeficiente de curtose de Y

f) $E(W)$, $V(W)$ e σ_W

g) a probabilidade de $W > 165$

h) a probabilidade de $W < 130$

i) a probabilidade de $140 \leq W \leq 160$

8.26 Um produtor de um alimento enlatado afirma que cada lata tem 160 g de conteúdo. A máquina de enlatar o produto, entretanto, apresenta certa variabilidade na quantidade colocada em cada lata. Admite-se que o peso do que é colocado em cada lata é uma variável com distribuição normal com desvio padrão de 4 g. Se a máquina for regulada para colocar em média 5% acima do peso declarado, qual é a proporção de latas que terão conteúdo com peso inferior ao declarado? Em quanto deve ser regulado o peso médio para que apenas 3% das latas tenham menos de 160 g de conteúdo?

8.27 Seja X a variável definida como o resultado do lançamento de um tetraedro regular de material homogêneo em cujas faces estão marcados os valores 1, 2, 3 e 4. Seja Y a média de k valores de X, isto é,

$$Y = \frac{1}{k} \sum_{i=1}^{k} X_i$$

Determine o menor valor de k de maneira que $P(Y \geq 3) \geq 0,0228$.

Respostas

8.1 Mediana da população = 7; mediana da amostra = 6.

8.2 5,12%; 26,27%; 0,52%

8.3 a) 68,26%   b) 99,38%

8.4 2,87%; 4,85%

8.5 0,215 ou 21,5%

8.6 $\mu = 50$ e $\sigma = 5$; 2,87%; 13,57%; 88,53%

8.7 a) 79 b) 341

8.8 a) 0,0228 b) 0,0668

8.9 0,0668

8.10 Praticamente zero; $\mu = 150$ e $\sigma = 8,66$; praticamente zero.

8.11 a) $\dfrac{1}{8}$ b) $\dfrac{9}{16}$ c) $\dfrac{1}{16}$ e $\dfrac{7}{16}$

d) 1) A e B são mutuamente exclusivos e não são independentes;
2) A e C não são mutuamente exclusivos e não são independentes;
3) B e C não são mutuamente exclusivos e não são independentes.

$$P(A) = \frac{3}{16};\ P(B) = \frac{5}{8};\ P(C) = \frac{1}{4}$$

$$P(A|B) = 0;\ P(C|A) = \frac{1}{3}\ \text{e}\ P(B|C) = \frac{1}{2}$$

e) $\dfrac{135}{512}$ e $\dfrac{1}{64}$

f) 0,2743 e 0,0194

8.12 0,12%

8.13 a) 4,78% e 2,28% b) 63,84 kg

8.14 $\mu = 20$ e $\sigma = 4$; 0,88%; 8,46%; 91,10%

8.15 63,29 kg

8.16 a) 204 centavos b) 2,15%

8.17 425,6 g

8.18 4,01%

8.19 $0,98^5 = 0,904$; 0,1056

8.20 1,86%

8.21 $X = 212$

8.22 1,86% (1,82% se for feita correção de continuidade)

8.23 76,34%

8.24 $P(Z > 2,409) = 0,8\%$

8.25 a) $E(X) = 1$, $V(X) = 2/3$ b) $E(Y) = 3$, $V(Y) = 2$

c)

Y	P(Y)
0	1/27
1	3/27
2	6/27
3	7/27
4	6/27
5	3/27
6	1/27

d) $P(Y \geq 4) = 10/27$
e) $\alpha_3 = 0$, $\alpha_4 = 2,5$
f) $E(W) = 150$, $V(W) = 100$, $\sigma_W = 10$
g) $P(Z > 1,55) = 0,0606$
h) $P(Z < -2,05) = 0,0202$
i) $P(-1,05 < Z < 1,05) = 0,7062$

8.26 a) $P(Z, -2) = 0,0228$ b) 167,5 g

8.27 $k = 22$. Sem correção de continuidade, obtém-se $k = 20$.

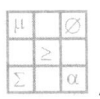

9
Amostragem e Estimadores

9.1 AMOSTRAGEM ALEATÓRIA SIMPLES

Vimos, na Seção 1.4, que uma população ou universo é o conjunto de todos os elementos que possuem determinada característica em comum. Vimos também que uma amostra é qualquer subconjunto não-vazio e menor do que a população.

Entretanto, para que possamos fazer inferência para a população, a partir do conhecimento de uma amostra e com base na teoria de probabilidades, é necessário que a amostra tenha sido obtida de acordo com certos critérios.

Vimos na Seção 7.5 que, dada uma população finita em que uma proporção p de elementos apresenta certa característica, para que o número X de elementos que apresentam essa característica, em uma dada amostra, tenha distribuição binomial, é necessário que cada elemento da amostra tenha sido escolhido ao acaso. Também vimos que a distribuição de X será exatamente binomial se fizermos amostragem com reposição dos elementos, mas que, se fizermos amostragem sem reposição, a distribuição de X será apenas aproximadamente binomial, desde que a população seja bastante grande.

Dada uma população com m elementos, denominamos amostragem aleatória (casual ou acidental) simples o processo de obter um subconjunto de n (com $n < m$) elementos dessa população, conduzido de tal forma que cada uma das $\binom{m}{n}$ combinações de elementos terá igual probabilidade de ser selecionada. Está implícito, nessa definição, que a amostragem é feita sem reposição. No caso de amostragem com reposição, raramente usada, devemos considerar que os m^n arranjos com repetição, e não $\binom{m}{n}$ combinações, terão igual probabilidade de serem selecionados. Nos dois casos, a probabilidade de um elemento ser escolhido em qualquer um dos n sorteios feitos para constituir a amostra é, *a priori* (isto é, antes de iniciada a amostragem), igual a $\frac{1}{m}$. Podemos dizer, então, que a amostragem aleatória simples é aquela na qual todos os elementos da população têm igual probabilidade de serem selecionados. A amostra assim obtida é denominada aleatória (acidental ou casual) simples.

Vejamos o procedimento que podemos adotar para obter uma amostra aleatória simples, de 100 elementos, de uma população constituída pelos 3.800 alunos de certa universidade.

Em primeiro lugar devemos obter uma lista com os nomes de todos os alunos e conferir, a cada um deles, um número inteiro, de 0 a 3.799.

Para obter a amostra aleatória simples, podemos proceder da seguinte maneira: colocamos, em uma urna, 3.800 fichas numeradas, de zero a 3.799, misturamos e, sem olhar, retiramos uma ficha. Misturamos, então, as fichas restantes, retiramos uma segunda ficha e assim fazemos, sucessivamente, até retirarmos 100 fichas, que fornecerão os números dos alunos que deverão constituir a amostra fazendo amostragem sem reposição.

O método descrito, embora correto, é muito trabalhoso. Podemos obter mais facilmente uma amostra aleatória simples usando a tabela de dígitos aleatórios (ver Tabela II do Apêndice).

Vejamos como proceder para obter uma tabela de dígitos aleatórios. Podemos colocar, em uma urna, 10 fichas numeradas, de zero a 9; em seguida, misturamos as fichas e, sem olhar, retiramos uma delas, copiamos o dígito e recolocamos a ficha na urna; prosseguimos dessa maneira até obter dígitos aleatórios em quantidade suficiente. Convém lembrar, entretanto, que as tabelas de dígitos aleatórios são obtidas, atualmente, por meio de computadores, de maneira muito mais rápida.

Vejamos agora como usamos uma tabela de dígitos aleatórios para obter uma amostra de tamanho 100, dos 3.800 alunos da universidade mencionada. Uma vez que os alunos foram numerados de zero a 3.799, devemos obter, na tabela, 100 números de 4 dígitos. Na Tabela II do Apêndice temos colunas de 5 dígitos, cada uma com 50 linhas. Então tomamos, em cada coluna, apenas os 4 primeiros algarismos de cada linha. Se o número obtido pertencer ao intervalo [0, 3.799], o aluno correspondente é incluído na amostra; os números maiores do que 3.799 são desprezados; passamos, então, para a linha ou para a coluna seguinte, na tabela. É claro que, procedendo dessa maneira, muitos números serão desprezados. Para evitar isso, podemos considerar também os números do intervalo [5.000, 8.799], subtraindo 5.000 sempre que for obtido um número neste intervalo. Prosseguimos dessa maneira até obter uma amostra com 100 alunos. Lembrando o método pelo qual se podem obter os dígitos aleatórios, está claro que um mesmo número pode ser encontrado mais de uma vez. Se desejarmos uma amostra sem repetição (amostragem sem reposição), devemos simplesmente desprezar o número repetido, porque o elemento correspondente já está incluído na amostra.

Consideremos agora que X é uma variável contínua com função de densidade $f(X)$ e população infinita. Suponhamos que obtivemos uma amostra de n elementos dessa população. Sejam $X_1, X_2, ..., X_n$ os valores observados nessa amostra. Em uma segunda amostra de n elementos dessa população, os valores serão $X_1', X_2', ..., X_n'$.

Em uma terceira amostra, os valores serão X_1'', X_2'', ..., X_n'', e assim por diante. Tais valores podem ser dispostos da seguinte maneira:

$$\begin{array}{cccc} X_1 & X_2 & \cdots & X_n \\ X_1' & X_2' & \cdots & X_n' \\ X_1'' & X_2'' & \cdots & X_n'' \\ \cdot\cdot & \cdot\cdot & \cdots & \cdot\cdot \\ \cdot\cdot & \cdot\cdot & \cdots & \cdot\cdot \\ \cdot\cdot & \cdot\cdot & \cdots & \cdot\cdot \end{array}$$

Consideremos a primeira coluna dessa matriz. É fácil ver que o primeiro valor observado em uma amostra qualquer é uma variável aleatória; seja $f_1(X)$ a sua função de densidade. Analogamente, sejam $f_2(X)$, ..., $f_n(X)$ as funções de densidade associadas aos demais elementos da amostra.

Por definição, a amostragem aleatória é aquela em que:

1º) As funções de densidade associadas às diferentes observações da amostra são todas iguais à função de densidade da população, isto é,

$$f_1(X) = f_2(X) = \ldots = f_n(X) = f(X)$$

2º) As diferentes observações da amostra são variáveis aleatórias independentes.

Então, o valor da densidade de probabilidade de obter uma determinada amostra $(X_1, X_2, ..., X_n)$ é

$$g(X_1, X_2, ..., X_n) = f(X_1) f(X_2) \ldots f(X_n) = \prod_{i=1}^{n} f(X_i) \tag{9.1}$$

Uma definição análoga é válida para o caso de variáveis discretas com população infinita. Desde que a população seja infinita, as variáveis associadas às várias observações de uma amostra aleatória simples são independentes e têm todas a mesma distribuição, igual à distribuição da população.

Para exemplificar, consideremos, novamente, a população infinita gerada lançando sucessivamente um tetraedro regular, feito de material homogêneo, em cujas faces estão marcados os valores 0, 2, 4 e 6. A distribuição da variável aleatória discreta assim definida foi apresentada na Tabela 6.1. Amostras com $n = 2$ elementos dessa população podem ser obtidas lançando o tetraedro duas vezes. Na Tabela 9.1 apresentamos as 16 amostras com dois elementos que podem ser obtidas.

É fácil verificar que as variáveis associadas às duas observações da amostra têm a mesma distribuição que a população; em qualquer caso, temos $P(0) = P(2) = P(4) = P(6) = 0{,}25$. Além disso, as observações são independentes e a probabilidade de obter uma dessas 16 amostras é $\frac{1}{16}$.

Consideremos agora um exemplo de uma população finita da qual tiramos amostras aleatórias com reposição dos elementos sorteados. Para manter o exemplo numérico bastante simples, embora artificial, consideremos amostras de $n = 2$ elementos de uma população constituída por apenas $m = 4$ elementos, cujos valores são 0, 2, 4 e 6. Com esses quatro elementos podemos formar $m^n = 4^2 = 16$ diferentes arranjos com repetição, constituindo 16 diferentes amostras que são, exatamente, as mesmas amostras apresentadas na Tabela 9.1. Fica assim verificado que também neste caso as variáveis associadas às diferentes observações de uma amostra aleatória simples são independentes e têm distribuição igual à da população.

TABELA 9.1
Amostras de dois elementos que podem ser obtidas por lançamentos sucessivos de um tetraedro

Primeira observação	Segunda observação
0	0
0	2
0	4
0	6
2	0
2	2
2	4
2	6
4	0
4	2
4	4
4	6
6	0
6	2
6	4
6	6

Finalmente, admitamos que, dessa mesma população finita, sejam tiradas amostras aleatórias de $n = 2$ elementos, sem reposição dos elementos sorteados. A Tabela 9.2 mostra os 12 arranjos, sem repetição, dos quatro elementos, dois a dois.

TABELA 9.2
Amostras aleatórias, de dois elementos, que podem ser obtidas de uma população com quatro elementos, sem fazer reposição

Primeira observação	Segunda observação
0	2
0	4
0	6
2	0
2	4
2	6
4	0
4	2
4	6
6	0
6	2
6	4

Pode-se verificar, nesse exemplo, que as variáveis associadas às diferentes observações de uma amostra aleatória simples, feita sem reposição, têm distribuição igual à da população. Entretanto, as variáveis não são independentes. Assim, se indicarmos as observações da amostra por X_1 e X_2, temos, por exemplo, que

$$P(X_2 = 2 \mid X_1 = 0) = \frac{1}{3} \neq P(X_2 = 2) = \frac{1}{4}$$

9.2 PARÂMETRO E ESTIMADOR

No estudo de determinada população, geralmente nos interessa obter, para certas variáveis, os valores de parâmetros como, por exemplo, a média (μ) e a variância (σ^2).

Normalmente, não conhecemos os valores desses parâmetros, e por isso obtemos as respectivas estimativas a partir dos valores observados em uma amostra.

Recorremos ao estudo de amostras, em vez de estudarmos toda a população, pelas seguintes razões:

1º) O tempo e/ou os recursos disponíveis são insuficientes para que possamos obter os valores para toda a população.

2º) Pode ser simplesmente impossível medir toda a população. Um conjunto de fósseis de uma espécie extinta é uma amostra que permite a análise de certos aspectos da população que existiu; entretanto, como o processo de fossilização só ocorreu com alguns animais, o exame da população é impossível.

3º) Há casos em que a própria mensuração da variável determina a destruição do elemento onde a variável é medida, o que torna absurdo medir toda a população. Assim, consideremos que desejamos conhecer a resistência à compressão de um conjunto de tijolos, para decidir se é conveniente utilizá-los em determinada construção. Se o método de determinação da resistência à compressão consiste em submeter o tijolo a pressões crescentes, até que se rompa, não podemos obviamente obter a medida em toda a população.

Consideremos uma amostra de n elementos de uma população cuja média é $\mu = E(X)$. A partir dos valores observados na amostra, podemos calcular

$$\bar{X} = \frac{1}{n} \sum_{i=1}^{n} X_i$$

É importante distinguir a média da amostra ($\bar{X}$) da média da população ou média verdadeira (μ). A média da amostra é um estimador de μ. Em geral, o *estimador* de um parâmetro da população é uma função dos valores observados em uma amostra dessa população. Nas próximas seções deste capítulo, veremos as propriedades que os estimadores devem ter.

Chamamos de *estimativa* o valor do estimador obtido com base em determinada amostra. Assim, enquanto $\bar{X} = \dfrac{1}{n} \sum X_i$ é um estimador de μ, o valor $\bar{X} = 13{,}25$, obtido de determinada amostra, é uma estimativa de μ.

Para analisar as propriedades dos estimadores baseados em amostras aleatórias simples, devemos distinguir dois casos, conforme o que foi discutido na seção anterior:

1º) a população é infinita ou foi feita amostragem com reposição de uma população finita; neste caso, as observações da amostra são independentes;

2º) a população é finita e foi feita amostragem sem reposição; neste caso, as observações não são independentes.

9.3 A MÉDIA E A VARIÂNCIA DE $\bar{X}$

Seja X uma variável de população infinita, com média $\mu = E(X)$ e variância $V(X) = \sigma^2 = E(X - \mu)^2$. Dada uma amostra aleatória simples de n elementos dessa variável, temos

$$\bar{X} = \frac{1}{n} \sum_{i=1}^{n} X_i = \frac{1}{n} X_1 + \frac{1}{n} X_2 + \ldots + \frac{1}{n} X_n \tag{9.2}$$

Ora, $\bar{X}$ é uma variável que assume diferentes valores, em função da amostra selecionada.

Já vimos que as diferentes observações da amostra (os X_i) são variáveis aleatórias com distribuição igual à distribuição da população. Então

$$E(X_1) = E(X_2) = \ldots = E(X_n) = E(X) = \mu \tag{9.3}$$

e

$$V(X_1) = V(X_2) = \ldots = V(X_n) = V(X) = \sigma^2 \tag{9.4}$$

De (9.2) e (9.3), segue-se que a esperança de $\bar{X}$ é

$$E(\bar{X}) = \frac{1}{n} \sum_{i=1}^{n} E(X_i) = \frac{n\mu}{n} = \mu \tag{9.5}$$

Lembrando que as observações da amostra são independentes, de (9.2) e (9.4), obtemos

$$V(\bar{X}) = \sigma_{\bar{X}}^2 = \frac{1}{n^2} \sum_{i=1}^{n} V(X_i) = \frac{n\sigma^2}{n^2} = \frac{\sigma^2}{n} \tag{9.6}$$

Esses resultados são igualmente válidos para a média de uma amostra de uma população finita, quando se procede à amostragem com reposição.

Consideremos a seguir o caso de uma população finita (com m elementos) da qual tiramos amostras de n elementos, sem reposição.

A média da população é

$$\mu = E(X) = \frac{1}{m} \sum_{i=1}^{m} X_i \qquad (9.7)$$

Nesse caso, é preferível definir a variância de X como[1]

$$S^2 = \frac{1}{m-1} \sum_{i=1}^{m} (X_i - \mu)^2 \qquad (9.8)$$

Da mesma maneira que no caso de uma população infinita, temos

$$E(\bar{X}) = \mu \qquad (9.9)$$

Entretanto, como as observações da amostra não são independentes, o resultado (9.6) não é válido neste caso. Demonstra-se que[2]

$$V(\bar{X}) = \sigma_{\bar{X}}^2 = \frac{S^2}{n} \left(1 - \frac{n}{m}\right) \qquad (9.10)$$

O fator $\left(1 - \dfrac{n}{m}\right)$ é denominado "correção para população finita".

9.4 ESTIMADOR NÃO-TENDENCIOSO

Por definição, a é um estimador não-tendencioso (não-viesado, não-viciado ou imparcial) do parâmetro α da população se

$$E(a) = \alpha$$

A diferença $E(a) - \alpha$ é denominada *viés* ou *tendenciosidade* do *estimador*.

É importante lembrar que o estimador a é uma variável aleatória, isto é, o estimador é uma fórmula de cálculo que fornece diferentes valores, conforme a amostra selecionada.

Demonstramos, na seção anterior, que $\bar{X}$ é um estimador não-tendencioso de μ, isto é, $E(\bar{X}) = \mu$.

---

[1] Ver Cochran (1965), p. 42. Por se tratar de outra definição, a variância da população é indicada por S^2, e não por σ^2.

[2] Ver Cochran (1965), p. 42-44.

Consideremos, outra vez, a população infinita gerada lançando sucessivamente um tetraedro regular em cujas faces estão marcados os valores 0, 2, 4 e 6. Já vimos que $\mu = E(X) = 3$ e $\sigma^2 = V(X) = 5$. Se $\bar{X}$ é a média de uma amostra aleatória com duas observações, temos, de acordo com (9.6), que

$$V(\bar{X}) = \sigma_{\bar{X}}^2 = \frac{\sigma^2}{n} = \frac{5}{2} \tag{9.11}$$

Lançando o tetraedro duas vezes, obtemos amostras com dois elementos, isto é, amostras onde $n = 2$. Na Tabela 9.3, apresentamos os valores de $\bar{X}$, de

$$s^2 = \frac{\sum (X_i - \bar{X})^2}{n - 1}$$

e de

$$s_{\bar{X}}^2 = \frac{s^2}{n} \tag{9.12}$$

para as 16 amostras com dois elementos que podem ser obtidas.

TABELA 9.3
Valores de $\bar{X}$, s^2, $s_{\bar{X}}^2$ e $(\bar{X} - \mu)^2$ para as 16 amostras que podem ser obtidas lançando duas vezes o tetraedro

Amostra	$\bar{X}$	s^2	$s_{\bar{X}}^2$	$(\bar{X} - \mu)^2$
0 e 0	0	0	0	9
0 e 2	1	2	1	4
0 e 4	2	8	4	1
0 e 6	3	18	9	0
2 e 0	1	2	1	4
2 e 2	2	0	0	1
2 e 4	3	2	1	0
2 e 6	4	8	4	1
4 e 0	2	8	4	1
4 e 2	3	2	1	0
4 e 4	4	0	0	1
4 e 6	5	2	1	4
6 e 0	3	18	9	0
6 e 2	4	8	4	1
6 e 4	5	2	1	4
6 e 6	6	0	0	9

Já vimos que cada uma dessas 16 amostras tem probabilidade $\frac{1}{16}$ de ser selecionada. Então:

$$E(\bar{X}) = 0 \cdot \frac{1}{16} + 1 \cdot \frac{1}{16} + 2 \cdot \frac{1}{16} + \ldots + 5 \cdot \frac{1}{16} + 6 \cdot \frac{1}{16} = \frac{48}{16} = 3 = \mu,$$

ou seja, $\bar{X}$ é um estimador não-tendencioso de μ, o que confirma (9.5).
Podemos verificar também que

$$E(s^2) = 0 \cdot \frac{1}{16} + 2 \cdot \frac{1}{16} + 8 \cdot \frac{1}{16} + \ldots + 2 \cdot \frac{1}{16} + 0 \cdot \frac{1}{16} = \frac{80}{16} = 5 = \sigma^2,$$

ou seja, s^2 é um estimador não-tendencioso de σ^2.
Além disso, temos

$$E(s_{\bar{X}}^2) = 0 \cdot \frac{1}{16} + 1 \cdot \frac{1}{16} + 4 \cdot \frac{1}{16} + \ldots + 1 \cdot \frac{1}{16} + 0 \cdot \frac{1}{16} = \frac{40}{16} = \frac{5}{2}$$

Lembrando (9.11), podemos concluir que $E(s_{\bar{X}}^2) = \sigma_{\bar{X}}^2$, ou seja, $s_{\bar{X}}^2$ é um estimador não-tendencioso de $\sigma_{\bar{X}}^2$.

Os dados da Tabela 9.3 permitem calcular a variância de $\bar{X}$, a partir da definição. De acordo com a definição de variância, temos

$$V(\bar{X}) = \sigma_{\bar{X}}^2 = E[\bar{X} - E(\bar{X})]^2$$

Como $E(\bar{X}) = \mu$, obtemos

$$\sigma_{\bar{X}}^2 = E(\bar{X} - \mu)^2 \tag{9.13}$$

Utilizando os valores da última coluna da Tabela 9.3, obtemos

$$\sigma_{\bar{X}}^2 = 9 \cdot \frac{1}{16} + 4 \cdot \frac{1}{16} + 1 \cdot \frac{1}{16} + \ldots + 4 \cdot \frac{1}{16} + 9 \cdot \frac{1}{16} = \frac{40}{16} = \frac{5}{2},$$

o que confirma (9.11).

Devemos ressaltar que o exemplo apresentado refere-se a uma população infinita. As fórmulas apresentadas se mantêm válidas se, de uma população finita, tiramos amostras com reposição dos elementos.

Consideremos agora uma população finita, com m elementos, da qual tiramos amostras de n elementos, sem reposição.

Para dar um exemplo numérico que, embora artificial, é bastante simples, admitamos que a população tem apenas $m = 4$ elementos cujos valores são 0, 2, 4 e 6. De acordo com (9.7) e (9.8), obtemos $\mu = 3$ e

$$S^2 = \frac{\Sigma(X - \mu)^2}{m - 1} = \frac{(0-3)^2 + (2-3)^2 + (4-3)^2 + (6-3)^2}{3} = \frac{20}{3}$$

Se $\bar{X}$ é a média de uma amostra aleatória com duas observações, temos, de acordo com (9.10), que

$$V(\bar{X}) = \sigma_{\bar{X}}^2 = \frac{S^2}{n}\left(1 - \frac{n}{m}\right) = \frac{5}{3} \quad (9.14)$$

Na Tabela 9.2 apresentamos os 12 diferentes arranjos de dois elementos, sem repetição, que podemos fazer com os quatro elementos dessa população. Como a ordem das observações na amostra não afeta o valor dos estimadores, estão discriminadas, na Tabela 9.4, apenas as $\binom{m}{n} = \binom{4}{2} = 6$ combinações de dois elementos dessa população. Nessa tabela também são apresentados, para cada amostra, os valores de $\bar{X}$, s^2 e

$$s_{\bar{X}}^2 = \frac{s^2}{n}\left(1 - \frac{n}{m}\right) \quad (9.15)$$

TABELA 9.4
Valores de $\bar{X}$, s^2, $s_{\bar{X}}^2$ e $(\bar{X} - \mu)^2$ para as seis possíveis amostras de dois elementos, sem reposição, de uma população com quatro elementos

Amostra	$\bar{X}$	s^2	$s_{\bar{X}}^2$	$(\bar{X} - \mu)^2$
0 e 2	1	2	1/2	4
0 e 4	2	8	2	1
0 e 6	3	18	9/2	0
2 e 4	3	2	1/2	0
2 e 6	4	8	2	1
4 e 6	5	2	1/2	4

As seis amostras discriminadas na Tabela 9.4 são igualmente prováveis. Temos, então:

$$E(\bar{X}) = 1 \cdot \frac{1}{6} + 2 \cdot \frac{1}{6} + \ldots + 5 \cdot \frac{1}{6} = \frac{18}{6} = 3$$

$$E(s^2) = 2 \cdot \frac{1}{6} + 8 \cdot \frac{1}{6} + \ldots + 2 \cdot \frac{1}{6} = \frac{40}{6} = \frac{20}{3}$$

$$E(s_{\bar{X}}^2) = \frac{1}{2} \cdot \frac{1}{6} + 2 \cdot \frac{1}{6} + \ldots + \frac{1}{2} \cdot \frac{1}{6} = \frac{20}{12} = \frac{5}{3}$$

Lembrando que

$$\mu = 3, \ S^2 = \frac{20}{3} \ \text{e} \ \sigma_{\bar{X}}^2 = \frac{5}{3},$$

verificamos que

$E(\bar{X}) = \mu$, o que confirma (9.9),

$E(s^2) = S^2$

e

$E(s_{\bar{X}}^2) = \sigma_{\bar{X}}^2$

Os valores da Tabela 9.4 permitem calcular o valor da variância de $\bar{X}$, diretamente da definição. De acordo com a definição de variância, temos

$V(\bar{X}) = \sigma_{\bar{X}}^2 = E[\bar{X} - E(\bar{X})]^2$

Como $E(\bar{X}) = \mu$, obtemos

$\sigma_{\bar{X}}^2 = E(\bar{X} - \mu)^2$

Utilizando os valores da última coluna da Tabela 9.4, obtemos

$\sigma_{\bar{X}}^2 = 4 \cdot \dfrac{1}{6} + 1 \cdot \dfrac{1}{6} + \ldots + 4 \cdot \dfrac{1}{6} = \dfrac{10}{6} = \dfrac{5}{3}$,

confirmando (9.14).

Demonstraremos agora que $E(s^2) = \sigma^2$, isto é, que s^2 é um estimador não-tendencioso da variância da população. Essa demonstração é válida para o caso de populações infinitas ou para o caso de amostragem com reposição de populações finitas.

De (4.9), fazendo $a = \mu$, obtemos

$\sum_{i=1}^{n}(X_i - \bar{X})^2 = \sum_{i=1}^{n}(X_i - \mu)^2 - n(\bar{X} - \mu)^2$

e

$E[\Sigma(X_i - \bar{X})^2] = \Sigma\, E(X_i - \mu)^2 - nE(\bar{X} - \mu)^2$ \hfill (9.16)

Como cada observação da amostra é uma variável aleatória com distribuição igual à da população, temos

$E(X_i - \mu)^2 = \sigma^2$ \hfill (9.17)

De (9.6) e (9.13), segue-se que

$E(\bar{X} - \mu)^2 = \dfrac{\sigma^2}{n}$ \hfill (9.18)

Substituindo (9.17) e (9.18) em (9.16), obtemos

$E[\Sigma(X_i - \bar{X})^2] = (n - 1)\,\sigma^2$ \hfill (9.19)

Segue-se daí que

$E(s^2) = E\left[\dfrac{\Sigma(X_i - \bar{X})^2}{n - 1}\right] = \sigma^2$, c.q.d.

9.5 A DISTRIBUIÇÃO DE $\bar{X}$

Seja X uma variável aleatória contínua com média μ e variância σ^2. Pode-se demonstrar que, se X tem distribuição normal, $\bar{X}$, ou seja, a média de uma amostra aleatória com n observações dessa variável, tem distribuição normal com média μ e variância $\dfrac{\sigma^2}{n}$.

Se a distribuição de X não é normal, de acordo com o teorema do limite central (ver Seção 8.2), a distribuição da média $\bar{X}$ se torna aproximadamente normal, com média μ e variância $\dfrac{\sigma^2}{n}$, à medida que cresce o tamanho (n) da amostra. É claro que, quanto mais a distribuição de X diferir da normal, tanto maior deverá ser o valor de n para que a distribuição de $\bar{X}$ se aproxime de uma normal; em geral, é suficiente que o número de elementos da amostra seja igual ou superior a cinqüenta ($n \geq 50$).[3]

Vejamos, com um exemplo, que a distribuição de $\bar{X}$ é aproximadamente normal, mesmo quando X tem distribuição diferente da normal. Para isso, consideremos a distribuição dos dígitos aleatórios. Nessa distribuição, representada na Figura 9.1, a variável aleatória X assume os valores 0, 1, 2, 3, 4, 5, 6, 7, 8 e 9, cada um com probabilidade igual a 0,1. Essa variável é discreta, com distribuição bastante diferente da distribuição normal. Tem média $\mu = 4,5$ e variância $\sigma^2 = 8,25$.

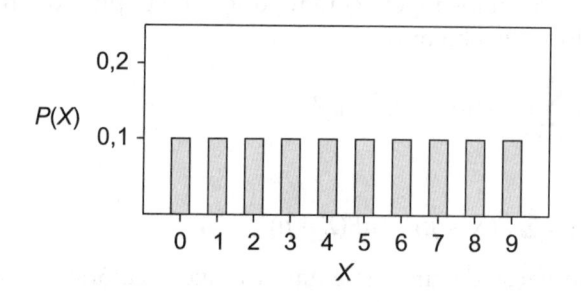

FIGURA 9.1
Gráfico de barras da distribuição dos dígitos aleatórios

Se $\bar{X}$ é a média de uma amostra aleatória com $n = 10$ observações, de acordo com (9.3) e (9.6), temos

$$E(\bar{X}) = \mu = 4,5$$

$$V(\bar{X}) = \sigma_{\bar{X}}^2 = \frac{\sigma^2}{n} = 0,825$$

---

[3] Ver Hoel (1962), p. 146.

Utilizando uma tabela de dígitos aleatórios (Tabela II do Apêndice), obtivemos 120 amostras de 10 dígitos e calculamos o valor de $\bar{X}$ para cada amostra. Os 120 valores de $Y = \bar{X}$ foram, então, distribuídos por 11 classes, obtendo-se a distribuição de freqüências apresentada na Tabela 9.5 e na Figura 9.2. Uma vez que a amplitude dos intervalos de classe é sempre igual a 0,5, as alturas (h) dos retângulos do histograma da Figura 9.2 são iguais a duas vezes as correspondentes freqüências relativas.

TABELA 9.5
Distribuição de freqüências de 120 médias ($Y = \bar{X}$) de 10 dígitos aleatórios

Limites de de classe	Valor central da classe (Y_j)	Freqüência (f_j)	Freqüência relativa
1,75 a 2,25	2,0	1	0,008
2,25 a 2,75	2,5	2	0,017
2,75 a 3,25	3,0	4	0,033
3,25 a 3,75	3,5	17	0,142
3,75 a 4,25	4,0	20	0,167
4,25 a 4,75	4,5	27	0,225
4,75 a 5,25	5,0	23	0,192
5,25 a 5,75	5,5	14	0,117
5,75 a 6,25	6,0	8	0,067
6,25 a 6,75	6,5	4	0,033
6,75 a 7,25	7,0	0	–
Total		120	1,000

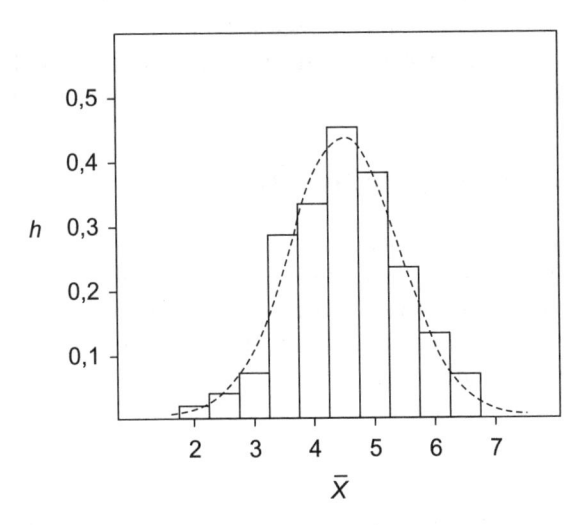

FIGURA 9.2
Histograma da distribuição de freqüências de 120 médias de 10 dígitos aleatórios e a curva normal

Para comparação, traçamos, na Figura 9.2, além do histograma, a curva correspondente à função de densidade de uma distribuição normal com média igual a 4,5 e variância igual a 0,825.

Utilizando os dados da Tabela 9.5, obtemos

$$\bar{Y} = \frac{1}{120} \sum_{j=1}^{11} Y_j f_j = 4{,}55$$

e

$$S_Y^2 = \frac{1}{119}\left[\sum_{j=1}^{11} Y_j^2 f_j - \frac{1}{120}\left(\sum_{j=1}^{11} Y_j f_j\right)^2\right] = 0{,}8294$$

Se a variável Y tem distribuição normal com média 4,5 e variância 0,825, temos que

$$P(Y < 3{,}75) = P(Y > 5{,}25) = P(Z > 0{,}826) = 0{,}5 - 0{,}296 = 0{,}204$$

e

$$P(3{,}75 < Y < 5{,}25) = 2 \cdot 0{,}296 = 0{,}592$$

A Tabela 9.5 mostra que:

1º) a freqüência relativa para $Y < 3{,}75$ é igual a 0,200;

2º) a freqüência relativa para $Y > 5{,}25$ é igual a 0,217; e

3º) a freqüência relativa para $3{,}75 < Y < 5{,}25$ é igual a 0,584.

Os valores dessas freqüências relativas estão muito próximos dos valores das respectivas probabilidades, determinadas admitindo-se que Y tem distribuição normal.

Esses resultados e o exame da Figura 9.2 mostram que a distribuição de $\bar{X}$ se aproxima de uma distribuição normal com média 4,5 e variância 0,825, apesar de $\bar{X}$ ser média de apenas 10 observações. Verificamos, assim, a validade do teorema do limite central, neste caso.

9.6 ESTIMADOR DE VARIÂNCIA MÍNIMA

A não-tendenciosidade ou a ausência de viés é uma qualidade desejável para os estimadores. Entretanto, essa qualidade é insuficiente como critério para selecionar um estimador. Assim, por exemplo, é fácil verificar que qualquer média ponderada dos valores observados em uma amostra aleatória é um estimador não-tendencioso da média da população. Então seja

$$m = \sum_{i=1}^{n} \pi_i X_i$$

com $\sum \pi_i = 1$, um estimador de μ. Aplicando esperança, obtemos

$$E(m) = \sum \pi_i E(X_i) = \mu \sum \pi_i = \mu$$

Portanto, existem infinitos estimadores não-tendenciosos de μ.

Outra qualidade desejável para os estimadores é que sejam eficientes, isto é, que tenham variância mínima.

Dados dois estimadores não-tendenciosos, a_1 e a_2, do parâmetro α, por definição, a eficiência relativa de a_2 em comparação com a_1 é igual a

$$\frac{V(a_1)}{V(a_2)} \qquad (9.20)$$

Seja, por exemplo, uma amostra de dois elementos, X_1 e X_2, da variável aleatória X, com população infinita de média μ e variância σ^2. Consideremos dois estimadores não-tendenciosos da média, ou seja, a média aritmética, dada por

$$\bar{X} = \frac{X_1 + X_2}{2} = \frac{1}{2} X_1 + \frac{1}{2} X_2$$

e uma média ponderada, definida por

$$m = \frac{1}{4} X_1 + \frac{3}{4} X_2$$

Temos

$$V(\bar{X}) = \frac{\sigma^2}{2}$$

e

$$V(m) = \frac{1}{16} \sigma^2 + \frac{9}{16} \sigma^2 = \frac{5}{8} \sigma^2$$

A eficiência relativa do estimador m de μ, em comparação com o estimador $\bar{X}$, é

$$\frac{(1/2)\sigma^2}{(5/8)\sigma^2} = \frac{4}{5} = 0{,}8 \text{ ou } 80\%$$

É fácil provar que, dada uma amostra com duas observações, X_1 e X_2, dentre os estimadores da classe

$$m = \theta X_1 + (1 - \theta) X_2,$$

o mais eficiente é a média aritmética, para a qual θ assume o valor $\frac{1}{2}$.

Para isso, basta obter o valor de θ que minimiza a variância de m, dada por

$$V(m) = \theta^2 \sigma^2 + (1 - \theta)^2 \sigma^2 = (1 - 2\theta + 2\theta^2)\sigma^2$$

Igualando a zero a derivada da expressão entre parênteses em relação a θ, obtemos

$$-2 + 4\theta = 0$$

Conclui-se que

$$\theta = \frac{1}{2}$$

A derivada segunda é 4, positiva, confirmando que $\theta = \frac{1}{2}$ corresponde ao ponto de variância mínima.

Em geral, dada uma variável aleatória X de média μ e variância σ^2, pode-se demonstrar que a média aritmética de uma amostra aleatória de n observações é, dentre os estimadores lineares não-tendenciosos, o estimador de variância mínima.

Dizemos que o estimador é linear se ele é uma combinação linear dos valores da amostra.

9.7 ESTIMADORES DE MÍNIMOS QUADRADOS

O método dos mínimos quadrados consiste em adotar, como estimador, a função que minimiza a soma dos quadrados dos desvios entre valor(es) estimado(s) e valores observados na amostra.

Vimos, na Seção 4.8, que a média aritmética ($\bar{X}$) é o valor que minimiza a soma dos quadrados dos desvios, ou seja, $\bar{X}$ é um estimador de mínimos quadrados.

Para outra ilustração da aplicação do método dos mínimos quadrados, consideremos a obtenção de um estimador do parâmetro p de uma distribuição binomial, partindo de uma amostra de n observações, em que foram constatados X casos favoráveis e $n - X$ casos contrários. Já sabemos que são esperados np casos favoráveis e $n(1-p)$ casos contrários. Então, de acordo com o método dos mínimos quadrados, devemos obter o valor de p que minimize a soma dos quadrados dos desvios dos valores observados em relação aos esperados, isto é, que minimize

$$(X - np)^2 + [(n - X) - n(1 - p)]^2 = 2(X - np)^2$$

Igualando a zero a derivada dessa função em relação a p, obtemos a equação

$$4(X - n\hat{p})(-n) = 0$$

onde $\hat{p}$ indica o estimador de mínimos quadrados de p. A solução é

$$\hat{p} = \frac{X}{n} \qquad (9.21)$$

Uma vez que uma soma de quadrados só tem mínimo, é desnecessário verificar a condição de segunda ordem.

9.8 ESTIMADORES DE MÁXIMA VEROSSIMILHANÇA

O método de máxima verossimilhança consiste em adotar, como estimativas dos parâmetros, os valores que maximizam a probabilidade (no caso de a variável aleatória ser discreta) ou a densidade de probabilidade (no caso de variável contínua) de a amostra observada ter sido obtida. Para obter estimadores de máxima verossimilhança, é necessário conhecer a distribuição da variável em estudo.

Suponhamos, para exemplificar, que cada uma das faces de um tetraedro regular foi pintada de branco ou de azul, mas desconhecemos o número de faces de cada cor. Ao lançar o tetraedro, o resultado é considerado um sucesso ou resultado favorável se a face que ficar em contato com a mesa for azul. Vamos imaginar agora que alguém lançou esse tetraedro quatro vezes e nos informou apenas que, nesses quatro lançamentos, ocorreu um único resultado favorável. Com base nessa informação podemos obter a estimativa de máxima verossimilhança para o número de faces azuis do tetraedro.

A Tabela 9.6 apresenta, para cada um dos valores possíveis de p (probabilidade de ocorrer resultado favorável em um único ensaio), a probabilidade de ocorrer um único resultado favorável em quatro ensaios.

TABELA 9.6
A função de verossimilhança

Número de faces azuis	Probabilidade (p) de obter resultado favorável em um ensaio	Probabilidade de obter apenas um resultado favorável em 4 ensaios = $4p(1-p)^3$
0	0	0
1	1/4	27/64
2	1/2	1/4 = 16/64
3	3/4	3/64
4	1	0

É fácil ver, observando a Tabela 9.6, que o valor de p que maximiza a probabilidade de se obter apenas um resultado favorável em quatro ensaios é $p = \dfrac{1}{4}$.

Essa é, então, a estimativa de máxima verossimilhança para a probabilidade de obter resultado favorável em um lançamento, o que nos leva à conclusão de que o tetraedro utilizado deve ter uma única face azul.

Se p varia continuamente, a estimativa de máxima verossimilhança pode ser obtida por meio das condições necessárias e suficientes do cálculo diferencial. Vamos, então, obter o valor de p que maximiza

$$P(X) = \binom{n}{X} p^X (1-p)^{n-X}$$

onde X é o número de resultados favoráveis em n ensaios.

Como o logaritmo é uma função monotônica crescente, o valor de p que maximiza $P(X)$ também maximiza

$$W = \ln P(X) = \ln \binom{n}{X} + X \ln p + (n - X) \ln(1 - p)$$

Igualando a zero a derivada de W em relação a p, obtemos

$$\frac{X}{\hat{p}} - \frac{n-X}{1-\hat{p}} = 0,$$

cuja solução é $\hat{p} = \dfrac{X}{n}$, que é o mesmo estimador obtido na seção anterior, pelo método dos mínimos quadrados.

Verifica-se que a condição de segunda ordem para máximo é satisfeita, uma vez que

$$\frac{d^2W}{dp^2} = -\frac{X}{p^2} - \frac{n-X}{(1-p)^2} < 0$$

Consideremos, ainda para exemplificar o método, a determinação dos estimadores de máxima verossimilhança da média (μ) e da variância (σ^2) de uma variável aleatória (X) com distribuição normal, com base em uma amostra aleatória de n elementos.

Se X tem distribuição normal, a densidade de probabilidade de se obter um valor X_i, na amostra, é

$$f(X_i) = \frac{1}{\sqrt{2\pi\sigma^2}} \exp\left\{-\frac{(X_i - \mu)^2}{2\sigma^2}\right\}$$

Como as observações são independentes, a densidade de probabilidade de se obter os valores $X_1, X_2, ..., X_n$, da amostra observada, é

$$L(X_1, X_2, ..., X_n; \mu, \sigma^2) = f(X_1)f(X_2) ... f(X_n) =$$

$$= \prod_{i=1}^{n} \frac{1}{\sqrt{2\pi\sigma^2}} \exp\left\{-\frac{(X_i - \mu)^2}{2\sigma^2}\right\} =$$

$$= (2\pi\sigma^2)^{-\frac{n}{2}} \exp\left\{-\frac{\Sigma(X_i - \mu)^2}{2\sigma^2}\right\}$$

Os estimadores de máxima verossimilhança de μ e σ^2 são os valores que maximizam $L(\mu,\sigma^2 \mid X_1, X_2, ..., X_n)$, que é a função de verossimilhança. Como o logaritmo é uma função monotônica crescente, os valores de μ e σ^2 que maximizam L também maximizam

$$\ln L = -\frac{n}{2}\ln 2\pi - \frac{n}{2}\ln \sigma^2 - \frac{\Sigma(X_i - \mu)^2}{2\sigma^2}$$

Igualando a zero as derivadas parciais dessa expressão em relação a μ e σ^2, obtemos o sistema de equações

$$\begin{cases} \dfrac{2\Sigma(X_i - \hat{\mu})}{2\hat{\sigma}^2} = 0 & (9.22) \\ -\dfrac{n}{2\hat{\sigma}^2} + \dfrac{\Sigma(X_i - \hat{\mu})^2}{2\hat{\sigma}^4} = 0 & (9.23) \end{cases}$$

onde $\hat{\mu}$ e $\hat{\sigma}^2$ indicam, respectivamente, as estimativas de máxima verossimilhança de μ e σ^2. Pode-se verificar que as condições de segunda ordem para máximo são obedecidas.

De (9.22), obtemos

$$\hat{\mu} = \frac{\Sigma X_i}{n} = \bar{X} \qquad (9.24)$$

Já vimos que $\bar{X}$ é um estimador de mínimos quadrados, é não-tendencioso e de variância mínima. Sabemos agora que, se X tem distribuição normal, $\bar{X}$ é também um estimador de máxima verossimilhança.

De (9.23) e (9.24), obtemos

$$\hat{\sigma}^2 = \frac{\Sigma(X_i - \bar{X})^2}{n} \qquad (9.25)$$

Devemos ressaltar que o estimador de máxima verossimilhança da variância é tendencioso, uma vez que o estimador não-tendencioso é

$$s^2 = \frac{\Sigma(X_i - \bar{X})^2}{n-1}$$

9.9 PROPRIEDADES ASSINTÓTICAS DOS ESTIMADORES

Seja a_n o estimador de um parâmetro α, obtido com base em uma amostra com n observações. Em geral a_n é uma variável aleatória cuja distribuição é caracterizada pela função de densidade $f(a_n)$, com média $E(a_n)$ e variância $V(a_n) = E[a_n - E(a_n)]^2$. Variando o tamanho da amostra, temos várias seqüências:

a) a seqüência dos estimadores:
$$\{a_n\} = a_1, a_2, ..., a_n, ... \qquad (9.26)$$

b) a seqüência das médias:
$$\{E(a_n)\} = E(a_1), E(a_2), ..., E(a_n), ... \qquad (9.27)$$

c) a seqüência das funções de densidade:

$$\{f(a_n)\} = f(a_1), f(a_2), ..., f(a_n), ... \qquad (9.28)$$

d) a seqüência das variâncias:

$$\{V(a_n)\} = V(a_1), V(a_2), ..., V(a_n), ... \qquad (9.29)$$

A teoria assintótica dos estimadores se destina a estabelecer o comportamento dessas seqüências quando n tende para infinito.

Denominamos esperança assintótica de a_n o valor de $\lim_{n\to\infty} E(a_n)$. Se $\lim_{n\to\infty} E(a_n) = \alpha$, dizemos que a_n é um estimador assintoticamente não-tendencioso.

Vejamos como se define a distribuição assintótica de a_n. Seja ε uma constante positiva arbitrariamente pequena. Dizemos que $f(a_n)$ tende para a distribuição assintótica $g(a)$, quando n tende para infinito, se existir n_0, tal que, para $n > n_0$, temos

$$|f(a_n) - g(a)| < \varepsilon$$

para todo valor de a.

Poderíamos pensar em definir a variância assintótica de a_n como $\lim_{n\to\infty} V(a_n)$. Entretanto, esse limite é freqüentemente igual a zero, porque a distribuição de a_n se concentra em um único ponto. Para exemplificar, consideremos a média ($\bar{X}$) de uma amostra aleatória com n observações da variável X, de média μ e variância σ^2. De $V(\bar{X}) = \dfrac{\sigma^2}{n}$, segue-se que

$$\lim_{n\to\infty} V(\bar{X}) = 0$$

Pode-se demonstrar que, quando n cresce, a distribuição da mediana (D) da amostra se concentra em torno de μ e o limite de sua variância também tende a zero, isto é,

$$\lim_{n\to\infty} V(D) = 0$$

Para verificar qual de dois estimadores é assintoticamente mais eficiente, poderíamos pensar em comparar os limites das variâncias desses estimadores, quando n tende para infinito. Entretanto, se esses limites são iguais a zero, a eficiência relativa não é definida.

O problema é resolvido definindo variância assintótica como

$$n^{-1} \lim_{n\to\infty} E\left\{\sqrt{n}\,[a_n - E(a_n)]\right\}^2 \qquad (9.30)$$

Para o estimador $\bar{X}$, temos

$$V(\bar{X}) = E(\bar{X} - \mu)^2 = \frac{\sigma^2}{n}$$

Então,

$$E[\sqrt{n}\,(\bar{X} - \mu)]^2 = \sigma^2$$

e a variância assintótica de $\bar{X}$ é

$$n^{-1} \lim_{n \to \infty} E[\sqrt{n}\,(\bar{X} - \mu)]^2 = \frac{\sigma^2}{n}$$

Pode-se demonstrar que, se X tem distribuição normal, a variância assintótica da mediana (D) da amostra é

$$n^{-1} \lim_{n \to \infty} E[\sqrt{n}\,(D - \mu)]^2 = \frac{\pi \sigma^2}{2n}$$

Como $\left(\dfrac{\pi}{2}\right) > 1$, concluímos que a média ($\bar{X}$) é um estimador de μ assintoticamente mais eficiente do que a mediana (D).

Ao analisar a seqüência (9.26), é importante ter em mente que, fixado o valor de n, a_n é uma variável aleatória. Por isso, não tem sentido falar no limite de a_n quando n tende a infinito. É necessário, então, introduzir o conceito de convergência em probabilidade ou convergência estocástica fraca.

Dizemos que uma seqüência de variáveis aleatórias $\{a_n\} = a_1, a_2, ..., a_n, ...$ converge em probabilidade para uma constante α se, para qualquer $\varepsilon > 0$, arbitrariamente pequeno,

$$\lim_{n \to \infty} P(|a_n - \alpha| > \varepsilon) = 0 \qquad (9.31)$$

indicando-se

$$a_n \xrightarrow{p} \alpha$$

ou

$$\text{plim } a_n = \alpha$$

que se lê: "o limite em probabilidade de a_n é igual a α".

Dada uma amostra de n observações, a_n é um estimador *consistente* do parâmetro α da população se plim $a_n = \alpha$.

Antes de prosseguir, vamos analisar melhor esse conceito. A expressão (9.31) pode ser escrita

$$\lim_{n \to \infty} P(|a_n - \alpha| < \varepsilon) = 1$$

ou

$$\lim_{n \to \infty} P(\alpha - \varepsilon < a_n < \alpha + \varepsilon) = 1 \qquad (9.32)$$

Na Figura 9.3, representamos a distribuição de a_n para $n = 10$ e $n = 200$ e assinalamos, por meio de traços verticais, os limites $\alpha - \varepsilon$ e $\alpha + \varepsilon$. De acordo com (9.32), para que a_n seja um estimador consistente de α, a probabilidade de termos $\alpha - \varepsilon < a_n < \alpha + \varepsilon$ deve tender para 1 quando n tende para infinito. Em outras palavras, dados ε e ω, positivos e arbitrariamente pequenos, deve existir n_0, tal que para todo $n > n_0$, temos

$$P(\alpha - \varepsilon < a_n < \alpha + \varepsilon) > 1 - \omega$$

Em termos da Figura 9.3, à medida que n cresce, a distribuição de a_n deve se concentrar em torno de α, de maneira que quase toda a distribuição fique compreendida entre os limites $\alpha - \varepsilon$ e $\alpha + \varepsilon$.

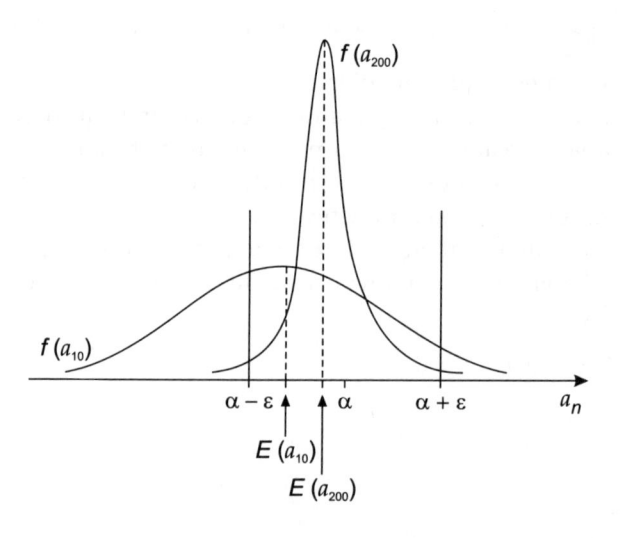

FIGURA 9.3
O conceito de estimador consistente

Prosseguindo no estudo das propriedades assintóticas dos estimadores, vejamos o conceito de convergência em média quadrática. Dizemos que uma série de variáveis aleatórias $\{a_n\} = a_1, a_2, ..., a_n, ...$ converge em média quadrática para uma constante α se

$$\lim_{n \to \infty} E(a_n - \alpha)^2 = 0 \tag{9.33}$$

Demonstraremos adiante que a convergência em média quadrática é condição suficiente para que tenhamos convergência em probabilidade. Para isso, vamos deduzir, preliminarmente, a desigualdade de Chebyshev.

Consideremos uma variável aleatória $Z \geq 0$, com média finita, e um número real $\theta > 0$. Definimos a variável aleatória Y da seguinte maneira:

$Y = 0$, se $Z < \theta$

e

$Y = \theta$, se $Z \geq \theta$

Da definição de Y, segue-se que

$P(Y = 0) = P(Z < \theta)$

e

$P(Y = \theta) = P(Z \geq \theta)$

Então, a esperança de Y é

$$E(Y) = 0 \cdot P(Y = 0) + \theta \cdot P(Y = \theta) = \theta \cdot P(Z \geq \theta) \tag{9.34}$$

Como $Y \leq Z$, conforme se depreende da própria definição de Y, podemos escrever

$E(Y) \leq E(Z)$

Lembrando (9.34), temos

$\theta \cdot P(Z \geq \theta) \leq E(Z)$

ou

$$P(Z \geq \theta) \leq \frac{E(Z)}{\theta} \tag{9.35}$$

Consideremos agora uma variável aleatória X, com média μ e variância σ^2. Aplicando a relação (9.35) à variável aleatória $(X - \mu)^2 \geq 0$ e ao número k^2, obtemos

$$P[(X - \mu)^2 \geq k^2] \leq \frac{E(X - \mu)^2}{k^2} = \frac{\sigma^2}{k^2} \tag{9.36}$$

Com $k > 0$, segue-se que

$$P(|X - \mu| \geq k) \leq \frac{\sigma^2}{k^2}$$

que é a desigualdade de Chebyshev.

Vamos demonstrar agora que a convergência em média quadrática é condição suficiente para que tenhamos convergência em probabilidade. Aplicando a relação (9.35) à variável $(a_n - \alpha)^2$ e ao número ε^2, obtemos

$$P[(a_n - \alpha)^2 \geq \varepsilon^2] \leq \frac{E(a_n - \alpha)^2}{\varepsilon^2}$$

Então,

$$\lim_{n \to \infty} P[(a_n - \alpha)^2 \geq \varepsilon^2] \leq \lim_{n \to \infty} \frac{E(a_n - \alpha)^2}{\varepsilon^2} \qquad (9.37)$$

Se a_n converge em média quadrática para α, temos

$$\lim_{n \to \infty} E(a_n - \alpha)^2 = 0 \qquad (9.38)$$

De (9.37) e (9.38) segue-se que

$$\lim_{n \to \infty} P[(a_n - \alpha)^2 \geq \varepsilon^2] = 0$$

Lembrando que, para uma variável aleatória contínua, a probabilidade de se observar um determinado valor é nula, podemos escrever

$$\lim_{n \to \infty} P[(a_n - \alpha)^2 > \varepsilon^2] = 0$$

ou

$$\lim_{n \to \infty} P[\,|a_n - \alpha| > \varepsilon] = 0,$$

isto é,

$$\text{plim } a_n = \alpha$$

Vamos demonstrar também que

$$E(a_n - \alpha)^2 = V(a_n) + [E(a_n) - \alpha]^2 \qquad (9.39)$$

Temos

$$\begin{aligned} E(a_n - \alpha)^2 &= E\{[a_n - E(a_n)] + [E(a_n) - \alpha]\}^2 = \\ &= E\{[a_n - E(a_n)]^2 + [E(a_n) - \alpha]^2 + 2[a_n - E(a_n)][E(a_n) - \alpha]\} = \\ &= V(a_n) + [E(a_n) - \alpha]^2, \quad \text{c.q.d.} \end{aligned}$$

Dada a complexidade do assunto, vamos resumir o que foi visto nesta seção.

Para que o estimador a_n, baseado em uma amostra de n observações, seja um estimador consistente de α, isto é, para que

$$\text{plim } a_n = \alpha,$$

é suficiente que

$$\lim_{n \to \infty} E(a_n - \alpha)^2 = 0$$

Para que isso aconteça, por sua vez, é suficiente, de acordo com (9.39), que

$$\lim_{n\to\infty} V(a_n) = 0$$

e

$$E(a_n) = \alpha$$

ou

$$\lim_{n\to\infty} [E(a_n)] = \alpha$$

Concluímos, então, que um estimador não-tendencioso ou assintoticamente não-tendencioso é consistente se o limite da sua variância, quando o tamanho da amostra tende para infinito, é igual a zero.

Vejamos um exemplo. Sabemos que $\bar{X}$ é um estimador não-tendencioso de μ e que $V(\bar{X}) = \dfrac{\sigma^2}{n}$.

Como

$$\lim_{n\to\infty} V(\bar{X})] = 0$$

concluímos que plim $\bar{X} = \mu$, isto é, $\bar{X}$ é um estimador consistente de μ.

Vimos que os estimadores devem ser não-tendenciosos e eficientes. É desejável também que sejam consistentes e assintoticamente eficientes, ou seja, que apresentem variância assintótica mínima. A não-tendenciosidade e a eficiência são denominadas propriedades de amostra pequena, porque sua validade não depende do tamanho da amostra, isto é, quando um estimador apresenta tais propriedades, elas são igualmente válidas para amostras grandes e para amostras pequenas. Por outro lado, as propriedades definidas em termos de limites, quando o tamanho (n) da amostra tende para infinito, são denominadas propriedades de amostra grande ou propriedades assintóticas.

Antes de encerrar esta seção, vejamos, sem demonstração, algumas propriedades da convergência em probabilidade.

Se plim $a = \alpha$ e $F(a)$ é uma função contínua de a, então, plim $F(a) = F(\alpha)$. Em particular, temos plim $(a)^2 =$ (plim $a)^2$ e, se plim $a \neq 0$, plim $(a^{-1}) =$ (plim $a)^{-1}$. O teorema se estende ao caso de uma função contínua de duas ou mais variáveis, isto é, se plim $a = \alpha$, plim $b = \beta$ e $F(a,b)$ é uma função contínua, temos plim $F(a,b) = F(\alpha,\beta)$. Temos, por exemplo, plim $(a + b) =$ plim $a +$ plim b, plim $(ab) =$ (plim a)(plim b) e, se plim $b \neq 0$, plim $(a/b) =$ (plim a)/(plim b).

Essas propriedades facilitam a determinação do valor para o qual converge em probabilidade uma função de estimadores. Note que, conhecida a esperança matemática de várias variáveis, não é geralmente tão imediata a determinação da esperança matemática de expressões envolvendo tais variáveis. Dado que $E(a) = \alpha$ e $E(b) = \beta$, sabemos que $E(a + b) = \alpha + \beta$, mas, se não dispusermos de outras informações, não sabemos o valor de $E(a^2)$, $E(ab)$ ou $E(a/b)$.

9.10 AMOSTRAGEM ESTRATIFICADA

Discutimos, na Seção 9.1, as amostras aleatórias simples. Entretanto, existem diversas outras modalidades de amostragem, e a escolha de uma determinada modalidade depende do problema em estudo e das características da população.

Nesta seção, faremos um estudo sumário sobre amostragem estratificada.

Para obter uma amostra estratificada, primeiro dividimos a população em estratos e depois obtemos, em cada estrato, uma amostra aleatória simples. Então, se a população for dividida em k estratos e se m_i ($i = 1, 2, ..., k$) é o número de elementos no i-ésimo estrato, o número total de elementos na população é

$$M = \sum_{i=1}^{k} m_i$$

Se selecionarmos, ao acaso, n_i (com $n_i < m_i$) elementos em cada estrato, o tamanho da amostra estratificada será

$$N = \sum_{i=1}^{k} n_i$$

Sejam X_{ij} ($j = 1, ..., n_i$) os valores amostrados no i-ésimo estrato. A média desses valores será

$$\bar{X}_i = \frac{1}{n_i} \sum_{j=1}^{n_i} X_{ij} \qquad (9.40)$$

Lembrando o que vimos na Seção 9.3, podemos afirmar que $\bar{X}_i$ é um estimador não-tendencioso de μ_i, ou seja, da média de X no i-ésimo estrato da população. Então, escrevemos:

$$E(\bar{X}_i) = \mu_i \qquad (9.41)$$

A soma dos valores de X no i-ésimo estrato da população é igual a $m_i\mu_i$ e, conseqüentemente, a soma dos valores de X em toda a população é $\Sigma m_i\mu_i$.

Agora, seja $\mu = E(X)$ a média da variável X em toda a população. Então,

$$\mu = \frac{1}{M} \sum_{i=1}^{k} m_i\mu_i \qquad (9.42)$$

Para estimar o valor de μ, com base nos valores da amostra estratificada, calculamos

$$\bar{X} = \frac{1}{M} \sum_{i=1}^{k} m_i\bar{X}_i \qquad (9.43)$$

De (9.41) e (9.43), segue-se que

$$E(\bar{X}) = \frac{1}{M} \sum_{i=1}^{k} m_i \mu_i$$

Comparando esse resultado com (9.42), concluímos que $E(\bar{X}) = \mu$, isto é, a expressão (9.43) é um estimador não-tendencioso da média da população. Convém frisar, no entanto, que o uso desse estimador depende de conhecermos o tamanho relativo (m_i/M) de cada estrato da população.

Se, para cada estrato, a relação entre o tamanho da amostra aleatória simples (n_i) e o número de elementos no estrato (m_i) é constante e igual à relação entre o tamanho da amostra (N) e o número de elementos da população (M), ou seja, se

$$\frac{n_1}{m_1} = \frac{n_2}{m_2} = \ldots = \frac{n_k}{m_k} = \frac{N}{M} \qquad (9.44)$$

dizemos que foi feita uma amostragem estratificada proporcional.

De (9.44), obtemos

$$\frac{m_i}{M} = \frac{n_i}{N} \qquad (9.45)$$

Substituindo (9.45) em (9.43) e lembrando (9.40), obtemos

$$\bar{X} = \frac{1}{N} \sum_i \sum_j X_{ij}$$

Com essa expressão, vemos que, para uma amostra estratificada proporcional, o estimador da média da população é dado pela média aritmética dos valores amostrados.

Para exemplificar, suponhamos que se pretende estudar o nível salarial dos empregados de certa indústria. Suponhamos ainda que essa indústria tem 2.000 empregados, assim distribuídos: 1.500 operários, 400 mestres e 100 supervisores. Como 75% dos empregados são operários, 20% são mestres e 5% são supervisores, uma amostra estratificada proporcional, de tamanho 100, que corresponde a 5% da população, deve ser constituída por 75 operários, 20 mestres e 5 supervisores.

A amostra estratificada tem, em comparação com a amostragem aleatória simples, a vantagem de conduzir a estimativas mais precisas, ou seja, com menor variância. Isso significa que, em média, as estimativas obtidas por amostras estratificadas estão mais próximas dos valores verdadeiros.

Como ilustração, suponhamos que todos os operários do exemplo anterior têm salário igual a X_1, todos os mestres têm salário igual a X_2 e todos os supervisores têm salário igual a X_3. De acordo com (9.42), o salário médio da indústria será

$$\mu = \frac{1}{2.000} (1.500 X_1 + 400 X_2 + 100 X_3) =$$

$$= 0{,}75 X_1 + 0{,}20 X_2 + 0{,}05 X_3 \qquad (9.46)$$

Se não soubéssemos que o salário é sempre o mesmo, dentro de uma categoria, mas tivéssemos estimado o salário médio da indústria com base em uma amostra estratificada, teríamos $\bar{X}_1 = X_1$, $\bar{X}_2 = X_2$ e $\bar{X}_3 = X_3$ e, de acordo com (9.43),

$$\bar{X} = \frac{1}{2.000}(1.500X_1 + 400X_2 + 100X_3) =$$

$$= 0{,}75X_1 + 0{,}20X_2 + 0{,}05X_3$$

Em casos particulares assim, a estimativa da média obtida com base em uma amostra estratificada é igual à média da população. Por outro lado, a estimativa da média, com base em uma amostra aleatória simples de 100 empregados da indústria, conduziria ao valor

$$\bar{X} = \pi_1 X_1 + \pi_2 X_2 + \pi_3 X_3 \tag{9.47}$$

onde π_1, π_2 e π_3 são, respectivamente, as proporções de operários, mestres e supervisores amostrados. Ora, o estimador (9.47) só será, em geral, igual a μ se $\pi_1 = 0{,}75$, $\pi_2 = 0{,}20$ e $\pi_3 = 0{,}05$, e é óbvio que, para a maior parte das amostras aleatórias simples, essas proporções não assumirão esses valores.

Exercícios

9.1 O que é uma amostra casual simples?

9.2 Suponha que, para analisar a receita das famílias dos empregados de certa indústria, um pesquisador selecionou uma amostra aleatória de empregados cujos nomes constavam das folhas de pagamento das firmas dessa indústria. O procedimento é correto? Explique.

9.3 Afirma-se, comumente, que as famílias se tornaram menores, ou seja, que o número de filhos por casal é, atualmente, menor do que no passado. Suponha que, para verificar a afirmativa, um pesquisador selecionou uma amostra aleatória de famílias atuais e lhes perguntou quantos filhos têm ou tiveram, perguntou aos pais quantos irmãos têm ou tiveram e quantos irmãos seus próprios pais tiveram, seus avós e assim por diante, até onde for necessário. Critique o procedimento desse pesquisador.

9.4 Explique o que é um estimador não-tendencioso (não-viesado ou imparcial).

9.5 Quantas amostras diferentes, de 2 elementos, podem ser obtidas de uma população de 5 elementos, sem reposição? E com reposição? Determine, em cada caso, a probabilidade de se obter, em uma amostragem aleatória, as diferentes amostras. Indique os elementos da população por A, B, C, D e E.

9.6 Uma amostra de $n = 4$ elementos de uma população infinita forneceu os seguintes valores: 4, 8, 4 e 4. Obtenha estimativas não-viesadas da média, da variância e da variância da média de uma amostra com 4 elementos.

9.7 Uma amostra aleatória, obtida sem reposição, de uma população com 25 elementos forneceu os seguintes valores: 8, 1, 3, 6, 3, 3, 7, 1 e 4. Estime a média da população e o desvio padrão da média da amostra.

9.8 Suponhamos que as medidas do comprimento do lado de um quadrado que vale μ geram, devido ao erro de medida, uma variável aleatória X de média μ e desvio padrão σ. Suponhamos ainda que, para estimar a área do quadrado, foram obtidos os valores X_1, X_2, ..., X_n, relativos a n medidas independentes do comprimento do lado do quadrado. Sabemos que a área desse quadrado pode ser estimada ou calculando o quadrado da média das observações $(\bar{X})^2$ ou calculando a média aritmética dos quadrados dos valores observados $\left(\dfrac{1}{n} \sum X_i^2\right)$. Compare o viés desses estimadores.

9.9 Se o desvio padrão do peso de crianças com 10 anos de idade é 2,5 kg, qual é a probabilidade de o peso médio de 100 de tais crianças diferir por mais de 0,5 kg da média da população de crianças de 10 anos?

9.10 Refazer a questão anterior admitindo que a população analisada tenha apenas 500 crianças.

9.11 Considere uma população com apenas 3 elementos cujos valores são 4, 10 e 16. Determine a média, a variância (S^2) e a amplitude dessa variável na população. A seguir, faça uma tabela com todas as amostras de 2 elementos que podem ser obtidas dessa população, fazendo amostragem sem reposição. Apresente, na tabela, a média da amostra, a amplitude da amostra, s^2 e $s_{\bar{X}}^2$. Verifique se a média da amostra, a amplitude da amostra e s^2 são estimadores não-tendenciosos da média da população, da amplitude da população e de S^2, respectivamente.

9.12 Considere uma população com apenas 5 elementos, para os quais o valor de X é 1, 2, 3, 5 e 9. Fazendo amostragem sem reposição, quais são as diferentes amostras de 3 observações que podem ser obtidas? Verifique, para essas amostras, que a média da amostra é um estimador não-tendencioso da média da população. Determine a tendenciosidade (ou viés) da mediana da amostra como estimador da mediana da população.

Respostas

9.2 O procedimento não produz uma amostra aleatória das famílias da indústria, pois aquelas cujo número de membros empregados é maior têm maior probabilidade de serem selecionadas.

9.3 A amostragem é tendenciosa em favor das famílias maiores do passado. Assim, as famílias de gerações mais antigas com maior número de filhos terão maior probabilidade de pertencer à amostra e as famílias de gerações anteriores que não tiveram filhos não poderão estar representadas na amostra.

9.5 No caso de amostragem sem reposição existem 10 diferentes amostras, cada uma com probabilidade 0,1 de ser selecionada. No caso de amostragem com reposição existem 15 diferentes amostras (amostras que só diferem pela ordem dos elementos são consideradas iguais); a probabilidade de ser selecionada é 0,04 para as 5 amostras com elemento repetido e 0,08 para as demais.

9.6 $\bar{X} = 5; s^2 = 4; s^2_{\bar{X}} = 1$

9.7 $\bar{X} = 4; s_{\bar{X}} = \dfrac{2}{3}$

9.8 $E(\bar{X}^2) - \mu^2 = \dfrac{\sigma^2}{n}; E\left(\dfrac{1}{n}\sum X_i^2\right) - \mu^2 = \sigma^2$

9.9 $P(|Z| > 2) = 0{,}0456$

9.10 $P(|Z| > 2{,}236) = 0{,}0254$

9.11 $\mu = 10, S^2 = 36$ e amplitude $\alpha = 12$

Amostra	$\bar{X}$	s^2	$s^2_{\bar{X}}$	amplitude (a)
4 e 10	7	18	3	6
4 e 16	10	72	12	12
10 e 16	13	18	3	6

Verifica-se que $E(\bar{X}) = \mu$, $E(s^2) = S^2$ e $E(a) = 8 < \alpha = 12$.

9.12 Na população, temos $\mu = 4$ e mediana $\delta = 3$. Há 10 diferentes amostras igualmente prováveis. Verifica-se que $E(\bar{X}) = \mu$. Indicando por d a mediana da amostra, verifica-se que $E(d) = 3{,}3$. Então, o viés de d como estimador da mediana da população é $E(d) - \delta = 0{,}3$.

10

Intervalo de Confiança

10.1 INTERVALO DE CONFIANÇA PARA μ QUANDO O VALOR DE σ É CONHECIDO

Seja X uma variável aleatória de média μ e desvio padrão σ. Já vimos que $\bar{X}$, ou seja, a média de n observações dessa variável, é uma variável aleatória com distribuição normal se X tem distribuição normal, e com distribuição aproximadamente normal se X não tem distribuição normal, mas n é suficientemente grande. Vimos também que $\bar{X}$ tem média μ e desvio padrão igual a

$$\sigma_{\bar{X}} = \frac{\sigma}{\sqrt{n}}$$

se a população é infinita ou se a amostragem foi feita com reposição, e desvio padrão igual a

$$\sigma_{\bar{X}} = \frac{S}{\sqrt{n}} \sqrt{1 - \frac{n}{m}}$$

se a população é finita, com m elementos, e foi feita amostragem sem reposição.

Suponhamos que o valor de σ (ou de S) é conhecido e que desejamos, com base em uma amostra, obter, além de uma estimativa de μ, um indicador da precisão dessa estimativa, isto é, um indicador da variabilidade do valor do estimador. Sabemos que $\bar{X}$ é um estimador não-tendencioso de μ e que $Z = \dfrac{\bar{X} - \mu}{\sigma_{\bar{X}}}$ tem distribuição normal reduzida, desde que X tenha distribuição normal ou desde que n seja suficientemente grande. Então, estabelecida a probabilidade C, e sendo Z_0 o valor da variável normal reduzida tal que

$$P(-Z_0 < Z < Z_0) = C,$$

temos

$$P\left(-Z_0 < \frac{\bar{X} - \mu}{\sigma_{\bar{X}}} < Z_0\right) = C \tag{10.1}$$

Multiplicando por $\sigma_{\bar{X}}$, subtraindo $\bar{X}$ e trocando o sinal de cada um dos três membros da expressão entre parênteses, obtemos

$$P(\bar{X} + Z_0\sigma_{\bar{X}} > \mu > \bar{X} - Z_0\sigma_{\bar{X}}) = C$$

ou

$$P(\bar{X} - Z_0\sigma_{\bar{X}} < \mu < \bar{X} + Z_0\sigma_{\bar{X}}) = C \qquad (10.2)$$

Ao interpretar essa expressão, é importante lembrar que Z_0, $\sigma_{\bar{X}}$ e μ são constantes, mas que $\bar{X}$ é uma variável aleatória.

Se fizermos $C = 0{,}95$, temos $Z_0 = 1{,}96$ e

$$P(\bar{X} - 1{,}96\sigma_{\bar{X}} < \mu < \bar{X} + 1{,}96\sigma_{\bar{X}}) = 0{,}95$$

De acordo com essa expressão, se considerarmos um grande número de amostras, os intervalos delimitados por $\bar{X} - 1{,}96\sigma_{\bar{X}}$ e $\bar{X} + 1{,}96\sigma_{\bar{X}}$ incluirão μ em 95% dos casos. Entretanto, para uma única amostra, que dá origem a um único valor de $\bar{X}$, a probabilidade de o intervalo delimitado por $\bar{X} - 1{,}96\sigma_{\bar{X}}$ e $\bar{X} + 1{,}96\sigma_{\bar{X}}$ incluir μ será igual a zero ou igual a um.

Para exemplificar, consideremos que a variável aleatória X, com população infinita, tem média μ desconhecida e desvio padrão $\sigma = 25$. Suponhamos que, para estimar μ, tomamos uma amostra aleatória simples com $n = 100$ observações. Então, para essa amostra,

$$\sigma_{\bar{X}} = \frac{\sigma}{\sqrt{n}} = 2{,}5$$

Como $1{,}96\sigma_{\bar{X}} = 4{,}9$, enquanto encararmos $\bar{X}$ como variável, podemos afirmar que

$$P(\bar{X} - 4{,}9 < \mu < \bar{X} + 4{,}9) = 0{,}95$$

Admitamos que, com base nos valores da amostra, obtivemos $\bar{X} = 17{,}6$. Então,

$$\bar{X} - 1{,}96\sigma_{\bar{X}} = 17{,}6 - 4{,}9 = 12{,}7$$

e

$$\bar{X} + 1{,}96\sigma_{\bar{X}} = 17{,}6 + 4{,}9 = 22{,}5$$

O intervalo (12,7; 22,5) é denominado *intervalo de 95% de confiança para μ*. Nesse caso, a interpretação é a de que, se fossem determinados intervalos, da mesma maneira, para um grande número de amostras, em 95% dos casos tais intervalos incluiriam μ.

O intervalo de 95% de confiança para μ também pode ser indicado por

$$12{,}7 < \mu < 22{,}5,$$

o que significa que, se determinássemos, da mesma maneira, desigualdades com base nos resultados de um grande número de amostras aleatórias, as desigualdades seriam verdadeiras em 95% dos casos.

É errado afirmar que $P(12{,}7 < \mu < 22{,}5) = 0{,}95$. Na verdade, $P(12{,}7 < \mu < 22{,}5)$ vale ou zero ou um, pois μ é uma constante cujo valor pertence ou não ao intervalo calculado.

Em geral, o intervalo de confiança de 100C% para μ é

$$\bar{X} - Z_0 \sigma_{\bar{X}} < \mu < \bar{X} + Z_0 \sigma_{\bar{X}} \tag{10.3}$$

Quando determinamos o intervalo de confiança para um parâmetro (que, neste caso, é μ), estamos fazendo uma *estimativa por intervalo*, que se opõe à *estimativa por ponto*, a qual consiste em obter apenas um valor (neste caso, $\bar{X}$).

O tamanho do intervalo de confiança dá uma medida da precisão da estimativa. É verdade que o próprio valor de $\sigma_{\bar{X}}$ já é uma medida da precisão de $\bar{X}$. Entretanto, o valor de $\sigma_{\bar{X}}$ é, geralmente, desconhecido. Então, para determinar o intervalo de confiança, usamos a estimativa $s_{\bar{X}}$ de $\sigma_{\bar{X}}$.

Como veremos na próxima seção, o intervalo de confiança para μ é, nesses casos, um melhor indicador da precisão de $\bar{X}$, porque leva em consideração a variabilidade do próprio $s_{\bar{X}}$ (que, sendo um estimador, apresenta valores diferentes para amostras distintas).

10.2 INTERVALO DE CONFIANÇA PARA μ QUANDO O VALOR DE σ É DESCONHECIDO

Dada uma amostra aleatória com n elementos, sabemos que $\bar{X}$ e

$$s^2 = \frac{\Sigma(X_i - \bar{X})^2}{n-1}$$

são estimadores não-tendenciosos de μ e σ^2, respectivamente.

O valor $(n-1)$ é denominado número de graus de liberdade e está associado a s^2. A precisão de s^2, como estimativa de σ^2, varia com o número de graus de liberdade. Se $n = 1$, isto é, se a amostra tem apenas um elemento, temos zero grau de liberdade para s^2, e o seu valor é indeterminado. À medida que o valor de n aumenta, também aumenta o número de graus de liberdade, e a distribuição de s^2 tende a se concentrar em torno de σ^2, pois s^2 é um estimador consistente.

Já vimos que a estimativa da variância de $\bar{X}$ é dada por

$$s_{\bar{X}}^2 = \frac{s^2}{n}$$

se a população é infinita ou se fizemos amostragem com reposição, e por

$$s_{\bar{X}}^2 = \frac{s^2}{n}\left(1 - \frac{n}{m}\right)$$

se a população é finita, com m elementos, e fizemos amostragem sem reposição. Como o valor de $s_{\bar{X}}$ depende diretamente de s^2, nos dois casos, associamos a $s_{\bar{X}}$ o mesmo número ($n - 1$) de graus de liberdade, cujo valor também está diretamente relacionado com a precisão do estimador.

Se X tem distribuição normal, sabemos que

$$Z = \frac{\overline{X} - \mu}{\sigma_{\overline{X}}}$$

tem distribuição normal reduzida. Entretanto, se σ^2 for desconhecido, mas conhecemos sua estimativa s^2, com base em uma amostra, podemos escrever:

$$t = \frac{\overline{X} - \mu}{s_{\overline{X}}} \tag{10.4}$$

A variável aleatória t, assim definida, tem distribuição de t de Student, associada a $n - 1$ graus de liberdade. Quando o tamanho (n) da amostra é bastante grande, a distribuição de $s_{\overline{X}}$ apresenta pequena dispersão, concentrando-se em torno de $\sigma_{\overline{X}}$. Em conseqüência, a distribuição de t é aproximadamente igual à distribuição normal reduzida. Para uma amostra pequena, ou seja, quando $s_{\overline{X}}$ está associado a um número pequeno de graus de liberdade, a dispersão de $s_{\overline{X}}$ fará que a distribuição de t seja diferente da distribuição normal reduzida, apresentando maior dispersão, como ilustra a Figura 10.1.

A Tabela III do Apêndice fornece alguns valores críticos de t. Assim, na distribuição de t com 10 graus de liberdade, temos

$$P(t > 2{,}228) = P(t < -2{,}228) = 0{,}025$$

e

$$P(-2{,}228 < t < 2{,}228) = 0{,}95$$

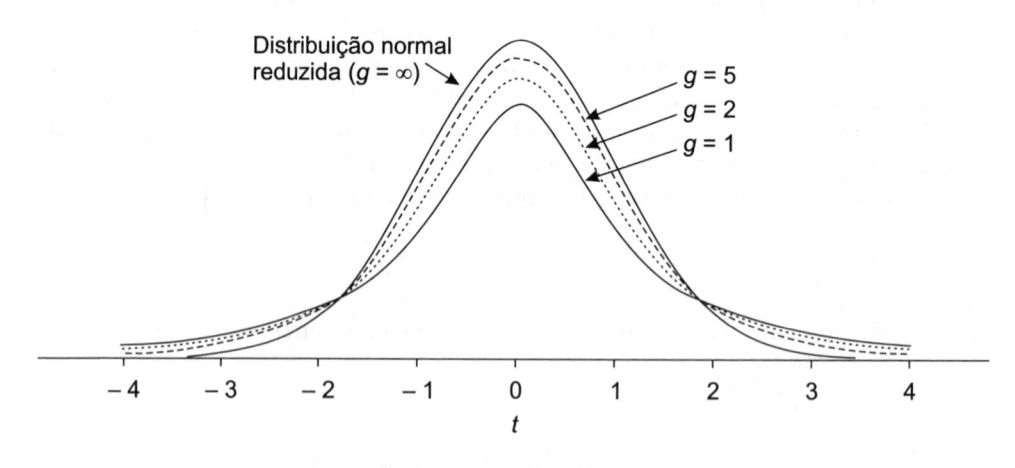

FIGURA 10.1
A distribuição normal reduzida e as distribuições de t com $g = 1$, $g = 2$ e $g = 5$ graus de liberdade

Consideremos, genericamente, na distribuição para $n - 1$ graus de liberdade, um valor crítico t_0 tal que

$$P(-t_0 < t < t_0) = C \tag{10.5}$$

Substituindo (10.4) em (10.5), obtemos

$$P\left(-t_0 < \frac{\bar{X} - \mu}{s_{\bar{X}}} < t_0\right) = C$$

Multiplicando por $s_{\bar{X}}$, subtraindo $\bar{X}$ e trocando o sinal de cada um dos três membros da expressão entre parênteses, obtemos

$$P(\bar{X} + t_0 s_{\bar{X}} > \mu > \bar{X} - t_0 s_{\bar{X}}) = C$$

ou

$$P(\bar{X} - t_0 s_{\bar{X}} < \mu < \bar{X} + t_0 s_{\bar{X}}) = C \tag{10.6}$$

Ao interpretar essa expressão, é importante lembrar que μ e t_0 são constantes, mas que $\bar{X}$ e $s_{\bar{X}}$ são variáveis aleatórias. Então, quando substituímos $\bar{X}$ e $s_{\bar{X}}$ pelos valores numéricos, obtidos de determinada amostra, a afirmação (10.6) deixa de ser válida. Os valores de $\bar{X} - t_0 s_{\bar{X}}$ e $\bar{X} + t_0 s_{\bar{X}}$ são os limites do intervalo de confiança de $100C\%$ para μ, significando que, se fossem estabelecidos intervalos, dessa mesma maneira, para um grande número de amostras, em $100C\%$ dos casos os intervalos incluiriam μ, isto é, a desigualdade

$$\bar{X} - t_0 s_{\bar{X}} < \mu < \bar{X} + t_0 s_{\bar{X}} \tag{10.7}$$

seria verdadeira em $100C\%$ dos casos.

10.3 INTERVALO DE CONFIANÇA PARA UMA PROPORÇÃO

Consideremos uma população na qual uma proporção p de seus elementos apresenta certa característica. Admitamos que X dos n elementos de uma amostra aleatória apresentam essa característica. Vimos que $\hat{p} = X/n$ é o estimador de mínimos quadrados e de máxima verossimilhança de p. Sabemos também que, se $np > 5$ e $nq > 5$, a variável

$$Z = \frac{X - np}{\sqrt{npq}} \tag{10.8}$$

tem, aproximadamente, distribuição normal reduzida.

Seja Z_0 o valor crítico da variável normal reduzida, tal que

$$P(-Z_0 < Z < Z_0) = C \tag{10.9}$$

Substituindo (10.8) em (10.9), obtemos

$$P\left(-Z_0 < \frac{X - np}{\sqrt{npq}} < Z_0\right) = C$$

e, após algumas transformações algébricas,

$$P\left(\frac{X}{n} - Z_0\sqrt{\frac{pq}{n}} < p < \frac{X}{n} + Z_0\sqrt{\frac{pq}{n}}\right) = C$$

ou

$$P\left(\hat{p} - Z_0\sqrt{\frac{pq}{n}} < p < \hat{p} + Z_0\sqrt{\frac{pq}{n}}\right) = C \tag{10.10}$$

Essa expressão pode ser deduzida de outra maneira. Como $E(X) = np$ e $V(X) = npq$, temos

$$E(\hat{p}) = E\left(\frac{X}{n}\right) = p$$

e

$$V(\hat{p}) = \frac{pq}{n},$$

ou seja, $\hat{p}$ tem distribuição aproximadamente normal com média p ($\hat{p}$ é um estimador não-viesado de p) e desvio padrão igual a

$$\sigma_{\hat{p}} = \sqrt{\frac{pq}{n}}$$

Então, por analogia com (10.2), obtemos (10.10).
De (10.10) segue-se que o intervalo de confiança de $100C\%$ para p é

$$\hat{p} - Z_0\sigma_{\hat{p}} < p < \hat{p} + Z_0\sigma_{\hat{p}}$$

Entretanto, como desconhecemos o valor de p, não podemos calcular $\sigma_{\hat{p}}$. Então, substituímos $\sigma_{\hat{p}}$ por

$$\hat{\sigma}_{\hat{p}} = \sqrt{\frac{\hat{p}\hat{q}}{n}},$$

onde $\hat{q} = 1 - \hat{p}$, e o intervalo de confiança fica

$$\hat{p} - Z_0\sqrt{\frac{\hat{p}\hat{q}}{n}} < p < \hat{p} + Z_0\sqrt{\frac{\hat{p}\hat{q}}{n}} \tag{10.11}$$

Ao utilizar (10.11), devemos lembrar que duas condições devem ser obedecidas:

1º) Se fizermos amostragem sem reposição de uma população finita, para que X tenha distribuição aproximadamente binomial, a amostra deve constituir uma fração bastante pequena da população (ver Seção 7.5).

2º) Para que $\hat{p}$ tenha distribuição aproximadamente normal, devemos ter $np > 5$ e $nq > 5$.

10.4 DETERMINAÇÃO DO TAMANHO NECESSÁRIO DA AMOSTRA PARA OBTER ESTIMATIVA COM DESVIO MÁXIMO PREDETERMINADO, A UM CERTO NÍVEL DE CONFIANÇA

Seja $2e$ a amplitude do intervalo de confiança para um parâmetro. Vimos que essa amplitude é uma medida de precisão da estimativa desse parâmetro. No caso do intervalo de confiança para μ, com σ conhecido, temos, de acordo com (10.3), que

$$e = Z_0 \sigma_{\bar{X}} \tag{10.12}$$

Se a população é infinita ou se fizemos amostragem com reposição, temos

$$\sigma_{\bar{X}}^2 = \frac{\sigma^2}{n} \tag{10.13}$$

Essa relação mostra que a variância do estimador $\bar{X}$ é inversamente proporcional ao tamanho da amostra. Quanto maior a amostra, maior será a precisão da estimativa de μ.

Substituindo (10.13) em (10.12), obtemos

$$e^2 = \frac{Z_0^2 \sigma^2}{n}$$

ou

$$n = \frac{Z_0^2 \sigma^2}{e^2} \tag{10.14}$$

Essa expressão dá o menor tamanho que pode ter uma amostra para que a estimativa de μ apresente, ao nível de confiança estabelecido, um desvio igual ou inferior a e.

Se a população é finita, com m elementos, e fizermos amostragem sem reposição, temos

$$\sigma_{\bar{X}}^2 = \frac{S^2}{n}\left(1 - \frac{n}{m}\right) \tag{10.15}$$

De (10.12) e (10.15), após algumas transformações algébricas, obtemos

$$n = \frac{\dfrac{Z_0^2 S^2}{e^2}}{1 + \dfrac{Z_0^2 S^2}{e^2 m}}$$

ou

$$n = \frac{n_0}{1 + \dfrac{n_0}{m}} \qquad (10.16)$$

onde

$$n_0 = \frac{Z_0^2 S^2}{e^2}$$

Se o valor de σ ou de S é desconhecido, mas dispomos de s, a semi-amplitude do intervalo de confiança, de acordo com (10.7), é

$$e = t_0 s_{\bar{X}} \qquad (10.17)$$

Se a população é infinita ou se fizemos amostragem com reposição, temos

$$s_{\bar{X}}^2 = \frac{s^2}{n}$$

e obtemos

$$n = \frac{t_0^2 s^2}{e^2} \qquad (10.18)$$

onde t_0 é o valor crítico de t para o nível de confiança estabelecido e para o número de graus de liberdade associado ao valor de s^2 utilizado. O tamanho da amostra (n) só pode ser determinado por meio de (10.18) quando dispomos de uma estimativa s^2 de σ^2. Essa estimativa pode ser obtida mediante uma amostra preliminar.

Se a população é finita e fizemos amostragem sem reposição, temos

$$s_{\bar{X}}^2 = \frac{s^2}{n}\left(1 - \frac{n}{m}\right) \qquad (10.19)$$

A expressão (10.19) se refere a uma população finita. Por outro lado, a relação (10.17), obtida de (10.7), só é válida, a rigor, se X tiver distribuição normal e, portanto, se a população é infinita. Entretanto, se X, com população finita, tiver distribuição aproximadamente normal, a relação (10.17) será aproximadamente válida. Então, de (10.17) e (10.19), após algumas transformações, obtemos

$$n = \frac{\dfrac{t_0^2 s^2}{e^2}}{1 + \dfrac{t_0^2 s^2}{e^2 m}}$$

ou

$$n = \frac{n_0}{1 + \dfrac{n_0}{m}} \tag{10.20}$$

onde

$$n_0 = \frac{t_0^2 s^2}{e^2}$$

No caso da estimativa de uma proporção, a semi-amplitude do intervalo de confiança, de acordo com (10.11), é

$$e = Z_0 \sqrt{\frac{\hat{p}\hat{q}}{n}}$$

Segue-se que

$$n = \frac{Z_0^2 \hat{p}\hat{q}}{e^2} \tag{10.21}$$

Devemos lembrar que esse resultado só é válido se np e nq forem maiores do que 5 e, em se tratando de amostragem sem reposição de uma população finita, só é válido se a amostra é uma fração bastante pequena da população.

Para utilizar (10.21) precisamos de uma estimativa prévia de p. Entretanto, se não dispomos de uma estimativa prévia de p, podemos utilizar o valor $\hat{p} = 0{,}5$, que maximiza n. Assim, qualquer que seja o valor de p, o tamanho da amostra (n) será suficientemente grande.

Vamos, então, demonstrar que n é máximo com $\hat{p} = 0{,}5$. Como $\hat{q} = 1 - \hat{p}$, de (11.21), obtemos:

$$n = \frac{Z_0^2}{e^2}(\hat{p} - \hat{p}^2)$$

Então,

$$\frac{dn}{d\hat{p}} = \frac{Z_0^2}{e^2}(1 - 2\hat{p})$$

e

$$\frac{d^2n}{d\hat{p}^2} = -\frac{2Z_0^2}{e^2} < 0$$

Igualando a zero a derivada primeira de n em relação a $\hat{p}$, obtemos uma equação cuja solução é $\hat{p} = 0{,}5$. Como a derivada segunda é negativa, concluímos que n é máximo com $\hat{p} = 0{,}5$, c.q.d.

Devemos lembrar ainda que, quando utilizamos (10.14), (10.16), (10.18), (10.20) ou (10.21), podemos obter valores não-inteiros para n. Nesses casos, devemos arredondar o resultado para o inteiro *superior* mais próximo.

Exercícios

10.1   Uma amostra de quatro valores da variável aleatória X (população infinita) apresentou os valores 8, 3, 5 e 12. Determine:

a) as estimativas da média, da variância e do coeficiente de variação de X;

b) o intervalo de confiança, ao nível de confiança de 95%, para a média da população, admitindo que X tem distribuição normal.

10.2   Uma amostra de nove valores da variável aleatória X, com distribuição normal (população infinita), apresentou os valores 1, 2, 4, 4, 5, 5, 7, 8 e 9. Determine:

a) as estimativas da média, da variância e do coeficiente de variação de X;

b) o intervalo de confiança, ao nível de confiança de 95%, para a média da população;

c) o tamanho que deveria ter a amostra para que a média da amostra diferisse da média da população em menos de uma unidade, ao nível de 99% de confiança.

10.3   Em uma amostra aleatória de nove elementos da variável X, com distribuição normal e população infinita, foram obtidos os valores 4, 5, 9, 2, 3, 6, 7, 4 e 5. Determine:

a) as estimativas da média e do desvio padrão de X;

b) o intervalo de confiança, ao nível de confiança de 95%, para a média da população;

c) o tamanho que deveria ter a amostra para que a média da amostra diferisse da média da população de meia unidade ou menos, ao nível de confiança de 90%.

10.4 Refaça o exercício anterior admitindo que a população tem apenas 800 elementos com distribuição semelhante à distribuição normal e que a amostragem foi feita sem reposição.

10.5 Uma amostra de nove elementos de uma população infinita com distribuição normal forneceu os seguintes valores:

10   4   8   11   14   12   9   13   9

Determine:

a) a estimativa da média da população;

b) a estimativa da variância da população;

c) os limites do intervalo de 95% de confiança para a média da população;

d) o tamanho que deveria ter uma amostra para que a média dessa amostra diferisse da média da população em menos de uma unidade, ao nível de 90% de confiança.

10.6 Responda às questões (c) e (d) do exercício anterior, admitindo que a população é constituída por apenas 625 elementos com distribuição semelhante à distribuição normal e que a amostragem foi feita sem reposição.

10.7 A seguir estão os 16 valores observados em uma amostra da variável aleatória X, com distribuição normal e população infinita: 3, 6, 5, 3, 2, 7, 2, 3, 1, 7, 2, 5, 5, 3, 7 e 3. Determine:

a) as estimativas da média e do desvio padrão de X;

b) o intervalo de confiança, ao nível de confiança de 99%, para a média da população;

c) o tamanho que deveria ter uma amostra para que a média dessa amostra diferisse da média da população de meia unidade ou menos, ao nível de confiança de 90%.

10.8 Uma amostra de quatro valores de variável aleatória X, com distribuição normal (população infinita), apresenta os valores 2, 5, 3 e 8. Determine:

a) as estimativas da média e do desvio padrão de X;

b) o intervalo de confiança, ao nível de 95% de confiança, para a média da população;

c) o tamanho que deveria ter uma amostra para que a média dessa amostra diferisse da média da população em uma unidade ou menos, ao nível de 90% de confiança.

10.9 Uma amostra aleatória com 100 observações de uma população de 676 elementos forneceu os seguintes resultados: $\sum X_i = 1.200$ e $\sum X_i^2 = 14.796$. Determine:

a) as estimativas da média e do desvio padrão de X;

b) o intervalo de 95% de confiança para a média da população;

c) o tamanho que deveria ter uma amostra para que a média dessa amostra diferisse da média da população de um quarto de unidade ou menos, ao nível de 95% de confiança.

10.10 Considerando a mesma situação do exercício anterior, suponha que a (verdadeira) variância de X é $S^2 = 4$. Qual é, neste caso, o intervalo de 95% de confiança para a média da população?

10.11 Uma amostra aleatória de 900 cidadãos de uma comunidade mostrou que 400 desejavam fluoração da água de abastecimento público. Determine o intervalo de confiança, ao nível de 95% de confiança, para a proporção da população favorável à fluoração.

10.12 Uma amostra aleatória de 1.600 eleitores, antes da realização de um plebiscito, mostrou que 1.280 eram partidários do "sim". Determine o intervalo de confiança, ao nível de 95% de confiança, para a proporção dos eleitores favoráveis ao "sim".

10.13 Uma amostra aleatória de 100 eleitores de uma cidade indicou que 60% eram favoráveis ao candidato a prefeito X. Determine o intervalo de confiança para a proporção de eleitores favoráveis a esse candidato a um nível de confiança de 99,73%. Que tamanho deveria ter a amostra para que se pudesse afirmar, ao nível de 95% de confiança, que o candidato X seria eleito? Admita que, para ser eleito, o candidato precisa da maioria absoluta de votos.

10.14 Em uma eleição, sabe-se que os dois candidatos existentes deverão obter um número bastante semelhante de votos. Que tamanho deve ter a amostra, em um levantamento preliminar da opinião pública, para que se possa estimar a proporção de votos que receberá um dos candidatos com um erro máximo igual a 0,005, ao nível de confiança de 95%?

10.15 Uma agência de propaganda afirma que uma campanha promocional recente atingiu 30% das famílias de certa localidade. A empresa interessada (que pagou a propaganda) duvida dessa porcentagem e resolve fazer um levantamento para verificar a autenticidade da afirmativa. Qual deve ser o tamanho da amostra para que a estimativa obtida tenha um erro máximo de 3%, ao nível de 95% de confiança? Faça os cálculos:

a) admitindo como verdadeira a proporção de 30%;

b) considerando que nada se sabe a respeito da proporção de famílias atingidas pela campanha promocional.

10.16 Um fabricante sabe que 10% das unidades que produz são defeituosas. Suponha que ele aceitou uma encomenda de 100 unidades, prometendo que todas as unidades defeituosas seriam substituídas. Então, quantas unidades devem ser produzidas para que o fabricante tenha 95% de confiança de que poderá substituir imediatamente as unidades defeituosas?

Respostas

10.1   a) $\bar{X} = 7$; $s^2 = \frac{46}{3} = 15{,}33$ e C.V. $= 55{,}9\%$
     b) $0{,}77 < \mu < 13{,}23$

10.2   a) $\bar{X} = 5$; $s^2 = 7$ e C.V. $= 52{,}9\%$
     b) $2{,}97 < \mu < 7{,}03$
     c) $n \geq 79$

10.3   a) $\bar{X} = 5$; $s = 2{,}12$
     b) $3{,}37 < \mu < 6{,}63$
     c) $n \geq 63$

10.4   a) $\bar{X} = 5$; $s = 2{,}12$
     b) $3{,}38 < \mu < 6{,}62$ c) $n \geq 58$

10.5   a) $\bar{X} = 10$ b) $s^2 = 9$
     c) $7{,}69 < \mu < 12{,}31$ d) $n \geq 32$

10.6   c) $7{,}71 < \mu < 12{,}29$ d) $n \geq 30$

10.7   a) $\bar{X} = 4$ e $s = 2$
     b) $2{,}53 < \mu < 5{,}47$ c) $n \geq 50$

10.8   a) $\bar{X} = 4{,}5$ e $s = \sqrt{7}$
     b) $0{,}29 < \mu < 8{,}71$ c) $n \geq 39$

10.9   a) $\bar{X} = 12$ e $s = 2$
     b) $11{,}63 < \mu < 12{,}37$ c) $n \geq 183$

10.10 $11{,}64 < \mu < 12{,}36$

10.11 $0{,}412 < \mu < 0{,}477$

10.12 $0{,}780 < p < 0{,}820$

10.13 $0{,}453 < p < 0{,}747$; $n \geq 65$. Se for feita uma correção de continuidade, a resposta é $n \geq 75$.

10.14 $n \geq 38.416$

10.15 a) $n \geq 897$ b) $n \geq 1.068$

10.16 $n = 117$

11

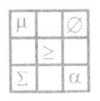

Teste de Hipóteses

11.1 CONCEITOS BÁSICOS

Suponhamos dois hexaedros regulares, feitos de material homogêneo, o primeiro com uma face azul e cinco faces brancas, e o segundo, com quatro faces azuis e duas faces brancas. Suponhamos ainda que, quando lançamos esses hexaedros, consideramos o resultado como favorável se a face do hexaedro lançado que ficar voltada para cima for azul. Então, se lançarmos o primeiro hexaedro, a probabilidade de obtermos resultado favorável é $\frac{1}{6}$, e se lançarmos o segundo hexaedro, essa probabilidade é $\frac{2}{3}$.

O número X de resultados favoráveis, obtidos em n lançamentos de qualquer dos dois hexaedros, é uma variável aleatória com distribuição binomial. Para $n = 6$ lançamentos, as distribuições de X, relativas a cada um dos dois hexaedros, são mostradas na Tabela 11.1 e na Figura 11.1.

TABELA 11.1
Distribuição do número de sucessos obtidos em seis lançamentos de um dos hexaedros

X	$P(X)$ para $p = \frac{1}{6}$	$P(X)$ para $p = \frac{2}{3}$
0	0,335	0,001
1	0,402	0,017
2	0,201	0,082
3	0,053	0,220
4	0,008	0,329
5	0,001	0,263
6	0,000	0,088

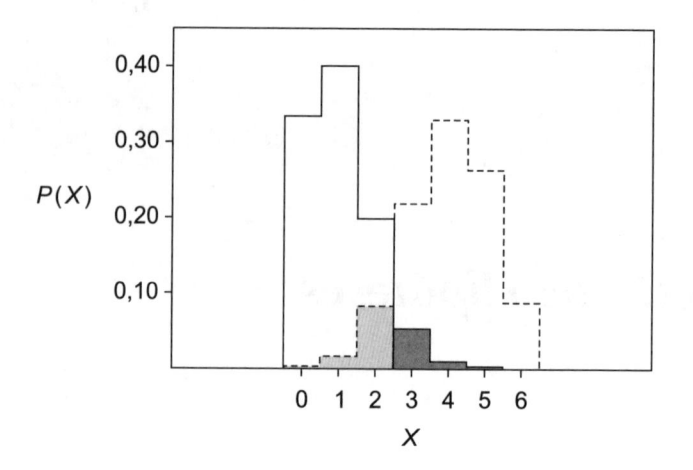

FIGURA 11.1
Distribuição do número (X) de sucessos em seis lançamentos, com p = 1/6 (linha contínua) e com p = 2/3 (linha tracejada)

Vamos imaginar agora que nos defrontamos com a seguinte situação: um dos dois hexaedros foi lançado 6 vezes e foi obtido o número X de resultados favoráveis. Com base no valor de X obtido, pretende-se que informemos qual dos dois hexaedros foi lançado.

A resposta para essa questão exige um teste de hipóteses.

Então, com a finalidade de introduzir a terminologia usual em estatística, vamos estabelecer a "hipótese de nulidade", indicada por H_0, que corresponde à afirmativa de que o hexaedro lançado foi o primeiro, ou seja, de que a probabilidade de resultado favorável, para o hexaedro lançado, é $p = \frac{1}{6}$. Escrevemos:

$$H_0 : p = \frac{1}{6}$$

Vamos estabelecer também a "hipótese alternativa", indicada por H_A, que corresponde à afirmativa de que o hexaedro lançado foi o segundo, ou seja, de que a probabilidade de resultado favorável, para o hexaedro lançado, é $p = \frac{2}{3}$. Escrevemos:

$$H_A : p = \frac{2}{3}$$

Estabelecidas as hipóteses, vamos definir nossa regra de decisão. Aceitaremos H_0 se o número X de resultados favoráveis for menor do que 3 e rejeitaremos H_0, em favor de H_A, se o número X de resultados favoráveis for igual ou superior a 3.

Então, denominamos o conjunto $A = \{X : 0, 1, 2\}$ de região de aceitação, e o conjunto $R = \{X : 3, 4, 5, 6\}$ de região de rejeição.

Podemos agora discutir o problema crucial dos testes de hipóteses, fazendo a pergunta: será que a regra de decisão que definimos conduz à decisão correta?

Definitivamente, não é possível estabelecer uma regra que permita decidir sobre H_0, sem estarmos sujeitos a erro. Estamos tomando a decisão de aceitar ou rejeitar H_0, com base no número X de resultados favoráveis obtidos em 6 lançamentos do hexaedro, que é apenas uma amostra do número infinito de lançamentos possíveis. Então, estamos tomando decisões em condições de incerteza e, portanto, sujeitos a erro.

Com base nos resultados obtidos em uma amostra, não é possível tomar decisões que estejam definitivamente corretas. Entretanto, podemos calcular a probabilidade de a decisão tomada estar errada.

Então, no exemplo que estamos discutindo, decidimos rejeitar H_0 se X assumir qualquer um dos valores do conjunto R. Mas tais valores podem ocorrer sob H_0, isto é, tais valores podem ocorrer quando se lança o primeiro hexaedro, conforme mostra a Tabela 11.1. Então, se rejeitarmos H_0, porque X assumiu valor 3, 4, 5 ou 6, podemos estar cometendo erro, com probabilidade igual à probabilidade de ocorrência desses valores sob H_0, que é, conforme mostra a Tabela 11.1, igual a $0,053 + 0,008 + 0,001 = 0,062$.

Denominamos erro tipo I o erro que acabamos de exemplificar, que consiste em rejeitar H_0, dado que H_0 é verdadeira. Denominamos nível de significância do teste, que indicamos por α, a probabilidade de cometer erro tipo I.

Então, no exemplo em estudo, $\alpha = 0{,}062$ ou 6,2%.

Devemos lembrar, no entanto, que rejeitar H_0 é apenas uma de duas soluções possíveis quando se realiza um teste de hipóteses.

No exemplo que estamos desenvolvendo, aceitamos H_0 se X assumir qualquer um dos valores do conjunto A. Ora, tais valores ocorrem sob H_A, conforme mostra a Tabela 11.1. Então, quando aceitamos H_0, porque X assumiu valor 0, 1 ou 2, podemos estar cometendo erro, cuja probabilidade é igual à de ocorrência desses valores sob H_A, que, conforme mostra a Tabela 11.1, é igual a $0{,}001 + 0{,}017 + 0{,}082 = 0{,}100$.

Denominamos erro tipo II esse erro exemplificado, que consiste em aceitar H_0, dado que H_0 é falsa. A probabilidade de cometer erro tipo II é indicada por β. O valor $1 - \beta$, que é a probabilidade de rejeitar H_0, dado que H_0 é falsa, é denominado poder do teste.

Para o exemplo em estudo, $\beta = 0{,}100$ ou 10%, e o poder do teste é $1 - \beta = 0{,}900$ ou 90%.

Consideremos agora um exemplo de teste de hipóteses envolvendo a média de uma variável aleatória com distribuição normal. Para exemplificar, suponhamos que duas espécies botânicas A e B, de um mesmo gênero, têm folhas muito semelhantes, mas com tamanhos diferentes. Assim, as folhas da espécie A têm largura média $\mu_A = 29$ mm, e as folhas da espécie B têm largura média $\mu_B = 35$ mm. Sabe-se que, nas duas espécies, a largura das folhas apresenta distribuição aproximadamente normal com desvio padrão $\sigma = 10$ mm. Suponhamos que um pesquisador recebe uma amostra de 25 folhas para decidir, com base na largura dessas folhas, se elas pertencem à espécie A ou à espécie B. Vamos supor ainda que o pesquisador tende a acreditar que as folhas são da espécie A, devido ao local de origem da amostra, onde, sabe-se, a espécie A é muito mais comum. Então, todo o problema consiste em decidir, com base nos dados da amostra, se esta provém de uma população de plantas cujas folhas têm largura média $\mu = 29$ mm ou de uma população de plantas cujas folhas têm largura média $\mu = 35$ mm. Em outras palavras, é necessário verificar se as larguras das folhas da amostra levam ou não a rejeitar a hipótese da nulidade $H_0 : \mu = 29$ mm, em favor da hipótese alternativa $H_A : \mu = 35$ mm.

Seja $\bar{X}$ a média das larguras das folhas da amostra. Se admitirmos que a população de folhas é infinita e se foi tomada uma amostra aleatória, então, $\bar{X}$ terá distribuição normal com média $E(\bar{X}) = \mu_A$, se H_0 for verdadeira, ou $E(\bar{X}) = \mu_B$, se H_A for verdadeira, e desvio padrão igual a

$$\sigma_{\bar{X}} = \frac{\sigma}{\sqrt{n}} = \frac{10}{\sqrt{25}} = 2 \text{ mm}$$

A Figura 11.2 mostra as duas possíveis distribuições de $\bar{X}$.

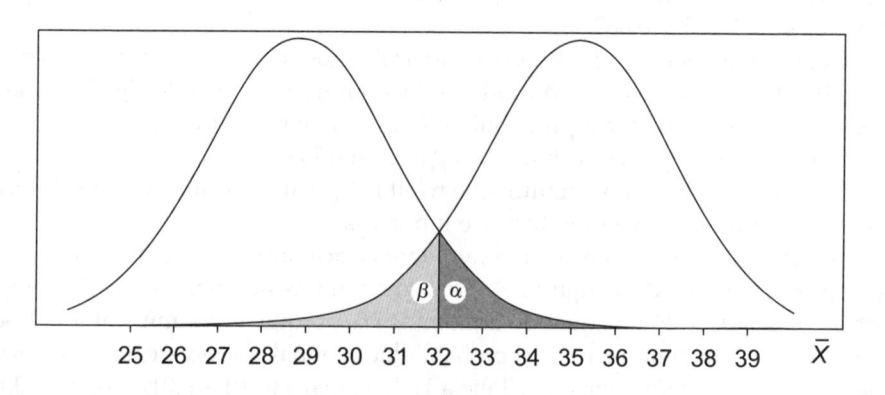

FIGURA 11.2
Distribuições de $\bar{X}$ sob $H_0 : \mu = 29$ mm e sob $H_A : \mu = 35$ mm. Áreas correspondentes a α e β se a região de rejeição é $\bar{X} \geq 32$

Para realizar o teste de hipóteses é necessário, antes de calcular $\bar{X}$, estabelecer uma regra de decisão, isto é, fixar um valor crítico C tal que

a) se $\bar{X} \geq C$, rejeita-se H_0;
b) se $\bar{X} < C$, não se rejeita H_0.

Vamos estabelecer, inicialmente, a média aritmética das médias das duas distribuições como valor crítico, isto é,

$$C = \frac{29 + 35}{2} = 32 \text{ mm}$$

Então, o nível de significância do teste é

$$\alpha = P(\bar{X} \geq 32 \mid \mu = 29) = P\left(Z > \frac{32 - 29}{2}\right) = P(Z > 1{,}5) =$$
$$= 0{,}0668 \text{ ou } 6{,}68\%$$

Sabemos que uma distribuição normal é simétrica. Então, lembrando que as duas possíveis distribuições de $\bar{X}$ são aproximadamente normais com a mesma variância e lembrando que foi fixado como ponto crítico o valor médio entre $\mu_A = 29$ mm e $\mu_B = 35$ mm, podemos concluir que $\beta = \alpha$, isto é, $\beta = 0{,}0668$ ou $6{,}68\%$. O valor de β também pode ser obtido como segue:

$$\beta = P(\bar{X} < 32 \mid \mu = 35) = P\left(Z < \frac{32 - 35}{2}\right) = P(Z < -1{,}5) = P(Z > 1{,}5) =$$
$$= 0{,}0668 \text{ ou } 6{,}68\%$$

Verificamos que, para a regra de decisão adotada (rejeitar H_0 quando $X \geq 32$), a probabilidade de cometer erro tipo I é igual à probabilidade de cometer erro tipo II. Entretanto, devemos lembrar que *a priori*, ou seja, antes de calcular $\bar{X}$, o pesquisador havia considerado que a hipótese H_0 era, mais provavelmente, a verdadeira. Então, parece razoável rejeitar essa hipótese somente se a média $\bar{X}$ for um valor relativamente afastado de $\mu_A = 29$ mm e próximo de $\mu_B = 35$ mm, ou seja, somente se $\bar{X}$ tornar bastante evidente que H_0 deve ser rejeitada. Isso significa que devemos estabelecer um valor crítico maior do que 32 mm, diminuindo a probabilidade de cometer erro tipo I, isto é, diminuindo o nível de significância do teste. Vamos admitir que o pesquisador resolveu adotar o nível de significância de 5%, uma vez que é muito comum fixar o nível de significância em 5% ou 1%. Voltaremos a discutir a questão de como estabelecer o nível de significância; no momento, como foi fixado $\alpha = 0{,}05$ ou 5%, vamos obter a abscissa do ponto crítico C, tal que

$$P(\bar{X} > C \mid \mu = 29) = 0{,}05$$

ou

$$P\left(Z > \frac{C - 29}{2}\right) = 0{,}05$$

Então

$$\frac{C - 29}{2} = 1{,}645$$

e

$$C = 32{,}29$$

A probabilidade de cometer erro tipo II é

$$\beta = P(\bar{X} < 32{,}29 \mid \mu = 35) = P\left(Z < \frac{32{,}29 - 35}{2}\right) = P(Z < -1{,}355) = 0{,}0877$$

A Figura 11.3 mostra as distribuições de $\bar{X}$ sob $H_0 : \mu = 29$ e sob $H_A : \mu = 35$, bem como as áreas correspondentes a α e a β, para a regra de decisão estabelecida, que é rejeitar H_0 quando $\bar{X} \geq 32{,}29$.

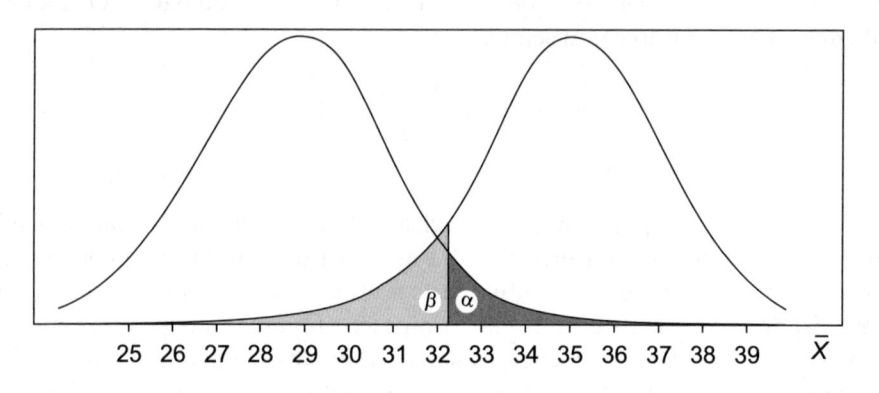

FIGURA 11.3
Áreas correspondentes a α = 5% e β = 8,77% quando o valor crítico é C = 32,29 mm

É importante frisar que, à medida que aumentamos o valor de C, o valor de α diminui, mas o valor de β aumenta. A Tabela 11.2 mostra como os valores de α e β variam em função da abscissa do ponto crítico C, no caso do exemplo numérico que estamos analisando.

TABELA 11.2
Valores de C, α e β

C	α	β
$-\infty$	1	0
29	0,5000	0,0013
31	0,1587	0,0228
32	0,0668	0,0668
32,29	0,0500	0,0877
33	0,0228	0,1587
35	0,0013	0,5000
∞	0	1

A Figura 11.4 mostra como β varia em função de α, evidenciando que, a decréscimos no valor de α, correspondem acréscimos cada vez maiores no valor de β.

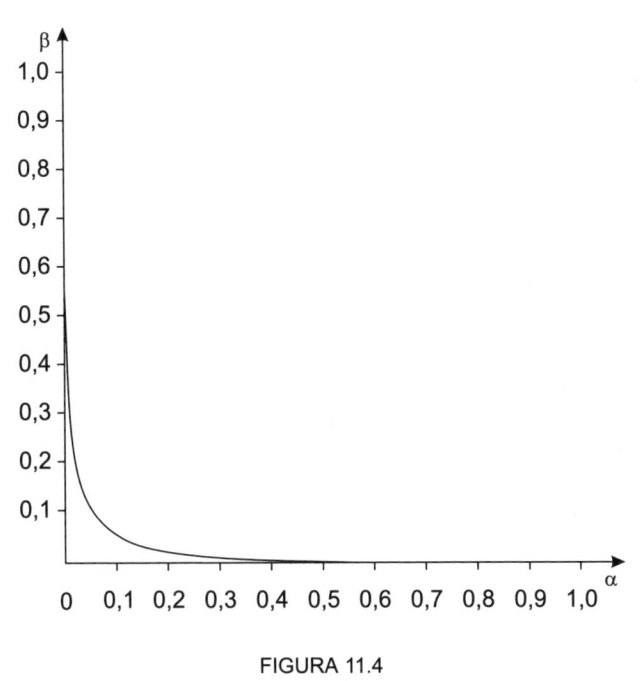

FIGURA 11.4
Relação entre α e β

Vamos supor que o pesquisador calculou a média das larguras das folhas da amostra, obtendo $\bar{X} = 32{,}80$ mm. Como $32{,}80 > C = 32{,}29$, o pesquisador deve rejeitar, ao nível de significância de 5%, a hipótese $H_0 : \mu = 29$ mm em favor da hipótese $H_A : \mu = 35$ mm.

Vejamos agora, resumidamente, a generalização do problema proposto e do procedimento adotado.

Seja X uma variável aleatória com distribuição normal de média μ e variância conhecida σ^2. Para testar a hipótese de que a média μ da distribuição tem um valor específico μ_0, isto é, $H_0 : \mu = \mu_0$, contra a hipótese alternativa de que tem outro valor específico μ_1, ou seja, $H_A : \mu = \mu_1$, com $\mu_1 > \mu_0$, adotamos o procedimento que passamos a descrever.

Primeiro, estabelecemos o nível de significância do teste, que, em problemas práticos, geralmente é 5%. Em seguida, obtemos uma amostra de n

observações da variável X e calculamos a média $\bar{X}$. Depois, calculamos o valor do ponto crítico C, tal que

$$P(\bar{X} \geq C \mid \mu = \mu_0) = \alpha$$

ou

$$P\left(Z > \frac{C - \mu_0}{\sigma_{\bar{X}}}\right) = \alpha$$

Se Z_0 é o valor da variável normal reduzida, obtido na Tabela I do Apêndice, tal que $P(Z > Z_0) = \alpha$, podemos escrever

$$\frac{C - \mu_0}{\sigma_{\bar{X}}} = Z_0$$

ou

$$C = \mu_0 + Z_0 \sigma_{\bar{X}} \tag{11.1}$$

Comparamos, então, a média da amostra ($\bar{X}$) com o valor C obtido e rejeitamos H_0, ao nível de significância α, se $\bar{X} \geq C$.

Considerando (11.1), é imediato que $\bar{X} \geq C$ equivale a

$$\bar{X} \geq \mu_0 + Z_0 \sigma_{\bar{X}}$$

ou

$$\frac{\bar{X} - \mu_0}{\sigma_{\bar{X}}} \geq Z_0 \tag{11.2}$$

Então, o procedimento usual para testar H_0 contra H_A consiste em, depois de obtido o valor de $\bar{X}$, calcular

$$Z = \frac{\bar{X} - \mu_0}{\sigma_{\bar{X}}} \tag{11.3}$$

e rejeitar $H_0 : \mu = \mu_0$, ao nível de significância α, para todo $Z \geq Z_0$.

Para o exemplo numérico apresentado, como $\bar{X} = 32{,}80$, temos

$$Z = \frac{32{,}80 - 29}{2} = 1{,}9$$

O valor crítico de Z, para o nível de significância de 5%, é $Z_0 = 1{,}645$, uma vez que $P(Z > 1{,}645) = 0{,}05$. Como $Z = 1{,}9 > Z_0 = 1{,}645$, rejeitamos $H_0 : \mu = 29$ mm, em favor de $H_A : \mu = 35$ mm.

Se tivermos $H_0 : \mu = \mu_0$ e $H_A : \mu = \mu_1$, com $\mu_1 < \mu_0$ (em vez de $\mu_1 > \mu_0$), a região de rejeição é $\bar{X} \leq C$. O procedimento usual é calcular Z por meio de (11.3) e rejeitar

H_0 se $Z \leq -Z_0$. Sendo α o nível de significância adotado, Z_0 é o valor da variável normal reduzida, tal que

$$P(Z < -Z_0) = P(Z > Z_0) = \alpha$$

11.2 HIPÓTESE ALTERNATIVA COMPOSTA

A hipótese da nulidade, quando é enunciada em termos quantitativos, é necessariamente uma igualdade ($H_0 : \mu = \mu_0$, por exemplo).

Entretanto, em problemas práticos, estabelecida a hipótese da nulidade, é raro que tenhamos como alternativa uma hipótese que estabelece um único valor μ_1 para μ, isto é, que tenhamos $H_A : \mu = \mu_1$. São muito mais freqüentes hipóteses alternativas do tipo $H_A : \mu \neq \mu_0$, ou do tipo $H_A : \mu < \mu_0$, ou ainda $H_A : \mu > \mu_0$. Em qualquer desses casos, a hipótese alternativa é denominada composta, em contraposição à hipótese que estabelece uma igualdade, denominada simples.

Se a hipótese alternativa é do tipo $H_A : \mu \neq \mu_0$, fazemos um teste bilateral (ou bicaudal), isto é, rejeitamos H_0 se $\bar{X}$ for muito maior do que μ_0 ou se $\bar{X}$ for muito menor do que μ_0.

Se a hipótese alternativa é do tipo $H_A : \mu < \mu_0$ ou do tipo $H_A : \mu > \mu_0$, fazemos um teste unilateral (ou unicaudal).

Para exemplificar, suponhamos uma máquina de ensacar determinado produto que, quando bem regulada, fornece o produto em sacos cujos pesos têm distribuição normal com média $\mu_0 = 60$ kg e desvio padrão $\sigma = 0{,}2$ kg. Para verificar se a máquina está bem regulada foram pesados 25 sacos e foi calculado o peso médio $\bar{X}$ dessa amostra. O problema consiste em testar a hipótese da nulidade $H_0 : \mu = 60$ kg, contra a hipótese alternativa $H_A : \mu \neq 60$ kg, ao nível de significância α, com base no valor de $\bar{X}$.

Temos

$$\sigma_{\bar{X}} = \frac{\sigma}{\sqrt{n}} = \frac{0{,}2}{\sqrt{25}} = 0{,}04 \text{ kg}$$

Sabemos que

$$Z = \frac{\bar{X} - \mu_0}{\sigma_{\bar{X}}} = \frac{\bar{X} - 60}{0{,}04} \tag{11.4}$$

tem, sob H_0, distribuição normal reduzida.

Fixado o nível de significância α, e lembrando que o teste é bilateral, o valor crítico de Z é Z_0, tal que

$$P(Z > Z_0) + P(Z < -Z_0) = \alpha$$

Como

$$P(Z < -Z_0) = P(Z > Z_0)$$

temos

$$P(Z > Z_0) = \frac{\alpha}{2}$$

Obtido o valor de Z de (11.4), rejeitamos H_0 se $Z \geq Z_0$ ou $Z \leq -Z_0$, ou seja, se $|Z| > Z_0$.

Para um teste bilateral ao nível de significância de 5%, temos $Z_0 = 1{,}96$ (ver Tabela I do Apêndice). Se, por exemplo, o peso médio dos 25 sacos é $\bar{X} = 59{,}90$ kg, obtemos, de acordo com (11.4),

$$Z = \frac{59{,}90 - 60}{0{,}04} = -2{,}5$$

Como $|Z| = 2{,}5 > Z_0 = 1{,}96$, rejeitamos, ao nível de significância de 5%, a hipótese $H_0 : \mu = 60$, em favor da hipótese $H_A : \mu \neq 60$. Isso significa que a máquina deve ser regulada.

Vejamos, resumidamente, o procedimento para testar a hipótese $H_0 : \mu = \mu_0$, com base em uma amostra aleatória de n observações da variável X, que tem distribuição normal com variância σ^2 conhecida. Seja α o nível de significância adotado. Então:

1º) Calculamos

$$Z = \frac{\bar{X} - \mu_0}{\sigma_{\bar{X}}}$$

2º) Da Tabela I do Apêndice obtemos o valor crítico Z_0, tal que

a) $P(Z > Z_0) = \dfrac{\alpha}{2}$ se o teste for bilateral;

b) $P(Z > Z_0) = \alpha$ se o teste for unilateral.

3º) Comparamos o valor calculado de Z com o valor crítico Z_0. Se tivermos

a) $|Z| \geq Z_0$, em um teste bilateral, ou

b) $Z \geq Z_0$, em um teste unilateral com $H_A : \mu > \mu_0$, ou

$Z \leq -Z_0$, em um teste unilateral com $H_A : \mu < \mu_0$,

dizemos que o resultado é significativo ao nível de significância α e rejeitamos a hipótese da nulidade, a esse nível.

Esse procedimento ainda é válido nos casos em que a variável X não tem distribuição normal, mas o tamanho (n) da amostra é suficientemente grande para que $\bar{X}$ tenha distribuição aproximadamente normal, de acordo com o teorema do limite central.

Na prática, ao caracterizar um problema de teste de hipóteses, é necessário decidir se o teste será bilateral ($H_A : \mu \neq \mu_0$), unilateral à direita ($H_A : \mu > \mu_0$) ou unilateral à esquerda ($H_A : \mu < \mu_0$). É importante ressaltar que essa escolha tem de ser feita com base em outras informações que não os dados que serão utilizados para efetuar o teste. No caso de o teste ser feito para verificar se a máquina de ensacar certo produto está bem regulada, a hipótese alternativa é $H_A : \mu \neq 60$ kg, porque *a priori* acreditamos que, no caso de a máquina estar mal regulada, o peso médio tanto pode ser inferior como pode ser superior a 60 kg.

Vejamos agora a correspondência que existe entre teste de hipóteses e intervalo de confiança. Já sabemos que, quando testamos $H_0 : \mu = \mu_0$ contra $H_A : \mu \neq \mu_0$, não rejeitamos a hipótese da nulidade se

$$|Z| = \frac{|\bar{X} - \mu_0|}{\sigma_{\bar{X}}} < Z_0$$

ou

$$-Z_0 < \frac{\bar{X} - \mu_0}{\sigma_{\bar{X}}} < Z_0$$

Multiplicando por $\sigma_{\bar{X}}$, subtraindo $\bar{X}$ e trocando o sinal dos três membros, obtemos

$$\bar{X} - Z_0 \sigma_{\bar{X}} < \mu_0 < \bar{X} + Z_0 \sigma_{\bar{X}}$$

Comparando esse resultado com (10.3), concluímos que, ao testar $H_0 : \mu = \mu_0$ contra $H_A : \mu \neq \mu_0$, ao nível de significância de 100 α%, rejeitamos a hipótese da nulidade se, e somente se, o intervalo de confiança de 100 $(1 - \alpha)$% para μ não incluir o valor de μ_0.

11.3 A CURVA CARACTERÍSTICA DE OPERAÇÃO DE UM TESTE

Vimos, na Seção 11.1, como se calcula o valor de β, isto é, a probabilidade de cometer erro tipo II quando a hipótese alternativa é simples. Nesses casos, β é a probabilidade de $\bar{X}$, que é a média da amostra, cair na região de aceitação de H_0, quando H_0 é falsa.

Nos casos em que a hipótese alternativa é composta, β não é um valor único, mas uma função do valor do parâmetro que, nos exemplos dados, é a probabilidade p ou a média μ. O domínio dessa função é dado pela hipótese alternativa.

Para o tipo de teste bilateral discutido na seção anterior, vimos que não rejeitamos H_0 se

$$|Z| = \frac{|\bar{X} - \mu_0|}{\sigma_{\bar{X}}} < Z_0$$

ou

$$-Z_0 < \frac{\bar{X} - \mu_0}{\sigma_{\bar{X}}} < Z_0$$

Então, ao testar $H_0 : \mu = \mu_0$ contra $H_A : \mu \neq \mu_0$, não rejeitamos a hipótese da nulidade se

$$\mu_0 - Z_0 \sigma_{\bar{X}} < \bar{X} < \mu_0 + Z_0 \sigma_{\bar{X}} \tag{11.5}$$

Seja $\mu_1 \neq \mu_0$ um dos possíveis valores de μ de acordo com a hipótese alternativa. Se $\mu = \mu_1$, a probabilidade de cometer erro tipo II é

$$\beta = P(\mu_0 - Z_0 \sigma_{\bar{X}} < \bar{X} < \mu_0 + Z_0 \sigma_{\bar{X}} \mid \mu = \mu_1)$$

Se $\bar{X}$ tem distribuição normal com média $\mu = \mu_1$, a variável $Z = \dfrac{(\bar{X} - \mu_1)}{\sigma_{\bar{X}}}$ tem distribuição normal reduzida. Então,

$$\beta = P\left(\dfrac{\mu_0 - Z_0 \sigma_{\bar{X}} - \mu_1}{\sigma_{\bar{X}}} < Z < \dfrac{\mu_0 + Z_0 \sigma_{\bar{X}} - \mu_1}{\sigma_{\bar{X}}}\right)$$

ou

$$\beta = P\left(-Z_0 - \dfrac{\mu_1 - \mu_0}{\sigma_{\bar{X}}} < Z < Z_0 - \dfrac{\mu_1 - \mu_0}{\sigma_{\bar{X}}}\right) \tag{11.6}$$

Para o caso do exemplo numérico apresentado na seção anterior, a probabilidade de cometer erro tipo II, considerando um nível de significância de 5%, é

$$\beta = P\left(-1{,}96 - \dfrac{\mu_1 - 60}{0{,}04} < Z < 1{,}96 - \dfrac{\mu_1 - 60}{0{,}04}\right)$$

Os valores de β para valores específicos de μ_1 são obtidos com o auxílio da Tabela I do Apêndice. As coordenadas de alguns pontos dessa função, apresentadas na Tabela 11.3, foram utilizadas para obter a curva característica de operação do teste, mostrada na Figura 11.5.

TABELA 11.3
Coordenadas de alguns pontos da curva característica de operação do teste de $H_0 : \mu = \mu_0 = 60$ contra $H_A : \mu \neq \mu_0$, com $\sigma_{\bar{X}} = 0{,}04$ e $\alpha = 0{,}05$

μ_1	$\mu_1 - \mu_0$	β
59,84	– 0,16	0,021
59,88	– 0,12	0,149
59,92	– 0,08	0,484
59,96	– 0,04	0,830
60,00	0	0,950 = 1 – α
60,04	0,04	0,830
60,08	0,08	0,484
60,12	0,12	0,149
60,16	0,16	0,021

A Tabela 11.3 mostra que para $\mu_1 - \mu_0 = 0{,}16$, por exemplo, temos $1 - \beta = 0{,}979$, ou seja, o poder do teste, que é a probabilidade de rejeitar H_0 quando H_0 é falsa, é, nesse caso, bastante alto. Então, se o peso médio dos sacos ficar 0,16 kg acima (ou abaixo) do peso desejado, que é $\mu_0 = 60$ kg, o teste muito provavelmente acusará má regulagem da máquina.

Entretanto, se $\mu_1 - \mu_0 = 0{,}04$ kg, o poder do teste é $1 - \beta = 0{,}170$, ou seja, apenas 17%. Isso significa que, se o peso médio dos sacos ficar 0,04 kg acima (ou abaixo) do peso desejado, o teste dificilmente acusará má regulagem da máquina.

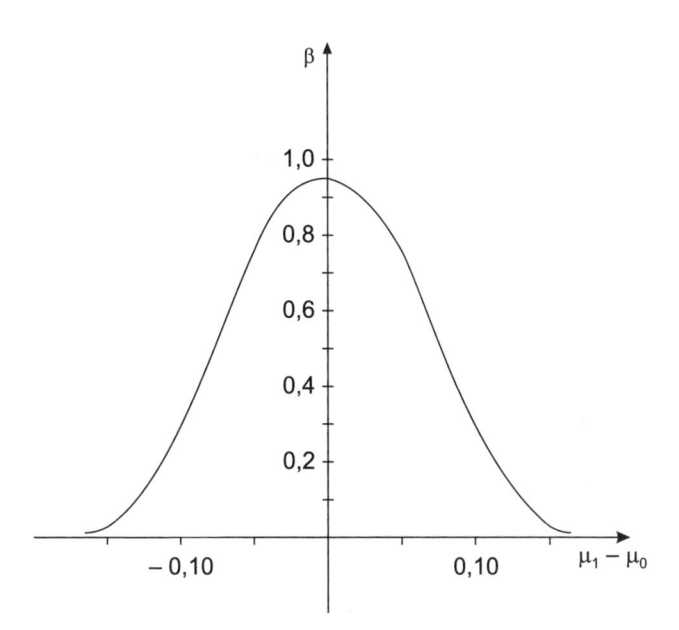

FIGURA 11.5
A curva característica da operação do teste de $H_0 : \mu = \mu_0$ contra $H_A : \mu \neq \mu_0$, com $\sigma_{\bar{X}} = 0{,}04$ e $\alpha = 0{,}05$

É claro que pode ser desejável tornar alta a probabilidade de detectar uma diferença de $\mu_1 - \mu_0 = 0{,}04$ kg. Para isso, precisamos de um teste com maior poder, o que é conseguido fixando um valor maior como nível de significância e/ou aumentando o tamanho da amostra.

Se aumentarmos o nível de significância (α) do teste, o valor Z_0 será menor e, conseqüentemente, será menor o intervalo de valores de $\bar{X}$, dado por (11.5), dentro do qual não rejeitamos H_0; portanto, os valores de β serão menores para qualquer valor de μ_1, isto é, a curva característica de operação do teste será mais baixa. Convém frisar que o aumento do poder do teste, nesse caso, foi conseguido aumentando o nível de significância, ou seja, aumentando a probabilidade de cometer erro tipo I.

Se aumentarmos o tamanho (n) da amostra, o valor de $\sigma_{\bar{X}}$ diminui, o que aumenta o valor de $\dfrac{\mu_1 - \mu_0}{\sigma_{\bar{X}}}$, para todo $\mu_1 \neq \mu_0$; por meio de (11.6), podemos verificar que um maior valor de $\dfrac{\mu_1 - \mu_0}{\sigma_{\bar{X}}}$ faz que o intervalo de Z, que determina o valor de β, fique mais afastado da média ($Z = 0$) da distribuição, diminuindo o valor de β.

A Figura 11.6 mostra as diferentes posições da curva característica de operação do teste de $H_0 : \mu = \mu_0$ contra $H_A : \mu > \mu_0$, ao nível de significância de 5%, para três tamanhos (n) de amostra. Para o traçado dessas curvas, admitimos que a variável X tem distribuição normal com variância $\sigma^2 = 1$. Como o teste é unilateral, em lugar de (11.6), temos

$$\beta = P\left(Z < Z_0 - \frac{\mu_1 - \mu_0}{\sigma_{\bar{X}}}\right) \qquad (11.7)$$

Tratando-se de um teste unilateral ao nível de significância de 5%, temos $Z_0 = 1,645$.

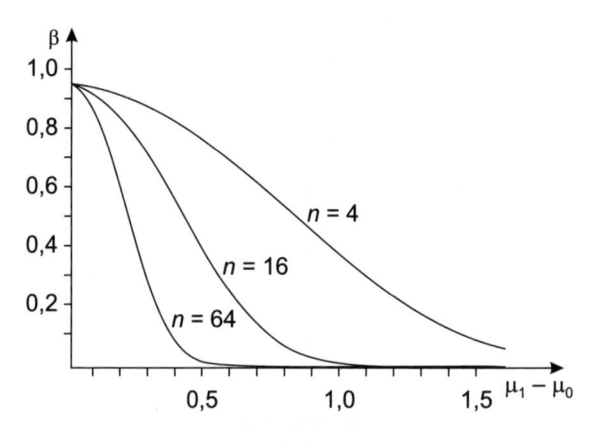

FIGURA 11.6
Mudança da posição da curva característica de operação de um teste com o tamanho (n) da amostra

A Figura 11.6 mostra que, se $\mu_1 - \mu_0 = 0,4$, o poder do teste, quando $n = 64$, é igual a 94%, uma vez que β é igual a 6%. No entanto, se $\mu_1 - \mu_0 = 0,4$, para $n = 16$ o poder do teste é pouco inferior a 50% ($\beta = 51,8\%$) e para $n = 4$ o poder do teste é de apenas 20% ($\beta = 80,1\%$).

Resumindo, podemos dizer que quando a hipótese alternativa é composta, conhecemos a probabilidade de cometer erro tipo I, que é estabelecida pelo teste (é o nível de significância), mas a probabilidade de cometer erro tipo II não tem um valor determinado, sendo uma função do valor assumido pelo parâmetro sob H_A. No caso que estamos estudando, o parâmetro é a média μ da distribuição de $\bar{X}$. Se rejeitarmos H_0, ao nível de significância α, existe uma probabilidade α (geralmente pequena) de estarmos cometendo erro. Entretanto, se aceitamos H_0 como verdadeira, a probabilidade de estarmos cometendo erro pode ser bastante grande.

Quando o resultado de um teste de hipóteses é significativo, a conclusão é colocada em termos de "rejeitar H_0", a determinado nível de significância. Entretanto, quando o resultado é não-significativo e a hipótese alternativa é composta, devido ao fato de não conhecermos a probabilidade de cometer erro tipo II, é recomendável que a conclusão seja colocada em termos de "não há razão para rejeitar H_0" ou simplesmente "não rejeitar H_0", a determinado nível de significância, mas não em termos de "aceitar H_0".

11.4 INTRODUÇÃO À TEORIA DAS DECISÕES EM CONDIÇÕES DE INCERTEZA

Antes de examinar outros tipos de teste de hipóteses, apresentaremos uma introdução à teoria das decisões em condições de incerteza. Os conceitos desenvolvidos nesta seção serão utilizados na próxima seção, quando discutiremos o problema da determinação do nível de significância de um teste.

O estudo da teoria das decisões implica o desenvolvimento de um modelo matemático para descrever o comportamento de um indivíduo (ou grupo de indivíduos) que toma decisões em situações determinísticas ou em situações que envolvem incerteza. Vamos analisar, inicialmente, o problema de tomar decisões em situações determinísticas.

Vamos supor que devemos escolher uma entre duas ações possíveis, que denominaremos a_1 e a_2. Vamos supor ainda que, se escolhermos a_1, depois devemos escolher uma entre três possíveis ações (b_1, b_2 e b_3) e que, se escolhermos a_2, mais tarde deveremos escolher entre as ações c_1 e c_2. Esse conjunto de decisões e ações possíveis pode ser convenientemente representado pela "árvore de decisões" da Figura 11.7.

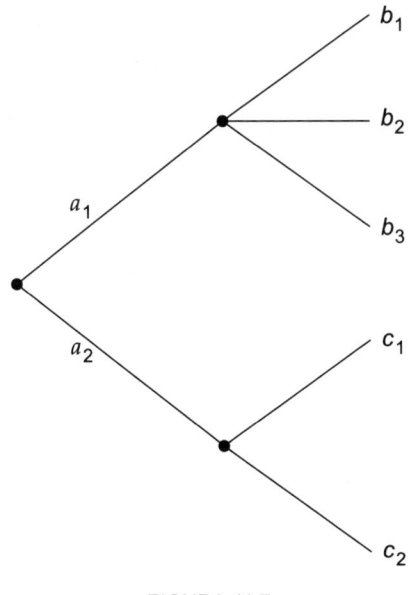

FIGURA 11.7
A árvore de decisões

Os *nós* representam os momentos quando terão de ser tomadas as *decisões*. Os ramos da árvore representam as *ações* possíveis.

Cada seqüência possível de decisões, e conseqüentes ações, constitui um *projeto*. Na Figura 11.7 temos, então, cinco projetos diferentes.

É interessante notar que, em problemas determinísticos, todas as decisões, para os diferentes estágios, podem ser tomadas ao mesmo tempo; não é necessário esperar até o momento em que a decisão é exigida para, então, tomar a decisão.

A seleção de um projeto, entre os vários projetos possíveis, é feita com base em regras de decisão preestabelecidas. Se, na escolha do melhor projeto, só são levadas em consideração razões econômicas, a regra de decisão correta consistirá, na maior parte dos casos, em optar pelo projeto ao qual corresponde o maior valor da renda líquida descontada (ou valor atual da renda líquida).

Analisaremos agora os problemas relativos à tomada de decisões em condições de incerteza. Nessas situações, quando se decide por uma ação, não se conhecem todas as conseqüências dessa ação.

Devemos salientar que, em teoria das decisões, a palavra ação não tem o significado corrente. Aqui uma ação pode ser algo muito complexo (por exemplo, construir cinco fábricas em cinco diferentes cidades), que envolve um enorme número de "ações", no sentido comum da palavra. Devemos salientar também que as ações são definidas de maneira tal que uma decisão, em um dado instante, significa obrigatoriamente a escolha de apenas uma, entre as várias ações possíveis.

Veremos agora os problemas de decisão de um estágio, que são os mais simples dentre os problemas de decisão em condições de incerteza.

Denominamos problema de decisão de um estágio aquele em que o indivíduo toma apenas uma decisão, ocorrendo depois um fenômeno estocástico, que resulta em um "prêmio". Um bom exemplo desse tipo de problema é o do indivíduo que joga na loteria. Alternativamente, poderíamos dizer que, em um problema de decisão de um estágio, são tomadas duas "decisões", a primeira pelo indivíduo e a segunda pela "natureza". O resultado final ou "prêmio" depende das duas "decisões". É claro que, no momento em que o indivíduo toma a decisão, ele não sabe o que ocorrerá (ou ocorreu) na natureza. Vamos admitir, no entanto, que é possível estimar as probabilidades de ocorrência dos diferentes "estados da natureza".

Sejam r ações alternativas (a_i, $i = 1, 2, ..., r$) e m possíveis estados da natureza (e_j, $j = 1, 2, ..., m$). Então, se o indivíduo escolhe a ação a_i e ocorre na natureza o estado e_j, resulta o prêmio Q_{ij}, cujo valor é U_{ij}. Freqüentemente U_{ij} é o valor atual da renda líquida, obtida com o par de "decisões" a_i, e_j.[1]

---

[1] No caso mais geral, U_{ij} seria o valor da utilidade associada ao prêmio Q_{ij}. Consideraremos que o valor atual da renda líquida representa adequadamente a utilidade do resultado obtido. Um estudo mais geral e profundo da teoria das decisões em condições de incerteza pode ser encontrado em Hadley (1967).

Seja P_{ij} a probabilidade de que o estado da natureza seja e_j, dado que o indivíduo escolheu a ação a_i. Então, escolhida a ação a_i, a renda líquida esperada (a esperança matemática do valor do prêmio) é

$$L_i = \sum_{j=1}^{m} U_{ij} P_{ij}$$

É evidente que o indivíduo deve escolher a ação a_i que corresponde ao maior valor de L_i, isto é, ele deve escolher a ação que maximiza a renda líquida esperada.

Os problemas de decisão de um estágio podem ser representados por "árvores de decisões", como a que consta na Figura 11.8.

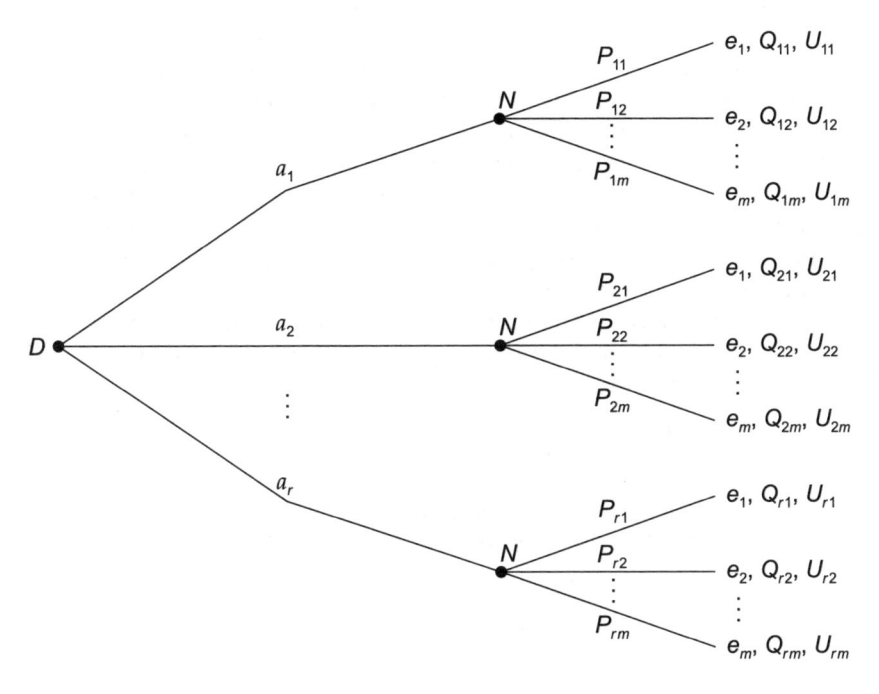

FIGURA 11.8
A árvore de decisões para um problema de decisão de um estágio

A árvore de decisões da Figura 11.8 mostra que em D o indivíduo escolhe uma entre as r ações possíveis, e nos r nós N a ocorrência é determinada pela natureza.

A árvore de decisões é a maneira extensiva de representar o problema. A maneira normal, bastante útil, de apresentar o problema consiste em organizar uma tabela como a que se segue, também chamada tabela de resultados ("*payoff table*").

TABELA 11.4
A tabela de resultados: probabilidade e utilidade, conforme as ações e o estado da natureza

Ação	Estado da natureza			
	e_1	e_2	...	e_m
a_1	P_{11}, U_{11}	P_{12}, U_{12}	...	P_{1m}, U_{1m}
a_2	P_{21}, U_{21}	P_{22}, U_{22}	...	P_{2m}, U_{2m}
⋮	⋮	⋮	⋮	⋮
a_r	P_{r1}, U_{r1}	P_{r2}, U_{r2}	...	P_{rm}, U_{rm}

Para exemplificar, consideremos que em uma fazenda o produto cultivado está maduro em determinado dia, mas o administrador verifica que, utilizando apenas a mão-de-obra permanente no estabelecimento, a colheita não terminará nesse dia. O administrador deve, então, decidir entre contratar mão-de-obra adicional e terminar a colheita no mesmo dia ou deixar o produto no campo até o dia seguinte. Entretanto, existe uma previsão de chuva para a noite, e o administrador sabe que a chuva prejudicará seriamente o produto. O problema do administrador é decidir entre contratar e não contratar mão-de-obra adicional para fazer a colheita.

Suponhamos que as estimativas de receita líquida, em cada caso, sejam os valores que constam na Tabela 11.5.

Então, considerando os valores da tabela e fazendo θ indicar a probabilidade de que chova durante a noite, a esperança matemática da receita líquida, caso se deixe a colheita para o dia seguinte, é

$$L_2 = 60(1 - \theta) + 10\theta = 60 - 50\theta$$

TABELA 11.5
A tabela de resultados para o problema de decisão do administrador da fazenda

Decisão do administrador	Estado da natureza	
	e_1 : não chove	e_2 : chove
a_1 : contratar	30	30
a_2 : não contratar	60	10

Então, o administrador deve decidir contratar mão-de-obra para terminar a colheita no mesmo dia se $L_1 > L_2$, isto é, se

$$30 > 60 - 50\theta$$

ou

$$\theta > 0,6$$

Concluímos, então, que, para maximizar a receita líquida esperada, a colheita deve ser realizada no dia em questão somente se a probabilidade de chover for maior do que 60%.

11.5 A DETERMINAÇÃO DO NÍVEL DE SIGNIFICÂNCIA DE UM TESTE DE HIPÓTESES

Suponhamos dois tetraedros regulares, feitos de material homogêneo, sendo que um deles tem uma face azul e três brancas e o outro tem duas faces azuis e duas brancas. Quando lançamos esses tetraedros, consideramos que o resultado é favorável se a face em contato com a mesa for azul. Então, a probabilidade de obter resultado favorável, quando se lança o primeiro tetraedro, é $p = \frac{1}{4}$ e, quando se lança o segundo tetraedro, é $p = \frac{1}{2}$.

O número X de resultados favoráveis em n lançamentos do tetraedro é uma variável aleatória com distribuição binomial. A Tabela 11.6 apresenta a distribuição de X para cada um dos dois tetraedros, no caso de $n = 2$ lançamentos.

Vamos imaginar agora que nos defrontamos com a seguinte situação: um dos dois tetraedros foi lançado duas vezes e foi obtido o número X de resultados favoráveis. Com base no valor de X pretende-se que informemos qual dos dois tetraedros foi lançado, isto é, pretende-se que optemos entre

$$H_0 : p = \frac{1}{4} \text{ e } H_A : p = \frac{1}{2}$$

TABELA 11.6
Distribuição do número de resultados favoráveis em dois lançamentos, para cada um dos dois tetraedros

X	P(X)	
	Para $p = 1/4$	Para $p = 1/2$
0	9/16	1/4
1	6/16	2/4
2	1/16	1/4

Para a solução desse problema devemos proceder a um teste de hipóteses. Então, antes de conhecer o valor assumido por X, devemos estabelecer a regra de decisão a ser adotada, isto é, devemos estabelecer para que valores de X devemos rejeitar H_0. Para esse problema podemos estabelecer qualquer uma das quatro regras de decisão que constam na Tabela 11.7, na qual também são dados os valores de α e β, relativos a cada regra de decisão, e a relação $\Delta\beta/\Delta\alpha$, que é a razão entre o incremento em β e o incremento em α, quando se passa de uma regra de decisão para a seguinte.

TABELA 11.7
Valores de α e β, relativos a cada regra de decisão, e relação $\Delta\beta/\Delta\alpha$

Regra de decisão	α	β	$\Delta\beta/\Delta\alpha$
Nunca rejeitar H_0	0	1	
Rejeitar H_0 se $X = 2$	$1/16 = 0{,}0625$	$3/4 = 0{,}75$	-4
Rejeitar H_0 se $X \geq 1$	$7/16 = 0{,}4375$	$1/4 = 0{,}25$	$-4/3$
Sempre rejeitar H_0	1	0	$-4/9$

Indiquemos por $\beta = \varphi(\alpha)$ a relação funcional decrescente entre α e β. A Figura 11.9 mostra o gráfico dessa relação para o problema em discussão. Nesse exemplo, a função $\beta = \varphi(\alpha)$ é descontínua, porque o teste de hipóteses é baseado em uma variável aleatória discreta. Entretanto, nos casos em que o teste de hipóteses é baseado em variáveis com distribuição contínua, a função $\beta = \varphi(\alpha)$ também é contínua, como é o caso daquela representada na Figura 11.4.

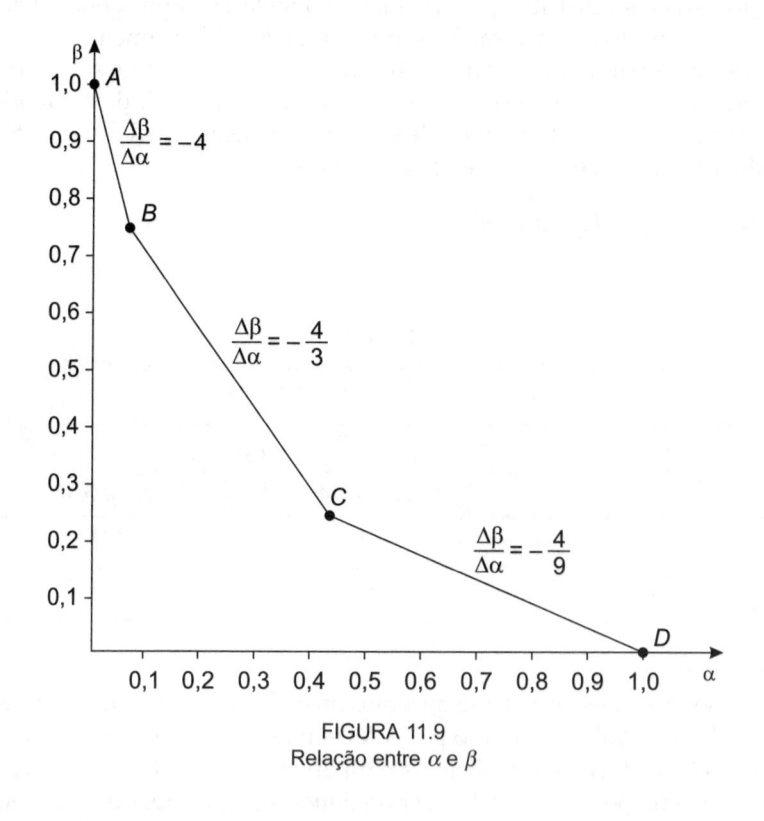

FIGURA 11.9
Relação entre α e β

A escolha de uma regra de decisão determina o nível de significância do teste, ao qual corresponde a um valor de β. Então, devemos escolher um nível de significância que corresponde ao ponto ótimo sobre a função $\beta = \varphi(\alpha)$.

Vejamos o que significa escolher o ponto ótimo sobre a função $\beta = \varphi(\alpha)$. Para isso, vamos admitir que θ é a probabilidade *a priori* de H_0 ser verdadeira. Então $(1 - \theta)$ é a probabilidade *a priori* de H_0 ser falsa. A probabilidade θ tem de ser determinada com base em outras informações que não as que serão utilizadas para fazer o teste de hipóteses. Vimos que, estabelecido o nível de significância, podemos, com base nos valores observados em uma amostra, aceitar ou rejeitar H_0. Então, podemos organizar, esquematicamente, as quatro situações possíveis, relacionando a situação real (H_0 é falsa ou é verdadeira) e a decisão tomada (aceitar ou rejeitar H_0).

Considerando que a hipótese alternativa é simples, temos, para cada uma dessas quatro situações, a probabilidade de que ela venha a ocorrer e o correspondente valor atual da receita líquida, como mostra a Tabela 11.8. Em um contexto mais geral, em lugar do valor atual da receita líquida, U representa o nível de utilidade alcançado.

Se pudéssemos dispor de todas as informações que constam na Tabela 11.8, poderíamos escolher o nível de significância que maximiza a receita líquida esperada, dada por

$$L = E(U) = \theta(1 - \alpha)U_{11} + \theta\alpha U_{12} + (1 - \theta)\beta U_{21} + (1 - \theta)(1 - \beta)U_{22} \quad (11.8)$$

TABELA 11.8
A tabela de resultados para um teste de hipóteses com hipótese alternativa simples

Situação real	Decisão tomada	
	Não rejeitar H_0	Rejeitar H_0
H_0 é verdadeira (prob. = θ)	U_{11} $p_{11} = \theta(1 - \alpha)$	U_{12} $p_{12} = \theta\alpha$
H_0 é falsa (prob. = $1 - \theta$)	U_{21} $p_{21} = (1 - \theta)\beta$	U_{22} $p_{22} = (1 - \theta)(1 - \beta)$

Essa relação também pode ser escrita como segue:

$$\beta = \frac{\theta U_{11} + (1 - \theta)U_{22} - L}{(1 - \theta)(U_{22} - U_{21})} - \frac{\theta(U_{11} - U_{12})}{(1 - \theta)(U_{22} - U_{21})}\alpha \quad (11.9)$$

O valor $U_{11} - U_{12} = C_I > 0$ representa o custo de cometer erro tipo I, e o valor $U_{22} - U_{21} = C_{II} > 0$ representa o custo de cometer erro tipo II.

Dados os valores de θ, U_{11}, U_{12}, U_{21} e U_{22}, a relação (11.9) corresponde, em um sistema de eixos cartesianos com coordenadas α e β, a um feixe de retas paralelas, cujo coeficiente angular é igual a

$$-\frac{\theta C_I}{(1 - \theta)C_{II}} \quad (11.10)$$

e cujo coeficiente linear é tanto menor quanto maior é o valor de $L = E(U)$. Então, para maximizar $L = E(U)$, devemos determinar o ponto de $\beta = \varphi(\alpha)$ que pertence a uma reta com declividade dada por (11.10) e coeficiente linear mínimo.

Para exemplificar, admitimos que $\theta = 0{,}5$ e consideremos a relação $\beta = \varphi(\alpha)$ representada na Figura 11.9. Nesse caso, teremos:

a) Se $4 < \dfrac{C_I}{C_{II}} < \infty$, o ponto ótimo é A, isto é, nunca devemos rejeitar H_0.

b) Se $\dfrac{C_I}{C_{II}} = 4$, é indiferente utilizar a regra de decisão correspondente ao ponto A ou ao ponto B.

c) Se $\dfrac{4}{3} < \dfrac{C_I}{C_{II}} < 4$, o ponto ótimo é B, isto é, devemos rejeitar H_0 se $X = 2$, fazendo um teste com nível de significância $\alpha = 0{,}0625$.

d) Se $\dfrac{C_I}{C_{II}} = \dfrac{4}{3}$, é indiferente utilizar a regra de decisão correspondente ao ponto B ou ao ponto C.

e) Se $\dfrac{4}{9} < \dfrac{C_I}{C_{II}} < \dfrac{4}{3}$, o ponto ótimo é C, isto é, devemos rejeitar H_0 se $X \geq 1$, fazendo um teste com nível de significância $\alpha = 0{,}4375$.

f) Se $\dfrac{C_I}{C_{II}} = \dfrac{4}{9}$, é indiferente utilizar a regra de decisão correspondente ao ponto C ou ao ponto D, e

g) Se $0 < \dfrac{C_I}{C_{II}} < \dfrac{4}{9}$, o ponto ótimo é D, isto é, devemos rejeitar H_0 sempre, qualquer que seja o valor observado de X.

Quando a função $\beta = \varphi(\alpha)$ é contínua, podemos obter o ponto que maximiza L igualando a zero a derivada de (11.8) em relação a α.

Assim, de (11.8) obtemos

$$\frac{dL}{d\alpha} = -\theta(U_{11} - U_{12}) - (1-\theta)(U_{22} - U_{21})\frac{d\beta}{d\alpha} =$$

$$= -\theta C_I - (1-\theta)C_{II}\frac{d\beta}{d\alpha} \qquad (11.11)$$

Segue-se que $\dfrac{dL}{d\alpha} = 0$ implica

$$\frac{d\beta}{d\alpha} = -\frac{\theta C_I}{(1-\theta)C_{II}} \qquad (11.12)$$

Ora, o ponto de $\beta = \varphi(\alpha)$ que satisfaz essa condição corresponde a um máximo da função $L = E(U)$ se $\dfrac{d^2 L}{d\alpha^2} < 0$. De (11.11) obtemos

$$\frac{d^2 L}{d\alpha^2} = -(1-\theta)C_{II}\frac{d^2 \beta}{d\alpha^2}$$

o que mostra que a condição de segunda ordem para máximo é satisfeita quando $\dfrac{d^2\beta}{d\alpha^2} > 0$, ou seja, quando a função $\beta = \varphi(\alpha)$ é convexa em relação à origem, como é o caso daquela representada na Figura 11.4.

Ora, se $\beta = \varphi(\alpha)$ é uma função decrescente e convexa em relação à origem, o nível de significância ótimo, estabelecido por meio de (11.12), será tanto menor quanto maior for θ, isto é, quanto maior for a probabilidade *a priori* de H_0 ser verdadeira, e quanto maior a relação $\dfrac{C_I}{C_{II}}$, isto é, quando maior for o custo de cometer erro tipo I em comparação com o custo de cometer erro tipo II.

Na maioria dos problemas práticos é impossível determinar o nível de significância ótimo da maneira descrita porque não conhecemos nem a probabilidade *a priori* θ de H_0 ser verdadeira, nem o valor da relação $\dfrac{C_I}{C_{II}}$. Além disso, na maioria dos problemas práticos, a hipótese alternativa é composta; então, para a determinação de um nível de significância ótimo, é necessário o conhecimento da distribuição *a priori* dos valores possíveis para a hipótese alternativa, com os respectivos valores do custo de cometer erro tipo II.

Considerando os motivos expostos, é fácil depreender que a escolha do nível de significância, em um dado problema, tem muito de arbitrário.

A discussão apresentada tem por finalidade deixar clara a direção em que deve ser ajustado o nível de significância, conforme mudem a probabilidade *a priori* de H_0 ser verdadeira e a relação entre os custos de cometer erro tipo I e erro tipo II.

11.6 TESTE DE HIPÓTESES SOBRE O VALOR DE μ QUANDO O VALOR DE σ É DESCONHECIDO

Seja X uma variável com distribuição normal e seja $\bar{X}$ a média de uma amostra aleatória com n observações dessa variável. Vimos, nas seções 11.1 e 11.2, como utilizar o valor de

$$Z = \frac{\bar{X} - \mu_0}{\sigma_{\bar{X}}}$$

para testar uma hipótese $H_0 : \mu = \mu_0$, a respeito do valor da média de X, quando a variância (σ^2) de X é conhecida.

Se o valor de σ é desconhecido, utilizamos $s_{\bar{X}}$ em lugar de $\sigma_{\bar{X}}$, obtendo

$$t = \frac{\bar{X} - \mu_0}{s_{\bar{X}}},$$

que, como já vimos na Seção 10.2, tem distribuição t de Student com $n - 1$ graus de liberdade, desde que X tenha distribuição normal.

Vejamos agora as etapas do procedimento para testar a hipótese $H_0 : \mu = \mu_0$, com base em uma amostra aleatória com n observações da variável X, que tem distribuição normal e cuja variância σ^2 não é conhecida. Seja α o nível de significância.

1º) Calculamos

$$t = \frac{\bar{X} - \mu_0}{s_{\bar{X}}} \tag{11.13}$$

2º) Da Tabela III do Apêndice, obtemos o valor crítico t_0, para $n - 1$ graus de liberdade, tal que

a) $P(t > t_0) = \dfrac{\alpha}{2}$ se o teste for bilateral;

b) $P(t > t_0) = \alpha$ se o teste for unilateral.

3º) Comparamos o valor de t calculado com t_0, rejeitando a hipótese da nulidade quando

a) $|t| \geq t_0$ se o teste for bilateral;

b) $t \geq t_0$ se a hipótese alternativa for $H_A : \mu > \mu_0$;

c) $t \leq -t_0$ se a hipótese alternativa for $H_A : \mu < \mu_0$.

Quando os cálculos são feitos em um computador, utilizando um programa especializado para análises estatísticas, é comum que o valor de t calculado venha acompanhado da probabilidade caudal do teste (também denominada p-valor ou valor p), isto é, a probabilidade de o valor de t, na distribuição teórica, ser superior, em módulo, ao valor calculado. Nesse caso não é necessário obter o valor crítico t_0. Basta comparar o nível de significância (α) adotado com a probabilidade caudal (p), rejeitando a hipótese da nulidade quando

a) $p \leq \alpha$, se o teste for bilateral

b) $p/2 \leq \alpha$ e $t > 0$, se a hipótese alternativa for $H_A : \mu > \mu_0$.

c) $p/2 \leq \alpha$ e $t < 0$, se a hipótese alternativa for $H_A : \mu < \mu_0$.

11.7 TESTE DE HIPÓTESES SOBRE O VALOR DA DIFERENÇA ENTRE DUAS MÉDIAS NOS CASOS EM QUE AS VARIÂNCIAS SÃO CONHECIDAS

Vejamos o procedimento para testar hipóteses sobre o valor da diferença entre duas médias, nos casos em que as variâncias são conhecidas. Para o estudo desse procedimento, faremos uso de um teorema fundamental em estatística, cujo enunciado daremos a seguir, sem demonstração.

De acordo com esse teorema, a variável resultante de uma combinação linear de variáveis com distribuições normais tem também distribuição normal, ou seja, se as variáveis $X_1, X_2, ..., X_k$ são normalmente distribuídas e $c_1, c_2, ..., c_k$ são constantes quaisquer, a variável $Y = \sum_{i=1}^{k} c_i X_i$ tem distribuição normal.

Aliás, é com base nesse teorema que afirmamos que, se X é uma variável com distribuição normal, então, a média $\bar{X}$ de uma amostra aleatória com n observações dessa variável tem distribuição normal, porque

$$\bar{X} = \sum_{i=1}^{n} \left(\frac{1}{n}\right) X_i$$

é, então, uma combinação linear de variáveis normalmente distribuídas.

Lembrando as propriedades da esperança matemática, temos que, se $Y = \sum c_i X_i$, então,

$$\mu_Y = E(Y) = \sum_{i=1}^{k} c_i E(X_i) \tag{11.14}$$

Além disso, se X_i (com $i = 1, ..., k$) são variáveis independentes, temos que

$$V(Y) = \sum_{i=1}^{k} c_i^2 V(X_i) \tag{11.15}$$

Vejamos agora como devemos proceder para testar a hipótese de que a diferença entre as médias de duas populações normais independentes tem um valor especificado θ, nos casos em que as variâncias são conhecidas. Façamos X_1 e X_2 denotarem a variável em cada população. Sejam μ_1 e μ_2 e σ_1^2 e σ_2^2 as médias e as variâncias de X_1 e X_2, respectivamente. Estamos admitindo que as variâncias são conhecidas e vamos testar a hipótese $H_0 : \mu_1 - \mu_2 = \theta$, com base em duas amostras aleatórias independentes, uma de cada população. Poderíamos, por exemplo, comparar a idade média em duas comunidades ou a renda mensal de duas categorias profissionais.

Sejam $\bar{X}_1$ e $\bar{X}_2$ as médias das duas amostras. Consideremos a variável $\bar{X}_1 - \bar{X}_2$. Já sabemos que $\bar{X}_1$ e $\bar{X}_2$ são variáveis aleatórias independentes, normalmente distribuídas, com médias $E(X_1) = \mu_1$ e $E(X_2) = \mu_2$. Então, de acordo com o teorema apresentado no início desta seção, a variável $\bar{X}_1 - \bar{X}_2$ tem distribuição normal com média

$$E(\bar{X}_1 - \bar{X}_2) = \mu_1 - \mu_2$$

e variância

$$V(\bar{X}_1 - \bar{X}_2) = V(\bar{X}_1) + V(\bar{X}_2)$$

Então, a variável

$$Z = \frac{(\bar{X}_1 - \bar{X}_2) - (\mu_1 - \mu_2)}{\sqrt{V(\bar{X}_1) + V(\bar{X}_2)}}$$

tem distribuição normal reduzida. Uma vez que a hipótese da nulidade estabelece que $\mu_1 - \mu_2 = \theta$, a variável

$$Z = \frac{(\bar{X}_1 - \bar{X}_2) - \theta}{\sqrt{V(\bar{X}_1) + V(\bar{X}_2)}} \quad (11.16)$$

tem, sob H_0, distribuição normal reduzida.

Vejamos o procedimento para testar a hipótese $H_0 : \mu_1 - \mu_2 = \theta$, com base em duas amostras aleatórias independentes com n_1 e n_2 observações das variáveis X_1 e X_2, respectivamente. Devemos pressupor que essas variáveis têm distribuições normais e que suas variâncias, σ_1^2 e σ_2^2, são conhecidas. Seja α o nível de significância.

1º) Calculamos Z de acordo com (11.16).

2º) Da Tabela I do Apêndice, obtemos o valor crítico Z_0, tal que:

a) $P(Z > Z_0) = \dfrac{\alpha}{2}$ se o teste for bilateral;

b) $P(Z > Z_0) = \alpha$ se o teste for unilateral.

3º) Comparamos o valor de Z calculado com Z_0, rejeitando a hipótese da nulidade quando

a) $|Z| \geq Z_0$ se o teste for bilateral;

b) $Z \geq Z_0$ se a hipótese alternativa for $H_A : \mu_1 - \mu_2 > \theta$;

c) $Z \leq -Z_0$ se a hipótese alternativa for $H_A : \mu_1 - \mu_2 < \theta$.

O procedimento apresentado continua válido quando as variáveis X_1 e X_2 não têm distribuições normais, mas as amostras são muito grandes para que, de acordo com o teorema do limite central, $\bar{X}_1$ e $\bar{X}_2$ tenham distribuições aproximadamente normais.

A hipótese da nulidade é, em geral, do tipo $H_0 : \mu_1 - \mu_2 = 0$, isto é, $\theta = 0$.

Se $\sigma_1^2 = \sigma_2^2$, a hipótese da nulidade $H_0 : \mu_1 - \mu_2 = 0$ ou $H_0 : \mu_1 = \mu_2$ corresponde à afirmativa de que as duas variáveis têm a mesma distribuição, ou seja, de que as duas amostras se originam de uma única população com média $\mu = \mu_1 = \mu_2$ e variância $\sigma^2 = \sigma_1^2 = \sigma_2^2$.

11.8 TESTE DE HIPÓTESES SOBRE O VALOR DA DIFERENÇA ENTRE DUAS MÉDIAS NOS CASOS EM QUE AS VARIÂNCIAS SÃO DESCONHECIDAS

Vejamos agora como devemos proceder para testar a hipótese de que a diferença entre as médias de duas populações normais independentes têm um valor especificado θ, nos casos em que as variâncias dessas populações são desconhecidas, mas são supostas iguais. Façamos X_1 e X_2 denotarem a variável em cada população. Sejam μ_1 e μ_2 as médias de X_1 e X_2, respectivamente, e seja σ^2 a variância comum de X_1 e X_2. Então, vamos testar $H_0 : \mu_1 - \mu_2 = 0$, com base em duas amostras aleatórias independentes, uma com n_1 observações de X_1 e outra com n_2 observações de X_2.

Sejam $\bar{X}_1$ e $\bar{X}_2$ as médias das duas amostras.

Sabemos que

$$V(\bar{X}_1 - \bar{X}_2) = \frac{\sigma^2}{n_1} + \frac{\sigma^2}{n_2} = \left(\frac{1}{n_1} + \frac{1}{n_2}\right)\sigma^2 \qquad (11.17)$$

Uma estimativa não-tendenciosa da variância σ^2, comum às duas populações, é dada por

$$s^2 = \frac{\sum_{i=1}^{n_1}(X_{1i} - \bar{X}_1)^2 + \sum_{j=1}^{n_2}(X_{2j} - \bar{X}_2)^2}{n_1 + n_2 - 2} \qquad (11.18)$$

ou

$$s^2 = \frac{(n_1 - 1)s_1^2 + (n_2 - 1)s_2^2}{n_1 + n_2 - 2}$$

De (11.17) e (11.18), segue-se que uma estimativa não-tendenciosa da variância de $\bar{X}_1 - \bar{X}_2$ é

$$\hat{V}(\bar{X}_1 - \bar{X}_2) = \left(\frac{1}{n_1} + \frac{1}{n_2}\right)s^2$$

Pode-se demonstrar que, se X_1 e X_2 têm distribuições normais com a mesma variância, a variável

$$t = \frac{(\bar{X}_1 - \bar{X}_2) - (\mu_1 - \mu_2)}{\sqrt{\left(\frac{1}{n_1} + \frac{1}{n_2}\right)s^2}}$$

tem distribuição de t de Student com $n_1 + n_2 - 2$ graus de liberdade. Sob a hipótese $H_0: \mu_1 - \mu_2 = \theta$, a variável

$$t = \frac{(\bar{X}_1 - \bar{X}_2) - \theta}{\sqrt{\left(\frac{1}{n_1} + \frac{1}{n_2}\right)s^2}} \qquad (11.19)$$

tem distribuição de t com $n_1 + n_2 - 2$ graus de liberdade.

Vejamos o procedimento para testar a hipótese $H_0: \mu_1 - \mu_2 = \theta$, com base em duas amostras aleatórias independentes, a primeira com n_1 observações de X_1 e a segunda com n_2 observações de X_2. Devemos pressupor que X_1 e X_2 são variáveis aleatórias com distribuições normais, com a mesma variância σ^2, cujo valor é desconhecido. Seja α o nível de significância.

1º) Calculamos s^2 de acordo com (11.18) e, em seguida, calculamos o valor de t de acordo com (11.19).

2º) Da Tabela III do Apêndice, obtemos o valor crítico t_0, para $n_1 + n_2 - 2$ graus de liberdade, tal que

a) $P(t > t_0) = \dfrac{\alpha}{2}$ se o teste for bilateral;

b) $P(t > t_0) = \alpha$ se o teste for unilateral.

3º) Comparamos o valor de t calculado com t_0. O resultado é dito significativo, rejeitando-se H_0, quando

a) $|t| \geq t_0$ se o teste for bilateral;
b) $t \geq t_0$ se a hipótese alternativa for $H_A : \mu_1 - \mu_2 > \theta$;
c) $t \leq -t_0$ se a hipótese alternativa for $H_A : \mu_1 - \mu_2 < \theta$.

Para exemplificar, vamos supor que se deseja comparar as rendas mensais médias de advogados e engenheiros, em certa região. Os dados relativos às rendas mensais observadas em uma amostra aleatória de 12 engenheiros e uma amostra aleatória de 15 advogados estão na Tabela 11.9. Devemos frisar que as amostras são pequenas. Se quiséssemos proceder a um teste bastante poderoso para detectar diferenças razoavelmente pequenas na renda média, as amostras deveriam ser muito maiores.

Sejam $\mu_1 = E(X_1)$ e $\mu_2 = E(X_2)$ as rendas médias de engenheiros e de advogados, respectivamente. Se não podemos afirmar, a priori, qual das duas profissões gera maior renda, devemos fazer um teste bilateral, isto é, vamos testar $H_0 : \mu_1 = \mu_2$ contra $H_A : \mu_1 \neq \mu_2$. Adotemos o nível de significância de 1%.

TABELA 11.9
Rendas mensais de 12 engenheiros e 15 advogados

Engenheiros (X_1)		Advogados (X_2)	
8,0	13,0	9,0	8,5
11,0	9,5	11,0	8,5
12,0	13,0	8,0	10,5
10,0	11,5	9,0	12,0
9,0	11,0	7,5	9,0
11,5	12,5	7,0	7,0
		11,0	8,0
		9,0	

Temos que

$$\sum_{i=1}^{12} X_{1i} = 132,0 \qquad \sum_{j=1}^{15} X_{2j} = 135,0$$

$$\bar{X}_1 = 11,0 \qquad \bar{X}_2 = 9,0$$

$$\sum_{i=1}^{12} (X_{1i} - \bar{X}_1)^2 = 28,0 \qquad \sum_{j=1}^{15} (X_{2j} - \bar{X}_2)^2 = 32,0$$

Supondo que as variâncias de X_1 e X_2 são iguais,[2] obtemos, de acordo com (11.18),

$$s^2 = \frac{28{,}0 + 32{,}0}{12 + 15 - 2} = 2{,}4$$

A estimativa da variância de $\overline{X}_1 - \overline{X}_2$ é

$$\hat{V}(\overline{X}_1 - \overline{X}_2) = \left(\frac{1}{n_1} + \frac{1}{n_2}\right) s^2 = \left(\frac{1}{12} + \frac{1}{15}\right) 2{,}4 = 0{,}36$$

De acordo com (11.19), obtemos

$$t = \frac{11{,}0 - 9{,}0}{\sqrt{0{,}36}} = \frac{2{,}0}{0{,}6} = 3{,}333$$

Na distribuição de t com 25 graus de liberdade, o valor crítico, para um teste bilateral ao nível de significância de 1%, é $t_0 = 2{,}787$. Como $|t| > t_0$, o resultado é significativo. Então, ao nível de significância de 1%, rejeitamos $H_0 : \mu_1 = \mu_2$, em favor de $H_A : \mu_1 \neq \mu_2$. No caso, como $\overline{X}_1 > \overline{X}_2$, a conclusão é de que a renda mensal média dos engenheiros é maior do que a dos advogados.

Um programa para computador apropriado, além de calcular o valor de t, que nesse exemplo é igual a 3,333, fornece a respectiva probabilidade caudal, que é $p = 0{,}0027$. Isso significa que a probabilidade associada a valores absolutos maiores do que 3,333 na distribuição de t com 25 graus de liberdade é apenas 0,27%. Como $p < 1\%$, o resultado do teste é significativo ao nível de 1%. Note-se que, como não podia deixar de ser, a conclusão é idêntica àquela obtida no parágrafo anterior.

Os valores tabelados de t também podem ser utilizados para testar a hipótese de que a diferença entre as médias de duas populações com distribuições normais tem um valor especificado θ, mesmo nos casos em que não é razoável pressupor que as duas populações têm a mesma variância. Sejam X_1 e X_2 as variáveis, com médias μ_1 e μ_2 e variâncias σ_1^2 e σ_2^2, respectivamente. Se as variâncias são desconhecidas e não são supostas iguais, para testar $H_0 : \mu_1 - \mu_2 = \theta$, com base em amostras aleatórias independentes com n_1 observações de X_1 e n_2 observações de X_2, usamos a variável

$$t' = \frac{(\overline{X}_1 - \overline{X}_2) - \theta}{\sqrt{\dfrac{s_1^2}{n_1} + \dfrac{s_2^2}{n_2}}}$$

onde

$$s_1^2 = \frac{1}{n_1 - 1} \sum_{i=1}^{n_1}(X_{1i} - \overline{X}_1)^2 \quad \text{e} \quad s_2^2 = \frac{1}{n_2 - 1} \sum_{j=1}^{n_2}(X_{2j} - \overline{X}_2)^2$$

---

[2] Note que os valores de $s_1^2 = 28/11 = 2{,}545$ e $s_2^2 = 32/14 = 2{,}286$ não são muito diferentes. No Capítulo 14, Seção 14.13, veremos como utilizar a relação $F = s_1^2/s_2^2$ para testar a hipótese de que $\sigma_1^2 = \sigma_2^2$.

A variável t' não tem, a rigor, distribuição de t. Entretanto, sua distribuição é semelhante a uma distribuição de t e um valor crítico aproximado pode ser obtido da Tabela III do Apêndice, utilizando o número de graus de liberdade dado por[3]

$$g = \frac{(\omega_1 + \omega_2)^2}{\dfrac{\omega_1^2}{n_1 - 1} + \dfrac{\omega_2^2}{n_2 - 1}}$$

onde $\omega_1 = \dfrac{s_1^2}{n_1}$ e $\omega_2 = \dfrac{s_2^2}{n_2}$

Nos casos em que as variâncias não são pressupostas iguais, o procedimento para testar $H_0 : \mu_1 - \mu_2 = \theta$ se distingue do procedimento visto anteriormente, para casos em que as variâncias são pressupostas iguais, pelo fato de calcularmos t' em vez do valor de t dado por (11.19) e pela maneira de determinar o número de graus de liberdade. É interessante verificar que quando $s_1^2 = s_2^2$ e $n_1 = n_2 = n$ obtemos $g = 2n - 2$, $t' = t$ e, conseqüentemente, os dois procedimentos se confundem. Para um exemplo numérico com variâncias diferentes, veja o Exercício 11.25.

Vejamos agora o caso em que as duas amostras não são independentes e os dados estão emparelhados. Para exemplificar, suponhamos que, para verificar a eficácia de uma promoção de vendas de certo produto, são observadas as quantidades vendidas por uma amostra aleatória de dez varejistas. São registradas as quantidades X_{2i}, com $i = 1, ..., 10$, vendidas em uma semana antes da promoção, e as quantidades X_{1i}, com $i = 1, ..., 10$, vendidas em uma semana durante o período de promoção. Os dados observados estão na Tabela 11.10. Tais dados são emparelhados, isto é, existe um par de observações (X_{1i}, X_{2i}) para cada varejista.

Se $\mu_1 = E(X_1)$ é a quantidade média vendida por varejistas durante a promoção e $\mu_2 = E(X_2)$ é a quantidade média vendida por varejistas antes da promoção, nosso problema consiste em testar $H_0 : \mu_1 - \mu_2 = 0$ contra $H_A : \mu_1 - \mu_2 > 0$, ou seja, excluímos a possibilidade de haver diminuição na quantidade média vendida devido à promoção. Entretanto, é claro que não podemos considerar os valores observados de X_1 e X_2 como duas amostras independentes. Conseqüentemente, não podemos seguir o procedimento apresentado anteriormente nesta seção.

Consideremos, então, a variável $Y_i = X_{1i} - X_{2i}$ que, neste caso, representa a variação na quantidade vendida por cada varejista. Temos $\mu_Y = E(Y) = E(X_1) - E(X_2) = \mu_1 - \mu_2$. Então, a hipótese da nulidade $H_0 : \mu_1 - \mu_2 = 0$ pode ser indicada por $H_0 : \mu_Y = 0$. Se as variáveis X_1 e X_2 têm distribuição normal, o teorema apresentado no início da Seção 11.7 garante que Y tem distribuição normal. Dispomos de uma amostra de valores de Y, constituída pelas n diferenças $Y_i = X_{1i} - X_{2i}$ ($i = 1, ..., n$). Podemos, portanto, seguir o procedimento apresentado na Seção 11.6.

---

[3] Este procedimento foi sugerido por Smith (1936) e generalizado por Satterthwaite (1946). Para uma comparação com outros métodos, ver Wada (1985).

TABELA 11.10
Quantidades do produto vendidas por dez varejistas

Varejistas	Quantidades vendidas na semana	
	Durante a promoção (X_1)	Antes da promoção (X_2)
1	53	45
2	30	27
3	25	30
4	82	72
5	28	19
6	65	67
7	58	51
8	37	38
9	31	33
10	43	40

Façamos um resumo do procedimento para testar $H_0: \mu_1 - \mu_2 = \theta$ (ou $H_0: \mu_Y = \theta$), quando temos uma amostra com n pares de valores X_{1i}, X_{2i} ($i = 1, ..., n$). Seja α o nível de significância.

1º) Calculamos os valores de $Y_i = X_{1i} - X_{2i}$ ($i = 1, ..., n$).

2º) Calculamos

$$t = \frac{\bar{Y} - \theta}{s_{\bar{Y}}} \tag{11.20}$$

3º) Da Tabela III do Apêndice, obtemos o valor crítico t_0, ao nível de significância α, para $n - 1$ graus de liberdade.

4º) Comparamos o valor de t calculado com t_0, decidindo pela rejeição ou não rejeição de H_0.

No caso do exemplo numérico apresentado, os valores de Y_i são 8, 3, – 5, 10, 9, – 2, 7, – 1, – 2 e 3. Seja $\alpha = 5\%$ o nível de significância adotado. Obtemos:

$$\sum_{i=1}^{10} Y_i = 30, \quad \bar{Y} = 3, \quad \sum_{i=1}^{10} (Y_i - \bar{Y})^2 = 256, \quad s_Y^2 = \frac{256}{9} \quad \text{e} \quad s_{\bar{Y}}^2 = \frac{s_Y^2}{n} = \frac{256}{90}$$

De acordo com (11.20), obtemos

$$t = \frac{3}{\sqrt{\frac{256}{90}}} = \frac{3}{1{,}6865} = 1{,}779$$

Na distribuição de t com 9 graus de liberdade, o valor crítico, para um teste unilateral ao nível de significância de 5%, é $t_0 = 1{,}833$. Como $t < t_0$, o resultado não é significativo, isto é, ao nível de significância de 5% não rejeitamos a hipótese H_0: $\mu_Y = 0$ (ou $H_0 : \mu_1 = \mu_2$). Em outras palavras, os dados não nos levam a rejeitar a hipótese de que durante a promoção a quantidade vendida é, em média, igual à quantidade vendida antes da promoção.

11.9 TESTES SOBRE PROPORÇÕES

Vamos supor que pretendemos testar a hipótese de que a probabilidade de sair valor "seis", quando jogamos determinado dado, é $\frac{1}{6}$, ou seja, vamos supor que pretendemos testar $H_0 : p = \frac{1}{6}$ contra $H_A : p \neq \frac{1}{6}$, com base no número X de vezes que sair a face com valor "seis", em $n = 180$ lançamentos desse dado. Sabemos que, sob H_0, a variável X tem distribuição binomial com $p_0 = \frac{1}{6}$ e $n = 180$. Sabemos também que, sob H_0, a distribuição de X é aproximadamente normal com média $\mu_0 = np_0 = 30$ e desvio padrão $\sigma = \sqrt{np_0 q_0} = 5$. Então, podemos utilizar a variável normal reduzida

$$Z = \frac{X - np_0}{\sqrt{np_0 q_0}} = \frac{X - 30}{5}$$

para proceder ao teste de hipóteses. Devemos lembrar, no entanto, que na distribuição binomial a variável aleatória só assume valores inteiros, enquanto na distribuição normal a variável aleatória é contínua. Então, ao valor $X = k$, na distribuição binomial, corresponde, na distribuição normal, o intervalo de $k - 0{,}5$ a $k + 0{,}5$. Isso implica que, para rejeitar a hipótese da nulidade, devemos verificar se o intervalo de $X - 0{,}5$ a $X + 0{,}5$ está todo contido na região de rejeição. Assim, se $X > \mu_0$, devemos calcular o valor

$$Z = \frac{X - 0{,}5 - np_0}{\sqrt{np_0 q_0}} \qquad (11.21)$$

e se $X < \mu_0$, devemos calcular o valor

$$Z = \frac{X + 0{,}5 - np_0}{\sqrt{np_0 q_0}} \qquad (11.22)$$

Finalmente, comparando o valor de Z calculado com o valor crítico, obtido na Tabela I do Apêndice, ao nível de significância adotado, decidimos pela rejeição ou não rejeição de H_0.

No exemplo apresentado, se a face com valor "seis" ocorreu $X = 38$ vezes em 180 lançamentos, calculamos

$$Z = \frac{38 - 0{,}5 - 30}{5} = 1{,}50$$

Para um teste bilateral, ao nível de significância de 5%, o valor crítico é $Z_0 = 1{,}96$. Como $|Z| < 1{,}96$, o resultado não é significativo, isto é, ao nível de significância de 5% não rejeitamos $H_0 : p = 1/6$.

Em ciências sociais é mais comum estarmos interessados na comparação de duas proporções. Queremos, por exemplo, comparar as proporções de analfabetos em dois municípios ou entre os empregados de duas indústrias, ou as proporções de arrendatários entre os empresários agrícolas de duas regiões. Vejamos, então, como testar a hipótese de que a diferença entre as proporções de elementos com determinada característica em duas populações tem um valor especificado θ, ou seja, vejamos como testar $H_0 : p_1 - p_2 = \theta$, onde p_1 e p_2 são as proporções de elementos com determinada característica, em duas populações. Seja X_1 o número de elementos com a característica considerada em uma amostra aleatória de n_1 elementos de uma das populações. Seja X_2 o número de elementos com a mesma característica em uma amostra aleatória de n_2 elementos da outra população. Sabemos que, em certas condições (discutidas nas seções 7.5 e 8.1 e resumidas no fim da Seção 10.3), a variável X_1 tem distribuição aproximadamente normal com média $\mu_1 = n_1 p_1$ e variância $\sigma_1^2 = n_1 p_1 q_1$. Utilizando as propriedades da esperança matemática e da variância, concluímos (ver Seção 10.3) que $\hat{p}_1 = \dfrac{X_1}{n_1}$ tem distribuição aproximadamente normal com média $E(\hat{p}_1) = p_1$ e variância $V(\hat{p}_1) = \dfrac{p_1 q_1}{n_1}$. Analogamente, $\hat{p}_2 = \dfrac{X_2}{n_2}$ tem distribuição aproximadamente normal com média $E(\hat{p}_2) = p_2$ e variância $V(\hat{p}_2) = \dfrac{p_2 q_2}{n_2}$.

Então, de acordo com o teorema apresentado no início da Seção 11.7, a variável $\hat{p}_1 - \hat{p}_2$ tem distribuição aproximadamente normal com média $p_1 - p_2$. Além disso, se as amostras são independentes, temos

$$V(\hat{p}_1 - \hat{p}_2) = \frac{p_1 q_1}{n_1} + \frac{p_2 q_2}{n_2}$$

Portanto, sob H_0, a variável

$$Z = \frac{(\hat{p}_1 - \hat{p}_2) - \theta}{\sqrt{\dfrac{p_1 q_1}{n_1} + \dfrac{p_2 q_2}{n_2}}}$$

tem distribuição normal reduzida. Como não conhecemos os valores de p_1 e p_2, calculamos

$$Z = \frac{(\hat{p}_1 - \hat{p}_2) - \theta}{\sqrt{\dfrac{\hat{p}_1 \hat{q}_1}{n_1} + \dfrac{\hat{p}_2 \hat{q}_2}{n_2}}} \tag{11.23}$$

Finalmente, comparando o valor calculado de Z com o valor crítico, obtido na Tabela I do Apêndice, a um dado nível de significância, decidimos pela rejeição ou não rejeição de H_0.

Freqüentemente $\theta = 0$, isto é, a hipótese da nulidade é $H_0 : p_1 = p_2$. Se a proporção é a mesma nas duas populações, ou seja, se $p_1 = p_2 = p$, o estimador apropriado de p, levando em consideração todas as observações, é

$$\hat{p} = \frac{X_1 + X_2}{n_1 + n_2} = \frac{n_1 \hat{p}_1 + n_2 \hat{p}_2}{n_1 + n_2} \qquad (11.24)$$

Nesse caso, a estimativa correta da variância de $\hat{p}_1 - \hat{p}_2$, sob H_0, é

$$\hat{V}(\hat{p}_1 - \hat{p}_2) = \frac{\hat{p}\hat{q}}{n_1} + \frac{\hat{p}\hat{q}}{n_2} = \hat{p}\hat{q}\left(\frac{1}{n_1} + \frac{1}{n_2}\right)$$

e, para testar essa hipótese, calculamos

$$Z = \frac{\hat{p}_1 - \hat{p}_2}{\sqrt{\hat{p}\hat{q}\left(\frac{1}{n_1} + \frac{1}{n_2}\right)}} \qquad (11.25)$$

Uma vez que estamos utilizando a aproximação normal da binomial, devemos fazer a correção de continuidade que, nesse caso, consiste em, antes de obter o valor da diferença entre $\hat{p}_1 = \frac{X_1}{n_1}$ e $\hat{p}_2 = \frac{X_2}{n_2}$, subtrair 0,5 do numerador da fração maior e adicionar 0,5 ao numerador da fração menor. Assim, se tivermos $\hat{p}_1 > \hat{p}_2$, o valor de Z com correção de continuidade é obtido substituindo $\hat{p}_1$ e $\hat{p}_2$ no numerador de (11.23) ou (11.25) por $\hat{p}'_1 = \frac{(X_1 - 0,5)}{n_1}$ e $\hat{p}'_2 = \frac{(X_2 + 0,5)}{n_2}$, respectivamente. Se $\hat{p}_1 < \hat{p}_2$, temos $\hat{p}'_1 = \frac{(X_1 + 0,5)}{n_1}$ e $\hat{p}'_2 = \frac{(X_2 - 0,5)}{n_2}$.

Para exemplificar, suponhamos que se deseja saber, em certa indústria, se são ou não diferentes as proporções de empregados administrativos (p_1) e operários (p_2) contrários a certa política sindical. Para testar a hipótese $H_0 : p_1 = p_2$ contra $H_A : p_1 \neq p_2$, foram obtidas amostras aleatórias dessas duas categorias de assalariados e verificamos que 12% de uma amostra de 100 empregados administrativos são contrários à política considerada, o mesmo acontecendo com 22% de uma amostra de 400 operários. Vamos adotar o nível de significância de 5%.

Temos $\hat{p}_1 = 0,12 = \frac{12}{100}$, $\hat{p}_2 = 0,22 = \frac{88}{400}$ e, de acordo com (11.24), temos

$$\hat{p} = \frac{12 + 88}{100 + 400} = 0,20$$

Substituindo esses valores em (11.25) e considerando a correção de continuidade, obtemos

$$Z = \frac{\frac{12 + 0,5}{100} - \frac{88 - 0,5}{400}}{\sqrt{0,2 \cdot 0,8 \cdot \left(\frac{1}{100} + \frac{1}{400}\right)}} = -2,096$$

Como $|Z| > Z_0 = 1{,}96$, rejeitamos, ao nível de significância de 5%, a hipótese $H_0 : p_1 = p_2$, em favor de $H_A : p_1 \neq p_2$. No caso, como $\hat{p}_2 > \hat{p}_1$, concluímos que a proporção de elementos contrários à política considerada é maior entre operários.

Voltaremos a tratar de testes sobre proporções no próximo capítulo, ao examinarmos a distribuição de qui-quadrado (χ^2).

Exercícios

11.1 O que é nível de significância? A que tipo de erro o nível de significância se refere?

11.2 Pretende-se lançar uma moeda 5 vezes e rejeitar a hipótese de que a moeda é não-tendenciosa, isto é, pretende-se rejeitar $H_0 : p = \dfrac{1}{2}$ se em 5 jogadas ocorrerem 5 coroas ou 5 caras. Qual é a probabilidade de cometer erro tipo I?

11.3 Você suspeita que um dado é viciado, isto é, você suspeita que a probabilidade de obter "seis" é maior do que $\dfrac{1}{6}$. Você decide testar a hipótese de que o dado é não-viciado, jogando-o 5 vezes e rejeitando essa hipótese se ocorrer a face "seis" 4 ou 5 vezes. Qual é a probabilidade de cometer erro tipo I?

11.4 Nas faces de dois tetraedros regulares aparentemente iguais estão marcados os valores $X = 0$, $X = 1$, $X = 2$ e $X = 3$. Ao lançar um desses tetraedros, o resultado é o valor marcado na face que fica em contato com a mesa. Os dois tetraedros são chumbados de tal maneira que, em um lançamento, as probabilidades associadas a cada um dos possíveis resultados são as seguintes:

X	P(X) para o tetraedro A	P(X) para o tetraedro B
0	0,4	0,2
1	0,2	0,2
2	0,2	0,2
3	0,2	0,4

Tomando ao acaso um dos dois tetraedros, temos duas hipóteses:

1) H_0 : trata-se do tetraedro A, isto é
   $P(X = 0) = 0{,}4$ e $P(X = 1) = P(X = 2) = P(X = 3) = 0{,}2$

2) H_A : trata-se do tetraedro B, isto é,
   $P(X = 0) = P(X = 1) = P(X = 2) = 0{,}2$ e $P(X = 3) = 0{,}4$

a) Para testar H_0 contra H_A, o tetraedro escolhido é lançado duas vezes. Adotamos a seguinte regra de decisão: rejeitar H_0 em favor de H_A se a soma dos resultados dos dois lançamentos for superior ou igual a 5. Determine o nível de significância e o poder do teste.

b) Determine o nível de significância e o poder do teste se a regra de decisão for: rejeitar H_0 em favor de H_A se sair resultado $X = 3$ em ao menos um dos dois lançamentos e o outro resultado não for $X = 0$.

11.5 Uma moeda é lançada cinco vezes com o propósito de testar $H_0 : p = \dfrac{1}{2}$ contra $H_A : p \neq \dfrac{1}{2}$. Se os lances resultaram em apenas uma cara, você concluiria, ao nível de significância de 6,25%, que a moeda é viciada?

11.6 Em cada uma das quatro faces de dois tetraedros regulares, aparentemente idênticos, estão marcados os valores 1, 2, 3 e 4. Entretanto, um dos tetraedros é feito de material homogêneo, de modo que, ao lançá-lo, a probabilidade de qualquer uma das faces ficar em contato com a mesa é 0,25. O outro tetraedro é "chumbado", de maneira que, ao jogá-lo, a face com o valor "quatro" tem probabilidade 0,5 de ficar em contato com a mesa e cada uma das outras faces tem probabilidade $\dfrac{1}{6}$. Suponha que um desses dois tetraedros foi lançado 48 vezes, para testar a hipótese H_0 de que foi escolhido o tetraedro feito de material homogêneo, contra a hipótese H_A de que foi escolhido o tetraedro chumbado. Vamos supor ainda que foi estabelecida a seguinte regra de decisão: se, nos 48 lances, a face com valor "quatro" for obtida 20 ou mais vezes, rejeita-se H_0 em favor de H_A, e se a face com valor "quatro" for obtida menos de 20 vezes, aceita-se H_0. Determine as probabilidades de cometer erro tipo I e erro tipo II.

11.7 Para testar a hipótese de que a proporção (p) de analfabetos em certa população é igual a 0,5 ($H_0 : p = 0,5$), vamos proceder a um teste bilateral, ao nível de significância de aproximadamente 6%. Suponha que dispomos de uma amostra aleatória de cinco pessoas. Delimite a região de rejeição, ou seja, se X é o número de analfabetos na amostra, determine para que valores de X rejeitamos H_0.

11.8 Uma urna contém seis bolas, das quais θ são brancas e $6 - \theta$ são pretas. Para testar a hipótese da nulidade de que $\theta = 3$ contra a hipótese alternativa de que $\theta \neq 3$, são retiradas da urna duas bolas ao acaso e sem reposição. Rejeita-se a hipótese da nulidade se as duas bolas forem da mesma cor.

a) Determine a probabilidade de cometer erro tipo I.

b) Determine o poder do teste para os diferentes valores de θ possíveis.

c) Considere agora que a segunda bola é retirada após a reposição da primeira. Calcule novamente o nível de significância e os valores do poder do teste.

d) Compare os dois procedimentos (sem reposição e com reposição da primeira bola retirada).

11.9 Temos dois hexaedros regulares feitos de material homogêneo. Nas faces do hexaedro Q estão marcados os valores 1, 1, 1, 2, 3 e 4. Nas faces do hexaedro R estão os valores 1, 2, 3, 4, 4 e 4. Seja X a variável definida como o resultado de um lançamento de um desses hexaedros.
Vamos admitir que um desses "dados" seja selecionado. Temos duas hipóteses:

H_0 = foi selecionado o hexaedro Q;

H_A = foi selecionado o hexaedro R.

Não tendo visto qual foi o hexaedro selecionado, devemos testar H_0 contra H_A com base no resultado do lançamento do hexaedro uma ou mais vezes.

a) Somos informados do resultado de um único lançamento do hexaedro e rejeitamos H_0 em favor de H_A se $X \geq 3$. Qual é o nível de significância do teste? Qual é a probabilidade de cometer erro tipo II? Qual é o poder do teste?

b) Somos informados do valor da soma dos resultados de 12 lançamentos do hexaedro e rejeitamos H_0 em favor de H_A se essa soma for superior ou igual a 32. Utilizando a aproximação normal para a distribuição da soma, determine o nível de significância do teste, a probabilidade de cometer erro tipo II e o poder do teste.

c) Qual é o número mínimo de lançamentos para que o teste baseado na soma possa ser feito de maneira que as probabilidades de cometer erros tipos I e II (α e β) sejam iguais ou inferiores a 2,5%?

11.10 Temos um dado "normal" em cujas faces estão marcados os valores 1, 2, 3, 4, 5 e 6 e temos um dado "estranho" em cujas faces estão marcados os valores 2, 3, 4, 5, 6 e 7. Esses dois dados são feitos de material homogêneo, de maneira que a probabilidade de sair qualquer face em um lançamento é 1/6. Um desses dados é lançado n vezes e determina-se a soma (X) dos resultados obtidos. Uma pessoa que não observou os lançamentos será informada do valor da soma (X) e deverá decidir se foi utilizado o dado normal (H_0) ou o dado estranho (H_A).

a) Se o dado foi lançado 24 vezes ($n = 24$) e a regra decisão adotada é rejeitar H_0 quando $X \geq 100$, quais são o nível de significância e o poder do teste? (Considere que a distribuição de X é aproximadamente normal.)

b) Qual é o número mínimo de jogadas para que se possa fazer o teste com α e β (as probabilidades de cometer erros tipos I e II) iguais ou inferiores a 1%?

11.11 Temos dois tetraedros regulares feitos de material homogêneo. Nas quatro faces do tetraedro A estão marcados os valores 0, 2, 4, e 6. Nas quatro faces do tetraedro B estão os valores 1, 3, 5, e 7. Um desses tetraedros é lançado n vezes e determina-se a soma (X) dos resultados obtidos. Uma pessoa que não observou os lançamentos será informada do valor da soma (X) e deverá decidir se foi utilizado o tetraedro A (hipótese H_0) ou o tetraedro B (hipótese H_A).

a) Se o tetraedro foi lançado 80 vezes ($n = 80$) e a regra de decisão adotada é rejeitar H_0 em favor de H_A quando $X \geq 286$, quais são o nível de significância e o poder do teste? (Considere que a distribuição de X é aproximadamente normal.)

b) Qual é o número mínimo de jogadas para que se possa fazer o teste com α e β (as probabilidades de cometer erros tipo I e II) iguais ou inferiores a 1%?

11.12 Dados os valores 4, 6, 3, 6 e 6, de uma amostra de cinco observações da variável X, estime a média e a variância de X. Admitindo que X tem distribuição normal, teste, ao nível de significância de 5%, a hipótese de que a média da população é 1, contra a hipótese alternativa de que é maior do que 1.

11.13 Uma amostra de quatro valores da variável aleatória X, com distribuição normal, apresentou os valores 4, 8, 4 e 4.

a) Determine as estimativas da média e do desvio padrão de X.

b) Determine o intervalo de 95% de confiança para a média da população.

c) Teste, ao nível de significância de 5%, a hipótese de que a média da população é $\mu = 2,5$, contra a hipótese de que a média da população é maior do que 2,5.

11.14 Uma amostra de quatro valores da variável aleatória X, com distribuição normal, apresentou os valores 8, 3, 5 e 12. Teste, ao nível de significância de 5%, a hipótese de que a média da população é igual a 13.

11.15 Uma amostra de nove elementos de uma população infinita forneceu os seguintes valores: 3, 4, 5, 3, 6, 11, 8, 2, 3.

a) Determine a média aritmética, a mediana e a(s) moda(s) da amostra.

b) Calcule a estimativa não-tendenciosa da variância.

c) Admitindo que a variável observada tenha distribuição normal com média μ, teste a hipótese $H_0 : \mu = 3$ contra a hipótese alternativa $H_A : \mu > 3$, ao nível de significância de 5%.

11.16 Uma amostra de 11 valores da variável aleatória X, que tem distribuição normal, apresentou os valores tabelados a seguir:

Valor de X	Freqüência
4,5	4
4,0	4
3,5	2
3,0	1

a) Determine as estimativas da média e do desvio padrão de X.

b) Determine o intervalo de 95% de confiança para a média da população.

c) Determine o tamanho que deveria ter a amostra para que a média da amostra diferisse da média da população de 0,2 unidade ou menos, ao nível de confiança de 99%.

d) Teste, ao nível de significância de 5%, a hipótese de que a média da população é 3,7 contra a hipótese de que a média da população é maior do que 3,7.

11.17 Uma amostra aleatória de 12 valores da variável X, com distribuição normal e população infinita, apresentou os valores 10, 8, 7, 2, 8, 6, 5, 2, 10, 7, 9 e 10.

a) Determine as estimativas não-tendenciosas da média e da variância de X.

b) Determine o intervalo de confiança, ao nível de 90% de confiança, para $\mu = E(X)$.

c) Determine o tamanho que deveria ter a amostra para que a média da amostra diferisse da média da população de uma unidade ou menos, ao nível de confiança de 95%.

d) Teste, ao nível de significância de 5%, a hipótese de que a média da população é igual a 5, contra a hipótese de que a média da população é maior do que 5.

11.18 Refaça os itens (b), (c) e (d) da questão anterior considerando que a população tem apenas 1.296 elementos, com distribuição aproximadamente normal, e que a amostragem é feita sem reposição.

11.19 Suponha que pretendemos comparar as médias de duas populações, com base em duas amostras, mas a variável em análise é medida em escala ordinal. Podemos usar o teste t? Explique sumariamente.

11.20 Duas amostras aleatórias de tamanhos 20 e 30, obtidas de duas populações normais independentes, deram as seguintes estimativas: $\bar{X}_1 = 10$, $\bar{X}_2 = 13$ e $s_1 = s_2 = 6$. Teste, ao nível de significância de 10%, a hipótese de que as médias das duas populações são iguais, supondo que as variâncias das duas populações são iguais.

11.21 Duas amostras aleatórias independentes, de tamanhos 10 e 12, obtidas de duas populações normais, forneceram as seguintes estimativas: $\bar{X}_1 = 40$, $\bar{X}_2 = 48$, $s_1 = 10$ e $s_2 = 12$. Teste, ao nível de significância de 5%, a hipótese de que $\mu_1 = \mu_2$, supondo que $\sigma_1 = \sigma_2$.

11.22 Uma amostra de 6 valores da variável X_1 forneceu os valores $\bar{X}_1 = 13,2$ e $\Sigma(X_{1i} - \bar{X}_1)^2 = 24$ e uma amostra de 12 valores da variável X_2 forneceu os valores $\bar{X}_2 = 10,9$ e $\Sigma(X_{2i} - \bar{X}_2)^2 = 40$. Que condições devem ser satisfeitas para que a aplicação do teste t, na comparação das médias das duas variáveis, seja rigorosamente válida? Supondo que essas condições são obedecidas e considerando um nível de significância de 5%, teste a hipótese de que as médias das duas variáveis são iguais contra a hipótese de que essas médias são diferentes.

11.23 Uma amostra da população A forneceu os valores 10, 4, 8, 11, 14, 12, 9, 13 e 9, e uma amostra da população B forneceu os valores 14, 16, 16 e 10. Supondo que a variável em análise tem distribuição normal com variância σ^2, em ambas as populações, teste, ao nível de significância de (a) 5% e (b) 1%, a hipótese de que a média da população A é igual à média da população B.

11.24 Demonstre que, quando $n_1 = n_2 = n$, a expressão (11.19) se reduz a

$$t = \frac{(\bar{X}_1 - \bar{X}_2) - \theta}{\sqrt{\frac{s_1^2}{n} + \frac{s_2^2}{n}}} = \frac{(\bar{X}_1 - \bar{X}_2) - \theta}{\sqrt{s_{\bar{X}_1}^2 + s_{\bar{X}_2}^2}}$$

que é, formalmente, semelhante a (11.16).

11.25 Suponha que você pretende verificar se a renda média dos advogados é igual à renda média dos economistas, no Estado de São Paulo. Para isso, você obteve uma amostra de 6 economistas, que forneceu os valores 9, 13, 6, 7, 10 e 9, e uma amostra de 12 advogados, que forneceu os valores 1, 1, 8, 7, 8, 4, 3, 8, 9, 2, 3 e 6. Supondo que as variâncias são iguais, teste a hipótese de que a renda média das duas profissões é a mesma, contra a hipótese de que os economistas têm, em média, renda mais alta,

a) ao nível de significância de 2,5%;

b) ao nível de significância de 0,5%.

11.26 Suponha duas amostras independentes, de oito elementos cada uma, provenientes de duas populações distintas. Vamos admitir que a variável em análise tem distribuição normal e que $\sigma_1^2 = \sigma_2^2$. Se a primeira amostra forneceu os valores 8, 7, 3, 9, 6, 6, 8 e 9 e a segunda amostra forneceu os valores 5, 8, 11, 10, 8, 11, 10 e 9, teste, ao nível de significância de 5%, a hipótese $H_0 : \mu_1 = \mu_2$ contra a alternativa $H_A : \mu_2 > \mu_1$.

11.27 Duas amostras independentes, de quatro elementos cada uma, provenientes de duas populações com distribuições normais, variâncias iguais e médias μ_1 e μ_2, respectivamente, forneceram os valores:[4]

Amostra 1	Amostra 2
75	52
70	60
60	42
75	58

---

[4] O exemplo é de Wonnacott e Wonnacott (1972), p. 173.

a) Teste, ao nível de significância de 5%, a hipótese $H_0: \mu_1 = \mu_2$.
b) Calcule o intervalo de 95% de confiança para μ_1.
c) Idem, para μ_2.
d) Idem, para $\mu_1 - \mu_2$.

11.28 Um método rápido, porém impreciso, de determinar a concentração de uma solução é comparado com o método padrão. Tomam-se 12 amostras de uma solução. Em 8 dessas amostras a concentração é determinada pelo método rápido e em 4 amostras a concentração é determinada pelo método padrão. A tabela a seguir apresenta os resultados obtidos.[5]

Método padrão	Método rápido	
25	23	17
24	18	25
25	22	19
26	28	16

Admitindo que os resultados dos dois métodos de determinação da concentração sejam variáveis com distribuições normais, verifique se o método rápido, quando comparado com o método padrão, tende, em média, a superestimar ou subestimar o grau de concentração, adotando o nível de significância de 5%. Uma vez que o método rápido é sabidamente mais impreciso, não podemos pressupor que sejam iguais as variâncias dos resultados obtidos pelos dois métodos.

11.29 Na tabela a seguir são dadas as rendas reais anuais de nove diferentes indivíduos em dois anos, em milhares de reais. Teste a hipótese de que, em média, a renda real nesses dois anos se manteve a mesma, contra a hipótese de que houve variação na renda real média, ao nível de significância de 5%.

Indivíduo	Renda anual real	
	no ano I	no ano II
A	6	7
B	5	8
C	7	8
D	3	5
E	3	9
F	2	2
G	6	2
H	2	7
I	2	6

---
[5] Trata-se de dados artificiais apresentados em Snedecor e Cochran (1967), p. 116.

11.30 Para comparar dois métodos de ensino, submeteram-se dois grupos de nove estudantes a uma prova. Depois, ministrou-se um curso, sobre o mesmo assunto, para cada grupo de estudantes, mas se utilizou um dos dois métodos de ensino em comparação, para cada grupo. As notas obtidas, antes e depois do curso, estão na tabela a seguir. Verifique, ao nível de significância de 10%, se os dois métodos de ensino produzem resultados estatisticamente iguais.

Amostra I			Amostra II		
Indivíduo	Nota inicial	Nota final	Indivíduo	Nota inicial	Nota final
A	6	7	J	7	7
B	7	10	K	7	9
C	8	9	L	4	8
D	7	9	M	4	6
E	5	9	N	8	10
F	5	10	O	7	7
G	8	4	P	6	4
H	4	10	Q	5	5
I	7	7	R	5	6

11.31 Suponhamos que a experiência tem mostrado que são reprovados 20% dos alunos que se submetem a determinado tipo de exame. Se, de uma turma de 100 alunos, forem reprovados apenas 13, podemos concluir, em um teste unilateral, ao nível de significância de 5%, que os alunos dessa turma são, em média, melhores?

11.32 O fabricante de certa peça afirma que pelo menos 90% das peças que produz não têm defeitos. O exame de uma amostra de 200 peças revelou que 30 eram defeituosas. Teste a afirmativa do fabricante, considerando um nível de significância de 5%.

11.33 O fabricante de certa peça afirma que pelo menos 80% das peças que produz não têm defeitos. O exame de uma amostra de 400 peças revelou que 100 peças eram defeituosas. Teste a afirmativa do fabricante, considerando um nível de significância de (a) 5% e (b) 1%.

11.34 Um exame é constituído por 400 testes tipo certo-errado.

a) Determine o número mínimo de testes que um aluno deve acertar para que o professor possa, ao nível de significância de 10%, rejeitar a hipótese de que o aluno nada sabe sobre a matéria e respondeu ao acaso, em favor da hipótese de que o aluno sabia alguma coisa sobre a matéria do exame.

b) Qual seria esse número mínimo, se o professor tivesse adotado um nível de significância de 5%?

11.35 Um exame é constituído por 100 testes tipo múltipla escolha, com cinco alternativas cada um, sendo correta apenas uma das alternativas.

a) Determine o número mínimo de testes que um aluno deve acertar para que o professor possa, ao nível de significância de 5%, rejeitar a hipótese de que o aluno respondeu ao acaso, em favor da hipótese de que o aluno sabia alguma coisa sobre a matéria do exame.

b) Qual seria esse número mínimo, se o professor tivesse adotado um nível de significância de 1%?

11.36 O rótulo de uma caixa de sementes informa que a taxa de germinação é de 90%. Entretanto, como a data de validade já foi ultrapassada, acredita-se que a taxa de germinação seja inferior a 90%. Faz-se um experimento e, de 400 sementes retiradas aleatoriamente, 350 germinam.

a) Ao nível de significância de 10%, rejeita-se a hipótese de que a taxa de germinação é de 90%?

b) Determine o intervalo de 95% de confiança para a taxa de germinação.

11.37 Em uma amostra de 30 pessoas do município A havia 20 católicos e, em uma amostra de 50 pessoas do município B havia 44 católicos. Verifique se a proporção de católicos nos dois municípios é a mesma, considerando um nível de significância de 5%.

11.38 Em uma amostra de 300 pessoas do município A havia 200 católicos. Em uma amostra de 500 pessoas do município B havia 300 católicos. Verifique se a proporção de católicos nos dois municípios é a mesma, considerando um nível de significância de 5%.

11.39 Em dois anos consecutivos, foi feita uma pesquisa de mercado sobre a preferência de donas de casa por determinada marca de certo produto. Para essa pesquisa foram utilizadas duas amostras independentes de 400 elementos. No primeiro ano, 33% das donas de casa preferiam a marca em estudo e, no ano seguinte, essa porcentagem era 29%. Considerando um nível de significância de 5%, pode-se afirmar que houve mudança na preferência das donas de casa?

11.40 Uma amostra de 100 empresários agrícolas cooperados mostrou que 80 usaram crédito e uma amostra de 400 não-cooperados mostrou que 300 usaram crédito. Verifique se a proporção de cooperados que usam crédito é estatisticamente superior à proporção de não-cooperados que usam crédito, ao nível de significância de (a) 5% e (b) 1%.

11.41 Foram feitas entrevistas com duas amostras de 80 pessoas, uma de cada indústria, para testar a hipótese de que a proporção de empregados analfabetos é a mesma nas duas indústrias. Os resultados obtidos são os seguintes:

Categoria	Indústria A	Indústria B
Alfabetizado	46	34
Analfabeto	34	46

Faça o teste considerando um nível de significância de (a) 5% e (b) 10%.

11.42 Utilizou-se uma amostra de 112 alunos para analisar a relação entre inteligência (medida pelo QI) e nota em determinado curso. Os alunos foram classificados em dois estratos conforme o nível do QI e em dois estratos conforme o nível da nota no curso, obtendo-se a seguinte tabela:

QI	Nota alta	Nota baixa
Alto	54	2
Baixo	38	18

Teste a hipótese de que a nota obtida independe do QI, considerando um nível de significância de 1%.

Respostas

11.2 $\dfrac{1}{16} = 6{,}25\%$

11.3 $\dfrac{13}{3.888} = 0{,}334\%$

11.4 a) $\alpha = 0{,}12$ e $1 - \beta = 0{,}32$
b) $\alpha = 0{,}20$ e $1 - \beta = 0{,}48$

11.5 Rejeita-se H_0 para $X = 0$ e $X = 5$. Com $X = 1$ não rejeitamos H_0, isto é, não concluímos que a moeda é viciada.

11.6 $\alpha = 0{,}62\%$ e $\beta = 9{,}7\%$

11.7 $X = 0$ e $X = 5$ $(\alpha = 6{,}25\%)$

11.8 a) $\alpha = 0{,}4$
b) Indicando o poder do teste por $\pi(\theta)$, temos:

$$\pi(\theta = 0) = \pi(\theta = 6) = 1$$

$$\pi(\theta = 1) = \pi(\theta = 5) = \frac{2}{3}$$

$$\pi(\theta = 2) = \pi(\theta = 4) = \frac{7}{15}$$

c) $\alpha = 0{,}5$

$$\pi(\theta = 0) = \pi(\theta = 6) = 1$$

$$\pi(\theta = 1) = \pi(\theta = 5) = \frac{13}{18}$$

$$\pi(\theta = 2) = \pi(\theta = 4) = \frac{5}{9}$$

d) Com reposição da primeira bola retirada, o nível de significância é maior do que sem reposição. Por outro lado, fazendo reposição, o poder do teste é superior ou igual ao poder do teste quando não se faz a reposição.

11.9 a) $\alpha = 1/3$, $\beta = 1/3$, poder $= 1 - \beta = 2/3$
 b) $\alpha = P(Z > 1{,}875) = 3{,}04\%$, $\beta = P(Z < -1{,}125) = 13{,}03\%$, poder $= 87\%$
 c) $n = 21$

11.10 a) $\alpha = P(Z > 1{,}8526) = 3{,}2\%$
  $\beta = P(Z < -1{,}0159) = 15{,}48\%$, poder $= 84{,}52\%$
 b) $n = 66$

11.11 a) $\alpha = P(Z > 2{,}25) = 1{,}22\%$
  $\beta = P(Z < -1{,}75) = 4{,}01\%$, poder $= 96\%$
 b) Basta o resultado de 1 lançamento para determinar *com certeza* qual é o tetraedro utilizado, pois os conjuntos de resultados são disjuntos.

11.12 $\bar{X} = 5$; $s^2 = 2$. Como $t = 6{,}32 > t_0 = 2{,}13$, rejeita-se H_0.

11.13 a) $\bar{X} = 5$; $s = 2$
 b) $1{,}82 < \mu < 8{,}18$
 c) Como $t = 2{,}50$ e $t_0 = 2{,}35$, rejeita-se H_0.

11.14 Como $t = -3{,}06$ e $t_0 = 3{,}18$, não se rejeita H_0.

11.15 a) $\bar{X} = 5$, mediana $= 4$ e moda $= 3$
 b) $s^2 = 8{,}5$
 c) Como $t = 2{,}06$ e $t_0 = 1{,}86$, rejeita-se H_0.

11.16 a) $\bar{X} = 4$ e $s = 0{,}5$
 b) $3{,}66 < \mu < 4{,}34$
 c) $n = 63$
 d) $t = 1{,}99$, significativo ($t_0 = 1{,}81$)

11.17 a) $\bar{X} = 7$ e $s^2 = 8$
 b) $5{,}53 < \mu < 8{,}47$
 c) $n \geq 39$
 d) $t = 2{,}449$, significativo ($t_0 = 1{,}796$)

11.18   b) $5{,}54 < \mu < 8{,}46$
c) $n = 38$;
d) $t = 2{,}461$, significativo ($t_0 = 1{,}796$)

11.19   A rigor, só podemos usar o teste t se a variável tiver distribuição normal. Isso implica que a variável é contínua e é medida em escala de intervalos ou escala-razão (medida de terceiro ou quarto nível). Se a variável é ordinal, deve ser utilizado um teste não-paramétrico.

11.20 $t = 1{,}73$, significativo ($t_0 = 1{,}68$)

11.21 $t = 1{,}68$, não-significativo ($t_0 = 2{,}09$)

11.22   As variáveis X_1 e X_2 devem ter distribuições normais e variâncias iguais. As duas amostras devem ser aleatórias e independentes.

$t = 2{,}3$, significativo ($t_0 = 2{,}12$)

11.23   a) $t = 2{,}25$, significativo ($t_0 = 2{,}20$)
b) $t = 2{,}25$, não-significativo ($t_0 = 3{,}11$)

12.25   a) $t = 2{,}83$, significativo ($t_0 = 2{,}12$)
b) $t = 2{,}83$, não-significativo ($t_0 = 2{,}92$)

11.26 $t = 2{,}00$, significativo ($t_0 = 1{,}76$)

11.27   a) $t = 3{,}17$, significativo ($t_0 = 2{,}45$)
b) $58{,}75 < \mu_1 < 81{,}25$
c) $40{,}14 < \mu_2 < 65{,}86$
d) $3{,}86 < \mu_1 - \mu_2 < 30{,}14$

11.28 $t' = 2{,}592$, significativo ($t'_0 = 2{,}306$)

11.29 $t = 2{,}00$, não-significativo ($t'_0 = 2{,}31$)

11.30 $t = 0{,}87$, não-significativo ($t'_0 = 1{,}75$)

11.31 $Z = -1{,}625$, não-significativo. A região de rejeição é $Z \leq -1{,}645$.

11.32 $Z = 2{,}24$, significativo ($Z_0 = 1{,}64$)

11.33   a) $Z = 2{,}44$, significativo ($Z_0 = 1{,}64$)
b) $Z = 2{,}44$, significativo ($Z_0 = 2{,}33$)

11.34   a) 214   b) 217

11.35   a) 28   b) 30

11.36   a) $Z = -1{,}58$, significativo. A região de rejeição é $Z \leq -1{,}28$.
b) $0{,}843 < p < 0{,}907$

11.37 $Z = 2{,}02$, significativo ($Z_0 = 1{,}96$);
sem correção de continuidade, $Z = 2{,}31$.

11.38 $Z = 1{,}81$, não-significativo ($Z_0 = 1{,}96$);
sem correção de continuidade, $Z = 1{,}89$.

11.39 $Z = 1{,}15$, não-significativo ($Z_0 = 1{,}96$);
sem correção de continuidade, $Z = 1{,}22$.

11.40 a) $Z = 0{,}92$, não-significativo ($Z_0 = 1{,}64$);
b) $Z = 0{,}92$, não-significativo ($Z_0 = 2{,}33$);
sem correção de continuidade, $Z = 1{,}05$.

11.41 a) $Z = 1{,}74$ não-significativo ($Z_0 = 1{,}96$);
b) $Z = 1{,}74$, significativo ($Z_0 = 1{,}64$);
sem correção de continuidade, $Z = 1{,}90$.

11.42 $Z = 3{,}70$, não-significativo ($Z_0 = 2{,}58$);
sem correção de continuidade, $Z = 3{,}95$.

12
O Teste de Qui-Quadrado

12.1 A DISTRIBUIÇÃO DE QUI-QUADRADO (χ^2)

Em estatística, em muitos problemas, aparece uma variável que é a soma dos quadrados de k variáveis normais reduzidas independentes. A distribuição dessa variável é, por definição, a distribuição de qui-quadrado (χ_k^2) com k graus de liberdade. Assim, se $X_1, X_2, ..., X_k$ são variáveis aleatórias independentes com distribuições normais de médias $\mu_1, \mu_2, ..., \mu_k$ e variâncias $\sigma_1^2, \sigma_2^2, ..., \sigma_k^2$, respectivamente, então, a variável

$$\chi_k^2 = \sum_{i=1}^{k} \left(\frac{X_i - \mu_i}{\sigma_i}\right)^2 = \sum_{i=1}^{k} Z_i^2 \tag{12.1}$$

tem distribuição de qui-quadrado com k graus de liberdade.

Em particular, o quadrado de uma variável normal reduzida tem distribuição de qui-quadrado com 1 grau de liberdade. Assim, se X é uma variável aleatória com distribuição normal de média μ e variância σ^2, a variável

$$\chi_1^2 = \left(\frac{X - \mu}{\sigma}\right)^2 = Z^2$$

tem distribuição de qui-quadrado com 1 grau de liberdade.

O teorema do limite central garante que a distribuição de χ^2 se aproxima de uma distribuição normal quando o número de graus de liberdade é bastante grande. Entretanto, para um pequeno número de graus de liberdade, a distribuição de χ^2 é nitidamente assimétrica à direita, como mostra a Figura 12.1.

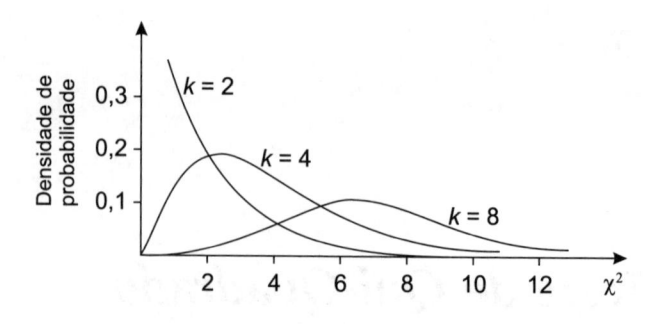

FIGURA 12.1
Distribuições de χ^2 com 2, 4 e 8 graus de liberdade

De (12.1), obtemos

$$E(\chi_k^2) = \sum_{i=1}^{k} E(Z_i^2) \qquad (12.2)$$

Como Z_i são variáveis normais reduzidas, temos

$$E(Z_i^2) = V(Z_i) = 1$$

Então,

$$E(\chi_k^2) = k,$$

isto é, a média de uma distribuição de qui-quadrado é igual ao respectivo número de graus de liberdade.

Como Z_i são variáveis aleatórias independentes, de (12.1), obtemos

$$V(\chi_k^2) = \sum_{i=1}^{k} V(Z_i^2) \qquad (12.3)$$

Temos

$$V(Z_i^2) = E[Z_i^2 - E(Z_i^2)]^2 = E(Z_i^2 - 1)^2 = E(Z_i^4) - 2E(Z_i^2) + 1 = E(Z_i^4) - 1$$

Pode-se demonstrar que o quarto momento em relação à média de uma distribuição normal reduzida é igual a 3, isto é,

$$E(Z_i^4) = 3$$

Então,

$$V(Z_i^2) = 2$$

Substituindo esse resultado em (12.3), obtemos

$$V(\chi_k^2) = 2k \tag{12.4}$$

12.2 INTERVALO DE CONFIANÇA E TESTE DE HIPÓTESES A RESPEITO DO VALOR DE σ^2

Seja X uma variável aleatória com distribuição normal de média μ e variância σ^2. Pode-se demonstrar que, se s^2 é o estimador não-tendencioso de σ^2, baseado em uma amostra aleatória com n observações, então,

$$\frac{(n-1)s^2}{\sigma^2} = \frac{\sum(X_i - \bar{X})^2}{\sigma^2}$$

tem distribuição de qui-quadrado com $n - 1$ graus de liberdade.

Faremos a demonstração apenas para o caso particular em que a amostra tem tamanho $n = 2$. Nesse caso, temos

$$(n-1)s^2 = \sum(X_i - \bar{X})^2 = \left(X_1 - \frac{X_1 + X_2}{2}\right)^2 + \left(X_2 - \frac{X_1 + X_2}{2}\right)^2$$

ou

$$(n-1)s^2 = \frac{(X_1 - X_2)^2}{2} \tag{12.5}$$

Façamos $Y = X_1 - X_2$. De acordo com o que foi visto no início da Seção 11.7, Y tem distribuição normal com média zero e variância $2\sigma^2$ e, portanto,

$$Z = \frac{Y}{\sqrt{2}\,\sigma} = \frac{X_1 - X_2}{\sqrt{2}\,\sigma}$$

tem distribuição normal reduzida. Segue-se, então, que

$$Z^2 = \frac{(X_1 - X_2)^2}{2\sigma^2} \tag{12.6}$$

tem distribuição de χ^2 com 1 grau de liberdade. Comparando (12.5) e (12.6), concluímos que, para $n = 2$, $\dfrac{(n-1)s^2}{\sigma^2}$ tem distribuição de qui-quadrado com 1 grau de liberdade, c.q.d.

Podemos usar o fato de que $\dfrac{(n-1)s^2}{\sigma^2}$ tem distribuição de χ^2_{n-1} para determinar intervalos de confiança para σ^2 e testar hipóteses sobre o valor de σ^2.

Vejamos, inicialmente, como determinar um intervalo de confiança para σ^2, dada uma amostra aleatória com n observações da variável X, que tem distribuição normal. Seja $C = 1 - \alpha$ o nível de confiança. Da Tabela IV do Apêndice, obtemos os valores críticos χ^2_{01} e χ^2_{02} tais que

$$P(\chi^2_{n-1} < \chi^2_{01}) = \frac{\alpha}{2}$$

e

$$P(\chi^2_{n-1} > \chi^2_{02}) = \frac{\alpha}{2}$$

Como $\dfrac{(n-1)s^2}{\sigma^2}$ tem distribuição de χ^2_{n-1}, temos

$$P\left[\chi^2_{01} < \frac{(n-1)s^2}{\sigma^2} < \chi^2_{02}\right] = C$$

Invertendo e multiplicando cada membro por $(n-1)s^2$, obtemos

$$P\left[\frac{(n-1)s^2}{\chi^2_{02}} < \sigma^2 < \frac{(n-1)s^2}{\chi^2_{01}}\right] = C \tag{12.7}$$

De acordo com o que foi discutido na Seção 10.1, a expressão (12.7) só é válida enquanto considerarmos s^2 uma variável aleatória, ou seja, se tomarmos um grande número de amostras, a desigualdade

$$\frac{(n-1)s^2}{\chi^2_{02}} < \sigma^2 < \frac{(n-1)s^2}{\chi^2_{01}} \tag{12.8}$$

será verdadeira em $100C\%$ dos casos.

Extraindo a raiz quadrada dos limites do intervalo de confiança para σ^2, obtemos os limites do intervalo de confiança para σ.

Vejamos o procedimento para testar $H_0 : \sigma^2 = \theta$, com base em uma amostra aleatória com n observações da variável X, que tem distribuição normal. Seja α o nível de significância.

1º) Calculamos

$$\chi^2 = \frac{(n-1)s^2}{\theta} = \frac{\Sigma(X_i - \bar{X})^2}{\theta} \tag{12.9}$$

2º) Considerando a hipótese alternativa e o nível de significância adotado, comparamos o valor calculado de χ^2 com o(s) valor(es) crítico(s) obtido(s) da Tabela IV do Apêndice, distinguindo-se os seguintes casos:

   a) Se a hipótese alternativa é $H_A : \sigma^2 > \theta$, o valor crítico é χ^2_0, tal que $P(\chi^2_{n-1} > \chi^2_0) = \alpha$, e rejeitamos H_0 se $\chi^2 \geq \chi^2_0$.

b) Se a hipótese alternativa é $H_A : \sigma^2 < \theta$, o valor crítico é χ_0^2 tal que $P(\chi_{n-1}^2 < \chi_0^2) = \alpha$, e rejeitamos H_0 se $\chi^2 \leq \chi_0^2$.

c) Se a hipótese alternativa é $H_A : \sigma^2 \neq \theta$, os valores críticos são χ_{01}^2 e χ_{02}^2, tais que $P(\chi_{n-1}^2 < \chi_{01}^2) = \dfrac{\alpha}{2}$ e $P(\chi_{n-1}^2 > \chi_{02}^2) = \dfrac{\alpha}{2}$, e rejeitamos H_0 se $\chi^2 \leq \chi_{01}^2$ ou $\chi^2 \geq \chi_{02}^2$.

12.3 O TESTE DE QUI-QUADRADO PARA PROPORÇÕES

Podemos utilizar a distribuição de χ^2 para proceder a testes de hipóteses sobre proporções. Em relação ao procedimento apresentado no início da Seção 11.9, o uso da distribuição de χ^2 tem a vantagem de ser passível de generalização.

De acordo com o que já foi visto, para testar $H_0 : p = p_0$, observamos uma variável aleatória X, que representa o número de resultados favoráveis em n ensaios. É claro que, se ocorrem X resultados favoráveis, ocorrem $n - X$ resultados desfavoráveis. Sob H_0, são esperados, em n ensaios, np_0 resultados favoráveis e $n(1 - p_0) = nq_0$ resultados desfavoráveis.

Façamos O_i, onde $i = 1, 2$, indicar as freqüências observadas de resultados favoráveis e de resultados desfavoráveis, respectivamente, ou seja, $O_1 = X$ e $O_2 = n - X$. Façamos E_i, onde $i = 1, 2$, indicar as freqüências esperadas sob H_0 de resultados favoráveis e de resultados desfavoráveis, respectivamente, ou seja, $E_1 = np_0$ e $E_2 = nq_0$. Consideremos a variável

$$G^2 = \sum_{i=1}^{2} \frac{(O_i - E_i)^2}{E_i} \tag{12.10}$$

Desenvolvendo, vem:

$$G^2 = \frac{(X - np_0)^2}{np_0} + \frac{[n - X - n(1 - p_0)]^2}{n(1 - p_0)} = \frac{(X - np_0)^2}{np_0 q_0}$$

e

$$G = \frac{X - np_0}{\sqrt{np_0 q_0}} \tag{12.11}$$

Sabemos que nas condições discutidas nas seções 7.5 e 8.1, e resumidas no fim da Seção 10.3, a variável X tem, sob H_0, distribuição aproximadamente normal com média $\mu = np_0$ e desvio padrão $\sigma = \sqrt{np_0 q_0}$. Então, G é uma variável aleatória com distribuição aproximadamente normal reduzida. Segue-se, de acordo com o que foi visto no início deste capítulo, que G^2 tem, aproximadamente, distribuição de qui-quadrado com 1 grau de liberdade. Por isso, em vez de (12.10), é usual escrever

$$\chi^2 = \sum_{i=1}^{2} \frac{(O_i - E_i)^2}{E_i} \tag{12.12}$$

É claro que, para (12.12) apresentar aproximadamente distribuição de χ^2, é necessário que tenhamos $np_0 > 5$ e $nq_0 > 5$, ou seja, que as freqüências esperadas sejam superiores a cinco ($E_i > 5$).

Vejamos as etapas do procedimento para testar $H_0 : p = p_0$ contra $H_A : p \neq p_0$, ao nível de significância α.

1º) Calculamos o valor de χ^2 de acordo com (12.12).

2º) Obtemos o valor crítico χ_0^2 da Tabela IV do Apêndice, tal que $P(\chi_1^2 > \chi_0^2) = \alpha$.

3º) Comparamos o valor de χ^2 calculado com χ_0^2, rejeitando H_0 se $\chi^2 \geq \chi_0^2$.

Comparando (12.11) com (11.21) ou (11.22), verificamos que o procedimento apresentado nesta seção equivale ao apresentado na Seção 11.9, utilizando a aproximação normal da binomial, se desprezamos a correção de continuidade. Não é difícil verificar que, levando em consideração a correção de continuidade, devemos, em vez de (12.12), calcular

$$\chi^2 = \sum_{i=1}^{2} \frac{(|O_i - E_i| - 0{,}5)^2}{E_i} \qquad (12.13)$$

Utilizando (12.13), o teste de χ^2 é perfeitamente equivalente ao teste bilateral realizado por meio de (11.21) ou (11.22). Embora menos conhecida, a fórmula (12.13) deve ser usada, preferencialmente, em relação à (12.12).

No exemplo numérico apresentado no início da Seção 11.9, testamos $H_0 : p = \frac{1}{6}$ contra $H_A : p \neq \frac{1}{6}$, com base em uma amostra com $n = 180$ observações, em que foram observados $X = 38$ resultados favoráveis. Para aplicar o teste de χ^2, temos $O_1 = 38$, $O_2 = 142$, $E_1 = 30$ e $E_2 = 150$. Substituindo esses valores em (12.13), obtemos

$$\chi^2 = \frac{7{,}5^2}{30} + \frac{7{,}5^2}{150} = 2{,}25$$

Ao nível de significância de 5%, o valor crítico na distribuição de qui-quadrado com 1 grau de liberdade, obtido na Tabela IV do Apêndice, é $\chi_0^2 = 3{,}84$. Portanto, o resultado ($\chi^2 = 2{,}25$) não é significativo, isto é, não se rejeita $H_0 : p = \frac{1}{6}$, ao nível de significância de 5%.

Devemos observar que o valor de χ^2 calculado é exatamente igual ao quadrado do valor $Z = 1{,}5$ obtido na Seção 11.9, para o mesmo problema, e que $\chi_0^2 = 3{,}84$ é igual ao quadrado de $Z_0 = 1{,}96$.

Até aqui vimos o caso em que existe apenas uma proporção em teste, isto é, testamos $H_0 : p = p_0$, com base em uma amostra aleatória constituída por n ensaios. Nesse caso, os resultados dos ensaios se apresentam sob duas modalidades, que denominamos classes ou categorias, isto é, observamos resultados favoráveis ($X = O_1$)

e resultados desfavoráveis ($n - X = O_2$). Entretanto, o teste de χ^2 pode ser facilmente generalizado. Vejamos, então, como testar hipóteses envolvendo um número qualquer de proporções, utilizando o teste de χ^2. Seja $H_0 : p_i = p_{0i}$, onde $i = 1, 2, ..., h$ e h indica o número de classes ou categorias em estudo. Como, obviamente, $\sum_{i=1}^{h} p_{0i} = 1$, é fácil ver que podem ser especificados os valores de apenas $h - 1$ proporções, pois, para a última categoria, teremos obrigatoriamente $p_{0h} = 1 - \sum_{i=1}^{h-1} p_{0i}$. Então, o teste de χ^2 para proporções está associado a $h - 1$ graus de liberdade.

Dada uma amostra aleatória com n observações, verifica-se o número pertencente a cada uma das h categorias, denominado freqüência observada (O_i). A freqüência esperada, para cada categoria, sob H_0, é

$$E_i = np_{0i}$$

Generalizando (12.12), temos

$$\chi^2 = \sum_{i=1}^{h} \frac{(O_i - E_i)^2}{E_i} \qquad (12.14)$$

Essa variável tem, aproximadamente, distribuição de χ^2 com $h - 1$ graus de liberdade se nenhuma freqüência esperada for menor do que 1 e no máximo 20% das freqüências esperadas forem menores do que 5.

Vejamos como proceder ao teste de hipóteses, apresentando um exemplo. Consideremos um tetraedro regular em cujas faces estão marcados os valores $X = 0$, $X = 2$, $X = 4$ e $X = 6$. Sejam p_1, p_2, p_3 e p_4 as probabilidades associadas a cada um desses resultados. Suponhamos agora que o tetraedro é lançado 100 vezes para testar a hipótese de que é feito de material homogêneo ($H_0 : p_1 = p_2 = p_3 = p_4 = 0,25$), contra a hipótese de que é "chumbado" (H_A : ao menos duas das probabilidades são diferentes de 0,25). As freqüências observadas, nesses 100 lançamentos, bem como as freqüências esperadas, sob H_0 (dadas por $E_i = np_{0i}$), estão na Tabela 12.1. Verifica-se que todas as freqüências esperadas são maiores do que 5.

TABELA 12.1
Freqüências observadas (O_i) e freqüências esperadas (E_i) em 100 lançamentos de um tetraedro

X	O_i	E_i
0	20	25
2	32	25
4	24	25
6	24	25

De acordo com (12.14), obtemos

$$2 = \frac{(-5)^2}{25} + \frac{7^2}{25} + \frac{(-1)^2}{25} + \frac{(-1)^2}{25} = 3{,}04$$

Na distribuição de χ^2 com $h - 1 = 3$ graus de liberdade, o valor crítico, para um nível de significância de 5%, é $\chi_0^2 = 7{,}81$. Portanto, o resultado não é significativo, isto é, ao nível de significância de 5%, não rejeitamos a hipótese $H_0 : p_1 = p_2 = p_3 = p_4 = 0{,}25$.

O teste descrito nesta seção é conhecido como teste de aderência de Pearson.

Freqüentemente, em um teste de aderência, a hipótese de nulidade não especifica os valores das proporções em cada categoria, mas estabelece que elas obedecem a certa distribuição teórica. Nesse caso, para obter as freqüências esperadas, é necessário estimar os parâmetros da distribuição, com base nas freqüências observadas. Então, se λ é o número de parâmetros estimados, a variável definida por (12.14) tem, aproximadamente, distribuição de qui-quadrado com $h - \lambda - 1$ graus de liberdade.

12.4 O TESTE DE QUI-QUADRADO PARA TABELAS DE CONTINGÊNCIA

Também podemos utilizar a distribuição de χ^2 para proceder aos testes de hipóteses relativos a duas proporções, como uma alternativa ao procedimento examinado na Seção 11.9.

A hipótese em teste é $H_0 : p_1 = p_2$, onde p_1 e p_2 são as proporções de elementos com determinada característica, em duas populações. Para proceder ao teste, obtemos duas amostras aleatórias independentes, uma de cada população. Vamos introduzir aqui uma nova notação, que facilitará posterior generalização. Então, sejam n_{11} e n_{12} as freqüências observadas de resultados favoráveis e de resultados desfavoráveis, em uma amostra de $n_{1\bullet}$ ensaios da primeira população, e sejam n_{21} e n_{22} as freqüências observadas de resultados favoráveis e desfavoráveis, em uma amostra de $n_{2\bullet}$ ensaios da segunda população. Então, o número total de elementos observados é $n_{\bullet\bullet} = n_{1\bullet} + n_{2\bullet}$. Nesse total, existem $n_{\bullet 1} = n_{11} + n_{21}$ resultados favoráveis e $n_{\bullet 2} = n_{12} + n_{22}$ resultados desfavoráveis. Esses valores podem ser colocados em uma tabela de dupla entrada, conhecida como tabela de contingência, como é mostrado na Tabela 12.2.

Sob $H_0 : p_1 = p_2$, o estimador apropriado para o valor comum das duas proporções é $\hat{p} = \dfrac{n_{\bullet 1}}{n_{\bullet\bullet}}$. Utilizando esse estimador, calculamos as freqüências esperadas E_{ij}, onde $i = 1, 2$ e $j = 1, 2$. Assim, temos:

$$E_{11} = n_{1\bullet} \cdot \hat{p} = \frac{n_{1\bullet} \cdot n_{\bullet 1}}{n_{\bullet\bullet}}$$

É fácil verificar que, em geral,

$$E_{ij} = \frac{n_{i\bullet} \cdot n_{\bullet j}}{n_{\bullet\bullet}} \qquad (12.15)$$

com $i = 1, 2$ e $j = 1, 2$.

Entretanto, obtido o valor de E_{11}, as demais freqüências esperadas são facilmente obtidas por diferença:

$$E_{12} = n_{1\bullet} - E_{11}$$
$$E_{21} = n_{\bullet 1} - E_{11}$$

e

$$E_{22} = n_{\bullet 2} - E_{12}$$

ou

$$E_{22} = n_{2\bullet} - E_{21}$$

As freqüências esperadas também podem ser apresentadas em tabelas de dupla entrada ou podem ser colocadas na tabela de contingência, ao lado das freqüências observadas, como mostra a Tabela 12.2, facilitando a comparação entre freqüências observadas e freqüências esperadas.

TABELA 12.2
Tabela de contingência 2 × 2

Resultado	Amostra 1		Amostra 2		Total
	Freqüência observada	Freqüência esperada	Freqüência observada	Freqüência esperada	
Favorável	n_{11}	$E_{11} = n_{1\bullet}\hat{p}$	n_{21}	$E_{21} = n_{2\bullet}\hat{p}$	$n_{\bullet 1}$
Desfavorável	n_{12}	$E_{12} = n_{1\bullet}\hat{q}$	n_{22}	$E_{22} = n_{2\bullet}\hat{q}$	$n_{\bullet 2}$
Total	$n_{1\bullet}$		$n_{2\bullet}$		$n_{\bullet\bullet}$

Consideremos a variável definida por

$$G^2 = \sum_{i=1}^{2} \sum_{j=1}^{2} \frac{(n_{ij} - E_{ij})^2}{E_{ij}}, \tag{12.16}$$

análoga a (12.10).
Temos

$$G^2 = \frac{(n_{11} - n_{1\bullet}\hat{p})^2}{n_{1\bullet}\hat{p}} + \frac{[n_{12} - n_{1\bullet}(1-\hat{p})]^2}{n_{1\bullet}\hat{q}} + \frac{(n_{21} - n_{2\bullet}\hat{p})^2}{n_{2\bullet}\hat{p}} +$$

$$+ \frac{[n_{22} - n_{2\bullet}(1-\hat{p})]^2}{n_{2\bullet}\hat{q}}$$

Como $n_{1\bullet} - n_{12} = n_{11}$ e $n_{2\bullet} - n_{22} = n_{21}$, obtemos

$$G^2 = \frac{(n_{11} - n_{1\bullet}\hat{p})^2}{n_{1\bullet}\hat{p}\hat{q}} + \frac{(n_{21} - n_{2\bullet}\hat{p})^2}{n_{2\bullet}\hat{p}\hat{q}}$$

ou

$$G^2 = \frac{1}{\hat{p}\hat{q}} [n_{1\bullet}(\hat{p}_1 - \hat{p})^2 + n_{2\bullet}(\hat{p}_2 - \hat{p})^2], \qquad (12.17)$$

onde $\hat{p}_1 = \dfrac{n_{11}}{n_{1\bullet}}$ e $\hat{p}_2 = \dfrac{n_{21}}{n_{2\bullet}}$.

De

$$\hat{p} = \frac{n_{1\bullet}\hat{p}_1 + n_{2\bullet}\hat{p}_2}{n_{1\bullet} + n_{2\bullet}},$$

obtemos

$$\hat{p}_1 - \hat{p} = \frac{n_{2\bullet}}{n_{\bullet\bullet}} (\hat{p}_1 - \hat{p}_2) \qquad (12.18)$$

e

$$\hat{p}_2 - \hat{p} = \frac{n_{1\bullet}}{n_{\bullet\bullet}} (\hat{p}_2 - \hat{p}_1) \qquad (12.19)$$

Substituindo (12.18) e (12.19) em (12.17), obtemos

$$G^2 = \frac{(\hat{p}_1 - \hat{p}_2)^2}{\hat{p}\hat{q}} \cdot \frac{n_{1\bullet}n_{2\bullet}}{n_{\bullet\bullet}}$$

ou

$$G^2 = \frac{(\hat{p}_1 - \hat{p}_2)^2}{\hat{p}\hat{q}\left(\dfrac{1}{n_{1\bullet}} + \dfrac{1}{n_{2\bullet}}\right)} \qquad (12.20)$$

Comparando (12.20) com (11.25), concluímos que G tem, nas condições discutidas nas seções 7.5 e 8.1 e resumidas no fim da Seção 10.3, distribuição normal reduzida, aproximadamente. Segue-se, então, que G^2 tem, aproximadamente, distribuição de χ^2 com 1 grau de liberdade. Por isso, em lugar de (12.16), é usual escrever

$$\chi^2 = \sum_{i=1}^{2} \sum_{j=1}^{2} \frac{(n_{ij} - E_{ij})^2}{E_{ij}} \qquad (12.21)$$

É conveniente lembrar que a distribuição da variável definida por (12.21) apenas se aproxima de uma distribuição de qui-quadrado com 1 grau de liberdade, e a aproximação é satisfatória apenas quando as freqüências esperadas são todas maiores do que 5 ($E_{ij} > 5$). Para uma tabela de contingência 2×2, as seguintes condições, devidas a Cochran (1954), estabelecem possibilidades um pouco mais amplas de aplicação:

a) O teste de qui-quadrado só pode ser aplicado quando $n_{\bullet\bullet} > 20$.
b) Quando $20 < n_{\bullet\bullet} \leq 40$, o teste de qui-quadrado só pode ser aplicado se todas as freqüências esperadas forem maiores do que 5.
c) Quando $n_{\bullet\bullet} > 40$, a freqüência esperada mínima não pode ser menor do que 1.

Nos casos em que essas condições não são observadas, devemos recorrer a métodos exatos, mais trabalhosos (ver, por exemplo, Siegel, 1956, p. 96-104).

É recomendável, no caso de tabelas de contingência 2×2, calcular o qui-quadrado com a correção de continuidade, também conhecida como correção de Yates, utilizando, em lugar de (12.21), a expressão

$$\chi^2 = \sum_{i=1}^{2} \sum_{j=1}^{2} \frac{(|n_{ij} - E_{ij}| - 0{,}5)^2}{E_{ij}} \tag{12.22}$$

Para ilustrar a aplicação do teste, consideremos o exemplo apresentado no final da Seção 11.9. Desejamos saber se, em certa indústria, são ou não diferentes as proporções de empregados administrativos (p_1) e operários (p_2) contrários a certa política sindical. Para testar a hipótese $H_0 : p_1 = p_2$ contra $H_A : p_1 \neq p_2$, foram obtidas amostras aleatórias dessas duas categorias de assalariados. Verificamos que, em uma amostra de 100 empregados administrativos, 12 eram contrários à política considerada, o mesmo acontecendo com 88 de 400 operários de uma amostra. Com esses dados, podemos construir a tabela de contingência que consta na Tabela 12.3.

TABELA 12.3
Exemplo de uma tabela de contingência 2×2

Posição em relação a certa política sindical	Amostra 1		Amostra 2		Total
	Freqüência observada	Freqüência esperada	Freqüência observada	Freqüência esperada	
Contrários	12	20	88	80	100
Favoráveis	88	80	312	320	400
Total	100		400		500

Aplicando (12.22), obtemos

$$\chi^2 = \frac{7{,}5^2}{20} + \frac{7{,}5^2}{80} + \frac{7{,}5^2}{80} + \frac{7{,}5^2}{320} = 4{,}39$$

Para a distribuição de χ^2 com 1 grau de liberdade, o valor crítico, ao nível de significância de 5%, é $\chi_0^2 = 3{,}84$. Portanto, o resultado ($\chi^2 = 4{,}39$) é significativo, isto é, ao nível de significância de 5% rejeitamos $H_0 : p_1 = p_2$ em favor de $H_A : p_1 \neq p_2$. Nesse caso, como $n_{11} < E_{11}$ e $n_{21} > E_{21}$, concluímos que a proporção de operários contrários à política considerada é maior.

É interessante notar que o valor calculado de χ^2 é exatamente igual ao quadrado do valor de Z calculado na Seção 11.9, para o mesmo problema, confirmando a equivalência entre o teste de qui-quadrado para uma tabela de contingência 2 × 2 e o teste bilateral utilizando a aproximação normal para a distribuição de $\hat{p}_1 - \hat{p}_2$.

Vejamos uma interpretação alternativa para a hipótese $H_0 : p_1 = p_2$. Se a probabilidade de um elemento ter a característica desejada é a mesma nas duas populações, podemos dizer que o fato de ter ou não a característica *independe* da população da qual o elemento foi retirado. Em outras palavras, os dois critérios de classificação (pela população de origem e pela presença ou não da característica) são independentes. Sabemos que, se A e B são eventos independentes, $P(A \cap B) = P(A)P(B)$. Então, sob H_0,

$$p_{ij} = \frac{n_{i\bullet}}{n_{\bullet\bullet}} \cdot \frac{n_{\bullet j}}{n_{\bullet\bullet}}$$

Fazendo $p_{ij} = \frac{E_{ij}}{n_{\bullet\bullet}}$, obtemos, novamente, a relação (12.15), que dá as freqüências esperadas sob H_0.

Em geral, para uma tabela de contingência com km casas,[1] as freqüências esperadas são dadas por

$$E_{ij} = \frac{n_{i\bullet} n_{\bullet j}}{n_{\bullet\bullet}}, \tag{12.23}$$

onde

$$n_{i\bullet} = \sum_j n_{ij},$$

$$n_{\bullet j} = \sum_i n_{ij}$$

e

$$n_{\bullet\bullet} = \sum_i \sum_j n_{ij},$$

com

$$i = 1, \ldots, k \text{ e } j = 1, \ldots, m$$

---

[1] É indiferente que se trate de uma tabela com k linhas e m colunas ou de uma tabela com k colunas e m linhas.

É necessário calcular $(k-1)(m-1)$ freqüências esperadas por meio de (12.23); as demais freqüências esperadas podem ser obtidas por diferença, completando os totais de linhas e colunas.

As freqüências esperadas podem ser colocadas na tabela de contingência, ao lado das freqüências observadas, facilitando a visualização da grandeza dos desvios entre freqüências observadas e freqüências esperadas. Então, quando o teste de qui-quadrado resulta significativo, é mais fácil detectar quais são os desvios que mais contribuem para a significância.

Vejamos as etapas do procedimento para testar a hipótese de que os dois critérios de classificação são independentes. Seja α o nível de significância.

1º) Calculamos

$$\chi^2 = \sum_{i=1}^{k} \sum_{j=1}^{m} \frac{(n_{ij} - E_{ij})^2}{E_{ij}} \qquad (12.24)$$

2º) Obtemos o valor crítico χ_0^2 da Tabela IV do Apêndice para $(k-1)(m-1)$ graus de liberdade, tal que

$$P[\chi^2_{(k-1)(m-1)} > \chi_0^2] = \alpha$$

3º) Comparamos o valor de χ^2 calculado com χ_0^2, rejeitando a hipótese de independência se $\chi^2 \geq \chi_0^2$.

Esse teste é aproximado e, de acordo com Cochran (1954), a aproximação só é satisfatória para uma tabela de contingência $k \times m$ com $(k-1)(m-1) > 1$, nas seguintes condições:

a) a freqüência esperada mínima não pode ser menor do que 1;

b) no máximo, 20% das freqüências esperadas podem ser menores do que 5.

Se a tabela não obedece a essas condições, é necessário, ou aumentar o tamanho da amostra, ou agregar categorias.

Exercícios

12.1 Em uma amostra de 40 pessoas do município A havia 5 analfabetos e 35 alfabetizados. Em uma amostra de 60 pessoas do município B havia 20 analfabetos e 40 alfabetizados. Use o teste de qui-quadrado para verificar se a proporção de analfabetos, nos dois municípios, é a mesma, considerando um nível de significância de 5%.

12.2 Resolva o exercício 11.37 por meio do teste de qui-quadrado.

12.3 Resolva o exercício 11.41 por meio do teste de qui-quadrado.

12.4 Os estabelecimentos agrícolas de duas regiões, A e B, podem ser classificados em uma de três categorias: (I) dedicados (predominantemente) a culturas anuais; (II) explorando culturas perenes e (III) explorando criações. Com base em amostras aleatórias de estabelecimentos agrícolas das duas regiões, organizou-se a tabela de contingência dada a seguir:

Região	Categoria I	Categoria II	Categoria III	Total
A	60	45	15	120
B	135	90	15	240

Verifique se as distribuições dos estabelecimentos agropecuários por essas categorias são iguais nas duas regiões, considerando um nível de significância de: (a) 5%; (b) 1%.

12.5 Para cada um de três jornais, foi tomada uma amostra aleatória de 100 leitores, classificados em quatro estratos de renda. Os dados são apresentados na tabela a seguir. Considerando um nível de significância de 1%, verifique se podemos considerar que a distribuição dos leitores, por estratos de renda, é a mesma para os três jornais.

Estrato de renda	Jornal A	Jornal B	Jornal C
I	31	11	12
II	47	57	49
III	18	26	31
IV	4	6	8

12.6 Uma amostra aleatória de 120 empresários agrícolas de certa região deu origem à seguinte tabela:

Tamanho da empresa	Números de empresários	
	Associados a uma cooperativa	Não-associados a uma cooperativa
Pequena	24	36
Média	22	18
Grande	14	6

a) Qual é a hipótese de nulidade (H_0) que essa tabela permite testar?
b) Calcule o valor do qui-quadrado.
c) Considerando um nível de significância de 5%, interprete o resultado.

12.7 Para verificar se o tipo de posse da terra se relaciona com o fato de o agricultor fazer ou não parte de uma cooperativa, um pesquisador obteve uma amostra aleatória de 360 agricultores de certa região e organizou os dados na tabela de contingência a seguir:

Tipo de posse da terra	Cooperados	Não-cooperados
Proprietários	52	68
Parceiros	25	65
Arrendatários	43	107

Qual é a hipótese da nulidade que está sendo testada? Usando o teste de χ^2 e considerando um nível de significância de 5%, essa hipótese é ou não é rejeitada?

12.8 Prove que a expressão

$$\chi^2 = \sum_{i=1}^{h} \frac{O_i^2}{E_i} - n \qquad \text{é equivalente a (12.14) e que a expressão}$$

$$\chi^2 = \sum_{i=1}^{k} \sum_{j=1}^{m} \frac{n_{ij}^2}{E_{ij}} - n_{\bullet\bullet} \qquad \text{é equivalente a (12.24).}$$

12.9 Prove que a expressão

$$\chi^2 = \frac{n_{\bullet\bullet}(|n_{11}n_{22} - n_{12}n_{21}| - 0{,}5n_{\bullet\bullet})^2}{n_{1\bullet}n_{2\bullet}n_{\bullet 1}n_{\bullet 2}}$$

é equivalente a (12.22).

Respostas

12.1 $\chi^2 = 4{,}50$, significativo ($\chi_0^2 = 3{,}84$); sem correção de continuidade, obtemos $\chi^2 = 5{,}56$.

12.2 $\chi^2 = 4{,}08$, significativo ($\chi_0^2 = 3{,}84$); sem correção de continuidade, obtemos $\chi^2 = 5{,}33$.

12.3 $\chi^2 = 3{,}025$, com correção de continuidade e $\chi^2 = 3{,}60$, sem correção de continuidade.
  a) Resultado não-significativo ($\chi_0^2 = 3{,}84$).
  b) Resultado significativo ($\chi_0^2 = 2{,}71$).

12.4 $\chi^2 = 4{,}33$, não-significativo ($\chi_0^2 = 5{,}99$ para $\alpha = 0{,}05$ e $\chi_0^2 = 9{,}21$ para $\alpha = 0{,}01$).

12.5 $\chi^2 = 19{,}98$, significativo ($\chi_0^2 = 16{,}81$).

12.6 a) H_0 : a proporção de associados independe do tamanho da empresa, ou H_0 : a distribuição de empresas conforme o tamanho é igual para associados e não-associados.
  b) $\chi^2 = 6{,}00$

c) Como $\chi_0^2 = 5{,}99$, o resultado é significativo, isto é, ao nível de significância de 5%, rejeita-se H_0. Verifica-se, no caso, que a proporção de associados cresce com o tamanho de empresa, passando de 40% para 55% e para 70%.

12.7 $\chi^2 = 8{,}12$, significativo ($\chi_0^2 = 5{,}99$). Rejeita-se, ao nível de significância de 5%, a hipótese H_0: a proporção de cooperados, entre proprietários, entre parceiros e entre arrendatários é a mesma (ou H_0: a proporção de cooperados independe do tipo de posse da terra).

13

Testes Não-Paramétricos

13.1 INTRODUÇÃO

Quando um teste estatístico exige, para a sua aplicação, a pressuposição de que a variável em estudo tenha determinada distribuição, dizemos que tal teste é paramétrico. Tipicamente, os testes t e F são paramétricos porque exigem pressupor que a distribuição da variável em análise é normal. Entretanto, existem testes estatísticos, denominados não-paramétricos, que podem ser aplicados sem a necessidade de se estabelecer uma pressuposição a respeito da distribuição da variável.

Os testes paramétricos também se distinguem dos testes não-paramétricos pelo fato de que aqueles só podem ser aplicados se a variável em análise for medida ou em escala de intervalos ou em escala-razão. É fácil entender essa exigência se lembrarmos que, para proceder a um teste paramétrico, efetuamos, com os valores observados na amostra, uma série de operações aritméticas que, a rigor, só são válidas se a variável é medida em escala de intervalos ou em escala-razão. Assim, por exemplo, o cálculo da média aritmética entre dois valores X_1 e X_2 implica obter um valor $\bar{X}$, tal que $X_2 - \bar{X} = \bar{X} - X_1$; ora, essa igualdade só tem sentido se a variável for medida ou em escala de intervalos ou em escala-razão.

Por outro lado, existem testes não-paramétricos que dependem apenas de as observações serem ordenadas, ou seja, permitem que a variável em análise seja medida em escala ordinal. Também existem testes não-paramétricos que podem ser aplicados quando a variável em análise é medida em escala nominal. É o caso, por exemplo, do teste de qui-quadrado para tabelas de contingência, examinado no capítulo anterior.

É interessante observar que os testes paramétricos relativos à tendência central de uma ou mais distribuições são baseados em médias que, como acabamos de discutir, têm definição rigorosa apenas quando a variável em análise é medida ou em escala de intervalos ou em escala-razão. Por outro lado, os testes não-paramétricos correspondentes, que veremos neste capítulo, baseiam-se nas medianas, pois a mediana é uma medida de tendência central que pode ser definida mesmo quando a variável é medida em escala ordinal, já que a sua determinação exige apenas ordenação e contagem dos valores observados.

Devemos assinalar que, sempre que for razoável fazer as pressuposições exigidas por um teste paramétrico, ele deve ser utilizado, pois um teste não-paramétrico, embora também possa ser aplicado, será sempre menos poderoso do que o correspondente teste paramétrico.

13.2 TESTE SOBRE O VALOR DA MEDIANA DE UMA POPULAÇÃO E TESTE DOS SINAIS

Seja X uma variável medida em escala ordinal, em escala de intervalos ou em escala-razão, e seja ξ a mediana de X. Nesta seção veremos como testar a hipótese de que a mediana de X tem um valor especificado ξ_0, isto é, veremos como testar $H_0 : \xi = \xi_0$, com base em uma amostra aleatória com n observações de X. O teste é não-paramétrico, isto é, não exige pressuposição a respeito da forma da distribuição de X.

Para proceder ao teste sobre o valor da mediana de uma população, primeiro contamos o número de observações da amostra que tem valor maior do que o valor ξ_0, especificado por H_0. Operacionalmente, podemos subtrair ξ_0 de cada observação da amostra e contar o número de diferenças com sinal positivo. Como a mediana da população é, sob H_0, igual a ξ_0, a probabilidade de que qualquer observação da amostra seja maior do que ξ_0 é, sob H_0, igual a 0,5, isto é, a probabilidade de obtermos um sinal positivo é, sob H_0, 0,5. Então, o número de sinais positivos, que indicaremos por Y, obtido de uma amostra aleatória com n observações de X é, sob H_0, uma variável aleatória com distribuição binomial de parâmetros n e $p = 0{,}5$. Portanto, o número Y pode ser utilizado para testar $H_0 : \xi = \xi_0$.

Podem existir, na amostra, observações com valores iguais ao valor ξ_0, especificado por H_0. Nesses casos, as diferenças entre esses valores e ξ_0 são iguais a zero e não se definem os sinais das diferenças, o que significa que, operacionalmente, devemos desprezar as observações com valores iguais a ξ_0. Para proceder ao teste, nesses casos, devemos utilizar não o valor n, mas o valor que se obtém subtraindo de n uma unidade para cada observação desprezada.

Para delimitar a região de rejeição do teste, se $n \leq 25$, utilizamos, de acordo com (7.6), a expressão

$$P(Y \leq k) = \frac{1}{2^n} \sum_{Y=0}^{k} \binom{n}{Y}$$

ou a Tabela XI do Apêndice. Se $n > 25$, utilizamos a aproximação normal da binomial, calculando, de acordo com (11.21) ou (11.22),

$$Z = \frac{Y - 0{,}5 - 0{,}5n}{0{,}5\sqrt{n}}$$

se $Y > 0{,}5n$ ou

$$Z = \frac{Y + 0{,}5 - 0{,}5n}{0{,}5\sqrt{n}}$$

se $Y < 0{,}5n$.

Para exemplificar, vamos admitir que foi obtida uma amostra aleatória de 10 empregados de certa categoria profissional e foram anotados os respectivos salários, para testar a hipótese de que o salário mediano da categoria é R$ 900,00, ou seja, $H_0 : \xi = 900$ contra $H_A : \xi \neq 900$.

Se desejamos proceder ao teste de hipóteses sem fazer nenhuma pressuposição sobre a forma da distribuição do valor do salário, devemos usar um método não-paramétrico.

Indicando por X_i, com $i = 1, \ldots, 10$, os salários observados, sabemos que o número Y de diferenças $X_i - 900$ positivas é, sob H_0, uma variável aleatória com distribuição binomial de parâmetros $n = 10$ e $p = 0{,}5$ (supondo que não encontramos nenhum X_i igual a 900). Lembrando que o teste é bilateral, verificamos na Tabela XI que, se adotarmos $Y \leq 2$ e $Y \geq 8$ como região de rejeição, estaremos fazendo um teste com nível de significância de 11%, pois $P(Y \leq 2) + P(Y \geq 8) = 2 \cdot 0{,}055 = 0{,}11$ ou 11%.

Vamos supor que os salários observados na amostra são: 1.100, 450, 700, 500, 650, 1.200, 800, 550, 480 e 600. É fácil verificar que existem apenas dois valores maiores do que 900, isto é, para essa amostra temos $Y = 2$. Portanto, rejeitamos, ao nível de significância de 11%, a hipótese $H_0 : \xi = 900$, em favor da hipótese $H_A : \xi \neq 900$. Nesse caso, os dados indicam que a mediana deve ser menor do que 900.

Vejamos agora como podemos determinar um intervalo de confiança não-paramétrico para a mediana, usando a distribuição do número Y de diferenças $X_i - \xi_0$ com sinal positivo.

Para isso, primeiro colocamos os valores observados em ordem crescente. No caso do exemplo que estamos desenvolvendo, obtemos: 450, 480, 500, 550, 600, 650, 700, 800, 1.100 e 1.200. Nesse caso, a hipótese $H_0 : \xi = \xi_0$ será rejeitada, em um teste bilateral ao nível de significância de 11%, se $\xi_0 > 800$ ou se $\xi_0 < 500$, pois, então, teremos $Y \leq 2$ ou $Y \geq 8$. Portanto, dada essa amostra, a hipótese $H_0 : \xi = \xi_0$ não será rejeitada, ao nível de significância de 11%, se, e somente se, $500 \leq \xi_0 \leq 800$.

De acordo com o que foi visto no final da Seção 11.2, sabemos que o intervalo (paramétrico) de confiança para a média μ de uma população, ao nível de confiança de $100(1 - \alpha)\%$, é igual ao conjunto de valores de μ_0 para os quais não rejeitamos, em um teste bilateral ao nível de significância α, a hipótese $H_0 : \mu = \mu_0$. Generalizando, podemos dizer que o intervalo de $100(1 - \alpha)\%$ de confiança para um parâmetro é o conjunto de valores do parâmetro que não serão rejeitados em um teste bilateral ao nível de significância α.

Concluímos, então, que o intervalo de $100 - 11 = 89\%$ de confiança para o salário mediano da categoria profissional considerada é

$500 \leq \xi \leq 800$

Indicando por $X_1 \leq X_2 \leq \ldots \leq X_{10}$ os valores observados, colocados em ordem crescente, o intervalo de confiança seria $X_3 \leq \xi \leq X_8$.

Generalizando, se $X_1 \leq X_2 \leq ... \leq X_n$, são os valores da amostra, colocados em ordem crescente, o intervalo de $100(1 - \alpha)\%$ de confiança para a mediana é

$$X_g \leq \xi \leq X_h$$

onde g é tal que

$$\frac{1}{2^n} \sum_{Y=0}^{g-1} \binom{n}{Y} = \frac{\alpha}{2} \text{ e } h = n + 1 - g.$$

Devido à simetria da distribuição binomial com $p = 0{,}5$, temos sempre

$$\frac{1}{2^n} \sum_{Y=0}^{g-1} \binom{n}{Y} = \frac{1}{2^n} \sum_{Y=h}^{n} \binom{n}{Y} = \frac{\alpha}{2}$$

Vejamos agora o teste dos sinais, que se aplica quando dispomos de duas amostras relacionadas, cada uma com n observações, de maneira a formar n pares de valores, X_{1i}, X_{2i}, com $i = 1, ..., n$. Para exemplificar, vamos supor que desejamos comparar o grau de escolaridade do marido com o grau de escolaridade da mulher, nos casais de uma população. Seja X_{1i} o grau de escolaridade do marido e seja X_{2i} o grau de escolaridade da mulher para o i-ésimo casal de uma amostra aleatória de n casais. Na Tabela 13.1 são apresentados os valores (fictícios) de X_1 e X_2, para uma amostra de 12 casais.

TABELA 13.1
Grau de escolaridade do marido e da mulher em uma amostra de 12 casais

Casal	Grau de escolaridade do marido (X_{1i})	Grau de escolaridade da mulher (X_{2i})	Sinal de $D_i = X_{1i} - X_{2i}$
A	9	5	+
B	7	5	+
C	8	7	+
D	1	5	−
E	10	8	+
F	13	13	
G	5	6	−
H	8	12	−
I	5	1	+
J	8	7	+
K	7	4	+
L	6	2	+

Como o grau de escolaridade é uma variável apenas ordinal, pois um ano de escolarização no curso colegial não é igual a um ano de escolarização no curso primário, não seria estritamente correto aplicar um teste paramétrico.

Seja D_i a diferença entre o grau de escolaridade do marido e o da mulher, isto é, $D_i = X_{1i} - X_{2i}$. Podemos utilizar o teste não-paramétrico descrito nesta seção para testar a hipótese de que a mediana de D é igual a zero. Em casos como esse, o teste é denominado teste dos sinais. Se indicarmos a mediana de $D = X_1 - X_2$ por ξ, a hipótese da nulidade será $H_0 : \xi = 0$. Em outras palavras, sob a hipótese da nulidade, a probabilidade de ocorrer um valor positivo de D é igual à probabilidade de ocorrer um valor negativo de D, ou seja,

$$P(X_1 > X_2) = P(X_1 < X_2) = 0{,}5$$

Se os dados se referem a um país em que os costumes sociais favorecem a escolarização dos homens, cabe considerar que a hipótese alternativa é $H_A : \xi > 0$ ou $H_A : P(X_1 > X_2) > P(X_1 < X_2)$.

Para os dados da Tabela 13.1, temos 3 valores de $D_i = X_{1i} - X_{2i}$ negativos, 8 valores positivos e existe uma diferença igual a zero. Portanto, temos $Y = 8$ sinais positivos em um total de 11 sinais. Para um teste unilateral com $n = 11$, verificamos, na Tabela XI do Apêndice, que adotando $Y \geq 9$ como região de rejeição temos um nível de significância de 3,3%. Nessas condições, o número de diferenças positivas observadas ($Y = 8$) não permite rejeitar a hipótese de nulidade. Note que, se a região de rejeição fosse $Y \geq 8$, o nível de significância seria 11,3%.

O teste dos sinais que acabamos de descrever corresponde ao teste t para dados emparelhados, apresentado no final da Seção 11.8.

13.3 O TESTE DE WILCOXON-MANN-WHITNEY PARA DUAS AMOSTRAS INDEPENDENTES

Nesta seção apresentamos um método não-paramétrico de testar, com base em duas amostras aleatórias independentes, a hipótese de que duas populações têm a mesma distribuição. Façamos X_1 e X_2 denotarem a variável em cada uma das duas populações. Então, sob a hipótese da nulidade, X_1 e X_2 têm a mesma distribuição, implicando que $P(X_1 > X_2) = P(X_1 < X_2) = 0{,}5$. A hipótese alternativa é $H_A : P(X_1 > X_2) > P(X_1 < X_2)$ ou $H_A : P(X_1 > X_2) < P(X_1 < X_2)$ ou ainda: $H_A : P(X_1 > X_2) \neq P(X_1 < X_2)$.

Sejam X_{1i}, com $i = 1, ..., n_1$, os valores observados em uma amostra aleatória da população de X_1 e sejam X_{2i}, com $i = 1, ..., n_2$, os valores observados em uma amostra aleatória da população de X_2. As duas amostras devem ser independentes. Vamos admitir, sem perda de generalidade, que $n_1 \leq n_2$. O método que vamos apresentar exige que os valores de X_1 e X_2 possam ser ordenados.

A seguir descrevemos as etapas para a realização do teste de Wilcoxon-Mann-Whitney.

1º) Reunimos as duas amostras e atribuímos, a cada uma das $N = n_1 + n_2$ observações, um número de ordem ou posto, de 1 a N, que corresponderia à posição ocupada pela observação em uma seqüência ordenada de acordo com o valor crescente das observações. Se verificarmos que, considerando as duas amostras, existem duas ou mais observações com valores iguais, atribuímos a cada uma delas a média aritmética dos postos ocupados pelas observações iguais. Assim, se existirem duas observações com valores iguais logo acima do 6º posto, atribuímos a cada uma delas o posto 7,5 e à observação imediatamente superior, o posto 9.

2º) Somamos os n_1 (com $n_1 \leq n_2$) números de ordem (ou postos) que, na etapa anterior, foram associados às observações da amostra de X_1. Seja W o valor dessa soma de postos.

3º) Para $n_2 \leq 10$, a Tabela XII do Apêndice apresenta os valores críticos de W para testes com nível de significância próximo de 5%.[1] Se $n_2 > 10$, o teste pode ser feito utilizando-se a distribuição normal reduzida, pois demonstra-se que W tem, então, distribuição aproximadamente normal com média

$$\mu_w = \frac{1}{2} n_1 (n_1 + n_2 + 1) \tag{13.1}$$

e variância

$$\sigma_w^2 = \frac{1}{12} n_1 n_2 (n_1 + n_2 + 1) \tag{13.2}$$

Para mostrar como são obtidos os valores críticos apresentados na Tabela XII do Apêndice, consideremos o caso onde $n_1 = 2$ e $n_2 = 7$. Reunindo as observações provenientes das duas amostras, obtemos $N = n_1 + n_2 = 9$ valores, aos quais serão associados postos de 1 a 9. Às duas observações da amostra de X_1 pode corresponder qualquer uma das $\binom{9}{2} = 36$ combinações de dois postos apresentadas na Tabela 13.2. Sob a hipótese de que X_1 e X_2 têm a mesma distribuição, ou seja, sob $H_0 : P(X_1 > X_2) = P(X_1 < X_2) = 0{,}5$, essas 36 combinações são igualmente prováveis. Portanto, a cada um dos 36 valores de W obtidos na Tabela 13.2 está associada uma probabilidade igual a $\frac{1}{36}$.

---

[1] Uma tabela mais extensa, incluindo outros níveis de significância, é apresentada em Hollander e Wolfe (1973), p. 272-282.

TABELA 13.2

As $\binom{9}{2}$ = 36 combinações de postos associados às observações da amostra de X_1 e o correspondente valor de W quando $n_1 = 2$ e $n_2 = 7$

Postos	W	Postos	W	Postos	W
1 e 2	3	2 e 7	9	4 e 8	12
1 e 3	4	2 e 8	10	4 e 9	13
1 e 4	5	2 e 9	11	5 e 6	11
1 e 5	6	3 e 4	7	5 e 7	12
1 e 6	7	3 e 5	8	5 e 8	13
1 e 7	8	3 e 6	9	5 e 9	14
1 e 8	9	3 e 7	10	6 e 7	13
1 e 9	10	3 e 8	11	6 e 8	14
2 e 3	5	3 e 9	12	6 e 9	15
2 e 4	6	4 e 5	9	7 e 8	15
2 e 5	7	4 e 6	10	7 e 9	16
2 e 6	8	4 e 7	11	8 e 9	17

Coletando, na Tabela 13.2, os diferentes valores de W, obtemos a distribuição de W sob H_0, com $n_1 = 2$ e $n_2 = 7$, que consta na Tabela 13.3.

Verificamos, na Tabela 13.3, que $P(W = 3) = P(W = 17) = 0{,}028$. Portanto, a região de rejeição para um teste bilateral, ao nível de significância de 5,6%, é $W = 3$ e $W = 17$. Verificamos também que $P(W \leq 4) = P(W \geq 16) = 0{,}056$. Portanto, a região de rejeição para um teste unilateral de H_0 contra $H_A : P(X_1 > X_2) < P(X_1 < X_2)$, ao nível de significância de 5,6%, é $W \leq 4$, e a região de rejeição para um teste unilateral de H_0 contra $H_A : P(X_1 > X_2) > P(X_1 < X_2)$, ao mesmo nível de significância, é $W \geq 16$. É fácil verificar que tais informações são fornecidas pela Tabela XII do Apêndice.

TABELA 13.3
Probabilidades associadas, sob H_0, aos diferentes valores de W, para $n_1 = 2$ e $n_2 = 7$

W	P(W)	Função de distribuição
3	1/36	1/36 = 0,028
4	1/36	2/36 = 0,056
5	2/36	4/36 = 0,111
6	2/36	6/36 = 0,167
7	3/36	9/36 = 0,250
8	3/36	12/36 = 0,333
9	4/36	16/36 = 0,444
10	4/36	20/36 = 0,556
11	4/36	24/36 = 0,667
12	3/36	27/36 = 0,750
13	3/36	30/36 = 0,833
14	2/36	32/36 = 0,889
15	2/36	34/36 = 0,944
16	1/36	35/36 = 0,972
17	1/36	36/36 = 1,000

Para mostrar como se procede ao teste de Wilcoxon-Mann-Whitney, vamos considerar os dados apresentados na Tabela 13.4, referentes às notas obtidas em uma mesma prova de matemática, por uma amostra aleatória de alunos da Escola *A* e por uma amostra aleatória de alunos da Escola *B*. Desejamos testar a hipótese de que os alunos das duas escolas são igualmente preparados em matemática, contra a hipótese de que os alunos da Escola *A* são mais bem preparados nessa disciplina.

TABELA 13.4
Notas obtidas, em uma mesma prova, por 4 alunos da Escola *A* (X_{1i}) e por 8 alunos da Escola *B* (X_{2i}). O posto correspondente a cada nota está colocado entre parênteses, na frente da nota

X_{1i}		X_{2i}			
7,5	(6)	6,5	(1)	7,3	(5)
8,1	(9)	6,8	(2)	7,8	(7)
8,4	(10)	7,0	(3)	7,9	(8)
9,5	(12)	7,1	(4)	8,7	(11)

Somando os postos associados às notas dos alunos da Escola *A*, que constam na Tabela 13.4, obtemos $W = 37$. Na Tabela XII do Apêndice verificamos que, com $n_1 = 4$ e $n_2 = 8$, a região de rejeição, para um teste unilateral à direita, ao nível de significância de 5,5%, é $W \geq 36$. Portanto, a esse nível de significância rejeitamos a hipótese de nulidade, em favor da hipótese de que os alunos da Escola *A* são mais bem preparados em matemática.

Embora n_2 seja menor do que 10, vamos utilizar os dados da Tabela 13.4 para ilustrar a utilização da aproximação normal para a distribuição de *W*. Para $n_1 = 4$ e $n_2 = 8$, de acordo com (13.1) e (13.2), obtemos

$$\mu_w = 26$$

e

$$\sigma_w^2 = \frac{104}{3}$$

Uma vez que *W* é uma variável discreta, devemos fazer uma correção de continuidade para calcular o correspondente valor da variável normal reduzida (*Z*). Quando não são encontrados valores iguais pertencentes a amostras diferentes entre as $N = n_1 + n_2$ observações, *W* só assume valores inteiros e, conseqüentemente, a correção de continuidade é igual a 0,5.

Para os dados da Tabela 13.4, como $W = 37 > \mu_w = 26$, a correção de continuidade é subtraída de *W*. Então, obtemos

$$Z = \frac{37 - 0,5 - 26}{\sqrt{\frac{104}{3}}} = 1,783$$

Para um teste unilateral ao nível de significância de 5%, o valor crítico é $Z_0 = 1{,}645$. Como $Z = 1{,}783 > Z_0$, rejeitamos, ao nível de significância de 5%, a hipótese de nulidade, em favor da hipótese de que os alunos da Escola A são mais bem preparados em matemática.

A aproximação normal da distribuição de W pode ser utilizada para determinar a probabilidade de ocorrer um valor de W igual ou superior a 37. Temos

$$P(W \geq 37) = P(Z > 1{,}783) = 0{,}037$$

A probabilidade correta, que pode ser obtida por meio do método ilustrado nas tabelas 13.2 e 13.3 ou utilizando tabelas mais extensas que a Tabela XII do Apêndice,[2] é $P(W \geq 37) = 0{,}036$. Portanto, apesar de os valores de n_1 e n_2 serem relativamente pequenos, a aproximação normal de W mostrou-se satisfatória.

Se for feita a pressuposição de que a forma da distribuição de X_1 é igual à forma da distribuição de X_2, a hipótese $H_0 : P(X_1 > X_2) = P(X_1 < X_2) = 0{,}5$ é equivalente à hipótese de que a mediana (ξ_1) de X_1 é igual à mediana (ξ_2) de X_2. O método apresentado pode, então, ser utilizado para testar $H_0 : \xi_1 = \xi_2$.

13.4 TESTE DA ORDENAÇÃO CASUAL

A validade de diversos métodos estatísticos apresentados neste livro depende de os dados analisados serem provenientes de uma amostra aleatória. Nesta seção vamos apresentar um método para testar se uma amostra é aleatória no que se refere à ordem ou seqüência das observações.

Consideremos, inicialmente, uma seqüência de observações de uma variável binária, isto é, de uma variável que só se apresenta sob uma de duas modalidades mutuamente exclusivas. Seja n_1 o número de vezes que ocorre uma das modalidades e seja n_2 o número de vezes que ocorre a outra modalidade. Então, na seqüência existem $N = n_1 + n_2$ observações. Vamos supor, sem perda de generalidade, que $n_1 \leq n_2$.

Vamos definir grupo ou chorrilho como sendo um conjunto de observações consecutivas de uma mesma modalidade, que é precedido ou seguido por observações de outra modalidade ou, caso o conjunto esteja no início ou no final da seqüência, nada o precede ou segue. Para exemplificar, consideremos a seguinte seqüência de sinais:

+ + − + − − − − + − +

Temos $n_1 = 5$ sinais positivos e $n_2 = 6$ sinais negativos. O primeiro chorrilho é constituído por dois sinais positivos; o segundo chorrilho é constituído por apenas um sinal negativo, e assim por diante. O número total de chorrilhos da seqüência, que indicaremos por u, é igual a 7.

---

[2] Ver, por exemplo, Hollander e Wolfe (1973), p. 276.

Vejamos agora como podemos utilizar o número de chorrilhos para testar a hipótese de que a ordenação das observações de uma variável binária, em uma dada seqüência, é casual ou aleatória. Suponhamos, por exemplo, que uma moeda foi lançada 12 vezes e que se obteve a seguinte seqüência de caras (K) e de coroas (C):

K K K K K K C C C C C C

Ora, parece razoável admitir que a ordenação, dentro dessa seqüência, é não-aleatória, ou seja, a ordem dos resultados dentro dessa seqüência sugere que os lançamentos da moeda não foram independentes. Temos apenas 2 chorrilhos, para $n_1 = n_2 = 6$.

Outra seqüência, que poderia ocorrer como resultado de 12 lançamentos de uma moeda, é a seguinte:

K C K C K C K C K C K C

Essa seqüência também sugere que a ordem das observações é não-aleatória, pois temos $u = 12$, que é o número máximo de chorrilhos que pode ser obtido com $n_1 = n_2 = 6$.

É importante observar que, mesmo sob a hipótese de que os resultados do lançamento da moeda são independentes, ambas as seqüências apresentadas podem ocorrer, mas associadas a valores muito baixos de probabilidade, conforme veremos adiante.

É fácil ver que, em uma seqüência com $n_1 > 0$ e $n_2 > 0$, o número mínimo de chorrilhos é igual a 2 e o número máximo de chorrilhos é $2n_1$ se $n_2 = n_1$ e é $2n_1 + 1$ se $n_2 > n_1$.

Para mostrar como são calculadas as probabilidades associadas aos diferentes valores do número u de chorrilhos, dados n_1 e n_2, consideremos o caso em que $n_1 = 2$ e $n_2 = 4$. Então, $N = n_1 + n_2 = 6$. O número total de seqüências que podemos formar é dado por

$$\binom{N}{n_1} = \binom{N}{n_2} = \frac{N!}{n_1! n_2!} = \frac{6!}{2!4!} = 15$$

Na Tabela 13.5 apresentamos as 15 diferentes seqüências que podem ser obtidas com 2 sinais positivos e 4 sinais negativos, e os correspondentes valores de u.

TABELA 13.5
As 15 diferentes seqüências possíveis com $n_1 = 2$ e $n_2 = 4$,
e o número (u) de chorrilhos em cada seqüência

Seqüência	u
+ + – – – –	2
+ – + – – –	4
+ – – + – –	4
+ – – – + –	4
+ – – – – +	3
– + + – – –	3
– + – + – –	5
– + – – + –	5
– + – – – +	4
– – + + – –	3
– – + – + –	5
– – + – – +	4
– – – + + –	3
– – – + – +	4
– – – – + +	2

Sob a hipótese de que a ordem dos sinais é aleatória, cada uma das 15 seqüências da Tabela 13.5 ocorre com $\frac{1}{15}$ de probabilidade. Então, escrevendo apenas os valores distintos de u e as respectivas probabilidades, obtemos a distribuição do número de chorrilhos, apresentada na Tabela 13.6.

TABELA 13.6
Valores de u e respectivas probabilidades para $n_1 = 2$ e $n_2 = 4$

u	$P(u)$	Função de distribuição
2	2/15	2/15 = 0,133
3	4/15	6/15 = 0,400
4	6/15	12/15 = 0,800
5	3/15	15/15 = 1,000

Nas linhas da Tabela XIII do Apêndice são dadas as funções de distribuição de u para valores crescentes de n_1 e n_2. Na segunda linha dessa tabela são reproduzidas as probabilidades obtidas na última coluna da Tabela 13.6.

Utilizando a Tabela XIII do Apêndice, podemos obter facilmente as probabilidades associadas às seqüências de caras e coroas apresentadas anteriormente.

Para $n_1 = n_2 = 6$, verifica-se que a probabilidade de obter apenas 2 chorrilhos, isto é, a probabilidade de obter a seqüência

K K K K K K C C C C C C

ou a seqüência

C C C C C C K K K K K K

é igual a 0,2%. É fácil verificar também que a probabilidade de obter 12 chorrilhos, isto é, a probabilidade de obter a seqüência

K C K C K C K C K C K C

ou a seqüência

C K C K C K C K C K C K

é igual a 0,2%. Note que a distribuição de u é simétrica quando $n_1 = n_2$.

Para testar a hipótese de que a ordem das observações dentro de uma dada seqüência é aleatória, determinamos os valores de n_1 e de n_2, contando o número de vezes que aparece cada uma das duas modalidades mutuamente exclusivas da variável. Em seguida, se $n_1 \le n_2 \le 10$, utilizamos a Tabela XIII do Apêndice para delimitar a região de rejeição do teste. Finalmente, determinamos o número u de chorrilhos na seqüência e verificamos se esse número está ou não na região de rejeição. Para exemplificar, consideremos a seguinte seqüência de sinais:

+ + − − − + − − + + + − −

Temos $n_1 = 6$ sinais positivos e $n_2 = 7$ sinais negativos. Na Tabela XIII do Apêndice, verificamos que, para $n_1 = 6$ e $n_2 = 7$, temos $P(u \le 4) = 0{,}043$ e $P(u \ge 11) = 0{,}034$. Portanto, para um teste bilateral ao nível de significância de aproximadamente 8%, a região de rejeição é $u \le 4$ e $u \ge 11$. Uma vez que na seqüência dada temos $u = 6$ chorrilhos, não rejeitamos, ao nível de significância de 8%, a hipótese de que a ordem dos sinais é aleatória.

Uma tabela mais extensa que a Tabela XIII do Apêndice, incluindo valores de n_2 até 20, é encontrada em Swed e Eisenhart (1943).

Quando $n_2 > 10$ e $n_1 \ge 5$, o teste pode ser feito com base na distribuição normal reduzida, pois pode-se demonstrar que u tem, nessas condições, distribuição aproximadamente normal com média

$$\mu_u = \frac{2n_1 n_2}{n_1 + n_2} + 1 \tag{13.3}$$

e variância

$$\sigma_u^2 = \frac{2n_1 n_2 (2n_1 n_2 - n_1 - n_2)}{(n_1 + n_2)^2 (n_1 + n_2 - 1)} \tag{13.4}$$

Considerando a correção de continuidade, o valor da variável normal reduzida (Z) correspondente a u é

$$Z = \frac{u - 0{,}5 - \mu_u}{\sigma_u} \quad (13.5)$$

se $u > \mu_u$ e

$$Z = \frac{u + 0{,}5 - \mu_u}{\sigma_u} \quad (13.6)$$

se $u < \mu_u$.

A aproximação normal para a distribuição de u pode ser utilizada para determinar o valor da probabilidade de se obter valores de u acima ou abaixo de certo limite. Para exemplificar, vamos determinar $P(u \leq 4)$ na distribuição de u com $n_1 = 5$ e $n_2 = 10$. De acordo com (13.3) e (13.4), temos

$$\mu_u = \frac{23}{3} = 7{,}667$$

e

$$\sigma_u^2 = \frac{170}{63} = 2{,}698$$

Utilizando a aproximação normal para a distribuição de u, obtemos

$$P(u \leq 4) = P\left(Z < \frac{4 + 0{,}5 - 7{,}667}{\sqrt{2{,}698}}\right) = P(Z < -1{,}928) = 0{,}027$$

O valor correto para $P(u \leq 4)$, obtido da distribuição de u com $n_1 = 5$ e $n_2 = 10$, que consta na Tabela XIII do Apêndice, é 0,029. Portanto, o resultado obtido pela aproximação normal mostrou-se satisfatório, apesar de os valores de n_1 e n_2 não serem grandes.

O método descrito nesta seção também pode ser utilizado para testar a hipótese de que os valores numéricos de uma dada seqüência se apresentam em ordem aleatória. Para isso, transformamos a seqüência de valores em uma seqüência de sinais, substituindo os valores maiores do que a mediana por um sinal positivo, os valores menores do que a mediana por um sinal negativo, e não atribuindo sinal aos valores numericamente iguais à mediana.

Para exemplificar, consideremos a seguinte seqüência de valores: 16, 15, 14, 21, 25, 27, 22, 11, 12, 10, 15, 18, 24 e 29, cuja mediana é 17. Substituindo cada valor por um sinal, que será positivo ou negativo, conforme o valor observado seja, respectivamente, maior ou menor do que a mediana, obtemos a seguinte seqüência de sinais:

– – – + + + + – – – – – + + +

Temos $n_1 = n_2 = 7$ e $u = 4$. Na Tabela XIII do Apêndice, verificamos que a região de rejeição, para um teste bilateral ao nível de significância de 5%, é $u \leq 4$ e $u \geq 12$. Portanto, rejeitamos, a esse nível de significância, a hipótese de que a ordem dos valores na seqüência é aleatória.

13.5 O COEFICIENTE DE CORRELAÇÃO ORDINAL DE SPEARMAN

Sejam X e Y duas variáveis medidas em escala de intervalos ou em escala-razão. Para exemplificar, consideremos que X é a altura de um indivíduo e Y é o seu peso. Dada uma amostra de n pares de valores X_i, Y_i (com $i = 1, ..., n$), a estimativa do coeficiente de correlação linear entre X e Y é dada por[3]

$$r = \frac{\sum x_i y_i}{\sqrt{\sum x_i^2 \sum y_i^2}}, \qquad (13.7)$$

onde $x_i = X_i - \bar{X}$ e $y_i = Y_i - \bar{Y}$, com $\bar{X} = \frac{1}{n}\sum X_i$ e $\bar{Y} = \frac{1}{n}\sum Y_i$. Esse é o coeficiente de correlação de Pearson. Se for feita a pressuposição de que X e Y têm distribuição normal bidimensional, podemos utilizar o valor de $t = \frac{r\sqrt{n-2}}{\sqrt{1-r^2}}$, com $n-2$ graus de liberdade, para testar a hipótese de que a correlação entre X e Y é igual a zero.

Suponhamos, agora, que a escala de medida de uma das variáveis em análise ou de ambas é apenas ordinal, ou que, apesar de as variáveis serem medidas em escala de intervalos ou escala-razão, desejamos testar a hipótese de que a correlação entre X e Y é zero sem pressupor que as variáveis têm distribuição normal bidimensional. Nesse caso, a análise deve ser feita por meio de um coeficiente de correlação ordinal, como o coeficiente de correlação de Spearman. Sejam G e Q as variáveis em questão e vamos supor que dispomos de uma amostra aleatória com n pares de observações G_i, Q_i, com $i = 1, 2, ..., n$. Para calcular o coeficiente de correlação, associamos a cada observação G_i um número de ordem ou posto, de 1 a n, que corresponderia ao número de ordem de G_i, se os valores de G_i fossem colocados em ordem crescente. Depois, de maneira análoga, associamos a cada Q_i um número de ordem ou posto. Sejam X_i os postos correspondentes a G_i e sejam Y_i os postos correspondentes a Q_i. Vamos supor, inicialmente, que não existem valores iguais entre os G_i ou entre os Q_i. Então, X_i e Y_i são números inteiros de 1 a n.

O coeficiente de correlação de Spearman é dado por

$$r_s = \frac{\sum x_i y_i}{\sqrt{\sum x_i^2 \sum y_i^2}}, \qquad (13.8)$$

onde $x_i = X_i - \bar{X}$ e $y_i = Y_i - \bar{Y}$, com $\bar{X} = \frac{1}{n}\sum X_i$ e $\bar{Y} = \frac{1}{n}\sum Y_i$.

---

[3] Ver Seção 15.1.

A expressão (13.8) pode ser colocada em uma forma que facilita os cálculos, como mostraremos a seguir.

Seja d_i a diferença entre os valores de X e Y correspondentes a um par de observações, isto é,

$$d_i = X_i - Y_i \tag{13.9}$$

Uma vez que $\bar{X} = \bar{Y}$, temos que $d_i = x_i - y_i$. Então,

$$\Sigma d_i^2 = \Sigma(x_i - y_i)^2 = \Sigma x_i^2 + \Sigma y_i^2 - 2\Sigma x_i y_i$$

Segue-se daí que

$$\Sigma x_i y_i = \frac{1}{2}(\Sigma x_i^2 + \Sigma y_i^2 - \Sigma d_i^2) \tag{13.10}$$

Substituindo (13.10) em (13.8), obtemos

$$r_s = \frac{\Sigma x_i^2 + \Sigma y_i^2 - \Sigma d_i^2}{2\sqrt{\Sigma x_i^2 \Sigma y_i^2}} \tag{13.11}$$

Uma vez que tanto os n valores de X_i como os n valores de Y_i constituem uma progressão aritmética cujo primeiro termo é igual a 1 e cujo último termo é igual a n, temos que

$$\Sigma Y_i = \Sigma X_i = 1 + 2 + \ldots + n = \frac{n(n+1)}{2} \tag{13.12}$$

Pode-se provar, por indução matemática, que a soma dos quadrados dos n primeiros números inteiros positivos é igual a $\dfrac{n(n+1)(2n+1)}{6}$. Então, lembrando (13.12), obtemos

$$\Sigma y_i^2 = \Sigma x_i^2 = \Sigma X_i^2 - \frac{(\Sigma X_i)^2}{n} = \frac{n(n+1)(2n+1)}{6} - \frac{n^2(n+1)^2}{4n}$$

Desenvolvendo e simplificando, obtemos

$$\Sigma y_i^2 = \Sigma x_i^2 = \frac{n^3 - n}{12} \tag{13.13}$$

Substituindo (13.13) em (13.11) e simplificando, concluímos que

$$r_s = 1 - \frac{6\Sigma d_i^2}{n^3 - n} \tag{13.14}$$

Para exemplificar, consideremos os dados da Tabela 13.7, em que G e Q poderiam ser as notas de matemática e de estatística obtidas por 6 alunos ou poderiam ser a renda mensal (em centenas de reais) e uma medida (ordinal) de nível de vida para 6 famílias.

TABELA 13.7
Amostra aleatória de 6 pares de valores (G_i, Q_i) e os postos (X_i, Y_i) correspondentes

G_i	Q_i	Posto de G_i (X_i)	Posto de Q_i (Y_i)	$d_i = X_i - Y_i$
6,2	7,0	3	1	2
8,0	9,0	6	5	1
6,0	7,5	2	2	0
6,5	8,5	4	4	0
7,0	9,5	5	6	−1
5,5	8,0	1	3	−2

Obtemos $\Sigma d_i^2 = 10$ e, de acordo com (13.14),

$$r_s = 1 - \frac{6 \cdot 10}{6^3 - 6} = \frac{5}{7} = 0{,}714$$

Para testar a hipótese de que a correlação entre G e Q é igual a zero, comparamos o valor calculado de r_s com os valores críticos apresentados na Tabela XIV do Apêndice. Com $n = 6$, o valor crítico, para um teste unilateral à direita, ao nível de significância de 5%, é igual a 0,829. Como $r_s = 0{,}714 < 0{,}829$, não rejeitamos, a esse nível de significância, a hipótese de que a correlação é igual a zero.

Para mostrar como podem ser determinadas as distribuições de r_s para amostras pequenas, consideremos o caso de $n = 3$. Tanto X_i como Y_i assumem, então, os valores 1, 2 e 3. Fixada a ordem dos valores de X_i em 1, 2 e 3, temos $n! = 3! = 6$ permutações para os valores de Y_i, como mostra a Tabela 13.8. A cada uma dessas permutações corresponde um valor de $S = \Sigma d_i^2$, que também é apresentado na Tabela 13.8.

TABELA 13.8
As 6 permutações para os valores de Y_i e os correspondentes valores de $S = \Sigma d_i^2$ quando $n = 3$

X_1	X_2	X_3	Y_1	Y_2	Y_3	$S = \Sigma d_i^2$
1	2	3	1	2	3	0
1	2	3	1	3	2	2
1	2	3	2	1	3	2
1	2	3	2	3	1	6
1	2	3	3	1	2	6
1	2	3	3	2	1	8

Sob a hipótese de que a correlação entre G e Q é igual a zero, cada uma das 6 permutações dos valores de Y_i apresentadas na Tabela 13.8 ocorre com $\dfrac{1}{6}$ de probabilidade. Então, coletando os diferentes valores de $S = \sum d_i^2$ dessa tabela e calculando, por meio de (13.14), os correspondentes valores de r_s, obtemos as distribuições de $S = \sum d_i^2$ e de r_s para $n = 3$, apresentadas na Tabela 13.9.

TABELA 13.9
Distribuições de $S = \sum d_i^2$ e de r_s quando $n = 3$

$S = \sum d_i^2$	r_s	$P(s) = P(r_s)$
0	1	1/6 = 0,167
2	0,5	2/6 = 0,333
6	−0,5	2/6 = 0,333
8	−1	1/6 = 0,167

Qualquer que seja o valor de n, a distribuição de r_s é simétrica e $-1 \leq r_s \leq 1$. Quando $n > 10$, o teste da hipótese de nulidade pode ser feito pela variável

$$t = \dfrac{r_s \sqrt{n-2}}{\sqrt{1-r_s^2}}$$

cuja distribuição é aproximadamente igual à distribuição de t com $n - 2$ graus de liberdade.

Se, ao determinar os postos de G_i (ou de Q_i), encontrarmos um conjunto de observações com valores iguais, atribuímos a cada um deles a média aritmética dos postos ocupados pelo conjunto. Nesse caso, a fórmula (13.14) deixa de ser válida, embora forneça resultados com muito boa aproximação quando o número de valores repetidos de G_i e/ou de Q_i é relativamente pequeno. Entretanto, se o número de valores repetidos é grande, torna-se necessário calcular r_s por meio de (13.8) ou introduzir uma correção para valores repetidos.[4]

Exercícios

13.1 Determine o intervalo de confiança não-paramétrico para a mediana da população, ao nível de confiança de 95%, com base na seguinte amostra aleatória com 17 observações da variável X: 34, 30, 14, 39, 24, 17, 18, 26, 11, 38, 27, 29,

---

[4] Ver, por exemplo, Siegel (1956), p. 206-210.

13, 19, 31, 22 e 35. A seguir, determine o intervalo de 95% de confiança para a média da população, pressupondo que X tem distribuição normal. Compare os dois intervalos de confiança lembrando que, em uma distribuição normal, a média é igual à mediana.

13.2 Suponha que dois professores de português deram, independentemente, notas às redações apresentadas por 14 alunos. As notas dadas estão na tabela a seguir.

Aluno	Nota do Prof. A (X_A)	Nota do Prof. B (X_B)
1	4,5	4,0
2	6,0	4,0
3	8,0	7,0
4	8,0	8,0
5	9,5	10,0
6	9,0	7,5
7	4,5	5,0
8	9,0	9,5
9	6,5	6,0
10	7,0	6,5
11	8,0	6,0
12	8,5	8,0
13	5,5	5,5
14	7,5	5,5

Afirma-se que o Professor A é o mais benevolente. Faça um teste não-paramétrico para verificar essa afirmativa, considerando um nível de significância de aproximadamente 10%.

13.3 Considerando os dados da Tabela 11.9, utilize o método de Wilcoxon-Mann-Whitney para testar, ao nível de significância de 5%, a hipótese de que as rendas mensais de engenheiros e de advogados têm a mesma distribuição.

13.4 Determine a distribuição da soma de postos W, relativa ao teste de Wilcoxon-Mann-Whitney, para $n_1 = 2$ e $n_2 = 5$.

13.5 Idem para $n_1 = n_2 = 3$.

13.6 Na tabela a seguir são dados os preços reais do milho, por saco de 60 kg, recebidos pelos produtores do Estado de São Paulo, de janeiro de 1974 a dezembro de 1975, em cruzeiros de 1965-1967.

Mês	Ano	
	1974	1975
Jan.	7,69	8,65
Fev.	7,38	8,50
Mar.	7,22	7,98
Abr.	7,03	7,23
Maio	6,95	6,73
Jun.	6,11	6,56
Jul.	5,68	6,81
Ago.	6,04	7,75
Set.	6,26	8,18
Out.	6,32	8,27
Nov.	7,48	8,51
Dez.	8,19	8,78

Fonte: Os preços correntes são do Instituto de Economia Agrícola (IEA) e foram deflacionados pelo índice 2 da *Conjuntura Econômica* (ver Seção 16.12).

Utilize o teste de ordenação casual para verificar se a seqüência dos 24 preços reais é aleatória, adotando um nível de significância de 1%.

13.7 Determine a distribuição do número (u) de chorrilhos para uma seqüência aleatória de sinais com 2 sinais positivos e 3 sinais negativos.

13.8 Idem para uma seqüência com 4 sinais positivos e 4 sinais negativos.

13.9 Na tabela a seguir estão apresentados os postos dados por dois críticos de cinema que foram solicitados a classificar 9 filmes.

Filme	Classificação do crítico I	Classificação do crítico II
A	5	9
B	2	3
C	8	8
D	1	2
E	3	1
F	7	4
G	4	5
H	6	6
I	9	7

Calcule o coeficiente de correlação entre as duas classificações e teste, ao nível de significância de 5%, a hipótese de que os critérios de classificação dos dois críticos são independentes contra a hipótese de que são positivamente correlacionados.

13.10 Calcule o coeficiente de correlação de Spearman entre as notas dos dois professores dadas no exercício 13.2.

13.11 Determine a distribuição do coeficiente de correlação de Spearman, sob a hipótese de nulidade de que não há correlação entre as duas variáveis, quando o tamanho da amostra é $n = 4$.

Respostas

13.1 $18 \le \xi \le 31$; $20,6 < \xi = \mu < 29,7$

13.2 Considerando o sinal da diferença $X_A - X_B$, obtivemos 9 sinais positivos e 3 negativos. Com $n = 12$, temos $P(Y \le 3) = 7,3\%$, em que Y é o número de sinais negativos. Portanto, rejeitamos

$H_0 : P(X_A > X_B) = P(X_A < X_B)$ em favor da hipótese alternativa
$H_A : P(X_A > X_B) > P(X_A < X_B)$

13.3 $Z = 2,85$, significativo ($Z_0 = 1,96$)

13.4

W	P(W)
3	1/21
4	1/21
5	2/21
6	2/21
7	3/21
8	3/21
9	3/21
10	2/21
11	2/21
12	1/21
13	1/21

13.5

W	P(W)
6	0,05
7	0,05
8	0,10
9	0,15
10	0,15
11	0,15
12	0,15
13	0,10
14	0,05
15	0,05

13.6 $Z = -3{,}13$, significativo ($Z_0 = 2{,}58$). A principal causa da formação de poucos chorrilhos é, no caso, a variação estacional do preço (ver Capítulo 20).

13.7

u	$P(u)$
2	0,2
3	0,3
4	0,4
5	0,1

13.8

u	$P(u)$
2	1/35
3	3/35
4	9/35
5	9/35
6	9/35
7	3/35
8	1/35

13.9 $r_s = 0{,}70$, significativo (o valor crítico é 0,600).

13.10 $r_s = 0{,}9056$

13.11

$S = \sum d_i^2$	r_s	$P(s) = P(r_s)$
0	1,0	1/24
2	0,8	3/24
4	0,6	1/24
6	0,4	4/24
8	0,2	2/24
10	0	2/24
12	$-0{,}2$	2/24
14	$-0{,}4$	4/24
16	$-0{,}6$	1/24
18	$-0{,}8$	3/24
20	$-1{,}0$	1/24

14

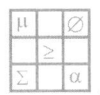

Análise de Variância

14.1 INTRODUÇÃO

Vimos, na Seção 11.8, como testar a hipótese de que a diferença entre as médias de duas populações tem um valor especificado e, em particular, vimos como testar $H_0 : \mu_1 = \mu_2$ contra $H_A : \mu_1 \neq \mu_2$.

Neste capítulo veremos como testar a hipótese de que as médias de k populações distintas são iguais, isto é, veremos como testar $H_0 : \mu_1 = \mu_2 = ... = \mu_k$, contra a hipótese alternativa de que existe pelo menos uma média diferente das demais. O procedimento para esse teste de hipóteses é a análise de variância, inicialmente desenvolvida pelo estatístico britânico *Sir* R. A. Fisher, que trabalhou com análise de experimentos agronômicos.

Para estudar análise de variância, suponhamos k amostras independentes, provenientes de k populações distintas. Seja n_i o número de observações na i-ésima amostra. É claro que o número total de observações será, então, $N = \sum n_i$ e, no caso particular em que $n_1 = n_2 = ... n_k = n$, será $N = kn$. Sejam Y_{ij}, com $i = 1, 2, ..., k$ e $j = 1, 2, ..., n_i$, os valores observados.

Tais valores poderiam ser obtidos, por exemplo, de um experimento agrícola inteiramente ao acaso, conduzido para testar a hipótese de que, em média, as produções de k diferentes variedades de uma mesma espécie vegetal cultivada são iguais. Para conduzir um experimento desse tipo, seria necessário dividir uma área de solo homogêneo em N unidades experimentais ou parcelas e designar, ao acaso, uma variedade para cada parcela, com a única restrição de que deverão existir n_1 parcelas com a primeira variedade, n_2 parcelas com a segunda variedade etc. Nesse caso, Y_{ij} seria a produção da j-ésima parcela, em que foi cultivada a variedade i. Se indicarmos por μ_i a produção média da i-ésima variedade, a hipótese da nulidade será $H_0 : \mu_1 = \mu_2 = ... = \mu_k$. Outro exemplo, similar do ponto de vista estatístico, seria o de um experimento conduzido para verificar, dada uma variedade de determinada espécie vegetal cultivada, se as produções médias, relativas a cada um de k tipos de adubação, são diferentes.

Genericamente, denominamos tratamento o atributo que distingue as populações cujas médias são comparadas em uma análise de variância. No primeiro exemplo, os tratamentos são as diferentes variedades da espécie vegetal cultivada, e, no segundo, são os diferentes tipos de adubação.

Os dados em análise também podem ser não-experimentais. Por exemplo, para testar a hipótese de que, em média, a remuneração de operários de k diferentes indústrias é a mesma, Y_{ij} seria a remuneração[1] do j-ésimo operário em uma amostra aleatória de n_i operários da indústria i.

14.2 O MODELO E OS ESTIMADORES DE MÍNIMOS QUADRADOS

Vamos admitir que cada valor observado (Y_{ij}) é dado pela soma da média (μ_i) da população de onde esse valor proveio com um erro aleatório (u_{ij}), isto é, vamos admitir o seguinte modelo linear:

$$Y_{ij} = \mu_i + u_{ij} \tag{14.1}$$

Faremos as seguintes pressuposições:

a) os u_{ij} são variáveis aleatórias com média zero, isto é,
$$E(u_{ij}) = 0 \text{ para } i = 1, 2, ..., k \text{ e } j = 1, 2, ..., n_i; \tag{14.2}$$

b) os u_{ij} são variáveis aleatórias independentes; então, considerando (14.2), temos
$$E(u_{ij}u_{hl}) = 0, \text{ se } h \neq i \text{ e/ou } l \neq j; \tag{14.3}$$

c) os u_{ij} têm variância constante, ou seja, são homocedásticos; então,
$$E(u_{ij}^2) = \sigma^2, \text{ para } i = 1, 2, ..., k \text{ e } j = 1, 2, ..., n_i; \tag{14.4}$$

d) os u_{ij} têm distribuição normal.

Em resumo, pressupomos que Y_{ij} são valores que resultam da adição de μ_i com u_{ij} e que os u_{ij} são variáveis aleatórias independentes com distribuição normal de média zero e variância σ^2.

Existem casos em que não são satisfeitas uma ou mais pressuposições. Assim, podem existir erros sistemáticos de medida na variável analisada, comprometendo a pressuposição 14.2.

Por outro lado, a pressuposição (14.3) fica garantida se os valores Y_{ij} forem obtidos de uma população infinita, por amostragem aleatória.

Também existem casos em que a variância dos erros u_{ij}, dentro de tratamentos, não é constante. Dizemos, então, que existe heterocedasticia. Algumas vezes, essa dificuldade pode ser resolvida com uma transformação de variáveis. Se, por exemplo, verificarmos que a variância de Y_{ij} é proporcional ao quadrado de μ_i, basta fazer uma análise de variância utilizando os valores de $\log Y_{ij}$, pois demonstra-se que os

---

[1] É usual utilizar o *logaritmo* da remuneração, cuja distribuição é aproximadamente normal.

$\log Y_{ij}$ têm, nessas circunstâncias, variância aproximadamente constante. Se, entretanto, verificarmos que a variância de Y_{ij} é proporcional a μ_i, devemos fazer a análise de variância utilizando os valores de $(Y_{ij})^{1/2}$, pois essa variável tem, nesse caso, variância aproximadamente constante.

Em geral, o modelo (14.1), com as pressuposições a respeito dos erros u_{ij}, constitui apenas uma representação aproximada da realidade. Entretanto, pode ocorrer que uma ou mais das pressuposições mencionadas não sejam, obviamente, satisfeitas. Há casos em que é possível resolver o problema considerando modelos mais complexos, que não serão examinados neste livro.

Fazendo $\mu_i = \mu + \alpha_i$, onde α_i são os efeitos de tratamentos, o modelo (14.1) fica

$$Y_{ij} = \mu + \alpha_i + u_{ij} \tag{14.5}$$

Os α_i estão sujeitos à restrição $\Sigma n_i \alpha_i = 0$. Então, de $\mu_i = \mu + \alpha_i$, obtemos

$$\mu = \frac{1}{N} \sum_i n_i \mu_i \tag{14.6}$$

Façamos m_i indicar as estimativas de μ_i (com $i = 1, 2, ..., k$). Temos, então, que

$$Y_{ij} = m_i + e_{ij}$$

onde e_{ij} é o desvio da j-ésima observação em relação à estimativa da média do tratamento i.

Dados os valores observados Y_{ij}, com $i = 1, 2, ..., k$ e $j = 1, 2, ..., n_i$, de acordo com o método dos mínimos quadrados, as estimativas de μ_i são os valores de m_i que minimizam a soma de quadrados dos desvios ou soma de quadrados residual, dada por

$$Q = \text{S.Q.Res.} = \sum_{i=1}^{k} \sum_{j=1}^{n_i} e_{ij}^2 = \sum_{i=1}^{k} \sum_{j=1}^{n_i} (Y_{ij} - m_i)^2 \tag{14.7}$$

De acordo com as condições de primeira ordem para mínimo, temos

$$\frac{\partial Q}{\partial m_i} = 2 \sum_{j=1}^{n_i} (Y_{ij} - m_i)(-1) = 0$$

Então,

$$n_i m_i = \sum_{j=1}^{n_i} Y_{ij}$$

ou

$$m_i = \frac{1}{n_i} \sum_{j=1}^{n_i} Y_{ij} = \bar{Y}_i, \tag{14.8}$$

isto é, o estimador de mínimos quadrados para a média do i-ésimo tratamento é a média aritmética das observações desse tratamento.

Indicando por A_i o total do i-ésimo tratamento, isto é, fazendo $A_i = \sum_{j=1}^{n_i} Y_{ij}$, temos

$$m_i = \bar{Y}_i = \frac{A_i}{n_i} \tag{14.9}$$

14.3 AS SOMAS DE QUADRADOS

De (14.7) e (14.8), obtemos

$$\text{S.Q.Res.} = \sum_{i=1}^{k} \sum_{j=1}^{n_i} (Y_{ij} - \bar{Y}_i)^2 \tag{14.10}$$

ou

$$\text{S.Q.Res.} = \sum_i \sum_j Y_{ij}^2 - 2 \sum_i \bar{Y}_i \sum_j Y_{ij} + \sum_i n_i \bar{Y}_i^2 \tag{14.11}$$

Substituindo (14.9) em (14.11) e simplificando, obtemos

$$\text{S.Q.Res.} = \sum_i \sum_j Y_{ij}^2 - \sum_i \frac{A_i^2}{n_i} \tag{14.12}$$

Por definição, a soma de quadrados total é

$$\text{S.Q.Total} = \sum_i \sum_j (Y_{ij} - \bar{Y})^2 \tag{14.13}$$

onde

$$\bar{Y} = \frac{1}{N} \sum_i \sum_j Y_{ij}$$

Verifica-se facilmente que

$$\text{S.Q.Total} = \sum_i \sum_j Y_{ij}^2 - \frac{G^2}{N} \tag{14.14}$$

onde $G = \sum_i \sum_j Y_{ij} = \sum_i A_i$

Por definição, a soma de quadrados de tratamentos é

$$\text{S.Q.Trat.} = \sum_i n_i (\bar{Y}_i - \bar{Y})^2 \tag{14.15}$$

Desenvolvendo e lembrando que $\bar{Y}_i = \frac{A_i}{n_i}$ e $\bar{Y} = \frac{G}{N}$, obtemos

$$\text{S.Q.Trat.} = \sum_i \frac{A_i^2}{n_i} - \frac{G^2}{N} \tag{14.16}$$

De (14.12), (14.14) e (14.16), concluímos que

S.Q.Res. = S.Q.Total − S.Q.Trat. (14.17)

ou

S.Q.Total = S.Q.Trat. + S.Q.Res.

Essa expressão mostra que a soma de quadrados relativa às diferenças entre cada observação e a média geral das N observações pode ser decomposta em duas partes:

a) a S.Q.Trat., que se refere à variação *entre* tratamentos, e
b) a S.Q.Res., que se refere às variações *dentro* de tratamentos.

Para exemplificar, consideremos os valores artificiais de Y_{ij} apresentados na Tabela 14.1, referentes a três amostras aleatórias, a primeira e a segunda com 6 observações cada uma e a terceira com 9 observações.

TABELA 14.1
Valores de Y_{ij} em três amostras independentes

Amostra 1	Amostra 2	Amostra 3
16	10	15
12	15	16
13	13	19
16	12	20
11	16	14
16	12	19
		16
		15
		19
Total (A_i) 84	78	153

A média geral das 21 observações é

$$\bar{Y} = \frac{315}{21} = 15$$

As médias das amostras para os três tratamentos são

$$\bar{Y}_1 = \frac{84}{6} = 14, \; \bar{Y}_2 = \frac{78}{6} = 13 \text{ e } \bar{Y}_3 = \frac{153}{9} = 17$$

A S.Q.Total pode ser obtida por meio de (14.13) ou de (14.14), sendo essa última a expressão mais indicada para evitar erros de arredondamento, quando a média $\bar{Y}$ não é um número redondo. Para os dados da Tabela 14.1, obtemos

S.Q.Total = 156

Utilizando (14.15) ou (14.16), sendo essa última a expressão geralmente mais indicada, obtemos

S.Q.Trat. = 66

Finalmente, a S.Q.Res. pode ser calculada por meio de (14.10), (14.12) ou, mais facilmente, por meio de (14.17). Utilizando qualquer uma dessas três expressões, obtemos

S.Q.Res. = 90.

14.4 ESPERANÇAS DAS SOMAS DE QUADRADOS

Nesta seção vamos determinar as esperanças matemáticas da soma de quadrados total, da soma de quadrados de tratamentos e da soma de quadrados residual.
De (14.1) e (14.2), obtemos

$$E(Y_{ij}) = \mu_i$$

De (14.1), (14.2) e (14.4), considerando os μ_i como valores fixos, obtemos

$$E(Y_{ij}^2) = \mu_i^2 + \sigma^2 \tag{14.18}$$

Então,

$$E(\sum_i \sum_j Y_{ij}^2) = \sum_i n_i \mu_i^2 + N\sigma^2 \tag{14.19}$$

Como $A_i = \sum_j Y_{ij}$, de acordo com o modelo (14.1), temos

$$A_i = n_i \mu_i + \sum_j u_{ij}$$

Segue-se que

$$A_i^2 = n_i^2 \mu_i^2 + 2n_i \mu_i \sum_j u_{ij} + (\sum_j u_{ij})^2 \tag{14.20}$$

De acordo com (14.2), (14.3) e (14.4), temos

$$E(\sum_j u_{ij}) = 0 \tag{14.21}$$

e, com $l \neq j$,

$$E(\sum_j u_{ij})^2 = E(\sum_j u_{ij}^2 + \sum_l \sum_j u_{ij} u_{il}) = n_i \sigma^2 \tag{14.22}$$

De (14.20), (14.21) e (14.22), obtemos

$$E(A_i^2) = n_i^2\mu_i^2 + n_i\sigma^2 \tag{14.23}$$

Uma vez que $G = \sum_i \sum_j Y_{ij}$, de acordo com o modelo (14.1), temos

$$G = \sum_i n_i\mu_i + \sum_i \sum_j u_{ij}$$

Segue-se que

$$G^2 = (\sum_i n_i\mu_i)^2 + 2(\sum_i n_i\mu_i)(\sum_i \sum_j u_{ij}) + (\sum_i \sum_j u_{ij})^2 \tag{14.24}$$

De acordo com (14.2), (14.3) e (14.4), temos

$$E(\sum_i \sum_j u_{ij}) = 0 \tag{14.25}$$

e, com $h \neq i$ e/ou $l \neq j$,

$$E(\sum_i \sum_j u_{ij})^2 = E(\sum_i \sum_j u_{ij}^2 + \sum_h \sum_l \sum_i \sum_j u_{ij}u_{hl}) = N\sigma^2 \tag{14.26}$$

De (14.24), (14.25) e (14.26), obtemos

$$E(G^2) = (\sum_i n_i\mu_i)^2 + N\sigma^2 \tag{14.27}$$

De (14.14), (14.19) e (14.27), obtemos

$$E(S.Q.Total) = \sum_i n_i\mu_i^2 - \frac{1}{N}(\sum_i n_i\mu_i)^2 + (N-1)\sigma^2$$

ou

$$E(S.Q.Total) = \omega + (N-1)\sigma^2 \tag{14.28}$$

onde

$$\omega = \sum_i n_i\mu_i^2 - \frac{1}{N}(\sum_i n_i\mu_i)^2$$

Lembrando (14.6), verifica-se que

$$\omega = \sum_i n_i(\mu_i - \mu)^2 \tag{14.29}$$

A expressão (14.29) mostra que $\omega \geq 0$, com $\omega = 0$ apenas se $\mu_1 = \mu_2 = \ldots = \mu_k = \mu$.
De (14.16), (14.23) e (14.27), obtemos

$$E(S.Q.Trat.) = \sum_i (n_i\mu_i^2 + \sigma^2) - \frac{1}{N}(\sum_i n_i\mu_i)^2 - \sigma^2 =$$

$$= \sum_i n_i\mu_i^2 - \frac{1}{N}(\sum_i n_i\mu_i)^2 + (k-1)\sigma^2$$

ou

$$E(S.Q.Trat.) = \omega + (k-1)\sigma^2 \tag{14.30}$$

De acordo com (14.17), temos que

$E(\text{S.Q.Res.}) = E(\text{S.Q.Total}) - E(\text{S.Q.Trat.})$

Lembrando (14.28) e (14.30), segue-se que

$E(\text{S.Q.Res.}) = (N - k)\sigma^2$ (14.31)

14.5 OS QUADRADOS MÉDIOS

Consideremos a hipótese de nulidade $H_0 : \mu_1 = \mu_2 = ... = \mu_k$, isto é, consideremos a hipótese de que as médias das k populações em análise são iguais. Sob essa hipótese, o valor de ω, definido em (14.28), é igual a zero. Então, de (14.28) e (14.30), obtemos

$E(\text{S.Q.Total}) = (N - 1)\sigma^2$

e

$E(\text{S.Q.Trat.}) = (k - 1)\sigma^2$

As expressões deduzidas até este ponto estão na Tabela 14.2.

Pode-se demonstrar que, se os u_{ij} são variáveis aleatórias independentes com distribuição normal de média zero e variância σ^2, então, $\dfrac{(\text{S.Q.Res.})}{\sigma^2}$ tem distribuição de qui-quadrado com $N - k$ graus de liberdade, $\dfrac{(\text{S.Q.Trat.})}{\sigma^2}$ tem distribuição de qui-quadrado com $k - 1$ graus de liberdade, e essas duas distribuições são independentes entre si. Além disso, pode-se demonstrar que, sob H_0, $\dfrac{(\text{S.Q.Total})}{\sigma^2}$ tem distribuição de qui-quadrado com $N - 1$ graus de liberdade.

TABELA 14.2
As somas de quadrados e suas esperanças

Causa de variação (C.V.)	Soma de quadrados (S.Q.)	Esperança da soma de quadrados	Esperança da soma de quadrados sob H_0
Tratamentos	$\sum_i \dfrac{A_i^2}{n_i} - \dfrac{G^2}{N}$	$\omega + (k-1)\sigma^2$	$(k-1)\sigma^2$
Resíduo	$\sum_i \sum_j Y_{ij}^2 - \sum_i \dfrac{A_i^2}{n_i}$	$(N-k)\sigma^2$	$(N-k)\sigma^2$
Total	$\sum_i \sum_j Y_{ij}^2 - \dfrac{G^2}{N}$	$\omega + (N-1)\sigma^2$	$(N-1)\sigma^2$

Então, associamos $N - k$ graus de liberdade à soma de quadrados residual, $k - 1$ graus de liberdade à soma de quadrados de tratamentos, e $N - 1$ graus de liberdade à soma de quadrados total.

Por definição, quadrado médio é o quociente da divisão de uma soma de quadrados pelo respectivo número de graus de liberdade. Assim, o quadrado médio de tratamentos é

$$Q.M.Trat. = \frac{S.Q.Trat.}{k - 1}$$

e o quadrado médio residual é

$$Q.M.Res. = \frac{S.Q.Res.}{N - k}$$

Lembrando (14.30) e (14.31), concluímos que

$$E(Q.M.Trat.) = \frac{\omega}{k - 1} + \sigma^2$$

e

$$E(Q.M.Res.) = \sigma^2$$

A Tabela 14.3 resume alguns dos resultados fundamentais deduzidos até aqui.

TABELA 14.3
Esperanças dos quadrados médios

Causa de variação (C.V.)	Graus de liberdade (G.L.)	Soma de quadrados (S.Q.)	Esperança do quadrado médio	Esperança do quadrado médio sob H_0
Tratamentos	$k - 1$	$\sum_i \frac{A_i^2}{n_i} - \frac{G^2}{N}$	$\frac{\omega}{k - 1} + \sigma^2$	σ^2
Resíduo	$N - k$	$\sum_i \sum_j Y_{ij}^2 - \sum_i \frac{A_i^2}{n_i}$	σ^2	σ^2
Total	$N - 1$	$\sum_i \sum_j Y_{ij}^2 - \frac{G^2}{N}$		

14.6 O TESTE *F*

Pode-se demonstrar que, se X_1 e X_2 são variáveis aleatórias independentes com distribuições de qui-quadrado com g_1 e g_2 graus de liberdade, respectivamente, então a variável definida pelo quociente $\dfrac{(X_1/g_1)}{(X_2/g_2)}$ tem distribuição de F com g_1 e g_2 graus de liberdade. Quando for necessário explicitar o número de graus de liberdade (g_1) associado ao numerador e o número de graus de liberdade (g_2) associado ao denominador, escreveremos $F(g_1, g_2)$.

A Figura 14.1 mostra as distribuições de F para $g_1 = 2$ e $g_2 = 12$, para $g_1 = 8$ e $g_2 = 12$ e para $g_1 = g_2 = 50$, isto é, mostra as distribuições de $F(2, 12)$, de $F(8, 12)$ e de $F(50, 50)$.

Os valores críticos (F_0) das distribuições de F, de maneira que $P(F > F_0) = \alpha$, para $\alpha = 0{,}10$, $\alpha = 0{,}05$ e $\alpha = 0{,}01$, são apresentados nas tabelas V, VI e VII do Apêndice, respectivamente. Na Figura 15.1 estão assinalados os valores críticos para $\alpha = 0{,}05$, nas três distribuições aí representadas graficamente.

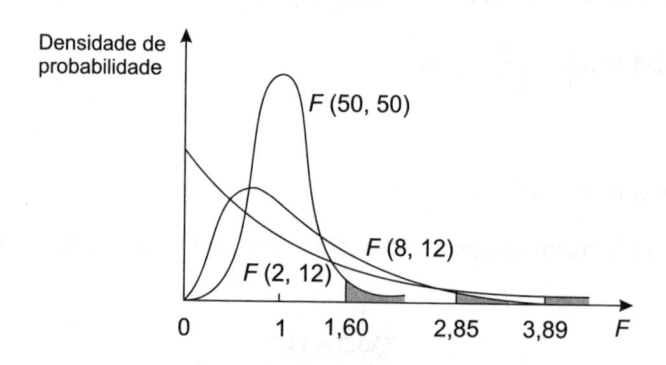

FIGURA 14.1
A função de densidade das distribuições de F(2, 12), F(8, 12) e F(50, 50)

De acordo com o que vimos na seção anterior, podemos concluir que, se os erros u_{ij} do modelo (14.1) são variáveis aleatórias independentes com distribuição normal de média zero e variância constante, o quociente $\dfrac{\text{(Q.M.Trat.)}}{\text{(Q.M.Res.)}}$ tem, sob H_0, distribuição de F com $k - 1$ e $N - k$ graus de liberdade.

Portanto, o quociente

$$F = \frac{\text{Q.M.Trat.}}{\text{Q.M.Res.}} \tag{14.32}$$

pode ser utilizado para testar a hipótese de nulidade $H_0: \mu_1 = \mu_2 = \ldots = \mu_k$, contra a hipótese alternativa de que ao menos uma das médias é diferente.

Devemos notar que, se a hipótese de nulidade é verdadeira, tanto o Q.M.Trat. como o Q.M.Res. são, em média, iguais a σ^2, e o valor de F tende a 1. Se H_0 é falsa, temos $\omega > 0$, implicando que $E(\text{Q.M.Trat.}) > E(\text{Q.M.Res.})$ e, conseqüentemente, o valor de F tende a ser maior do que 1.

A análise de variância para os dados da Tabela 14.1 é apresentada na Tabela 14.4.

TABELA 14.4
Análise de variância dos dados da Tabela 14.1

C.V.	G.L.	S.Q.	Q.M.	F
Tratamentos	2	66	33	6,60
Resíduo	18	90	5	
Total	20	156		

Adotando o nível de significância de 1%, o valor crítico na distribuição de F com 2 e 18 graus de liberdade, que consta na Tabela VII do Apêndice, é $F_0 = 6,01$. Como o valor de F calculado ($F = 6,60$) é maior do que o valor crítico, rejeitamos, ao nível de significância de 1%, a hipótese $H_0: \mu_1 = \mu_2 = \mu_3$, em favor da hipótese alternativa de que pelo menos uma das médias é diferente das demais.

Um programa para computador apropriado, além de calcular o teste F, que nesse exemplo é igual a 6,60, fornece a probabilidade caudal do teste (ou p-valor), isto é, a probabilidade associada a valores maiores do que 6,60 na distribuição de F com 2 e 18 graus de liberdade, que é $p = 0,0071$. Nesse caso, não é necessário obter o valor crítico de F na tabela, bastando comparar a probabilidade caudal do teste com o nível de significância adotado. Como $0,0071 < 0,01$, o teste é significativo ao nível de 1%. Como não podia deixar de ser, a conclusão é igual àquela obtida no parágrafo anterior.

14.7 O CASO DE APENAS DOIS TRATAMENTOS

A Tabela 11.9 mostra dados fictícios de rendas mensais de 12 engenheiros e de 15 advogados. Para fazer a análise de variância desses dados, consideramos cada profissão como um tratamento e calculamos:

$$A_1 = 132, A_2 = 135, G = 267 \text{ e } \sum \sum X_{ij}^2 = 2.727$$

De acordo com (14.14) e (14.16), obtemos

$$\text{S.Q.Total} = 2.727 - \frac{267^2}{27} = 86,667$$

e

$$\text{S.Q.Trat.} = \frac{132^2}{12} + \frac{135^2}{15} - \frac{267^2}{27} = 26,667$$

A análise de variância é apresentada na Tabela 14.5.

TABELA 14.5
Análise de variância dos dados da Tabela 11.9

C.V.	G.L.	S.Q.	Q.M.	F
Trat. (profissão)	1	26,67	26,67	11,11
Resíduo	25	60,00	2,40	
Total	26	86,67		

Para testar, ao nível de significância de 1%, a hipótese de que a renda média de engenheiros (μ_1) é igual à renda média de advogados (μ_2), comparamos o valor de F calculado ($F = 11{,}11$) com o valor crítico de $F(1, 25)$, obtido da Tabela VII do Apêndice, que é $F_0 = 7{,}77$. Como $F = 11{,}11 > F_0 = 7{,}77$, o valor de F calculado é significativo, isto é, rejeitamos, ao nível de significância de 1%, a hipótese $H_0 : \mu_1 = \mu_2$ em favor da hipótese $H_A : \mu_1 \neq \mu_2$.

É fácil verificar que o valor de F calculado ($F = 11{,}11$) é igual ao quadrado do valor de t calculado ($t = 3{,}333$), com os mesmos dados, na Seção 11.8. Também é fácil verificar que o valor crítico de $F(1, 25)$ é igual ao quadrado do valor crítico de t com 25 graus de liberdade, ambos para um teste bilateral ao nível de significância de 1% ($F_0 = 7{,}77$ e $t_0 = 2{,}787$). Portanto, o teste F realizado nesta seção é perfeitamente equivalente ao teste t feito na Seção 11.8, para os mesmos dados.

Essa equivalência não é válida apenas para o caso particular apresentado. Pode-se demonstrar que o quadrado de uma variável com distribuição de t com g graus de liberdade é uma variável com distribuição de F com 1 grau de liberdade associado ao numerador e g graus de liberdade associados ao denominador. Então, sempre que uma hipótese é testada por meio de uma distribuição de t com g graus de liberdade, existe uma maneira equivalente de efetuar o teste utilizando uma distribuição de F com 1 grau de liberdade associado ao numerador e g graus de liberdade associados ao denominador. Entretanto, o teste t é freqüentemente de mais fácil aplicação, como, por exemplo, nos casos de testes unilaterais.

14.8 O MODELO COM DOIS CRITÉRIOS DE CLASSIFICAÇÃO, OS ESTIMADORES DE MÍNIMOS QUADRADOS E AS SOMAS DE QUADRADOS

Nas seções anteriores deste capítulo vimos como proceder à análise de variância de um conjunto de dados, obtidos de k amostras independentes, que se distinguem entre si pelo fato de provirem de k tratamentos diferentes. Temos, então, uma análise de variância com um critério de classificação (na qual o critério de classificação são os tratamentos) ou uma análise de variância inteiramente ao acaso.

Para introduzir outro tipo de análise de variância, consideremos novamente o experimento de competição entre k variedades de uma espécie vegetal, descrito na Seção 14.1. Admitiremos agora que o solo da área onde deve ser instalado o experimento não é homogêneo, mas existem n faixas dentro das quais o solo pode ser considerado homogêneo. Assim, por exemplo, se a área designada para o experimento está em uma encosta e a fertilidade tende a crescer quando se desce a encosta, então as faixas com solo relativamente homogêneo se estendem acompanhando as curvas de nível. Para delinear o experimento de competição de k variedades, a ser conduzido nessa área, o pesquisador deve primeiro delimitar as faixas de fertilidade homogênea, com o cuidado de estabelecer a mesma área para todas as faixas. Depois deve dividir cada faixa em k parcelas iguais e, então, dentro de cada faixa, designar ao acaso uma variedade para cada parcela. Dessa maneira, todas as k variedades serão cultivadas em cada faixa e existirá apenas uma parcela com determinada variedade, em cada faixa.

Nesse exemplo, temos dois critérios de classificação, que são:

1) os tratamentos, que são as k variedades da espécie vegetal cultivada;

2) os blocos, que são as n faixas de solo com igual área, que se distinguem entre si devido à fertilidade.

O experimento descrito também é denominado experimento em blocos ao acaso. Devemos assinalar que se trata de um experimento com blocos completos (porque cada bloco inclui todos os tratamentos) e sem repetição (porque cada bloco apresenta apenas uma parcela com cada tratamento). Não examinaremos aqui o caso de experimentos mais complexos, com repetição dos tratamentos em cada bloco, ou com blocos incompletos.

Sejam Y_{ij} as produções obtidas em cada parcela; o índice i, com $i = 1, ..., k$, indica a variedade cultivada na parcela, e o índice j, com $j = 1, ..., n$, indica o bloco ao qual pertence a parcela.

Os valores de Y_{ij} também podem ser não-experimentais. Por exemplo, os Y_{ij} podem representar as rendas de indivíduos pertencentes a k categorias profissionais, em n diferentes empresas. Nesse caso, cada empresa constitui um bloco e cada categoria profissional representa um tratamento.

Vamos admitir o seguinte modelo linear:

$$Y_{ij} = \mu + \alpha_i + \beta_j + u_{ij}, \tag{14.33}$$

com

$$\sum_{i=1}^{k} \alpha_i = 0 \tag{14.34}$$

e

$$\sum_{j=1}^{n} \beta_j = 0 \tag{14.35}$$

Nesse modelo, μ é a média geral, os α_i são os efeitos de tratamentos e os β_j são os efeitos de blocos.

As pressuposições a respeito dos u_{ij}, feitas para o modelo (14.1), devem ser mantidas, ou seja, aqui também devemos pressupor que os u_{ij} são variáveis aleatórias independentes com distribuição normal de média zero e variância σ^2.

Sejam m, a_i e b_j as estimativas de μ, dos α_i e dos β_j, respectivamente. Então, indicando por e_{ij} os desvios dos Y_{ij} em relação aos respectivos valores estimados, temos

$$Y_{ij} = m + a_i + b_j + e_{ij}$$

Dados os valores observados Y_{ij}, com $i = 1, ..., k$ e $j = 1, ..., n$, as estimativas dos parâmetros μ, α_i e β_j de acordo com o método dos mínimos quadrados são os valores m, a_i e b_j que minimizam a soma de quadrados dos desvios ou a soma de quadrados residual, dada por

$$Q = \text{S.Q.Res.} = \sum_{i=1}^{k}\sum_{j=1}^{n} e_{ij}^2 = \sum_{i=1}^{k}\sum_{j=1}^{n}(Y_{ij} - m - a_i - b_j)^2 \qquad (14.36)$$

De acordo com as condições de primeira ordem para mínimo, temos

$$\frac{\partial Q}{\partial m} = 2\sum_{i=1}^{k}\sum_{j=1}^{n}(Y_{ij} - m - a_i - b_j)(-1) = 0, \qquad (14.37)$$

$$\frac{\partial Q}{\partial a_i} = 2\sum_{j=1}^{n}(Y_{ij} - m - a_i - b_j)(-1) = 0 \qquad (i = 1, ..., k) \qquad (14.38)$$

e

$$\frac{\partial Q}{\partial b_j} = 2\sum_{i=1}^{k}(Y_{ij} - m - a_i - b_j)(-1) = 0 \qquad (j = 1, ..., n) \qquad (14.39)$$

Fazendo $N = kn$,

$$A_i = \sum_{j=1}^{n} Y_{ij} \qquad (i = 1, ..., k),$$

$$B_j = \sum_{i=1}^{k} Y_{ij} \qquad (j = 1, ..., n)$$

e

$$G = \sum_{i=1}^{k}\sum_{j=1}^{n} Y_{ij} = \sum_{i=1}^{k} A_i = \sum_{j=1}^{n} B_j,$$

obtemos, a partir de (14.37), (14.38) e (14.39), o seguinte sistema de equações:

$$G = Nm + n \sum_i a_i + k \sum_j b_j, \qquad (14.40)$$

$$A_i = nm + na_i + \sum_j b_j \qquad (i = 1, ..., k) \qquad (14.41)$$

e

$$B_j = km + \sum_i a_i + kb_j \qquad (j = 1, ..., n) \qquad (14.42)$$

Esse sistema tem $1 + k + n$ equações, com $1 + k + n$ incógnitas. Entretanto, como a soma das k equações indicadas em (14.41) é igual à equação (14.40) e a soma das n equações indicadas em (14.42) também é igual à equação (14.40), temos apenas $k + n - 1$ equações linearmente independentes. Para resolver esse sistema, são introduzidas as seguintes restrições, análogas a (14.34) e (14.35):

$$\sum_i a_i = 0 \qquad (14.43)$$

e

$$\sum_j b_j = 0 \qquad (14.44)$$

De (14.40), (14.43) e (14.44), obtemos

$$m = \frac{G}{N} \qquad (14.45)$$

De (14.41), (14.44) e (14.45), obtemos

$$a_i = \frac{A_i}{n} - \frac{G}{N} \qquad (14.46)$$

Finalmente, de (14.42), (14.43) e (14.45), obtemos

$$b_j = \frac{B_j}{k} - \frac{G}{N} \qquad (14.47)$$

Substituindo (14.45), (14.46) e (14.47) em (14.36), obtemos

$$S.Q.Res. = \sum_i \sum_j \left(Y_{ij} - \frac{A_i}{n} - \frac{B_j}{k} + \frac{G}{N} \right)^2$$

Por definição, a soma de quadrados total, a soma de quadrados de tratamentos e a soma de quadrados de blocos são dadas, respectivamente, por

$$S.Q.Total = \sum_i \sum_j (Y_{ij} - m)^2, \qquad (14.48)$$

$$\text{S.Q.Trat.} = n\sum_i a_i^2 = n\sum_i \left(\frac{A_i}{n} - m\right)^2 \tag{14.49}$$

e

$$\text{S.Q.Blocos} = k\sum_j b_j^2 = k\sum_j \left(\frac{B_j}{k} - m\right)^2 \tag{14.50}$$

É interessante notar que todas as somas de quadrados são somas de $N = kn$ parcelas, em que cada parcela é um quadrado. Assim, para obter a soma de quadrados total, somamos os quadrados dos desvios dos $N = kn$ valores observados em relação à média m; para obter a soma de quadrados residual, somamos os quadrados dos desvios dos $N = kn$ valores observados em relação às respectivas estimativas, dadas por $m + a_i + b_j$; para obter a soma de quadrados de tratamentos, multiplicamos por n as somas dos quadrados das k diferenças de médias estimadas de tratamentos, dadas por $\frac{A_i}{n}$, em relação à média m, ou seja, multiplicamos por n as somas dos quadrados das estimativas dos k efeitos de tratamentos; finalmente, para obter a soma de quadrados de blocos, multiplicamos por k as somas dos quadrados das n diferenças de médias estimadas de blocos, dadas por $\frac{B_j}{k}$, em relação à média m, ou seja, multiplicamos por k as somas dos quadrados das estimativas dos n efeitos de blocos.

Pode-se verificar, por meio de uma série de manipulações algébricas, que

$$\text{S.Q.Total} = \sum_i \sum_j Y_{ij}^2 - \frac{G^2}{N}, \tag{14.51}$$

$$\text{S.Q.Trat.} = \frac{1}{n}\sum_i A_i^2 - \frac{G^2}{N}, \tag{14.52}$$

$$\text{S.Q.Blocos} = \frac{1}{k}\sum_j B_j^2 - \frac{G^2}{N} \tag{14.53}$$

e

$$\text{S.Q.Res.} = \sum_i \sum_j Y_{ij}^2 - \frac{1}{n}\sum_i A_i^2 - \frac{1}{k}\sum_j B_j^2 + \frac{G^2}{N} \tag{14.54}$$

Essas expressões mostram que

$$\text{S.Q.Res.} = \text{S.Q.Total} - \text{S.Q.Trat.} - \text{S.Q.Blocos} \tag{14.55}$$

Para exemplificar, consideremos os valores artificiais de Y_{ij} apresentados na Tabela 14.6, referentes aos resultados obtidos com 3 tratamentos em 7 blocos.

TABELA 14.6
Valores de Y_{ij} para 3 tratamentos e 7 blocos

Bloco	Tratamento			Total do Bloco (B_j)
	1	2	3	
1	17	19	15	51
2	13	18	14	45
3	20	16	12	48
4	21	22	14	57
5	18	21	12	51
6	17	14	14	45
7	20	23	17	60
Total do trat. (A_i)	126	133	98	G = 357

O total geral é $G = 357$, e a média das 21 observações é $m = \dfrac{G}{N} = 17$.

De acordo com (14.51), (14.52) e (14.53), obtemos

S.Q.Total = 224,

S.Q.Trat. = 98

e

S.Q.Blocos = 66

Lembrando (14.55), calculamos

S.Q.Res. = 224 − 98 − 66 = 60.

14.9 ANÁLISE DE VARIÂNCIA COM DOIS CRITÉRIOS DE CLASSIFICAÇÃO

De (14.33), considerando μ, α_i e β_j como valores fixos e lembrando que os u_{ij} são variáveis aleatórias independentes com média zero e variância σ^2, obtemos

$$E(Y_{ij}^2) = \mu^2 + \alpha_i^2 + \beta_j^2 + 2\mu\alpha_i + 2\mu\beta_j + 2\alpha_i\beta_j + \sigma^2$$

Então, lembrando as restrições (14.34) e (14.35), segue-se que

$$E(\sum_i \sum_j Y_{ij}^2) = N\mu^2 + n \sum_i \alpha_i^2 + k \sum_j \beta_j^2 + N\sigma^2 \tag{14.56}$$

Como $A_i = \sum_j Y_{ij}$, de acordo com o modelo (14.33) e a restrição (14.35), temos

$$A_i = n(\mu + \alpha_i) + \sum_j u_{ij}$$

Segue-se que

$$A_i^2 = n^2 (\mu + \alpha_i)^2 + 2n(\mu + \alpha_i) \sum_j u_{ij} + (\sum_j u_{ij})^2$$

Lembrando que os u_{ij} são variáveis aleatórias independentes com média zero e variância σ^2, obtemos

$$E(A_i^2) = n^2 (\mu + \alpha_i)^2 + n\sigma^2 \tag{14.57}$$

Analogamente, obtemos

$$E(B_j^2) = k^2 (\mu + \beta_j)^2 + k\sigma^2 \tag{14.58}$$

e

$$E(G^2) = N^2\mu^2 + N\sigma^2 \tag{14.59}$$

De (14.51), (14.56) e (14.59), obtemos

$$E(\text{S.Q.Total}) = n \sum_i \alpha_i^2 + k \sum_j \beta_j^2 + (N-1)\sigma^2 \tag{14.60}$$

De (14.52), (14.57) e (14.59), obtemos

$$E(\text{S.Q.Trat.}) = n \sum_i (\mu + \alpha_i)^2 + k\sigma^2 - N\mu^2 - \sigma^2$$

Lembrando a restrição (14.34) e simplificando, segue-se que

$$E(\text{S.Q.Trat.}) = n \sum_i \alpha_i^2 + (k-1)\sigma^2 \tag{14.61}$$

Analogamente, obtemos

$$E(\text{S.Q.Blocos}) = k \sum_j \beta_j^2 + (n-1)\sigma^2 \tag{14.62}$$

De acordo com (14.55), temos que

$$E(\text{S.Q.Res.}) = E(\text{S.Q.Total}) - E(\text{S.Q.Trat.}) - E(\text{S.Q.Blocos})$$

Lembrando (14.60), (14.61) e (14.62), segue-se que

$$E(\text{S.Q.Res.}) = (N - k - n + 1)\sigma^2$$

ou

$$E(\text{S.Q.Res.}) = (k-1)(n-1)\sigma^2 \tag{14.63}$$

Pode-se demonstrar que, se os u_{ij} são variáveis aleatórias independentes com distribuição normal de média zero e variância σ^2, então:

a) $\dfrac{(S.Q.Res.)}{\sigma^2}$ tem distribuição de qui-quadrado com $(k-1)(n-1)$ graus de liberdade.

b) Sob a hipótese de que as médias de tratamentos são todas iguais entre si, que corresponde à hipótese de que os efeitos de tratamentos são todos nulos, isto é, sob $H_0: \alpha_1 = \alpha_2 = ... = \alpha_k = 0$, $\dfrac{(S.Q.Trat.)}{\sigma^2}$ tem distribuição de qui-quadrado com $k-1$ graus de liberdade.

c) Sob a hipótese de que as médias de blocos são todas iguais entre si, que corresponde à hipótese de que os efeitos de blocos são todos nulos, isto é, sob $H_0: \beta_1 = \beta_2 = ... = \beta_n = 0$, $\dfrac{(S.Q.Blocos)}{\sigma^2}$ tem distribuição de qui-quadrado com $n-1$ graus de liberdade.

d) As três distribuições de qui-quadrado mencionadas são independentes entre si.

Com base nessas afirmativas, que, como dissemos, podem ser demonstradas, associamos $k-1$ graus de liberdade à S.Q.Trat., $n-1$ graus de liberdade à S.Q.Blocos, $(k-1)(n-1)$ graus de liberdade à S.Q.Res. e $N-1$ graus de liberdade à S.Q.Total. Como, por definição, um quadrado médio é dado pelo quociente da divisão de uma soma de quadrados pelo respectivo número de graus de liberdade, de (14.61), (14.62) e (14.63), obtemos as esperanças dos quadrados médios, apresentadas na Tabela 14.7, com outros resultados fundamentais deduzidos até aqui. Nessa tabela não foi colocada a expressão para S.Q.Res. porque essa soma de quadrados é normalmente obtida por diferença, de acordo com (14.55).

TABELA 14.7
Somas de quadrados e esperanças dos quadrados médios de uma análise de variância com k tratamentos e n blocos

Causa de variação (C.V.)	Graus de liberdade (G.L.)	Soma de quadrados (S.Q.)	Esperança do quadrado médio
Tratamentos	$k-1$	$\dfrac{1}{n} \sum_i A_i^2 - \dfrac{G^2}{N}$	$n \dfrac{\sum \alpha_i^2}{k-1} + \sigma^2$
Blocos	$n-1$	$\dfrac{1}{k} \sum_j B_j^2 - \dfrac{G^2}{N}$	$k \dfrac{\sum \beta_j^2}{n-1} + \sigma^2$
Resíduo	$(k-1)(n-1)$		σ^2
Total	$kn-1$	$\sum_i \sum_j Y_{ij}^2 - \dfrac{G^2}{N}$	

De acordo com o que vimos na Seção 14.6, o quociente $F_a = \frac{(Q.M.Trat.)}{(Q.M.Res.)}$ pode ser utilizado para testar a hipótese $H_0: \alpha_1 = \alpha_2 = ... = \alpha_k = 0$ contra a hipótese alternativa de que ao menos um dos tratamentos tem um efeito diferente de zero. Sob $H_0: \alpha_1 = \alpha_2 = ... = \alpha_k = 0$, o quociente F_a tem distribuição de F com $g_1 = k - 1$ e $g_2 = (k-1)(n-1)$ graus de liberdade.

Analogamente, sob $H_0: \beta_1 = \beta_2 = ... = \beta_n = 0$, o quociente $F_b = \frac{(Q.M.Blocos)}{(Q.M.Res.)}$ tem distribuição de F com $g_1 = n - 1$ e $g_2 = (k-1)(n-1)$ graus de liberdade. Portanto, o valor de F_b pode ser utilizado para testar a hipótese de que os efeitos de blocos são todos nulos contra a hipótese alternativa de que ao menos um desses efeitos é diferente de zero.

A análise de variância para os dados da Tabela 14.6 é apresentada na Tabela 14.8.

TABELA 14.8
Análise de variância dos dados da Tabela 14.6

C.V.	G.L.	S.Q.	Q.M.	F
Tratamentos	2	98	49	9,80
Blocos	6	66	11	2,20
Resíduo	12	60	5	
Total	20	224		

Adotando o nível de significância de 5%, o valor crítico na distribuição de $F(2, 12)$, que consta na Tabela VI do Apêndice, é $F_0 = 3,89$. Uma vez que o valor de F calculado referente a tratamentos ($F = 9,80$) é maior do que o valor crítico, rejeitamos, ao nível de significância de 5%, a hipótese $H_0: \alpha_1 = \alpha_2 = \alpha_3 = 0$ em favor da hipótese de que pelo menos um dos efeitos de tratamento é diferente de zero, ou seja, em favor da hipótese de que pelo menos uma das médias de tratamentos é diferente das demais.

No que se refere aos efeitos de blocos, o valor calculado de F é igual a 2,20 e o valor crítico na distribuição de $F(6, 12)$, ao nível de significância de 5%, é $F_0 = 3,00$. O valor calculado de F é não-significativo, porque é menor do que o valor crítico. Portanto, ao nível de significância de 5%, não rejeitamos a hipótese $H_0: \beta_1 = \beta_2 = ... = \beta_7 = 0$.

14.10 O CASO DE APENAS DOIS TRATAMENTOS EM UMA ANÁLISE DE VARIÂNCIA COM DOIS CRITÉRIOS DE CLASSIFICAÇÃO

Na Tabela 11.10 constam as quantidades de um produto vendidas por dez varejistas durante uma semana na qual foi feita uma promoção de vendas e em uma semana anterior a essa promoção. Considerando cada varejista como um bloco e a realização ou não de uma promoção de vendas como dois tratamentos, podemos submeter esses dados a uma análise de variância com dois critérios de classificação. Temos $k = 2$, $n = 10$, $G = 874$, $A_1 = 452$, $A_2 = 422$, $B_1 = 98$, $B_2 = 57$, $B_3 = 55$ etc. A análise de variância é apresentada na Tabela 14.9.

TABELA 14.9
Análise de variância dos dados da Tabela 11.10

C.V.	G.L.	S.Q.	Q.M.	F
Tratamentos	1	45,0	45,0	3,16
Blocos (varejistas)	9	5.665,2	629,47	44,26
Resíduo	9	128,0	14,222	
Total	19	5.838,2		

Para testar, ao nível de significância de 5%, a hipótese de que os efeitos de blocos são todos nulos, comparamos o valor de F calculado para blocos ($F = 44{,}26$) com o valor crítico na distribuição de $F(9, 9)$, que é $F_0 = 3{,}18$, obtido da Tabela VI do Apêndice. Como $F = 44{,}26 > F_0 = 3{,}18$, rejeitamos, ao nível de significância de 5%, a hipótese de que os efeitos de blocos são todos nulos, isto é, rejeitamos a hipótese de que não há diferenças entre varejistas.

Vejamos, agora, como podemos utilizar o valor calculado de F, relativo a tratamentos, para testar, ao nível de significância de 5%, a hipótese de que a promoção não teve efeito sobre a quantidade média vendida ($H_0 : \alpha_1 = \alpha_2 = 0$) contra a hipótese alternativa de que a quantidade média vendida durante a promoção de vendas é maior do que antes da promoção ($H_A : \alpha_1 > \alpha_2$). O valor de F calculado é $F = \dfrac{(Q.M.Trat.)}{(Q.M.Res.)} = 3{,}16$, com 1 grau de liberdade associado ao numerador e 9 graus de liberdade associados ao denominador. Lembremos que a variável $F = \dfrac{(Q.M.Trat.)}{(Q.M.Res.)}$ tende a assumir valores maiores do que 1 tanto para $\alpha_1 > \alpha_2$ como para $\alpha_1 < \alpha_2$. Então, como estamos procedendo a um teste unilateral ao nível de significância de 5%, o valor crítico é o valor F_0, na distribuição de $F(1, 9)$, tal que $P(F > F_0) = 0{,}10$. Esse valor crítico, obtido na Tabela V do Apêndice, é $F_0 = 3{,}36$. Uma vez que $F = 3{,}16 < F_0 = 3{,}36$, não rejeitamos, ao nível de significância de 5%, a hipótese de que a promoção não afetou a quantidade média vendida.

Devemos notar que o valor de F calculado para tratamentos ($F = 3{,}16$) é igual ao quadrado do valor de t calculado na Seção 11.8, com os mesmos dados ($t = 1{,}779$). Devemos também notar que o valor crítico de $F(1, 9)$ é igual ao quadrado do valor crítico de t com 9 graus de liberdade, ambos para um teste unilateral ao nível de 5% ($F_0 = 3{,}36$ e $t_0 = 1{,}833$). Portanto, o teste F para tratamentos, feito nesta seção, é perfeitamente equivalente ao teste t efetuado na Seção 11.8, utilizando as diferenças, para cada varejista, entre as quantidades vendidas na semana com promoção e em uma semana anterior à promoção. Esse é mais um exemplo da afirmativa feita na Seção 14.7 de que, quando se procede ao teste de uma hipótese por meio de uma distribuição de t, há sempre uma maneira equivalente de fazer o teste utilizando uma distribuição de F com 1 grau de liberdade associado ao numerador.

14.11 COMPARAÇÃO DE MÉDIAS POR MEIO DO TESTE t

Feita uma análise de variância, geralmente há interesse em comparar as médias entre si, ou seja, há interesse em testar hipóteses a respeito do valor de determinadas combinações lineares das médias.

Discutiremos, nesta e na próxima seção, métodos de comparação de médias. No caso de uma análise de variância com um critério de classificação, quando nos referimos às médias, trata-se, evidentemente, das médias de tratamentos $\mu_i = \mu + \alpha_i$ (com $i = 1, ..., k$). No caso de uma análise de variância com dois critérios de classificação, tanto podemos estar interessados em comparar as médias de tratamentos $(\mu + \alpha_i)$ como podemos estar interessados em comparar as médias de blocos $(\mu + \beta_j)$. Nesta e na próxima seção, vamos nos referir sempre às médias de tratamentos, mas os métodos apresentados podem ser igualmente aplicados na comparação de médias de blocos.

Então, vamos indicar por $\mu_i = \mu + \alpha_i$ as médias de tratamentos, tanto no caso de uma análise de variância com um critério de classificação como no caso de uma análise de variância com dois critérios de classificação, lembrando apenas que, nesse último caso, o número de observações deve ser o mesmo para os k tratamentos, isto é, $n_i = n$ para $i = 1, ..., k$. Pode-se verificar que, nos dois casos, $m_i = \dfrac{A_i}{n_i}$ é um estimador não-tendencioso de $\mu_i = \mu + \alpha_i$, isto é,

$$E(m_i) = E\left(\frac{A_i}{n_i}\right) = \mu_i = \mu + \alpha_i \tag{14.64}$$

Também se pode demonstrar (exercícios 14.1 e 14.2) que

$$V(m_i) = \frac{\sigma^2}{n_i} \tag{14.65}$$

e que, se $h \neq i$,

$$\operatorname{cov}(m_i, m_h) = 0 \tag{14.66}$$

Por definição, um *contraste* de k médias $(\mu_1, \mu_2, ..., \mu_k)$ é qualquer combinação linear dessas médias cujos coeficientes têm soma algébrica igual a zero. Então

$$\gamma = \sum_{i=1}^{k} \theta_i \mu_i \tag{14.67}$$

é um contraste de médias se $\sum \theta_i = 0$.

Obtemos a estimativa de um contraste de médias substituindo as médias verdadeiras μ_i pelas estimativas m_i. Assim, o estimador de

$$\gamma = \sum_{i=1}^{k} \theta_i \mu_i$$

é

$$c = \sum_{i=1}^{k} \theta_i m_i \qquad (14.68)$$

Lembrando (14.64), é fácil verificar que $E(c) = \gamma$. De acordo com (14.65) e (14.66), obtemos

$$V(c) = \sigma^2 \sum_{i=1}^{k} \frac{\theta_i^2}{n_i} \qquad (14.69)$$

Uma vez que o quadrado médio residual da análise de variância é um estimador não-tendencioso de σ^2, se substituirmos, em (14.69), σ^2 por s^2 = Q.M.Res., obtemos um estimador não-tendencioso da variância da estimativa do contraste, que será dado por

$$\hat{V}(c) = s^2 \sum_{i=1}^{k} \frac{\theta_i^2}{n_i} \qquad (14.70)$$

Consideremos dois contrastes diferentes entre as médias $\mu_1, \mu_2, ..., \mu_k$:

$$\gamma_1 = \sum_{i=1}^{k} \theta_i \mu_i$$

e

$$\gamma_2 = \sum_{i=1}^{k} \lambda_i \mu_i,$$

onde θ_i e λ_i são constantes. Por definição, esses contrastes são *ortogonais* entre si se

$$\sum_{i=1}^{k} \frac{\theta_i \lambda_i}{n_i} = 0 \qquad (14.71)$$

Se todos os tratamentos têm o mesmo número de observações, ou seja, se $n_i = n$ para $i = 1, ..., k$, a condição de ortogonalidade entre os contrastes fica

$$\sum_{i=1}^{k} \theta_i \lambda_i = 0 \qquad (14.72)$$

Assim, se em um experimento existem três tratamentos e se em todos os tratamentos o número de observações é o mesmo, podemos definir os seguintes contrastes ortogonais entre si:

$$\gamma_1 = \mu_1 - \mu_2$$

e

$$\gamma_2 = \frac{1}{2}\mu_1 + \frac{1}{2}\mu_2 - \mu_3$$

Pode-se mostrar que, quando k médias estão sendo comparadas, é possível definir no máximo $k-1$ contrastes de médias ortogonais entre si. Entretanto, é interessante observar que, para $k > 2$, existem diferentes conjuntos de $k-1$ contrastes ortogonais de médias. Assim, por exemplo, para $k = 4$, e admitindo que todos os tratamentos têm o mesmo número de observações, podemos obter diferentes conjuntos de 3 contrastes ortogonais de médias. Um desses conjuntos seria o que segue:

$$\gamma_1 = \frac{1}{2}(\mu_1 + \mu_2) - \frac{1}{2}(\mu_3 + \mu_4),$$

$$\gamma_2 = \mu_1 - \mu_2$$

e

$$\gamma_3 = \mu_3 - \mu_4$$

Outro conjunto de 3 contrastes ortogonais, para essas 4 médias, é

$$\gamma_1 = \mu_1 - \frac{1}{3}(\mu_2 + \mu_3 + \mu_4),$$

$$\gamma_2 = \mu_2 - \frac{1}{2}(\mu_3 + \mu_4)$$

e

$$\gamma_3 = \mu_3 - \mu_4$$

Um terceiro conjunto de 3 contrastes ortogonais, para essas 4 médias, é

$$\gamma_1 = \mu_1 + \mu_2 - \mu_3 - \mu_4,$$
$$\gamma_2 = \mu_1 - \mu_2 + \mu_3 - \mu_4$$

e

$$\gamma_3 = \mu_1 - \mu_2 - \mu_3 + \mu_4$$

Vamos supor agora que, em uma análise de variância com k tratamentos, temos interesse em testar a hipótese de que determinado contraste entre as médias tem um valor especificado, isto é, desejamos testar a hipótese $H_0 : \Sigma \theta_i \mu_i = \gamma_0$.

Pode-se provar que, sob H_0, a relação

$$t = \frac{c - \gamma_0}{\sqrt{\hat{V}(c)}} \tag{14.73}$$

tem distribuição de t com o mesmo número de graus de liberdade associado a $s^2 =$ Q.M.Res. Então, escolhido o nível de significância, podemos usar o valor obtido em (14.73) para testar $H_0 : \Sigma \theta_i \mu_i = \gamma_0$.

Vamos supor agora que desejamos testar diversas hipóteses a respeito dos valores de diferentes contrastes entre as médias $\mu_1, \mu_2, ..., \mu_k$, usando o teste t. Para que esses testes sejam rigorosamente válidos, é necessário que os valores calculados de t sejam variáveis aleatórias independentes. Prova-se que a ortogonalidade entre os contrastes de médias é condição necessária e suficiente para que os diferentes valores de t calculados sejam variáveis independentes. Isso implica afirmar que só podemos usar a distribuição de t para testar as $k-1$ hipóteses a respeito dos valores dos $k-1$ contrastes ortogonais previamente escolhidos. Devemos deixar bem claro que o conjunto de $k-1$ contrastes ortogonais de médias deve ser escolhido antes de os dados do experimento ou das amostras serem examinados.

Do exposto, devemos entender que, se tivermos, por exemplo, dados relativos a três tratamentos e pretendermos testar as hipóteses $H_0 : \mu_1 = \mu_2$ e $H_0 : \mu_1 = \mu_3$, como os contrastes de médias $\gamma_1 = \mu_1 - \mu_2$ e $\gamma_2 = \mu_1 - \mu_3$ não são ortogonais entre si, não podemos utilizar a distribuição de t. Veremos, na próxima seção, como devemos proceder para, utilizando o teste de Tukey, testar tais hipóteses.

A escolha do conjunto de $k-1$ contrastes ortogonais de médias, que será submetido a teste, é determinada pelas características particulares do problema em estudo e pelo que o pesquisador deseja testar. Suponhamos que foi feito um experimento para comparar a eficiência de quatro medicamentos, sendo que o primeiro e o segundo medicamentos são à base de sulfa e o terceiro e o quarto medicamentos são à base de antibióticos. Suponhamos ainda que o pesquisador deseja:

a) verificar se, em média, a eficiência dos dois medicamentos à base de sulfa é igual à eficiência dos dois medicamentos à base de antibióticos;

b) verificar se, em média, os dois medicamentos à base de sulfa têm a mesma eficiência;

c) verificar se, em média, os dois medicamentos à base de antibióticos têm a mesma eficiência.

Nesse caso, admitindo que todos os tratamentos têm o mesmo número de observações, os contrastes a serem considerados são:

$$\gamma_1 = \frac{1}{2}(\mu_1 + \mu_2) - \frac{1}{2}(\mu_3 + \mu_4),$$

$$\gamma_2 = \mu_1 - \mu_2$$

e

$$\gamma_3 = \mu_3 - \mu_4$$

Para ilustrar a aplicação dos conceitos e procedimentos apresentados nesta seção, consideremos, inicialmente, os dados da Tabela 14.6, relativos a um experimento com 3 tratamentos em 7 blocos, cuja análise de variância consta na Tabela 14.8. Temos $k = 3$, $n = 7$, $m_1 = \dfrac{126}{7} = 18$, $m_2 = \dfrac{133}{7} = 19$, $m_3 = \dfrac{98}{7} = 14$ e $s^2 = $ Q.M.Res. $= 5$, associado a 12 graus de liberdade. Vamos supor que, antes de examinar os dados, o pesquisador decidiu testar, ao nível de significância de 5%, as seguintes hipóteses:

$$H_{01} : \mu_1 = \mu_2 \qquad \text{contra} \qquad H_{A1} : \mu_1 \neq \mu_2$$

e

$$H_{02} : \frac{1}{2}(\mu_1 + \mu_2) = \mu_3 \qquad \text{contra} \qquad H_{A2} : \frac{1}{2}(\mu_1 + \mu_2) \neq \mu_3$$

Essas hipóteses podem ser escritas da seguinte maneira:

$$H_{01} : \gamma_1 = \mu_1 - \mu_2 = 0 \qquad \text{contra} \qquad H_{A1} : \gamma_1 \neq 0$$

e

$$H_{02} : \gamma_2 = \mu_1 + \mu_2 - 2\mu_3 = 0 \qquad \text{contra} \qquad H_{A2} : \gamma_2 \neq 0$$

É importante notar que os contrastes γ_1 e γ_2 são ortogonais entre si, conforme exige o teste.

De acordo com (14.68), (14.70) e (14.73), para testar $H_{01} : \gamma_1 = \mu_1 - \mu_2 = 0$, calculamos

$$c_1 = m_1 - m_2 = 18 - 19 = -1,$$

$$\hat{V}(c_1) = \left(\frac{1}{7} + \frac{1}{7}\right) 5 = \frac{10}{7}$$

e

$$t = \frac{-1}{\sqrt{\dfrac{10}{7}}} = -0{,}837$$

Na distribuição de t com 12 graus de liberdade, o valor crítico, para um teste bilateral ao nível de significância de 5%, é $t_0 = 2{,}179$. Como $|t| < t_0$, não rejeitamos $H_{01} : \mu_1 = \mu_2$.

Analogamente, para testar $H_{02} : \gamma_2 = \mu_1 + \mu_2 - 2\mu_3 = 0$, calculamos

$$c_2 = m_1 + m_2 - 2m_3 = 9,$$

$$\hat{V}(c_2) = \left(\frac{1}{7} + \frac{1}{7} + \frac{4}{7}\right) 5 = \frac{30}{7}$$

e

$$t = \frac{9}{\sqrt{\dfrac{30}{7}}} = 4{,}347$$

O valor crítico para esse teste é também $t_0 = 2{,}179$. Como $|t| > t_0$, rejeitamos, ao nível de significância de 5%, a hipótese $H_{02}: \frac{1}{2}(\mu_1 + \mu_2) = \mu_3$ em favor da hipótese $H_{A2}: \frac{1}{2}(\mu_1 + \mu_2) \neq \mu_3$.

Para dar um exemplo no qual o número de observações para cada tratamento não é constante, consideremos os dados da Tabela 14.1, cuja análise de variância é apresentada na Tabela 14.4. Temos $k = 3$, $n_1 = 6$, $n_2 = 6$, $n_3 = 9$, $m_1 = 14$, $m_2 = 13$, $m_3 = 17$ e $s^2 = $ Q.M.Res. $= 5$, com 18 graus de liberdade. Vamos supor que, antes de examinar os dados, o pesquisador decidiu testar, ao nível de significância de 1%, as seguintes hipóteses:

$$H_{01}: \gamma_1 = \mu_1 - \mu_3 = 0 \quad \text{contra} \quad H_{A1}: \gamma_1 \neq 0$$

e

$$H_{02}: \gamma_2 = 2\mu_1 - 5\mu_2 + 3\mu_3 = 0 \quad \text{contra} \quad H_{A2}: \gamma_2 \neq 0$$

É fácil verificar, de acordo com (14.71), que os contrastes γ_1 e γ_2 são ortogonais entre si.

Para testar $H_{01}: \gamma_1 = \mu_1 - \mu_3 = 0$, calculamos

$$c_1 = m_1 - m_3 = -3,$$

$$\hat{V}(c_1) = \left(\frac{1}{6} + \frac{1}{9}\right)5 = \frac{25}{18}$$

e

$$t = \frac{-3}{\sqrt{\frac{25}{18}}} = -2{,}546$$

Na distribuição de t com 18 graus de liberdade, o valor crítico, para um teste bilateral ao nível de significância de 1%, é $t_0 = 2{,}878$. Como $|t| < t_0$, não rejeitamos $H_{01}: \mu_1 - \mu_3 = 0$.

Para testar $H_{02}: \gamma_2 = 2\mu_1 - 5\mu_2 + 3\mu_3 = 0$, calculamos

$$c_2 = 2m_1 - 5m_2 + 3m_3 = 14,$$

$$\hat{V}(c_2) = \left(\frac{4}{6} + \frac{25}{6} + \frac{9}{9}\right)5 = \frac{175}{6}$$

e

$$t = \frac{14}{\sqrt{\frac{175}{6}}} = 2{,}592$$

O valor crítico, para esse teste, também é $t_0 = 2{,}878$. Como $|t| < t_0$, não rejeitamos, ao nível de significância de 1%, a hipótese $H_{02} : 2\mu_1 - 5\mu_2 + 3\mu_3 = 0$.

É interessante notar que a análise de variância desses dados, que consta na Tabela 14.4, levou a rejeitar a hipótese $H_0 : \mu_1 = \mu_2 = \mu_3$, em favor da hipótese alternativa de que pelo menos uma das médias é diferente das demais, ao nível de significância de 1%. Entretanto, não rejeitamos nem $H_{01} : \gamma_1 = \mu_1 - \mu_3 = 0$, nem $H_{02} : \gamma_2 = 2\mu_1 - 5\mu_2 + 3\mu_3 = 0$, ao mesmo nível de significância.

Ora, as hipóteses H_{01} e H_{02} podem ser consideradas como hipóteses parciais, resultantes da decomposição de H_0. Pode, então, parecer razoável presumir que, como rejeitamos H_0, pelo menos uma das duas hipóteses parciais deva ser, necessariamente, rejeitada ao mesmo nível de significância.[2] Entretanto, o exemplo aqui apresentado mostra que tal suposição é incorreta. Então, quando comparamos $k > 2$ tratamentos, podemos rejeitar a hipótese de que todas as médias são iguais, a determinado nível de significância, e não rejeitar, a esse mesmo nível de significância, nenhuma das $k - 1$ hipóteses parciais obtidas, estabelecendo que os valores de $k - 1$ contrastes ortogonais de médias são iguais a zero. Devemos lembrar apenas que esses casos são pouco comuns.

O inverso também pode ocorrer, isto é, quando não rejeitamos a hipótese $H_0 : \mu_1 = \mu_2 = ... = \mu_k$, a determinado nível de significância, podemos rejeitar, ao mesmo nível, uma hipótese parcial que estabelece que determinado contraste de médias é igual a zero.

Portanto, se determinadas hipóteses a respeito dos valores de certos contrastes entre médias são de interesse, devemos proceder ao teste t para essas hipóteses, mesmo que o teste F para a hipótese $H_0 : \mu_1 = \mu_2 = ... = \mu_k$ não seja significativo.

14.12 O TESTE DE TUKEY E O TESTE DE SCHEFFÉ

Vimos, na seção anterior, que a distribuição de t pode ser utilizada para testar hipóteses estabelecidas com base em um dos possíveis conjuntos de $k - 1$ contrastes ortogonais de médias, em que k é o número de médias relativas a um dos critérios de classificação de uma análise de variância, desde que o conjunto de contrastes ortogonais seja escolhido previamente.

Nesta seção veremos como proceder ao teste de Tukey e ao teste de Scheffé. Ambos permitem testar hipóteses sobre os valores de contrastes de médias sem, entretanto, exigir a restrição de que tais contrastes sejam ortogonais e escolhidos previamente. Não será dada, nesta seção, qualquer justificativa teórica para os métodos apresentados.

---

[2] Convém ressaltar que, se $\mu_1 = \mu_2 = \mu_3 = 0$, necessariamente $\gamma_1 = 0$ e $\gamma_2 = 0$. Por outro lado, se $\gamma_1 = 0$ e $\gamma_2 = 0$, necessariamente $\mu_1 = \mu_2 = \mu_3$. Entretanto, nesse contexto estamos trabalhando com afirmativas de natureza estatística e não com igualdades matemáticas. Devemos lembrar que o fato de não rejeitar $H_{01} : \mu_1 = \mu_3$, por exemplo, não permite afirmar que $\mu_1 = \mu_3$, pois a probabilidade de cometer erro tipo II (não rejeitar a hipótese da nulidade, dado que essa hipótese é falsa) é muito grande (aproximando-se de 99%, quando o nível de significância é 1%) se a diferença entre as médias é bastante pequena.

O método de Tukey é recomendado quando desejamos comparar médias duas a duas, ou seja, quando desejamos testar as hipóteses $H_0 : \mu_i - \mu_h = 0$, com $i \neq h$ e tanto i como h podendo assumir valores de 1 a k. São possíveis $\dfrac{k(k-1)}{2}$ hipóteses desse tipo. O teste é especialmente recomendado porque ele é exato nos casos em que o número de observações é igual em todos os tratamentos. Nesses casos, para proceder ao teste, calculamos inicialmente a diferença mínima significativa, dada por

$$\Delta_0 = q_0 \sqrt{\dfrac{s^2}{n}} \qquad (14.74)$$

onde s^2 = Q.M.Res. e q_0 é o valor crítico da amplitude total estudentizada que, dependendo do nível de significância adotado, é obtido nas tabelas VIII, IX ou X do Apêndice. O valor de q_0, conforme mostram essas tabelas, é função do número k de médias de tratamento e do número $g_{res.}$ de graus de liberdade associado a s^2 = Q.M.Res., isto é, do número de graus de liberdade do resíduo da análise de variância. Em uma análise de variância com um critério de classificação, temos $g_{res.} = N - k$, com N sendo o número total de observações, e para o tipo de análise de variância com dois critérios de classificação, examinado nas seções 14.8 e 14.9, temos $g_{res.} = (k-1)(n-1)$.

A seguir comparamos os valores absolutos das estimativas dos contrastes $\mu_i - \mu_h$, dados por $|m_i - m_h|$, com o valor de Δ_0. Se $|m_i - m_h| \geq \Delta_0$, rejeitamos, ao nível de significância adotado, a hipótese $H_0 : \mu_i - \mu_h = 0$, em favor da hipótese $H_A : \mu_i - \mu_h \neq 0$.

O método de Tukey também pode ser utilizado para determinar intervalos de confiança para os valores dos contrastes $\mu_i - \mu_h$, com $i = 1, \ldots, k; h = 1, \ldots, k$ e $h \neq i$. Se foi adotado o nível de significância α, pode-se demonstrar que temos uma probabilidade $1 - \alpha$ de que as $\dfrac{k(k-1)}{2}$ diferenças $\mu_i - \mu_h$ satisfaçam simultaneamente as desigualdades

$$m_i - m_h - q_0 \sqrt{\dfrac{s^2}{n}} < \mu_i - \mu_h < m_i - m_h + q_0 \sqrt{\dfrac{s^2}{n}} \qquad (14.75)$$

com $i = 1, \ldots, k; h = 1, \ldots, k$ e $h \neq i$.

Para exemplificar, consideremos os dados da Tabela 14.6, cuja análise de variância está na Tabela 14.8. Temos $k = 3$, $n = 7$, $m_1 = 18$, $m_2 = 19$, $m_3 = 14$ e $s^2 =$ Q.M.Res. = 5, com $g_{res.} = 12$ graus de liberdade. Se o nível de significância adotado é 5%, o valor crítico da amplitude total estudentizada, obtido da Tabela IX do Apêndice, é $q_0 = 3{,}77$. Então, de acordo com (14.74), a diferença mínima significativa é

$$\Delta_0 = 3{,}77 \sqrt{\dfrac{5}{7}} = 3{,}19$$

Os valores absolutos das estimativas dos contrastes de médias são

$$|m_1 - m_2| = 1$$
$$|m_1 - m_3| = 4$$
e $\quad |m_2 - m_3| = 5$

Portanto, ao nível de significância de 5%, não rejeitamos $H_{01} : \mu_2 = \mu_1$, mas rejeitamos $H_{02} : \mu_3 = \mu_1$ e $H_{03} : \mu_3 = \mu_2$, em favor de $H_{A2} : \mu_3 \neq \mu_1$ e $H_{A3} : \mu_3 \neq \mu_2$.

O método de Scheffé é mais geral e pode ser utilizado para testar $H_0 : \gamma = 0$, em que γ é *qualquer* contraste de médias. Para aplicar o teste, calculamos

$$S = \frac{c}{\sqrt{\hat{V}(c)}} \tag{14.76}$$

onde c é a estimativa do contraste, dada por (14.68), e $\hat{V}(c)$ é a estimativa da variância de c, dada por (14.70). Se foi adotado o nível de significância α, comparamos o valor de S com o valor crítico

$$S_0 = \sqrt{(k-1)F_0} \tag{14.77}$$

onde F_0 é o valor crítico na distribuição de $F(k-1, g_{res.})$ tal que $P[F(k-1, g_{res.}) > F_0] = \alpha$. Se $|S| > S_0$, rejeitamos, ao nível de significância α, a hipótese $H_0 : \gamma = 0$ em favor da hipótese $H_A : \gamma \neq 0$.

O método de Scheffé também pode ser utilizado para determinar intervalos de confiança para um conjunto qualquer de contrastes de médias $\mu_1, \mu_2, ..., \mu_k$. Se foi adotado o nível de significância α, existe uma probabilidade $1 - \alpha$ de que os valores de todos os contrastes $\gamma = \Sigma \theta_i \mu_i$ satisfaçam simultaneamente as desigualdades

$$c - S_0 \sqrt{\hat{V}(c)} < \gamma < c + S_0 \sqrt{\hat{V}(c)} \tag{14.78}$$

Pode-se demonstrar que o valor de F para tratamentos leva à rejeição da hipótese $H_{01} : \mu_1 = \mu_2 = ... = \mu_k$, a determinado nível de significância, se, e somente se, para pelo menos um contraste γ de médias o método de Scheffé levar à rejeição da hipótese $H_0 : \gamma = 0$, ao mesmo nível de significância. Portanto, se o valor de F para tratamentos não for significativo, não será encontrado nenhum contraste γ de médias para o qual o método de Scheffé leve à rejeição da hipótese $H_0 : \gamma = 0$, ao mesmo nível de significância. É claro que, estabelecido o nível de significância, se uma análise de variância leva à rejeição da hipótese $H_0 : \mu_1 = \mu_2 = ... = \mu_k$, o método de Scheffé pode levar à rejeição da hipótese $H_0 : \gamma = 0$ apenas para contrastes γ de médias que não tenham qualquer interesse para o pesquisador.

Para exemplificar a aplicação do método de Scheffé, consideremos os dados da Tabela 14.1, cuja análise de variância está na Tabela 14.4. Temos $k = 3$, $n_1 = 6$, $n_2 = 6$, $n_3 = 9$, $m_1 = 14$, $m_2 = 13$, $m_3 = 17$ e $s^2 =$ Q.M.Res. $= 5$, com $g_{res.} = 18$ graus de liberdade.

Vamos admitir que o pesquisador deseja testar a hipótese de que $\frac{1}{2}(\mu_1 + \mu_2) = \mu_3$ ou $H_0 : \gamma = \mu_1 + \mu_2 - 2\mu_3 = 0$. De acordo com (14.68), (14.70) e (14.76), obtemos

$$c = m_1 + m_2 - 2m_3 = -7,$$

$$\hat{V}(c) = \left(\frac{1}{6} + \frac{1}{6} + \frac{4}{9}\right)5 = \frac{35}{9}$$

e

$$S = \frac{-7}{\sqrt{\frac{35}{9}}} = -3{,}55$$

O valor crítico, para o nível de significância de 1%, é $S_0 = \sqrt{2 \cdot 6{,}01} = 3{,}47$. Como $|S| = 3{,}55 > S_0 = 3{,}47$, rejeitamos, ao nível de significância de 1%, a hipótese $H_0 : \gamma = \mu_1 + \mu_2 - 2\mu_3 = 0$, em favor de $H_A : \gamma \neq 0$.

14.13 O TESTE DA IGUALDADE DE DUAS VARIÂNCIAS

Veremos, nesta seção, como testar a hipótese de que as variâncias de duas populações normais independentes são iguais. Façamos Y_1 e Y_2 denotarem a variável em cada população e sejam σ_1^2 e σ_2^2 as respectivas variâncias. Para testar $H_0 : \sigma_1^2 = \sigma_2^2$, precisamos dispor de duas amostras aleatórias independentes, uma com n_1 observações de Y_1 (Y_{1j}, com $j = 1, ..., n_1$) e outra com n_2 observações de Y_2 (Y_{2j}, com $j = 1, ..., n_2$). Sejam $\bar{Y}_1$ e $\bar{Y}_2$ as médias das amostras. Os estimadores não-tendenciosos das variâncias são

$$s_1^2 = \frac{1}{n_1 - 1} \sum_{j=1}^{n_1}(Y_{1j} - \bar{Y}_1)^2 \quad \text{e} \quad s_2^2 = \frac{1}{n_2 - 1} \sum_{j=1}^{n_2}(Y_{2j} - \bar{Y}_2)^2$$

De acordo com o que foi visto na Seção 12.2, sabemos que, se Y_1 tem distribuição normal,

$$\frac{(n_1 - 1)s_1^2}{\sigma_1^2} = \frac{1}{\sigma_1^2} \sum_{j=1}^{n_1}(Y_{1j} - \bar{Y}_1)^2$$

tem distribuição de qui-quadrado com $n_1 - 1$ graus de liberdade. Analogamente, se Y_2 tem distribuição normal,

$$\frac{(n_2 - 1)s_2^2}{\sigma_2^2} = \frac{1}{\sigma_2^2} \sum_{j=1}^{n_2}(Y_{2j} - \bar{Y}_2)^2$$

tem distribuição de qui-quadrado com $n_2 - 1$ graus de liberdade.

Se as amostras são independentes, as duas distribuições de qui-quadrado são também independentes e, de acordo com o que vimos na Seção 14.6, o quociente

$$F = \frac{s_1^2/\sigma_1^2}{s_2^2/\sigma_2^2}$$

tem distribuição de F com $n_1 - 1$ e $n_2 - 1$ graus de liberdade. Segue-se que, sob $H_0 : \sigma_1^2 = \sigma_2^2$, o quociente

$$F = \frac{s_1^2}{s_2^2}$$

tem distribuição de F com $g_1 = n_1 - 1$ e $g_2 = n_2 - 1$ graus de liberdade.

Se a hipótese alternativa for $H_A : \sigma_1^2 \neq \sigma_2^2$, devemos proceder a um teste bilateral. Então a região de rejeição, para o nível de significância α, é $F \leq F_{01}(g_1, g_2)$ e $F \geq F_{02}(g_1, g_2)$, onde $F_{01}(g_1, g_2)$ e $F_{02}(g_1, g_2)$ são os valores críticos na distribuição de $F(g_1, g_2)$, tais que $P[F(g_1, g_2) < F_{01}(g_1, g_2)] = \dfrac{\alpha}{2}$ e $P[F(g_1, g_2) > F_{02}(g_1, g_2)] = \dfrac{\alpha}{2}$. Se $\alpha = 0{,}10$, o valor de $F_{02}(g_1, g_2)$ pode ser obtido diretamente da Tabela VI do Apêndice. Veremos a seguir que o valor de $F_{01}(g_1, g_2)$ também pode ser obtido dessa mesma tabela.

Lembremos que $F(g_1, g_2) = \dfrac{(X_1/g_1)}{(X_2/g_2)}$, em que X_1 e X_2 são variáveis aleatórias independentes com distribuições de qui-quadrado com g_1 e g_2 graus de liberdade, respectivamente. Então $\dfrac{(X_2/g_2)}{(X_1/g_1)} = F(g_2, g_1)$. Portanto, $[F(g_2, g_1)]^{-1} = F(g_1, g_2)$, desde que seja obedecida a convenção de escrever em primeiro lugar o número de graus de liberdade associado ao numerador.

Seja $F_{02}(g_2, g_1)$ o valor crítico na distribuição de $F(g_2, g_1)$, tal que $P[F(g_2, g_1) > F_{02}(g_2, g_1)] = \dfrac{\alpha}{2}$. Então,

$$P\left[\frac{1}{F(g_2, g_1)} < \frac{1}{F_{02}(g_2, g_1)}\right] = \frac{\alpha}{2}$$

Como $[F(g_2, g_1)]^{-1} = F(g_1, g_2)$, segue-se que

$$P\left[F(g_1, g_2) < \frac{1}{F_{02}(g_2, g_1)}\right] = \frac{\alpha}{2}$$

Portanto, o valor crítico $F_{01}(g_1, g_2)$, tal que $P[F(g_1, g_2) < F_{01}(g_1, g_2)] = \dfrac{\alpha}{2}$ é igual a $[F_{02}(g_2, g_1)]^{-1}$, onde $F_{02}(g_2, g_1)$ é o valor crítico na distribuição de $F(g_2, g_1)$, tal que $P[F(g_2, g_1) > F_{02}(g_2, g_1)] = \dfrac{\alpha}{2}$. É importante notar a inversão na ordem dos graus de liberdade e lembrar que sempre escrevemos em primeiro lugar o número de graus de liberdade associado ao numerador.

O teste de $H_0: \sigma_1^2 = \sigma_2^2$ contra $H_A: \sigma_1^2 \neq \sigma_2^2$ torna-se de mais fácil execução se, depois de calcular os valores de s_1^2 e s_2^2, dividirmos sempre o maior pelo menor, obtendo, portanto, um valor calculado $F \geq 1$. Se foi adotado o nível de significância α, devemos rejeitar H_0 toda vez que $F \geq F_0$, onde F_0 é o valor crítico, na distribuição de F com $n_1 - 1$ e $n_2 - 1$ graus de liberdade $\left(\text{se } F = \dfrac{s_1^2}{s_2^2}\right)$ ou na distribuição de F com $n_2 - 1$ e $n_1 - 1$ graus de liberdade $\left(\text{se } F = \dfrac{s_2^2}{s_1^2}\right)$, tal que $P(F > F_0) = \dfrac{\alpha}{2}$. Para $\alpha = 0{,}10$, o valor crítico pode ser obtido da Tabela VI do Apêndice. Para $\alpha = 0{,}05$, é necessário fazer interpolação entre o valor da Tabela VI e o valor da Tabela VII ou utilizar outras tabelas.[3]

Para exemplificar, consideremos a Tabela 11.9, na qual são dadas as rendas mensais de 12 engenheiros e 15 advogados. A estimativa da variância da renda mensal de engenheiros é $s_1^2 = \dfrac{28}{11} = 2{,}545$, com 11 graus de liberdade, e a estimativa da variância da renda mensal dos advogados é $s_2^2 = \dfrac{32}{14} = 2{,}286$, com 14 graus de liberdade. Como $s_1^2 > s_2^2$, calculamos $F = \dfrac{s_1^2}{s_2^2} = 1{,}11$. O valor crítico, para um teste ao nível de significância de 10%, é $F_0 = 2{,}56$, obtido por interpolação na Tabela VI do Apêndice. Como $F < F_0$, não rejeitamos, ao nível de significância de 10%, a hipótese $H_0: \sigma_1^2 = \sigma_2^2$, isto é, não rejeitamos a hipótese de que a variância da renda mensal de engenheiros é igual à variância da renda mensal de advogados.

Exercícios

14.1 Dado o modelo

$$Y_{ij} = \mu_i + u_{ij} \qquad (i = 1, \ldots, k;\, j = 1, \ldots, n_i),$$

onde u_{ij} são variáveis aleatórias independentes com média zero e variância σ^2, demonstre que

$$E(m_i) = E\left(\dfrac{A_i}{n_i}\right) = \mu_i,$$

com $A_i = \sum\limits_{j=1}^{n_i} Y_{ij}$. Demonstre também que

$$V(m_i) = E(m_i - \mu_i)^2 = \dfrac{\sigma^2}{n_i}$$

e que

$$\operatorname{cov}(m_i, m_h) = 0 \text{ para } h \neq i.$$

---

[3] Ver, por exemplo, Snedecor e Cochran (1967) ou Scheffé (1959). O problema da disponibilidade de tabelas apropriadas deixa de existir com o uso de programas para computador que fornecem a probabilidade caudal do teste.

14.2 Dado o modelo

$$Y_{ij} = \mu + \alpha_i + \beta_j + u_{ij} \quad (\text{com } i = 1, ..., k \text{ e } j = 1, ..., n),$$

onde u_{ij} são variáveis aleatórias independentes com média zero e variância σ^2, $\Sigma\alpha_i = 0$ e $\Sigma\beta_j = 0$, demonstre que

$$E(m_i) = E\left(\frac{A_i}{n}\right) = \mu_i = \mu + \alpha_i,$$

com $A_i = \sum_{j=1}^{n} Y_{ij}$. Demonstre também que

$$V(m_i) = E(m_i - \mu_i)^2 = \frac{\sigma^2}{n}$$

e que

$\text{cov}(m_i, m_h) = 0$ para $h \neq i$.

14.3 Os dados da tabela a seguir referem-se a quatro tratamentos, indicados por algarismos romanos, com 5 observações em cada tratamento. Faça a análise de variância e proceda ao teste de Tukey para comparar as médias, duas a duas, ao nível de significância de 5%.

I	3	4	3	5	5
II	3	2	2	4	4
III	0	2	1	0	2
IV	5	4	5	3	3

14.4 Os dados da tabela a seguir referem-se a três tratamentos, sendo que para o primeiro e o terceiro existem 6 observações, e para o segundo, existem 3 observações. Faça a análise de variância e teste a hipótese de que, em média, os valores relativos ao tratamento I são iguais aos valores relativos ao tratamento II, usando a distribuição de t ao nível de significância de 5%. Que contraste ainda pode ser testado, usando a distribuição de t? Qual é o valor de t relativo a esse contraste?

I	5	4	3	4	3	5
II	3	4	2			
III	2	2	3	2	2	1

14.5 A tabela a seguir apresenta os preços reais, em determinado mercado, de três marcas do produto X, em 3 anos. Faça a análise de variância e teste as seguintes hipóteses, ao nível de significância de 5%:

a) os preços reais médios para as três marcas são iguais;
b) os preços reais médios nos três anos são iguais.

Marca	Ano		
	1961	1962	1963
A	1	1	1
B	2	3	2
C	2	3	3

Use o método de Tukey para comparar os preços médios das marcas, duas a duas.

14.6 Faça a análise de variância dos dados do exercício 11.23 e use o valor de F para testar, ao nível de significância de 5%, a hipótese de que a média da população A é igual à média da população B.

14.7 Faça a análise de variância dos dados do exercício 11.29 e use o valor de F para fazer o teste de hipóteses pedido. Teste também a hipótese de que as rendas médias dos nove indivíduos são todas iguais.

Respostas

14.3 $F = 10{,}00$, significativo ($F_0 = 3{,}24$).

$\Delta_0 = 1{,}81$; m_3 difere significativamente de m_1, de m_2 e de m_4.

14.4 $F = 9{,}00$, significativo ($F_0 = 3{,}89$).

$t = 1{,}732$, não-significativo ($t_0 = 2{,}179$); portanto, não rejeitamos $H_{01} : \gamma_1 = \mu_1 - \mu_2 = 0$.

$\gamma_2 = 2\mu_1 + \mu_2 - 3\mu_3$; $t = 3{,}873$, significativo.

14.5 a) $F = 14{,}00$, significativo ($F_0 = 6{,}94$).

b) $F = 2{,}00$, não-significativo ($F_0 = 6{,}94$).

$\Delta_0 = 1{,}19$; não rejeitamos $\mu_B = \mu_C$, mas rejeitamos $\mu_A = \mu_B$ ou $\mu_A = \mu_C$.

14.6 $F = 5{,}08$, significativo ($F_0 = 4{,}84$).

14.7 $F = 4{,}00$, não-significativo ($F_0 = 5{,}32$).

$F = 1{,}33$, não-significativo ($F_0 = 3{,}44$).

15

Correlação e Regressão

15.1 O COEFICIENTE DE CORRELAÇÃO ENTRE DUAS VARIÁVEIS EM UMA AMOSTRA

É comum estarmos interessados na relação entre duas variáveis. O peso de uma pessoa está, obviamente, relacionado com sua altura. A quantidade de certo produto vendida em determinado mercado durante um dia depende do preço do produto. A quantidade de carne bovina consumida por uma família durante um mês depende da sua renda.

Vamos admitir que temos um conjunto de n pares de valores (X_i, Y_i) das variáveis cuja relação interessa examinar, isto é, vamos admitir que temos uma amostra com n observações das duas variáveis e vamos mostrar como se determina a *correlação* entre as duas variáveis na amostra.

Para ilustrar a exposição do assunto, consideremos os 13 pares de valores das variáveis X e Y apresentados na Tabela 15.1.

Examinando a primeira coluna da Tabela 15.1, verifica-se que os valores de X estão em ordem crescente. Em seguida, examinando a segunda coluna dessa tabela, verifica-se que o valor de Y tende a crescer quando X cresce. Isso também pode ser observado na Figura 15.1, na qual os 13 pares de valores X_i, Y_i estão representados por 13 pontos em um sistema de eixos cartesianos ortogonais. Esse tipo de representação gráfica dos pares de valores X_i, Y_i é denominado *diagrama de dispersão*.

TABELA 15.1
Amostra artificial de 13 pares de valores X_i, Y_i

X_i	Y_i
2	24
4	36
6	30
6	36
7	45
9	39
9	45
9	51
11	45
12	54
12	60
14	54
16	66

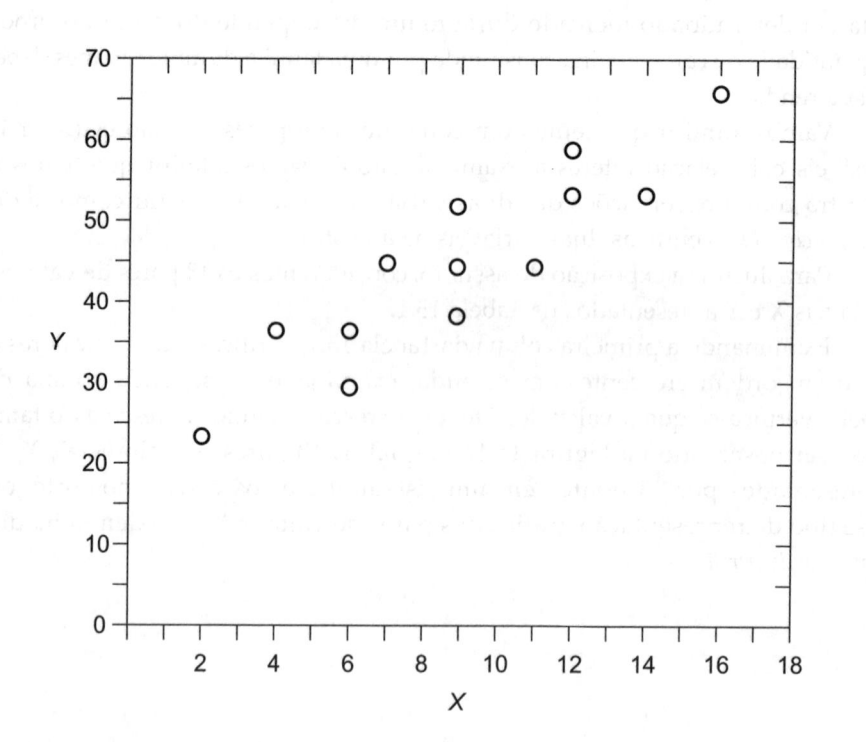

FIGURA 15.1
Diagrama de dispersão

Para que a análise da relação entre X e Y não seja afetada pela média e pela variância das variáveis, vamos utilizar as variáveis reduzidas:

$$v_i = \frac{X_i - \bar{X}}{s_X} \tag{15.1}$$

e

$$z_i = \frac{Y_i - \bar{Y}}{s_Y} \tag{15.2}$$

onde

$$\bar{X} = \frac{1}{n}\sum_{i=1}^{n} X_i, \quad \bar{Y} = \frac{1}{n}\sum_{i=1}^{n} Y_i,$$

$$s_X = \sqrt{\frac{\sum (X_i - \bar{X})^2}{n-1}} \tag{15.3}$$

e

$$s_Y = \sqrt{\frac{\sum (Y_i - \bar{Y})^2}{n-1}} \tag{15.4}$$

Note-se que o uso de variáveis reduzidas também elimina qualquer influência das unidades de medida de X e de Y. Considere-se, por exemplo, que um pesquisador mede a estatura (X_i) de um grupo de pessoas em centímetros. Os valores de X_i seriam diferentes para outro pesquisador que medisse as mesmas estaturas em polegadas. Entretanto, ambos obteriam os mesmos valores de v_i, pois os valores da variável reduzida são números puros, isto é, números sem unidade de medida.

Para os dados da Tabela 15.1, obtemos $\bar{X} = 9$, $\bar{Y} = 45$, $s_X = 4$ e $s_Y = 12$.

Os valores das variáveis reduzidas v_i e z_i (com $i = 1, 2, ..., 13$) estão na Tabela 15.2, e a correspondente representação gráfica é apresentada na Figura 15.2.

TABELA 15.2
Valores das variáveis reduzidas

v_i	z_i
−1,75	−1,75
−1,25	−0,75
−0,75	−1,25
−0,75	−0,75
−0,50	0
0	−0,50
0	0
0	0,50
0,50	0
0,75	0,75
0,75	1,25
1,25	0,75
1,75	1,75

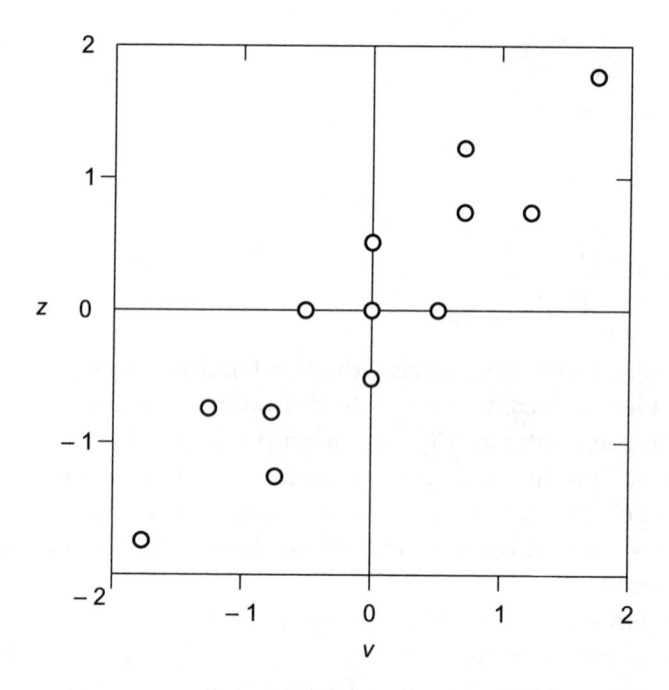

FIGURA 15.2
Diagrama de dispersão para v e z

As figuras 15.3, 15.4 e 15.5 mostram três diferentes resultados que poderiam ser obtidos quando representamos graficamente os n pares de valores v_i, z_i obtidos de uma amostra qualquer.

FIGURA 15.3
Correlação positiva

FIGURA 15.4
Correlação negativa

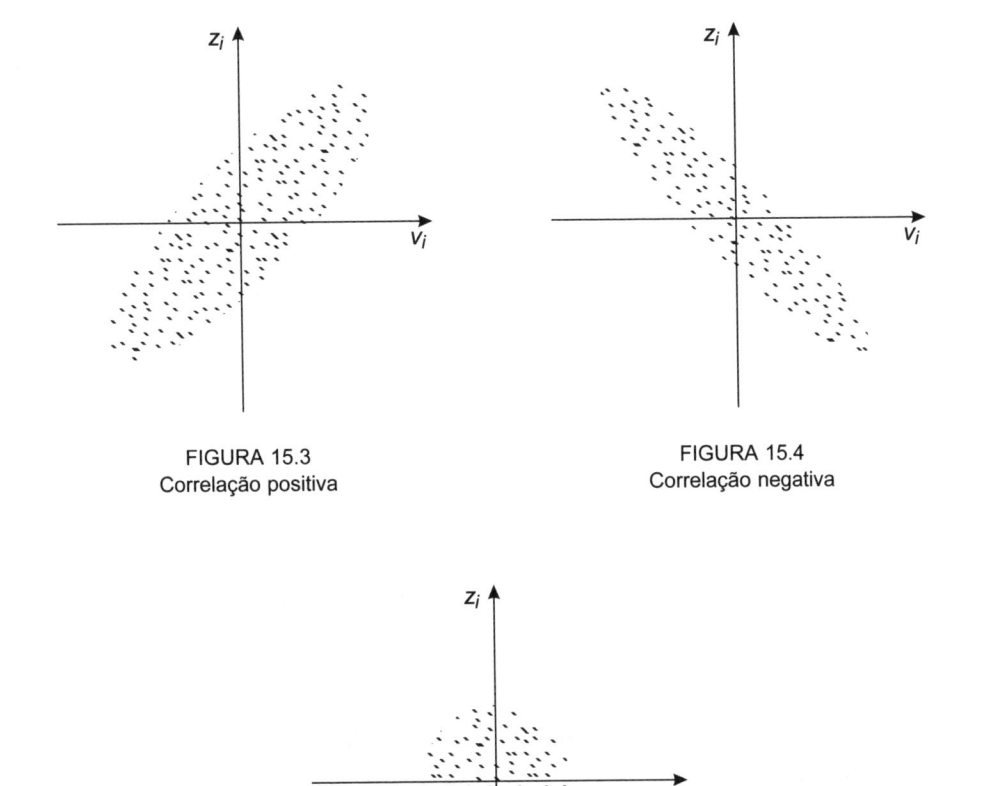

FIGURA 15.5
Correlação aproximadamente igual a zero

Quando X e Y estão positivamente correlacionados, ou seja, quando o valor de Y tende a aumentar quando X cresce, a maioria dos pontos (v_i, z_i) estará no primeiro e no terceiro quadrantes, como ocorre nas figuras 15.2 e 15.3. Então, o produto $v_i z_i$ será geralmente positivo e $\Sigma v_i z_i$ terá um valor positivo.

Quando X e Y estão negativamente correlacionados, isto é, quando o valor de Y tende a diminuir quando X cresce, a maioria dos pontos (v_i, z_i) estará no segundo e no quarto quadrantes, como ocorre na Figura 15.4. Então, o produto $v_i z_i$ será geralmente negativo e $\Sigma v_i z_i$ terá um valor negativo.

Quando X e Y não estão correlacionados, os pontos (v_i, z_i) estarão distribuídos pelos quatro quadrantes, como ocorre na Figura 15.5, e $\Sigma v_i z_i$ terá um valor próximo de zero.

O valor de $\Sigma v_i z_i$ poderia, portanto, ser usado para medir o grau de correlação. Entretanto, quando existe correlação negativa ou positiva, o valor absoluto de $\Sigma v_i z_i$ tende a crescer com o tamanho (n) da amostra. Então, o coeficiente de correlação simples é definido por

$$r = \frac{\Sigma v_i z_i}{n-1} \qquad (15.5)$$

Substituindo (15.1) e (15.2) em (15.5), e considerando (15.3) e (15.4), obtemos

$$r = \frac{\Sigma(X_i - \bar{X})(Y_i - \bar{Y})}{\sqrt{\Sigma(X_i - \bar{X})^2 \, \Sigma(Y_i - \bar{Y})^2}}$$

Se fizermos $x_i = X_i - \bar{X}$ e $y_i = Y_i - \bar{Y}$, podemos escrever

$$r = \frac{\Sigma x_i y_i}{\sqrt{\Sigma x_i^2 \, \Sigma y_i^2}} \qquad (15.6)$$

Na Seção 15.5 será demonstrado que o coeficiente de correlação varia de -1 a $+1$, isto é,

$$-1 \leq r \leq 1$$

No cálculo de r, são comumente usadas as seguintes relações, que podem ser demonstradas pelo leitor:

$$\Sigma x_i y_i = \Sigma X_i Y_i - \frac{1}{n} \Sigma X_i \, \Sigma Y_i$$

$$\Sigma x_i^2 = \Sigma X_i^2 - \frac{1}{n} (\Sigma X_i)^2$$

$$\Sigma y_i^2 = \Sigma Y_i^2 - \frac{1}{n} (\Sigma Y_i)^2$$

Para os dados da Tabela 15.1, obtêm-se $\Sigma x_i^2 = 192$, $\Sigma y_i^2 = 1728$, $\Sigma x_i y_i = 528$ e

$$r = \frac{528}{\sqrt{192 \cdot 1728}} = \frac{528}{576} = \frac{11}{12}$$

ou

$$r = 0{,}917$$

Evidentemente, o mesmo valor pode ser obtido a partir da expressão (15.5), utilizando os valores de v_i e z_i apresentados na Tabela 15.2.

É importante ressaltar que o coeficiente de correlação simples só detecta a existência de uma relação *linear* entre X e Y. Se o coeficiente de correlação é igual a zero, isso *não* implica que não existe relação entre as duas variáveis. Na Tabela 15.3, temos um conjunto de 5 pares de valores (x_i, y_i) com $y_i = 2 - x_i^2$. Para essa "amostra", temos $r = 0$, apesar de y_i ser uma função de x_i.

TABELA 15.3
Amostra artificial com 5 pares de valores, com $r = 0$

x_i	y_i
−2	−2
−1	1
0	2
1	1
2	−2

15.2 O COEFICIENTE DE CORRELAÇÃO PARA UMA DISTRIBUIÇÃO BIDIMENSIONAL

Na seção anterior foi desenvolvido o conceito de coeficiente de correlação (r) em uma *amostra* de n pares de valores X_i, Y_i. Nesta seção iremos estudar o coeficiente de correlação (ρ) na distribuição conjunta de duas variáveis. Para determinar ρ é necessário conhecer a distribuição conjunta de X e Y, ou seja, é necessário conhecer o comportamento das duas variáveis na *população* considerada. Em situações práticas, usualmente, dispomos apenas dos dados de uma amostra e podemos calcular r, mas não ρ.

O conceito de covariância entre duas variáveis foi apresentado na Seção 6.5. Vimos que, dada a distribuição conjunta de X e Y,

$$\text{cov}(X, Y) = E(X - \mu_X)(Y - \mu_Y)$$

Por definição, o coeficiente de correlação entre X e Y é

$$\rho = \frac{\text{cov}(X, Y)}{\sigma_X \sigma_Y} \tag{15.7}$$

onde

$$\sigma_X = \sqrt{V(X)} \quad \text{e} \quad \sigma_Y = \sqrt{V(Y)}$$

Consideremos, novamente, a distribuição conjunta apresentada na Tabela 6.3, que é reproduzida na Tabela 15.4. Recordemos que essa distribuição conjunta pode ser gerada jogando sucessivamente dois tetraedros regulares de material homogêneo. Dispomos de um tetraedro azul A em cujas faces estão marcados os valores 0, 2, 4 e 6 e quatro tetraedros brancos, denominados B_1, B_2, B_3 e B_4, que diferem quanto aos números marcados em suas faces e que são:

0, 0, 0 e 2 para B_1,
0, 2, 2 e 4 para B_2,
2, 4, 4 e 6 para B_3,
4, 6, 6, e 6 para B_4.

Inicialmente é lançado o tetraedro A, e seja X o resultado obtido. A seguir é lançado um dos tetraedros brancos, que será escolhido de acordo com a seguinte regra: B_1 se $X = 0$, B_2 se $X = 2$, B_3 se $X = 4$ e B_4 se $X = 6$. Seja Y o resultado obtido nesse segundo lançamento. A Tabela 15.4 mostra a distribuição conjunta dessas variáveis, bem como as distribuições marginais de X e de Y.

TABELA 15.4
Distribuição conjunta de X e Y

Y	X				P(Y)
	0	2	4	6	
0	3/16	1/16	0	0	1/4
2	1/16	2/16	1/16	0	1/4
4	0	1/16	2/16	1/16	1/4
6	0	0	1/16	3/16	1/4
P(X)	1/4	1/4	1/4	1/4	1

Obtemos $\mu_X = E(X) = 3$, $\mu_Y = E(Y) = 3$, $\sigma_X^2 = \sigma_Y^2 = 5$ e

$$\text{cov}(X,Y) = E(X - \mu_X)(Y - \mu_Y) = \sum_i \sum_j (X_i - \mu_X)(Y_j - \mu_Y) P(X_i, Y_j) =$$

$$= (-3)(-3)\frac{3}{16} + (-1)(-3)\frac{1}{16} + ... = \frac{68}{16} = \frac{17}{4}$$

Finalmente, de acordo com (16.7), temos

$$\rho = \frac{17/4}{\sqrt{5}\sqrt{5}} = \frac{17}{20} = 0{,}85$$

Se tivermos uma amostra aleatória de n pares de valores (X_i, Y_i) e pudermos pressupor que a distribuição conjunta de X e Y é uma distribuição normal bidimensional, podemos testar a hipótese de nulidade $H_0 : \rho = 0$, isto é, a hipótese de que não há nenhuma correlação entre X e Y na população da qual foi retirada a amostra. Para isso, calculamos

$$t = \frac{r\sqrt{n-2}}{\sqrt{1-r^2}} \qquad (15.8)$$

que tem distribuição de t com $n - 2$ graus de liberdade.

No final da Seção 15.1, a partir de uma amostra com 13 observações, obtivemos $r = 11/12 = 0{,}9167$. De acordo com (15.8), obtemos

$$t = \frac{\dfrac{11}{12}\sqrt{13-2}}{\sqrt{1-\left(\dfrac{11}{12}\right)^2}} = 7{,}607$$

Para um teste bilateral ao nível de significância de 5%, o valor crítico de t, com 11 graus de liberdade, é $t_0 = 2{,}201$. Portanto, se admitirmos que X e Y têm distribuição normal bidimensional, rejeitamos, ao nível de significância de 5%, a hipótese $H_0 : \rho = 0$ em favor de $H_A : \rho \neq 0$.

15.3 O MODELO ESTATÍSTICO DE UMA REGRESSÃO LINEAR SIMPLES

Além de determinar se existe uma relação linear entre duas variáveis, X e Y, freqüentemente se deseja conhecer a função que mostra como Y varia em função de X.

Vamos admitir, inicialmente, que Y varia linearmente com X.

O modelo estatístico de uma regressão linear simples é

$$Y_i = \alpha + \beta X_i + u_i, \qquad (15.9)$$

com $i = 1, ..., n$. Nessa expressão, $\alpha + \beta X_i$ é o componente de Y_i cuja variação depende linearmente de X_i, e u_i é o componente aleatório de Y_i. Admite-se que os u_i são variáveis aleatórias não-correlacionadas entre si, com distribuição de média zero e variância constante. Essas pressuposições a respeito do termo u_i, denominado *erro*, podem ser indicadas como segue:

$$E(u_i) = 0 \qquad (15.10)$$
$$V(u_i) = E(u_i^2) = \sigma^2 \qquad (15.11)$$
e $\qquad \mathrm{cov}(u_i, u_j) = E(u_i u_j) = 0 \text{ para } i \neq j \qquad (15.12)$

Comumente, considera-se que as variações em u_i se devem à influência de outras variáveis, não incluídas no modelo. Se, por exemplo, formos analisar como o consumo de carne bovina por pessoa (Y_i) nas famílias depende de sua renda *per capita* (X_i), não podemos esperar que os valores observados dessas duas variáveis pertençam a uma função matematicamente exata porque o consumo de carne também depende da composição da família, de costumes alimentares etc. Mesmo que algumas dessas variáveis fossem explicitamente incluídas no modelo, transformando-o em um modelo de regressão linear *múltipla*, sempre restaria um erro.

No modelo (15.9), dizemos que X_i é a *variável explanatória* e Y_i é a *variável dependente*. Aqui vamos admitir que os valores de X_i são fixos. Entretanto, se X é uma variável aleatória, os métodos utilizados na obtenção das estimativas dos parâmetros e na realização de testes de hipóteses não são alterados, desde que X seja não-correlacionada com u, isto é, desde que cov(X, u) = 0.

Admitindo que os valores de X_i são fixos, de (15.9), aplicando esperança matemática e lembrando (15.10), obtemos

$$E(Y_i) = \alpha + \beta X_i \tag{15.13}$$

O modelo estatístico de uma regressão linear simples está ilustrado na Figura 15.6.

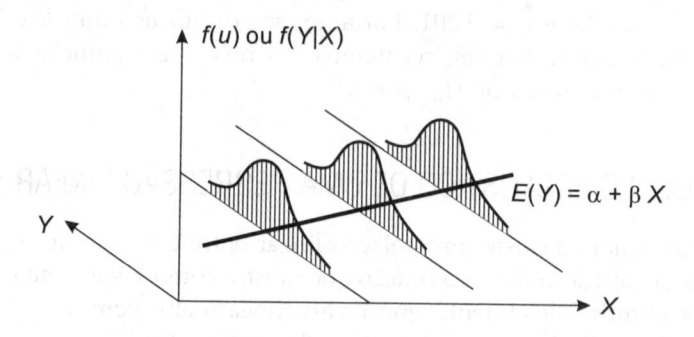

FIGURA 15.6
Representação do modelo estatístico de uma regressão linear simples

A Figura 15.6 mostra que, dado um valor de X, a distribuição de Y tem média sobre a reta "verdadeira", $E(Y) = \alpha + \beta X$, e variância constante (σ^2), de acordo com a pressuposição (15.11). O fato de a variância do erro (ou variância de Y, dado X) ser constante é denominado *homocedasticia*.

Para obter intervalos de confiança para os parâmetros e testar hipóteses a respeito dos valores dos parâmetros α e β, é usual pressupor que os erros (u_i) são variáveis aleatórias independentes com *distribuição normal* de média zero e variância σ^2.

15.4 O MÉTODO DE MÍNIMOS QUADRADOS

Nesta seção vamos deduzir os estimadores de α e β de acordo com o método de mínimos quadrados, já apresentado na Seção 9.7.

Vamos admitir que dispomos de uma amostra de n pares de valores de X e Y, como, por exemplo, a amostra com 13 observações apresentadas na Tabela 15.1.

Se a e b são estimativas de α e β, respectivamente, a reta de regressão estimada é

$$\hat{Y} = a + bX_i \tag{15.14}$$

Denominamos *desvio* (e_i) a diferença entre o valor observado e o respectivo valor estimado de Y, isto é,

$$e_i = Y_i - \hat{Y}_i \tag{15.15}$$

ou

$$e_i = Y_i - a - bX_i \tag{15.16}$$

De acordo com o método de mínimos quadrados, as estimativas dos parâmetros são os valores de a e b que minimizam a soma dos quadrados dos desvios, dada por

$$Q = \sum_{i=1}^{n} e_i^2 = \sum_{i=1}^{n} (Y_i - a - bX_i)^2 \tag{15.17}$$

Igualando a zero as derivadas parciais de Q em relação a a e a b, obtemos[1]

$$\begin{cases} -2\sum(Y_i - a - bX_i) = 0 \\ -2\sum(Y_i - a - bX_i)X_i = 0 \end{cases}$$

ou

$$\begin{cases} \sum(Y_i - a - bX_i) = 0 & (15.18) \\ \sum(Y_i - a - bX_i)X_i = 0 & (15.19) \end{cases}$$

De (15.18), segue-se que

$$na = \sum Y_i - b\sum X_i$$

Dividindo por n, obtemos

$$a = \bar{Y} - b\bar{X} \tag{15.20}$$

Substituindo (15.20) em (15.19) e indicando os desvios dos valores observados de cada variável em relação à sua média na amostra pelas respectivas letras minúsculas, isto é, fazendo $x_i = X_i - \bar{X}$ e $y_i = Y_i - \bar{Y}$, obtemos

$$\sum(y_i - bx_i)X_i = 0$$

Segue-se que

$$b = \frac{\sum X_i y_i}{\sum X_i x_i}$$

---

[1] Uma vez que se trata de uma soma de quadrados, as condições de 2ª ordem para mínimo são necessariamente obedecidas.

É fácil verificar que

e
$$\Sigma X_i y_i = \Sigma x_i Y_i = \Sigma x_i y_i$$
$$\Sigma X_i x_i = \Sigma x_i^2$$

Então, temos

$$b = \frac{\Sigma x_i y_i}{\Sigma x_i^2}, \qquad (15.21)$$

que é o estimador de mínimos quadrados para o parâmetro β, ou *coeficiente de regressão*. Uma vez obtido o valor de b, a estimativa de α é facilmente determinada por meio de (15.20).

Para os dados da Tabela 15.1, temos $\bar{X} = 9$, $\bar{Y} = 45$, $\Sigma x^2 = 192$ e $\Sigma xy = 528$. Então, de acordo com (15.21) e (15.20), temos

$$b = \frac{528}{192} = 2{,}75$$

e

$$a = 45 - 2{,}75 \cdot 9 = 20{,}25,$$

e a reta de regressão estimada é

$$\hat{Y} = 20{,}25 + 2{,}75\, X$$

Na Tabela 15.5 são apresentados os valores de $\hat{Y}_i$ e os respectivos desvios (e_i). Os pontos observados e a reta de regressão estimada podem ser vistos na Figura 15.7, na qual foram assinalados os valores de $\hat{Y}_2$ e e_2, isto é, o valor estimado de Y e o desvio correspondente à 2ª observação.

TABELA 15.5
Valores de X_i, Y_i, $\hat{Y}_i$ e $e_i = Y_i - \hat{Y}_i$

X_i	Y_i	$\hat{Y}_i$	e_i
2	24	25,75	-1,75
4	36	31,25	4,75
6	30	36,75	-6,75
6	36	36,75	-0,75
7	45	39,50	5,50
9	39	45,00	-6,00
9	45	45,00	0
9	51	45,00	6,00
11	45	50,50	-5,50
12	54	53,25	0,75
12	60	53,25	6,75
14	54	58,75	-4,75
16	66	64,25	1,75

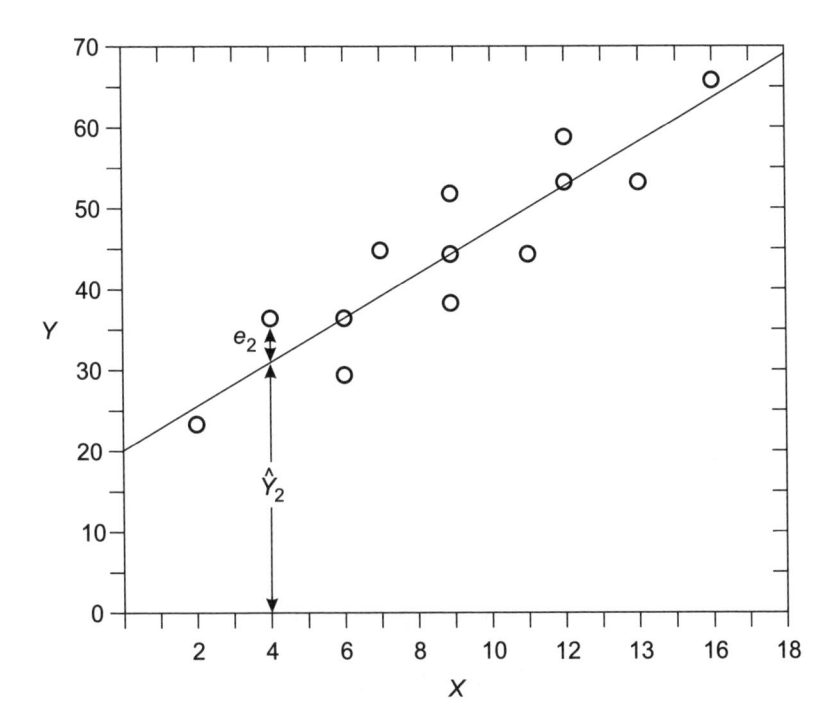

FIGURA 15.7
Os 13 pontos da amostra e a reta estimada ($\hat{Y} = 20{,}25 + 2{,}75X$)

De (15.18) e (15.19), lembrando (15.16), obtemos

$$\Sigma e_i = 0 \tag{15.22}$$

e
$$\Sigma e_i X_i = 0 \tag{15.23}$$

De acordo com essas relações, sempre que estimamos os parâmetros do modelo $Y_i = \alpha + \beta X_i + u_i$ pelo método de mínimos quadrados, a soma dos desvios é igual a zero e a soma dos produtos dos valores da variável explanatória pelos respectivos desvios também é igual a zero. O leitor deve verificar que os valores de X_i e e_i apresentados na Tabela 15.5 satisfazem (15.22) e (15.23).

Temos que

$$Y_i = \hat{Y}_i + e_i, \text{ com } i = 1, ..., n$$

Somando e lembrando que a soma dos desvios é igual a zero, obtemos

$$\Sigma Y_i = \Sigma \hat{Y}_i$$

Dividindo por n, conclui-se que a média dos valores observados de Y é igual à média dos valores estimados, isto é,

$$\bar{Y} = \frac{1}{n}\Sigma Y_i = \frac{1}{n}\Sigma \hat{Y}_i$$

Substituindo (15.20) em (15.14), obtemos

$$\hat{Y}_i = \bar{Y} - b\bar{X} + bX_i$$

ou

$$\hat{Y}_i - \bar{Y} = b(X_i - \bar{X})$$

Fazendo $\hat{y}_i = \hat{Y}_i - \bar{Y}$, segue-se que

$$\hat{y}_i = bx_i, \text{ com } i = 1, ..., n \tag{15.24}$$

Multiplicando por e_i e somando, obtemos

$$\Sigma e_i \hat{y}_i = b\Sigma x_i e_i = b\Sigma(X_i - \bar{X})e_i = b\Sigma X_i e_i - b\bar{X}\Sigma e_i$$

Lembrando (15.22) e (15.23), conclui-se que

$$\Sigma e_i \hat{y}_i = 0 \tag{15.25}$$

Vejamos a seguir as propriedades de a e b como estimadores de α e β.
De acordo com (15.21), lembrando que $\Sigma x_i y_i = \Sigma x_i Y_i$, temos que

$$b = \frac{\Sigma x_i Y_i}{\Sigma x_i^2} \tag{15.26}$$

ou

$$b = \frac{x_1}{\Sigma x_i^2} Y_1 + \frac{x_2}{\Sigma x_i^2} Y_2 + ... + \frac{x_n}{\Sigma x_i^2} Y_n$$

Essa última expressão mostra que b é uma combinação linear dos valores de Y_i da amostra. Dizemos, então, que b é um estimador *linear* de β.

Substituindo (15.9) em (15.26), obtemos

$$b = \frac{\alpha \Sigma x_i}{\Sigma x_i^2} + \frac{\beta \Sigma X_i x_i}{\Sigma x_i^2} + \frac{\Sigma u_i x_i}{\Sigma x_i^2}$$

Uma vez que $\Sigma x_i = 0$ e $\Sigma X_i x_i = \Sigma x_i^2$, segue-se que

$$b = \beta + \frac{\Sigma u_i x_i}{\Sigma x_i^2} \tag{15.27}$$

Desde que os valores de X_i sejam fixos e $E(u_i) = 0$, de (15.27), obtemos

$$E(b) = \beta \tag{15.28}$$

Verifica-se, assim, que b é um estimador linear não-tendencioso. Além disso, pode-se demonstrar que, entre os estimadores lineares não-tendenciosos de β, o estimador de mínimos quadrados (b) é o que tem menor variância.[2] Concluímos, então, que b é o estimador linear não-tendencioso de variância mínima. Pode-se demonstrar que as mesmas propriedades são válidas para o estimador de mínimos quadrados de α, que, como vimos, é $a = \bar{Y} - b\bar{X}$.

Os estimadores $b = (\Sigma xy)/(\Sigma x^2)$ e $a = \bar{Y} - b\bar{X}$ são os estimadores lineares não-tendenciosos de variância mínima apenas *se* os erros u_i são variáveis não-correlacionadas entre si, com $E(u_i) = 0$ e variância constante (homocedasticia). Se uma dessas pressuposições sobre os erros não for válida, os estimadores de mínimos quadrados *ordinários* deixam de ser os melhores. Por exemplo, se a variância do erro não for constante, isto é, se houver heterocedasticia, devemos utilizar os estimadores de mínimos quadrados ponderados. A análise desse assunto, entretanto, foge à natureza introdutória deste texto.

15.5 ANÁLISE DE VARIÂNCIA DA REGRESSÃO

Temos que

$$Y_i = \hat{Y}_i + e_i$$

Subtraindo $\bar{Y}$ dos dois membros e lembrando que $Y_i - \bar{Y} = y_i$ e $\hat{Y}_i - \bar{Y} = \hat{y}_i$, obtemos

$$y_i = \hat{y}_i + e_i, \text{ com } i = 1, \ldots, n$$

Elevando os dois membros ao quadrado e somando, obtemos

$$\Sigma y_i^2 = \Sigma(\hat{y}_i + e_i)^2 = \Sigma \hat{y}_i^2 + \Sigma e_i^2 + 2\Sigma e_i \hat{y}_i$$

Lembrando (15.25), segue-se que

$$\Sigma y_i^2 = \Sigma \hat{y}_i^2 + \Sigma e_i^2 \tag{15.29}$$

O primeiro termo (Σy_i^2) dessa expressão é denominado *soma de quadrados total* (S.Q.Total) e mede a variabilidade dos valores de Y_i em torno de sua média.

O primeiro termo do segundo membro ($\Sigma \hat{y}_i^2$) é denominado *soma de quadrados de regressão* (S.Q.Regr.) e mede a variabilidade dos $\hat{Y}_i$ em torno de $\bar{Y}$, ou seja, representa a parte da S.Q.Total que é "explicada" pela regressão.

---

[2] Várias demonstrações não apresentadas neste capítulo podem ser encontradas em Hoffmann (2006).

O último termo de (15.29) é a *soma de quadrados dos desvios*, também denominada soma de quadrados dos resíduos ou soma de quadrados residual (S.Q.Res.), e representa a parte da S.Q.Total que não é "explicada" pela regressão de Y contra X.

Ressalte-se que todos os termos de (15.29), por serem somas de quadrados, são não-negativos.

Lembrando (15.21) e (15.24), verifica-se que

$$\text{S.Q.Regr.} = \Sigma \hat{y}_i^2 = b^2 \Sigma x_i^2 = \frac{(\Sigma x_i y_i)^2}{\Sigma x_i^2} = b \Sigma x_i y_i \tag{15.30}$$

A proporção da soma de quadrados total que é "explicada" pela regressão linear é denominada *coeficiente de determinação* e é dada por

$$\frac{\text{S.Q.Regr.}}{\text{S.Q.Total}} = \frac{b \Sigma x_i y_i}{\Sigma y_i^2} = \frac{(\Sigma x_i y_i)^2}{\Sigma x_i^2 \Sigma y_i^2}$$

Comparando essa última expressão com (15.6), verifica-se que o coeficiente de determinação da regressão linear de Y_i contra X_i é igual ao quadrado do coeficiente de correlação entre X_i e Y_i, ou seja,

$$r^2 = \frac{\text{S.Q.Regr.}}{\text{S.Q.Total}} = \frac{b \Sigma x_i y_i}{\Sigma y_i^2} \tag{15.31}$$

Se a reta ajustada passar exatamente sobre os pontos observados e todos os desvios forem iguais a zero, temos S.Q.Res. = 0, S.Q.Regr. = S.Q.Total e $r^2 = 1$. No outro extremo, teríamos o caso em que S.Q.Regr. = 0, S.Q.Res. = S.Q.Total e $r^2 = 0$. Em geral, temos

$$0 \leq r^2 \leq 1 \tag{15.32}$$

É claro que o ajustamento da reta aos pontos observados é tanto melhor quanto mais perto de 1 estiver o valor do coeficiente de determinação.

De (15.32), segue-se que

$$-1 \leq r \leq 1$$

Admitindo que os valores de X_i são fixos, e com base nas pressuposições (15.10), (15.11) e (15.12), pode-se demonstrar que

$$E(\text{S.Q.Regr.}) = \beta^2 \Sigma x_i^2 + \sigma^2 \tag{15.33}$$

e

$$E(\text{S.Q.Res.}) = (n-2)\sigma^2 \tag{15.34}$$

Se os u_i são variáveis aleatórias independentes com distribuição *normal* de média zero e variância σ^2, pode-se demonstrar que:

a) (S.Q.Res.)/σ^2 tem distribuição de qui-quadrado com $n - 2$ graus de liberdade;

b) sob a hipótese $H_0 : \beta = 0$, (S.Q.Regr.)/σ^2 tem distribuição de qui-quadrado com 1 grau de liberdade;

c) as duas distribuições de qui-quadrado mencionadas são independentes entre si.

Por definição, um quadrado médio é dado pelo quociente da divisão de uma soma de quadrados pelo respectivo número de graus de liberdade. Assim, o quadrado médio do resíduo é dado por

$$\text{Q.M.Res.} = \frac{\text{S.Q.Res.}}{n-2} \tag{15.35}$$

e o quadrado médio de regressão é dado por

$$\text{Q.M.Regr.} = \frac{\text{S.Q.Regr.}}{1} = \text{S.Q.Regr.} \tag{15.36}$$

De (15.34) e (15.35), segue-se que

$$E(\text{Q.M.Res.}) = \sigma^2, \tag{15.37}$$

isto é, o quadrado médio do resíduo é um estimador não-tendencioso da variância (σ^2) do erro. Justifica-se, assim, indicar o quadrado médio do resíduo por s^2.

Tendo em vista a caracterização da distribuição de F feita na Seção 14.6, podemos concluir que, se os u_i são variáveis aleatórias independentes com distribuição normal de média zero e variância constante, sob $H_0 : \beta = 0$, o quociente da divisão do Q.M.Regr. pelo Q.M.Res. tem distribuição de F com 1 e $n - 2$ graus de liberdade. Então, o valor de

$$F = \frac{\text{Q.M.Regr.}}{\text{Q.M.Res.}} \tag{15.38}$$

pode ser utilizado para testar, ao nível de significância escolhido, a hipótese $H_0 : \beta = 0$.

É comum apresentar a decomposição da soma de quadrados total, os valores dos quadrados médios e o valor de F em uma tabela, conforme o seguinte esquema:

Análise de Variância				
Causas de variação	Graus de liberdade	Soma de quadrados	Quadrados médios	F
Regressão	1	$b\Sigma x_i y_i$		
Resíduo	$n-2$	$\Sigma y_i^2 - b\Sigma x_i y_i$		
Total	$n-1$	Σy_i^2		

Para a amostra de 13 pares de valores, apresentada na Tabela 15.1, temos $\Sigma x^2 = 192$, $\Sigma y^2 = 1.728$, $\Sigma xy = 528$, $b = 2{,}75$,

$$\text{S.Q.Regr.} = b\Sigma xy = 1.452$$

e $\quad$ S.Q.Res. $= 1.728 - 1.452 = 276$

O leitor deve verificar que o mesmo valor da S.Q.Res. é obtido por meio de S.Q.Res. $= \Sigma e_i^2$, utilizando os valores dos desvios apresentados na Tabela 15.5.

A análise de variância da regressão é apresentada na Tabela 15.6.

TABELA 15.6
Análise de variância da regressão linear simples ajustada aos dados da Tabela 15.1

C.V.	G.L.	S.Q.	Q.M.	F
Regressão	1	1.452	1.452	57,87
Resíduo	11	276	25,09	
Total	12	1.728		

Uma vez que o valor crítico de F com 1 e 11 graus de liberdade, ao nível de significância de 5%, é $F_0 = 4{,}84$, o valor de F calculado ($F = 57{,}87$) nos leva a rejeitar $H_0 : \beta = 0$ em favor de $H_A : \beta \neq 0$.

Se a análise de regressão for feita por meio de um programa para computador, além de calcular o teste F, é usual que seja fornecida a probabilidade caudal do teste (ou p-valor), que é inferior a 0,01%, permitindo concluir que o teste é significativo ao nível de 5%, sem necessidade de obter o valor crítico de F na tabela.

O coeficiente de determinação da regressão é

$$r^2 = \frac{1.452}{1.728} = 0{,}840$$

15.6 VARIÂNCIAS DAS ESTIMATIVAS DOS PARÂMETROS

Admitindo que os valores de X_i são fixos e utilizando as pressuposições (15.10), (15.11) e (15.12), pode-se demonstrar que

$$V(\bar{Y}) = \frac{\sigma^2}{n}, \tag{15.39}$$

$$V(b) = \frac{\sigma^2}{\Sigma x_i^2}, \tag{15.40}$$

$$V(a) = \left(\frac{1}{n} + \frac{\bar{X}^2}{\Sigma x_i^2}\right)\sigma^2, \tag{15.41}$$

$$\text{cov}(\bar{Y}, b) = 0 \tag{15.42}$$

e

$$\text{cov}(a,b) = -\frac{\bar{X}\sigma^2}{\Sigma x_i^2} \tag{15.43}$$

Substituindo σ^2 por s^2 = Q.M.Res., obtemos as correspondentes estimativas de variâncias e covariâncias. Assim,

$$s^2(b) = \hat{V}(b) = \frac{s^2}{\Sigma x_i^2}$$

e

$$s^2(a) = \hat{V}(a) = \left(\frac{1}{n} + \frac{\bar{X}^2}{\Sigma x_i^2}\right) s^2$$

Para o exemplo numérico que estamos considerando, obtemos

$$s^2(b) = \frac{276/11}{192} = 0,1307,$$

$$s(b) = 0,3615$$

$$s^2(a) = \left(\frac{1}{13} + \frac{9^2}{192}\right)\frac{276}{11} = 12,5153$$

e

$$s(a) = 3,5377$$

As estimativas dos desvios padrão de a e de b podem ser utilizadas para determinar intervalos de confiança para α e para β de acordo com as desigualdades

$$a - t_0 s(a) < \alpha < a + t_0 s(a)$$
$$b - t_0 s(b) < \beta < b + t_0 s(b)$$

Para testar $H_0 : \beta = \beta_0$, calculamos

$$t = \frac{b - \beta_0}{s(b)} \tag{15.44}$$

e, para testar $H_0 : \alpha = \alpha_0$, calculamos

$$t = \frac{a - \alpha_0}{s(a)}$$

Para exemplificar, vamos determinar o intervalo de 90% de confiança para α com base na amostra apresentada na Tabela 15.1. Já obtivemos $a = 20{,}25$ e $s(a) = 3{,}5377$. O valor crítico de t, com 11 graus de liberdade (que é o número de graus de liberdade associado a $s^2 = $ Q.M.Res.), obtido na tabela, é $t_0 = 1{,}796$. Então, os limites do intervalo de confiança são

$$20{,}25 \pm 1{,}796 \cdot 3{,}5377$$

ou

$$20{,}25 \pm 6{,}35$$

Conclui-se que o intervalo de 90% de confiança para α é

$$13{,}90 < \alpha < 26{,}60$$

15.7 A VARIÂNCIA DA ESTIMATIVA DE Y E O INTERVALO DE PREVISÃO

Seja X_h um valor qualquer de X, podendo coincidir ou não com um dos valores de X_i da amostra. De acordo com (15.24), o correspondente valor estimado de Y é dado por

$$\hat{Y}_h = \overline{Y} + b(X_h - \overline{X})$$

Lembrando as propriedades da variância, segue-se que

$$V(\hat{Y}_h) = V(\overline{Y}) + (X_h - \overline{X})^2 V(b) + 2(X_h - \overline{X}) \operatorname{cov}(\overline{Y}, b)$$

Tendo em vista (15.39), (15.40) e (15.42), concluímos que

$$V(\hat{Y}_h) = \left[\frac{1}{n} + \frac{(X_h - \overline{X})^2}{\Sigma x_i^2} \right] \sigma^2 \tag{15.45}$$

A estimativa dessa variância de $\hat{Y}_h$ é obtida substituindo σ^2 por s^2 = Q.M.Res.:

$$\hat{V}(\hat{Y}_h) = \left[\frac{1}{n} + \frac{(X_h - \bar{X})^2}{\Sigma x_i^2}\right] s^2 \qquad (15.46)$$

A raiz quadrada desse valor é a estimativa do desvio padrão de $\hat{Y}_h$, que será indicada por $s(\hat{Y}_h)$.

Uma vez calculado o valor de $s(\hat{Y}_h)$, é fácil determinar o intervalo de confiança para $E(Y_h)$, isto é, o intervalo de confiança para o valor esperado da variável dependente quando a variável explanatória é igual a X_h. Escolhido o nível de confiança, seja t_0 o valor crítico de t, obtido da tabela, com $n - 2$ graus de liberdade. Então, o intervalo de confiança para $E(Y_h)$ é

$$\hat{Y}_h - t_0 s(\hat{Y}_h) < E(Y_h) < \hat{Y}_h + t_0 s(\hat{Y}_h) \qquad (15.47)$$

Para ilustrar o procedimento, vamos determinar o intervalo de 95% de confiança para $E(Y_h)$ quando $X_h = 10$, para os dados da Tabela 15.1. De acordo com (15.46), obtemos

$$\hat{V}(\hat{Y}_h) = \left[\frac{1}{13} + \frac{(10-9)^2}{192}\right] 25{,}09 = 2{,}0607$$

e

$$s(\hat{Y}_h) = 1{,}4355$$

Como a equação de regressão estimada é

$$\hat{Y} = 20{,}25 + 2{,}75\, X,$$

para $X_h = 10$, obtemos $\hat{Y}_h = 47{,}75$. O valor crítico de t, para 11 graus de liberdade, é $t_0 = 2{,}201$. Então, os limites do intervalo de confiança são

$$47{,}75 \pm 2{,}201 \cdot 1{,}4355$$

ou

$$47{,}75 \pm 3{,}16$$

Conclui-se que o intervalo de 95% de confiança para $E(Y_h)$, quando $X_h = 10$, é

$$44{,}59 < E(Y_h \mid X_h = 10) < 50{,}91$$

Muitas vezes, deseja-se estabelecer a precisão de $\hat{Y}_h$ como estimativa do valor da variável dependente (Y_h) para uma nova observação para dado valor da variável explanatória (X_h). Nesse caso, é necessário levar em consideração tanto a variância de $\hat{Y}_h$, dada por (15.45), como a variância do novo valor Y_h, dado X_h, que é σ^2. Se os u_i

são não-correlacionados, como estabelece a pressuposição (15.12), então, $\hat{Y}_h$ (estimativa obtida a partir das n observações da amostra) e a *nova* observação Y_h também são não-correlacionados, isto é, têm covariância igual a zero.

Uma vez que $\hat{Y}_h$ será usado para prever o valor da nova observação, a diferença

$$Y_h - \hat{Y}_h$$

é denominada *erro de previsão*. Como a covariância entre Y_h e $\hat{Y}_h$ é igual a zero, a variância do erro de previsão é igual à soma das variâncias de Y_h e $\hat{Y}_h$, ou seja,

$$V(Y_h - \hat{Y}_h) = \left[1 + \frac{1}{n} + \frac{(X_h - \bar{X})^2}{\Sigma x_i^2}\right]\sigma^2 \qquad (15.48)$$

Se t_0 é o valor crítico de t com $n - 2$ graus de liberdade, para o nível de confiança adotado, os limites do *intervalo de previsão* para Y_h, dado X_h, são

$$\hat{Y}_h \pm t_0 \sqrt{\left[1 + \frac{1}{n} + \frac{(X_h - \bar{X})^2}{\Sigma x_i^2}\right]s^2} \qquad (15.49)$$

Para o caso do exemplo numérico que estamos considerando, os limites do intervalo de previsão para o valor Y_h de uma nova observação com $X_h = 10$, ao nível de 95% de confiança, são

$$47{,}75 \pm 2{,}201 \sqrt{\left[1 + \frac{1}{13} + \frac{(10-9)^2}{192}\right] 25{,}09}$$

ou

$$47{,}75 \pm 11{,}47$$

Conclui-se que o intervalo de previsão é

$$36{,}28 < Y_h < 59{,}22$$

A expressão (15.49) mostra que, para uma dada amostra, o intervalo de previsão é mais estreito para $X_h = \bar{X}$. Quando X_h se afasta de $\bar{X}$, assumindo valores inferiores ou superiores a $\bar{X}$, o intervalo de previsão se amplia, mostrando a menor precisão de $\hat{Y}_h$.

Dizemos que é feita uma *interpolação* quando o valor de X_h pertence ao intervalo delimitado pelos valores mínimo e máximo de X observados na amostra. Quando o valor de X_h está fora desse intervalo, dizemos que é feita uma *extrapolação*. Nesse último caso, é necessário pressupor que o modelo ajustado para determinado intervalo de valores de X também é válido para valores de X fora desse intervalo.

15.8 MODELOS QUE SE TORNAM LINEARES POR ANAMORFOSE

Vamos admitir que as variáveis Q e P (quantidade vendida e preço de uma mercadoria, por exemplo) estão relacionadas de acordo com o modelo

$$Q_i = \theta P_i^\beta \varepsilon_i, \qquad (15.50)$$

onde θ e β são parâmetros e ε é um erro multiplicativo. Aplicando logaritmos, segue-se que

$$\log Q_i = \log \theta + \beta \log P_i + \log \varepsilon_i$$

Fazendo $\log Q_i = Y_i$, $\log \theta = \alpha$, $\log P_i = X_i$ e $\log \varepsilon_i = u_i$, obtemos o modelo:

$$Y_i = \alpha + \beta X_i + u_i$$

Se pudermos pressupor que os u_i são variáveis aleatórias não-correlacionadas entre si, com média zero e variância constante, então, esse é o modelo de uma regressão linear simples.

O modelo (15.50) é não-linear. No entanto, vimos que é possível transformá-lo no modelo de uma regressão linear simples por *anamorfose*, isto é, substituindo uma ou mais variáveis por funções dessas variáveis. Nesse caso, a anamorfose consistiu em fazer $Y_i = \log Q_i$ e $X_i = \log P_i$.

Como um segundo exemplo, consideremos uma variável Q que cresce com taxa geométrica constante (como capital com juros compostos). Tal variável obedece ao seguinte modelo matemático:

$$Q = \theta(1 + r)^X,$$

no qual X é o tempo (em anos, meses ou outra unidade) e r é a taxa de crescimento por unidade de tempo. Considerando um erro multiplicativo, temos o seguinte modelo estatístico:

$$Q = \theta(1 + r)^X \varepsilon$$

Aplicando logaritmos a esse modelo não-linear, obtemos

$$\log Q = \log \theta + [\log(1 + r)]X + \log \varepsilon$$

Fazendo $\log Q = Y$, $\log \theta = \alpha$, $\log(1 + r) = \beta$ e $\log \varepsilon = u$, o modelo fica

$$Y = \alpha + \beta X + u$$

Como $\beta = \log(1 + r)$, segue-se que

$$r = \text{antilog}(\beta) - 1$$

Então, se b é a estimativa de mínimos quadrados de β, a estimativa da taxa de crescimento de Q é dada por

$$\hat{r} = \text{antilog}(b) - 1$$

Como terceiro exemplo, consideremos o modelo

$$Y = \alpha + \frac{\beta}{Z} + u$$

Basta fazer a anamorfose $X = 1/Z$ para obter o modelo de uma regressão linear simples.

Para ilustrar a estimação de parâmetros por meio de anamorfose, vamos considerar a relação entre o nível de renda (Z) e o número de pessoas (W) cuja renda é igual ou superior a esse nível, relação que foi estabelecida empiricamente por Vilfredo Pareto no fim do século XIX, e que passou a ser denominada "curva de Pareto". Na sua versão mais simples, com parâmetros θ e γ, ela é

$$W = \frac{\theta}{Z^\gamma}$$

Considerando um erro multiplicativo, o modelo estatístico fica:

$$W = \frac{\theta}{Z^\gamma} \cdot \varepsilon$$

Aplicando logaritmos, segue-se que

$$\log W = \log \theta - \gamma \log Z + \log \varepsilon$$

ou

$$Y = \alpha + \beta X + u,$$

com $Y = \log W$, $\alpha = \log \theta$, $\beta = -\gamma$, $X = \log Z$ e $u = \log \varepsilon$.

Na Tabela 15.7 são apresentados dados (artificiais) referentes à distribuição das pessoas economicamente ativas de uma cidade de acordo com sua renda mensal.

TABELA 15.7
Distribuição das pessoas economicamente ativas de uma cidade conforme sua renda mensal

Z = renda, em salários mínimos	W = número de pessoas com renda superior ou igual a Z
1	262.144
2	131.072
4	8.192
8	1.024
16	256
32	8

É usual utilizar logaritmos naturais ou decimais. Entretanto, uma vez que os valores apresentados na Tabela 15.7 são todos potências de 2, vamos trabalhar com logaritmos de base 2, definindo $Y = \log_2 W$ e $X = \log_2 Z$. Os valores de X e Y estão na Tabela 15.8.

TABELA 15.8
Valores de $X = \log_2 Z$ e $Y = \log_2 W$, obtidos da Tabela 15.7

X	Y
0	18
1	17
2	13
3	10
4	8
5	3

Verifica-se que $\bar{X} = 2{,}5$, $\bar{Y} = 11{,}5$, $\sum x^2 = 17{,}5$, $\sum xy = -52{,}5$ e $\sum y^2 = 161{,}5$. Segue-se que as estimativas dos parâmetros α e β são

$$b = \frac{\sum xy}{\sum x^2} = -\frac{52{,}5}{17{,}5} = -3$$

e

$$a = \bar{Y} - b\bar{X} = 11{,}5 + 3 \cdot 2{,}5 = 19$$

Então, a equação estimada é

$$\hat{Y} = 19 - 3X$$

A correspondente análise de variância está na Tabela 15.9.

TABELA 15.9
Análise de variância da regressão linear ajustada aos dados da Tabela 15.8

C.V.	G.L.	S.Q.	Q.M.	F
Regressão	1	157,5	157,5	157,5
Resíduo	4	4,0	1,0	
Total	5	161,5		

A hipótese $H_0 : \beta = 0$ é rejeitada ao nível de significância de 1%, pois o valor de F calculado é maior do que o da tabela ($F_0 = 21{,}2$), para 1 e 4 graus de liberdade.
O coeficiente de determinação da regressão é

$$r^2 = \frac{157{,}5}{161{,}5} = 0{,}9752,$$

indicando que a curva de Pareto se ajusta muito bem aos dados apresentados. É usual observar, na prática, que a curva de Pareto se ajusta muito bem a dados referentes a pessoas com rendas relativamente elevadas.

Como $\alpha = \log_2 \theta$ e $\beta = -\gamma$, as estimativas de θ e γ são

$$\hat{\theta} = 2^a = 2^{19} = 524.288$$
$$\hat{\gamma} = -b = 3$$

Conclui-se que a equação de Pareto estimada é

$$\hat{\omega} = \frac{524.288}{Z^3}$$

Exercícios

15.1 Nas seis faces de um pequeno cubo feito de material homogêneo estão marcados os seguintes valores: 1 em três faces e 3 em três faces. Esse "dado" é lançado 3 vezes. Seja X a soma dos resultados obtidos nos dois primeiros lançamentos (1º e 2º) e seja Y a soma dos resultados obtidos nos dois últimos lançamentos (2º e 3º).

a) Construa uma tabela mostrando a distribuição conjunta de X e Y.

b) Determine $E(X)$, $E(Y)$, $V(X)$, $V(Y)$, $\text{cov}(X, Y)$ e o coeficiente de correlação entre X e Y.

c) X e Y são variáveis independentes? (Justifique a resposta.)

d) Determine $P(X = 2)$, $P(X = 4)$, $P(X = 2 \mid Y = 2)$ e $P(X = 2 \mid Y = 4)$.

15.2 A tabela ao lado mostra os valores de X e Y obtidos em uma amostra com 5 observações.

X_i	Y_i
2	11
4	5
5	5
1	17
3	7

a) Obtenha a reta de regressão de Y contra X, de acordo com o método de mínimos quadrados.

b) Determine o coeficiente de correlação entre X e Y.

c) Teste, ao nível de significância de 5%, a hipótese de que não há relação linear entre Y e X.

d) Com base na equação estimada, determine o intervalo de confiança para $E(Y)$ e o intervalo de previsão para Y quando X for igual a 6, ao nível de confiança de 90%.

15.3 Prove que, para $\beta_0 = 0$, o quadrado do valor de t dado por (15.44) é igual ao valor de F dado por (15.38), mostrando a equivalência das duas maneiras de testar $H_0 : \beta = 0$.

15.4 Para o modelo $Y_i = \beta X_i + u_i$, no qual os u_i são variáveis aleatórias independentes com $E(u_i) = 0$ e $E(u_i^2) = \sigma^2$, demonstre que o estimador de mínimos quadrados para β é $b = (\Sigma X_i Y_i)/(\Sigma X_i^2)$.

15.5 Prove que $b = r\sqrt{\dfrac{\Sigma y_i^2}{\Sigma x_i^2}}$.

15.6 A tabela ao lado mostra os valores de X e Y observados em uma amostra.

X_i	Y_i
1	6
2	7
3	7
4	11
5	14

a) Determine o coeficiente de correlação entre X e Y.

b) Determine as estimativas dos parâmetros da equação de regressão linear de Y em relação a X.

c) Admitindo que as variáveis X e Y estão relacionadas de acordo com o modelo $Y_i = \alpha + \beta X_i + u_i$, onde os u_i são erros independentes com média zero, variância constante e distribuição normal, teste a hipótese $H_0: \beta = 0$ contra $H_A: \beta > 0$, ao nível de significância de 1%.

d) Determine $\hat{Y}$ e $s(\hat{Y})$ para $X = 3$.

e) Determine $\hat{Y}$ e $s(\hat{Y})$ para $X = 5$.

f) Determine $\hat{Y}$ e $s(\hat{Y})$ para $X = 7$ (extrapolação).

15.7 Admite-se que as variáveis Z e W estão relacionadas de acordo com o modelo $W_i = \theta Z_i^\beta \varepsilon_i$, no qual os ε_i são erros multiplicativos tais que $u_i = \log \varepsilon_i$ ($i = 1, \ldots, n$) são variáveis aleatórias independentes com distribuição normal com média zero e variância σ^2. É dada ao lado uma amostra com 5 pares de valores:

Z_i	W_i
8	8
64	16
16	8
4	4
32	16

a) Que anamorfoses devem ser feitas para que se obtenha o modelo de uma regressão linear simples?

b) Obtenha as estimativas de θ e de β.

c) Determine a estimativa não-tendenciosa de σ^2.

d) Calcule o coeficiente de determinação da regressão.

e) Teste a hipótese $H_0: \beta = 0$ contra $H_A: \beta > 0$, ao nível de significância de 5%.

f) Qual é a estimativa de W para $Z = 8$? E para $Z = 2$?

15.8 São dados os 6 pares de valores ao lado:

X	Y
2	18
3	16
4	14
4	12
5	8
6	4

a) Determine as estimativas de mínimos quadrados dos parâmetros da equação de regressão $Y_i = \alpha + \beta X_i + u_i$, em que u_i são variáveis aleatórias independentes com distribuição normal de média zero e variância σ^2.

b) Obtenha o coeficiente de determinação e verifique se ele é estatisticamente diferente de zero ao nível de significância de 1%.
c) Determine o intervalo de 99% de confiança para β.
d) Determine o intervalo de 90% de confiança para $E(Y_h \mid X = 0)$ e o intervalo de previsão para uma nova observação com $X = 0$, ao mesmo nível de confiança.
e) Teste, ao nível de significância de 1%, a hipótese $H_0 : \alpha = 20$, contra $H_A : \alpha > 20$.

15.9 Na sua forma mais simples, o modelo estatístico da curva de Pareto é

$$W_i = \frac{\theta}{Z_i^{\gamma}} \varepsilon_i,$$

em que W_i é o número de pessoas com renda igual ou superior a Z_i, θ e γ são parâmetros, e ε_i são erros multiplicativos.

Obtenha estimativas de θ e γ com base nos seguintes dados:

Z	W
1	262.144
4	65.536
16	16.384
64	256
256	16

Qual é o coeficiente de determinação da regressão?
(Obs.: os cálculos ficam mais simples utilizando logaritmos com base 4.)

15.10 Seja X a renda mensal de uma família e seja Y a despesa mensal com carne bovina, em dezenas de reais. Os seguintes valores foram observados em uma amostra aleatória de 4 famílias (dados artificiais):

X_i	Y_i
32	1
64	4
96	64
192	16

Pressupõe-se que as variáveis X e Y estão relacionadas de acordo com o modelo:

$$Y_i = (2^{\alpha + \beta / X_i}) \varepsilon_i,$$

no qual ε_i representa erros multiplicativos, tais que $u_i = \log \varepsilon_i$ são variáveis aleatórias independentes com distribuição normal de média zero e variância σ^2.

a) Determine as estimativas de mínimos quadrados de α e β.
b) Calcule o coeficiente de determinação da regressão.
c) Teste, ao nível de significância de 5%, a hipótese $H_0 : \beta = 0$ contra $H_A : \beta \neq 0$.
d) Obtenha a estimativa da elasticidade-renda da despesa com carne bovina quando $X = 96$.
e) Qual é a estimativa da despesa mensal com carne bovina para uma família cuja renda é $X = 192$?

Obs.: Nesse exercício, a função que mostra como a despesa mensal (Y) varia com a renda (X) é apresentada como uma potência com base 2. Isso é feito para facilitar os cálculos, pois os valores de Y fornecidos são potências de 2. Em pesquisas com dados reais, é usual considerar a função

$$Y = \exp\left\{\alpha + \frac{\beta}{X}\right\}$$

ou

$$\ln Y = \alpha + \frac{\beta}{X}$$

Nesse caso, a elasticidade-renda da despesa é $-\beta/X$.

Respostas

15.1 a)

	P(X, Y)		
X	Y		
	2	4	6
2	1/8	1/8	0
4	1/8	2/8	1/8
6	0	1/8	1/8

b) $E(X) = E(Y) = 4$, $V(X) = V(Y) = 2$, $\text{cov}(X,Y) = 1$ e $\rho = 0{,}5$
c) Não são independentes, pois $\text{cov}(X,Y) \neq 0$
d) $P(X = 2) = \dfrac{1}{4}$, $P(X = 4) = \dfrac{1}{2}$, $P(X = 2 \mid Y = 2) = \dfrac{1}{2}$ e $P(X = 2 \mid Y = 4) = \dfrac{1}{4}$

15.2 a) $\hat{Y} = 18 - 3X$
b) $r = -0{,}9303$
c) $F = 19{,}29$, significativo ($F_0 = 10{,}1$)
d) Intervalo de confiança: $\pm 5{,}331$
   Intervalo de previsão: $\pm 7{,}366$

15.6 a) $r = 0{,}9325$
b) $\hat{Y} = 3 + 2X$
c) $t = 4{,}472$, não-significativo ($t_0 = 4{,}541$).
d) $\hat{Y} = 9$ e $s(\hat{Y}) = 0{,}632$
e) $\hat{Y} = 13$ e $s(\hat{Y}) = 1{,}095$
f) $\hat{Y} = 17$ e $s(\hat{Y}) = 1{,}897$

15.7 a) Anamorfoses: $X = \log Z$ e $Y = \log W$
b) $\hat{\theta} = 2{,}297$ e $b = 0{,}5$
c) Q.M.Res. $= 0{,}1$, usando logaritmos de base 2
d) $r^2 = 0{,}893$
e) $t = 5$, significativo ($t_0 = 2{,}353$)
f) $\hat{W} = 6{,}498$ para $Z = 8$ e $\hat{W} = 3{,}249$ para $Z = 2$

15.8 a) $\hat{Y} = 26{,}4 - 3{,}6X$
b) $r^2 = 0{,}953$ e $F = 81$, significativo ($F_0 = 21{,}2$)
c) $-5{,}44 < \beta < -1{,}76$
d) Intervalo de confiança: $22{,}82 < E(Y_h \mid X = 0) < 29{,}98$
Intervalo de previsão: $21{,}91 < (Y_h \mid X = 0) < 30{,}89$
e) $t = 3{,}807$, significativo (a região de rejeição é $t \geq 3{,}747$)

15.9 $\hat{\theta} = 602.249$, $\hat{\gamma} = 1{,}8$ e $r^2 = 0{,}953$

15.10 a) $a = 6$ e $b = -192$
b) $r^2 = 0{,}7$
c) $F = 4{,}67$, não-significativo ($F_0 = 18{,}5$)
d) elasticidade $= 1{,}39$
e) $\hat{Y} = 32$

16

Números-Índices

16.1 INTRODUÇÃO

Os números-índices (também chamados, simplesmente, índices) são proporções estatísticas, geralmente expressas em porcentagem, idealizadas para comparar as situações de um conjunto de variáveis em épocas ou localidades diversas.

A Fundação Getulio Vargas publica mensalmente, na revista *Conjuntura Econômica*, os valores de vários índices relativos à economia brasileira, como o índice geral de preços no atacado para vários setores, índices de preços recebidos pelos agricultores, índices de custo de vida em várias cidades etc.

Para quem vai fazer uso de números-índices na análise de um problema, é importante saber como eles são obtidos. Mesmo que não seja necessário calcular um novo índice, é interessante conhecer os métodos de cálculo, pois isso permite interpretar melhor os índices publicados e avaliar suas limitações.

Para facilitar a apresentação dos métodos de obtenção de números-índices, vamos considerar que se deseja analisar a evolução dos preços de um conjunto de produtos ao longo de vários anos.

As etapas iniciais da construção de um índice são as seguintes:

a) Escolha de uma amostra. Dificilmente se pode operar com todos os elementos integrantes do fenômeno que se investiga, sendo, portanto, necessário escolher uma amostra representativa do conjunto. No caso de um índice de preços, é necessário escolher os produtos que serão considerados. Um cuidado a ser tomado é verificar se os produtos são homogêneos ao longo do tempo, para que as variações ocorridas nos preços não sejam devidas às variações na qualidade dos produtos.

b) Escolha do período-base. Costuma-se dizer que, ao escolher a base para o cálculo de um índice, deve-se evitar os "anos anormais". Porém, como esse é um conceito bastante discutível, melhor seria dizer que se devem evitar os anos demasiadamente anormais. Uma maneira de contornar o problema é tomar como base não o valor referente a um ano, mas a média de vários anos consecutivos. Deve-se considerar ainda que o período-base pode ser alterado e isso deve ser feito sempre que se constatarem mudanças acentuadas no fenômeno analisado.

c) Escolha do método de cálculo, feita tendo em vista a finalidade do índice e a disponibilidade de dados. Nas próximas seções deste capítulo serão descritos os métodos de cálculo de vários índices de preços, iniciando pelo preço relativo.

16.2 PREÇO RELATIVO

O preço relativo, índice relativo de preço ou número-índice simples de preço, é a relação entre o preço de um produto em determinado período (ano ou mês, geralmente) e o preço no período escolhido como base. Esse índice se destina a acompanhar a evolução do preço de determinado produto.

Se P_0 é o preço da mercadoria no período-base e P_t é o preço em um período t, o preço relativo da mercadoria no ano t é dado por

$$I(P_t \mid P_0) = \frac{P_t}{P_0} \tag{16.1}$$

Usualmente, o valor do índice é dado em porcentagem, calculando-se

$$I^*(P_t \mid P_0) = \frac{P_t}{P_0} \cdot 100 \tag{16.2}$$

Para exemplificar, consideremos os dados hipotéticos apresentados na Tabela 16.1, sobre os preços e as quantidades vendidas de três produtos, em certa região, no período 2001-2005.

Tomando como base o ano de 2002, o preço relativo do produto 1 em 2004, de acordo com (16.2) é

$$I^*(P_4 \mid P_2) = \frac{24}{15} \cdot 100 = 160$$

Dessa maneira, podemos obter os preços relativos apresentados na Tabela 16.2

TABELA 16.1
Dados hipotéticos sobre os preços e as quantidades vendidas de três produtos, em certa região, no período 2001-2005

Ano	Produto 1		Produto 2		Produto 3	
	Preço P_{1t}	Qde. Q_{1t}	Preço P_{2t}	Qde. Q_{2t}	Preço P_{3t}	Qde. Q_{3t}
2001	12	3	5	7	20	3
2002	15	4	10	9	25	4
2003	18	5	20	8	35	5
2004	24	5	30	7	45	6
2005	30	6	60	6	50	5

TABELA 16.2
Preços relativos (ou índices relativos de preço) dos três produtos no período 2001-2005 tomando como base o ano de 2002

Ano	Produto 1	Produto 2	Produto 3
2001	80	50	80
2002	100	100	100
2003	120	200	140
2004	160	300	180
2005	200	600	200

O preço relativo mostra como está evoluindo o preço de cada um dos produtos. Entretanto, ao analisar um conjunto de mercadorias, interessa-nos, freqüentemente, obter um único índice que nos mostre como está evoluindo o nível geral dos preços dessas mercadorias. A necessidade de calcular esse índice geral é mais evidente se for grande o número de mercadorias do conjunto. Nas próximas seções, examinaremos vários tipos de índices gerais de preços.

16.3 O ÍNDICE SIMPLES DE PREÇOS AGREGADOS E A MÉDIA ARITMÉTICA DOS PREÇOS RELATIVOS

O índice simples de preços agregados ou índice agregativo de preços para um conjunto de mercadorias em um período t é a relação entre o somatório dos preços das mercadorias no período t e o somatório dos preços das mercadorias no período escolhido como base. Utilizando o índice i, variando de 1 a n, para indicar as n diferentes mercadorias do conjunto considerado, e representando por $I_A(\mathbf{p}_t \mid \mathbf{p}_0)$ o valor do índice agregativo para o vetor ou conjunto de preços $\mathbf{p}_t = \{P_{it}, i = 1, ..., n\}$ quando comparado ao vetor de preços do período-base, $\mathbf{p}_0 = \{P_{i0}, i = 1, ..., n\}$, temos

$$I_A(\mathbf{p}_t \mid \mathbf{p}_0) = \frac{\sum_{i=1}^{n} P_{it}}{\sum_{i=1}^{n} P_{i0}} \qquad (16.3)$$

ou, em porcentagem,

$$I_A^*(\mathbf{p}_t \mid \mathbf{p}_0) = \frac{\sum_{i=1}^{n} P_{it}}{\sum_{i=1}^{n} P_{i0}} \cdot 100 \qquad (16.4)$$

Para exemplificar, vamos calcular, com base nos dados da Tabela 16.1, o índice simples de preços agregados para os três produtos em 2004, tomando 2002 como ano-base. De acordo com (16.4), obtemos

$$I_A^* (\mathbf{p}_4 \mid \mathbf{p}_2) = \frac{24 + 30 + 45}{15 + 10 + 25} \cdot 100 = 198$$

Analogamente, obtemos os demais índices apresentados na Tabela 16.3.

TABELA 16.3
Índice simples de preços agregados para os três produtos no período 2001-2005, tomando como base o ano de 2002

Ano	$I_A^* (\mathbf{p}_t \mid \mathbf{p}_0)$
2001	74
2002	100
2003	146
2004	198
2005	280

A média aritmética dos preços relativos é um índice geral de preços que se obtém, como indica o próprio nome, calculando a média aritmética dos preços relativos, isto é,

$$I_M (\mathbf{p}_t \mid \mathbf{p}_0) = \frac{1}{n} \sum_{i=1}^{n} \frac{P_{it}}{P_{i0}} \qquad (16.5)$$

ou, em porcentagem,

$$I_M^* (\mathbf{p}_t \mid \mathbf{p}_0) = \frac{1}{n} \sum_{i=1}^{n} \frac{P_{it}}{P_{i0}} \cdot 100 \qquad (16.6)$$

Na Tabela 16.4 estão os valores desse índice para os dados da Tabela 16.1. Esses valores podem ser facilmente obtidos calculando, para cada ano, a média aritmética dos preços relativos apresentados na Tabela 16.2.

TABELA 16.4
Média aritmética dos preços relativos dos três produtos no período 2001-2005, tomando como base o ano de 2002

Ano	$I_M^* (\mathbf{p}_t \mid \mathbf{p}_0)$
2001	70,0
2002	100,0
2003	153,3
2004	213,3
2005	333,3

Comparando as tabelas 16.3 e 16.4, verificamos que o índice simples de preços agregados cresceu menos, no período 2001-2005, do que a média aritmética dos preços relativos. Para entender por que isso acontece, devemos notar que a expressão (16.3) pode ser escrita

$$I_A(\mathbf{p}_t \mid \mathbf{p}_0) = \frac{\sum_{i=1}^{n}\left(\frac{P_{it}}{P_{i0}}\right)P_{i0}}{\sum_{i=1}^{n}P_{i0}}, \tag{16.7}$$

isto é, o índice simples de preços agregados pode ser interpretado como uma média ponderada dos preços relativos, utilizando os preços do período-base como fatores de ponderação. Na Tabela 16.2, verifica-se que o preço relativo do produto 2 é o que cresceu mais rapidamente, e na Tabela 16.1 verifica-se que o produto 2 é o que apresenta menor preço no ano-base. Assim, no cálculo do índice simples de preços agregados para esses dados, o preço relativo que cresce mais rapidamente tem um fator de ponderação relativamente pequeno. Por isso, o índice simples de preços agregados cresce menos do que a média aritmética dos preços relativos neste caso.

Tanto o índice simples de preços agregados como a média aritmética dos preços relativos são índices gerais de preços em cujo cálculo não se leva em consideração a importância econômica de cada mercadoria, que é dada pelo valor monetário da quantidade vendida no mercado que estamos analisando. Esse valor monetário pode ser obtido multiplicando-se a quantidade vendida pelo preço da mercadoria. Assim, esses índices só devem ser utilizados se não for possível obter informações sobre as quantidades vendidas. Caso contrário, devem ser utilizados os índices ponderados de preço, que descreveremos nas próximas seções.

16.4 O ÍNDICE DE PREÇOS DE LASPEYRES E O ÍNDICE DE PREÇOS DE PAASCHE

O índice de preços de Laspeyres para um conjunto de mercadorias, em um período t, é a média ponderada dos preços relativos dessas mercadorias, utilizando, como fatores de ponderação, os valores monetários das quantidades de cada mercadoria vendidas no período-base. Indicando por Q_{i0} a quantidade da i-ésima mercadoria vendida no período-base, o seu valor monetário, considerando o preço nesse mesmo período, é $P_{i0}Q_{i0}$. Então o índice ponderado de preços no período t, de acordo com o método de Laspeyres, é

$$I_L(\mathbf{p}_t \mid \mathbf{p}_0) = \frac{\sum_{i=1}^{n}\left(\frac{P_{it}}{P_{i0}}\right)(P_{i0}Q_{i0})}{\sum_{i=1}^{n}P_{i0}Q_{i0}} \tag{16.8}$$

Simplificando, obtemos

$$I_L(\mathbf{p}_t \mid \mathbf{p}_0) = \frac{\sum_{i=1}^{n} P_{it}Q_{i0}}{\sum_{i=1}^{n} P_{i0}Q_{i0}} \qquad (16.9)$$

ou, em porcentagem,

$$I_L^*(\mathbf{p}_t \mid \mathbf{p}_0) = \frac{\sum_{i=1}^{n} P_{it}Q_{i0}}{\sum_{i=1}^{n} P_{i0}Q_{i0}} \cdot 100 \qquad (16.10)$$

Para exemplificar, vamos calcular, com base nos dados da Tabela 16.1, o índice de preços de Laspeyres para os três produtos, em 2004, tomando 2002 como ano-base. De acordo com (16.10), obtemos

$$I_L^*(\mathbf{p}_4 \mid \mathbf{p}_2) = \frac{24 \cdot 4 + 30 \cdot 9 + 45 \cdot 4}{15 \cdot 4 + 10 \cdot 9 + 25 \cdot 4} \cdot 100 = \frac{546}{250} \cdot 100 = 218{,}4$$

Os valores do índice de preços de Laspeyres para 2001, 2003 e 2005 podem ser obtidos da mesma maneira, e os resultados estão reunidos na Tabela 16.5.

TABELA 16.5
Índice de preços de Laspeyres para os três produtos da Tabela 16.1, no período 2001-2005, tomando 2002 como ano-base

Ano	$I_L^*(\mathbf{p}_t \mid \mathbf{p}_0)$
2001	69,2
2002	100,0
2003	156,8
2004	218,4
2005	344,0

É interessante discutir uma interpretação econômica do índice de Laspeyres, com base na expressão (16.9). No denominador da fração, temos $\sum P_{i0}Q_{i0}$, que é o valor monetário, aos preços do período-base, do conjunto ou vetor das quantidades vendidas no período-base, que indicaremos por $\mathbf{q}_0 = \{Q_{i0},\ i = 1, ..., n\}$. No numerador, temos $\sum P_{it}Q_{i0}$, que é o valor monetário desse mesmo vetor de quantidades, aos preços do período t. Portanto, o índice de Laspeyres é uma relação entre o custo de aquisição da "cesta de mercadorias" $\mathbf{q}_0$ no período t e o custo de aquisição dessa mesma cesta de mercadorias no período-base.

Uma alternativa seria, em lugar de $\mathbf{q}_0$, considerar o vetor das quantidades vendidas no período t, isto é, $\mathbf{q}_t = \{Q_{it}, i = 1, ..., n\}$. Então, para medir a variação no nível dos preços, comparamos o custo de aquisição da cesta de mercadorias $\mathbf{q}_t$ no período t, dado por $\Sigma P_{it} Q_{it}$, com o custo de aquisição dessa mesma cesta de mercadorias no período-base, dado por $\Sigma P_{i0} Q_{it}$. Dessa maneira, obtemos o índice de preços de Paasche, dado por

$$I_P(\mathbf{p}_t \mid \mathbf{p}_0) = \frac{\sum_{i=1}^{n} P_{it} Q_{it}}{\sum_{i=1}^{n} P_{i0} Q_{it}} \tag{16.11}$$

ou, em porcentagem,

$$I_P^*(\mathbf{p}_t \mid \mathbf{p}_0) = \frac{\sum_{i=1}^{n} P_{it} Q_{it}}{\sum_{i=1}^{n} P_{i0} Q_{it}} \cdot 100 \tag{16.12}$$

A expressão (16.11) pode ser escrita

$$I_P(\mathbf{p}_t \mid \mathbf{p}_0) = \frac{\sum_{i=1}^{n} \left(\frac{P_{it}}{P_{i0}}\right) \cdot P_{i0} Q_{it}}{\sum_{i=1}^{n} P_{i0} Q_{it}}, \tag{16.13}$$

mostrando que o índice de preços de Paasche para o período t pode ser interpretado como uma média ponderada dos preços relativos, utilizando-se como fatores de ponderação os valores monetários das quantidades vendidas no período t, considerando os preços do período-base, isto é, utilizando $P_{i0} Q_{it}$ como fator de ponderação para o preço relativo da i-ésima mercadoria.

Para exemplificar o cálculo do índice de Paasche, consideremos, novamente, os dados da Tabela 16.1. De acordo com (16.12), o índice de preços de Paasche para os três produtos em 2004, tomando 2002 como ano-base, é

$$I_P^*(\mathbf{p}_4 \mid \mathbf{p}_2) = \frac{24 \cdot 5 + 30 \cdot 7 + 45 \cdot 6}{15 \cdot 5 + 10 \cdot 7 + 25 \cdot 6} \cdot 100 = \frac{600}{295} \cdot 100 = 203{,}4$$

A Tabela 16.6 apresenta os valores do índice de preços de Paasche para os três produtos no período 2001-2005.

TABELA 16.6
Índice de preços de Paasche para os três produtos da Tabela 16.1,
no período 2001-2005, tomando 2002 como ano-base

Ano	$I_P^* (\mathbf{p}_t \mid \mathbf{p}_0)$
2001	68,9
2002	100,0
2003	151,8
2004	203,4
2005	287,3

Note-se que, quando calculamos um índice ponderado de preços para uma série de anos, o método de Paasche exige mais informações do que o método de Laspeyres. Para o cálculo do índice de Laspeyres precisamos, além dos preços, apenas das quantidades relativas ao ano-base; para o cálculo do índice de Paasche, entretanto, precisamos das quantidades vendidas em todos os anos para os quais se vai calcular o índice.

Comparando as Tabelas 16.5 e 16.6, verifica-se que o índice de Laspeyres e o índice de Paasche dão indicações diferentes sobre a intensidade do crescimento do nível de preços dos três produtos da Tabela 16.1. Para tornar mais clara a origem das diferenças entre os índices de Laspeyres e de Paasche, vamos considerar o exemplo numérico caricatural apresentado na Tabela 16.7.

Tomando o ano 1 como período-base, o índice de Laspeyres no ano 2 é

$$I_L^* (\mathbf{p}_2 \mid \mathbf{p}_1) = \frac{30 \cdot 3 + 10 \cdot 1}{20 \cdot 3 + 20 \cdot 1} \cdot 100 = 125$$

O índice de Paasche no ano 2, com base no ano 1, é

$$I_p^* (\mathbf{p}_2 \mid \mathbf{p}_1) = \frac{30 \cdot 1 + 10 \cdot 3}{20 \cdot 1 + 20 \cdot 3} \cdot 100 = 75$$

TABELA 16.7
Dados hipotéticos sobre os preços e as quantidades vendidas de dois produtos, em certa região, em dois anos

Ano	Produto 1		Produto 2	
	Preço P_{1t}	Qtde. Q_{1t}	Preço P_{2t}	Qtde. Q_{2t}
1	20	3	20	1
2	30	1	10	3

Assim, enquanto o índice de Laspeyres indica um aumento de 25%, o índice de Paasche indica uma redução de 25% no nível de preços dos dois produtos.

Observa-se, neste exemplo numérico, que o preço do produto 1 aumentou de 50% e que o preço do produto 2 diminuiu de 50%. Assim, conforme a importância relativa de cada produto, o índice geral de preços pode acusar um aumento ou uma redução no nível de preços dos dois produtos. No caso dos dados da Tabela 16.7, a variação do preço do produto 1 tem maior influência do que a variação do preço do produto 2 no cálculo do índice de Laspeyres, e o inverso acontece no cálculo do índice de Paasche. Isso pode ser entendido lembrando a interpretação das expressões (16.9) e (16.11) como comparações, ao longo do tempo, do custo de aquisição de uma cesta de mercadorias. No caso do cálculo do índice de Laspeyres para os dados da Tabela 16.7, essa cesta de mercadorias contém três unidades do produto 1 e apenas uma unidade do produto 2. No caso do cálculo do índice de Paasche, por outro lado, essa cesta de mercadorias contém apenas uma unidade do produto 1 e três unidades do produto 2.

Outra maneira de entender a diferença entre os dois índices é comparar as expressões (16.8) e (16.13). Nessas expressões, os índices de Laspeyres e de Paasche aparecem como médias ponderadas dos preços relativos dos produtos considerados. Para os dados da Tabela 16.7, os fatores de ponderação no cálculo do índice de Laspeyres, de acordo com (16.8), são 60 para o preço relativo do produto 1, e 20 para o preço relativo do produto 2; no cálculo do índice de Paasche, de acordo com (16.13), os fatores de ponderação são 20 para o preço relativo do produto 1, e 60 para o preço relativo do produto 2.

16.5 O COEFICIENTE DE CORRELAÇÃO ENTRE PREÇOS RELATIVOS E QUANTIDADES RELATIVAS

Nesta seção vamos deduzir a relação que existe entre o índice de preços de Laspeyres, o índice de preços de Paasche e o coeficiente de correlação entre preços relativos e quantidades relativas.

Consideremos uma amostra com n pares de valores X_i, Y_i (com $i = 1, ..., n$) e admitamos que a cada par de valores está associado um fator de ponderação F_i. O coeficiente de correlação entre X e Y nessa amostra é

$$r = \frac{\sum_{i=1}^{n}(X_i - \bar{X})(Y_i - \bar{Y})F_i}{\sqrt{\left[\sum_{i=1}^{n}(X_i - \bar{X})^2 F_i\right]\left[\sum_{i=1}^{n}(Y_i - \bar{Y})^2 F_i\right]}} \quad (16.14)$$

em que

$$\bar{X} = \frac{\sum_{i=1}^{n} X_i F_i}{\sum_{i=1}^{n} F_i} \quad \text{e} \quad \bar{Y} = \frac{\sum_{i=1}^{n} Y_i F_i}{\sum_{i=1}^{n} F_i}$$

De (16.14), dividindo o numerador e o denominador por ΣF_i, e fazendo

$$\hat{\sigma}_X = \left(\frac{\sum_{i=1}^{n}(X_i - \bar{X})^2 F_i}{\sum_{i=1}^{n} F_i} \right)^{\frac{1}{2}} \quad \text{e} \quad \hat{\sigma}_Y = \left(\frac{\sum_{i=1}^{n}(Y_i - \bar{Y})^2 F_i}{\sum_{i=1}^{n} F_i} \right)^{\frac{1}{2}},$$

obtemos

$$\frac{\sum_{i=1}^{n}(X_i - \bar{X})(Y_i - \bar{Y}) F_i}{\sum_{i=1}^{n} F_i} = r\hat{\sigma}_X\hat{\sigma}_Y$$

ou

$$\frac{\sum_{i=1}^{n} X_i Y_i F_i}{\sum_{i=1}^{n} F_i} - \frac{\left(\sum_{i=1}^{n} X_i F_i\right)\left(\sum_{i=1}^{n} Y_i F_i\right)}{\left(\sum_{i=1}^{n} F_i\right)^2} = r\hat{\sigma}_X\hat{\sigma}_Y \tag{16.15}$$

Consideremos, agora, que temos dados sobre os preços (P_{it}) e as quantidades (Q_{it}) vendidas para um conjunto de n produtos, em dois períodos. Sejam $X_i = \dfrac{P_{it}}{P_{i0}}$, para $i = 1, ..., n$, os preços relativos no segundo período, tomando o primeiro como período-base. Analogamente, sejam $Y_i = \dfrac{Q_{it}}{Q_{i0}}$, com $i = 1, ..., n$, as quantidades relativas. Substituindo essas relações em (16.15) e utilizando o valor monetário da quantidade vendida no período-base como fator de ponderação, isto é, fazendo $F_i = P_{i0}Q_{i0}$, obtemos

$$\frac{\sum_{i=1}^{n} P_{it}Q_{it}}{\sum_{i=1}^{n} P_{i0}Q_{i0}} - \frac{\left(\sum_{i=1}^{n} P_{it}Q_{i0}\right)\left(\sum_{i=1}^{n} P_{i0}Q_{it}\right)}{\left(\sum_{i=1}^{n} P_{i0}Q_{i0}\right)^2} = r\hat{\sigma}_X\hat{\sigma}_Y \tag{16.16}$$

Note que o primeiro termo do primeiro membro de (16.16) é a relação entre o valor (V_t) das vendas dos n produtos no período t e o valor (V_0) das vendas dos n produtos no período-base, ou seja, é o valor relativo ou índice simples de valor das vendas dos n produtos. Dividindo os dois membros de (16.16) por

$$I(V_t \mid V_0) = \frac{\sum_{i=1}^{n} P_{it}Q_{it}}{\sum_{i=1}^{n} P_{i0}Q_{i0}},$$

obtemos

$$1 - \frac{\sum_{i=1}^{n} P_{it}Q_{i0}}{\sum_{i=1}^{n} P_{i0}Q_{i0}} \cdot \frac{\sum_{i=1}^{n} P_{i0}Q_{it}}{\sum_{i=1}^{n} P_{it}Q_{it}} = \frac{r\hat{\sigma}_X\hat{\sigma}_Y}{I(V_t \mid V_0)}$$

ou, lembrando (16.9) e (16.11),

$$\frac{I_L(\mathbf{p}_t \mid \mathbf{p}_0)}{I_P(\mathbf{p}_t \mid \mathbf{p}_0)} = 1 - \frac{r\hat{\sigma}_X\hat{\sigma}_Y}{I(V_t \mid V_0)} \tag{16.17}$$

O último termo dessa expressão é uma fração em cujo numerador aparecem $\hat{\sigma}_X$, que é uma medida da dispersão dos preços relativos, $\hat{\sigma}_Y$, que é uma medida da dispersão das quantidades relativas, e o coeficiente de correlação (r) entre preços relativos e quantidades relativas.

Verifica-se, em (16.17), que os índices de preços de Laspeyres e de Paasche só são iguais se $\hat{\sigma}_X = 0$, $\hat{\sigma}_Y = 0$ ou $r = 0$. Uma vez que os consumidores tendem a substituir produtos com preços elevados por outros com preços mais baixos (ou menos elevados), os preços relativos $\left(X_i = \dfrac{P_{it}}{P_{i0}}\right)$ mais elevados correspondem, geralmente, a quantidades relativas $\left(Y_i = \dfrac{Q_{it}}{Q_{i0}}\right)$ baixas, isto é, normalmente temos $r < 0$. Além disso, normalmente temos $\hat{\sigma}_X > 0$ e $\hat{\sigma}_Y > 0$. Então, o segundo membro de (16.17) será, em geral, maior do que 1, isto é, o índice de preços de Laspeyres será maior do que o índice de preços de Paasche.

16.6 O ÍNDICE DE FISHER E O ÍNDICE DE MARSHALL-EDGEWORTH

Nas duas seções anteriores, vimos que o método de Laspeyres e o método de Paasche darão, em geral, resultados diferentes quando utilizados para avaliar a variação no nível dos preços de um conjunto de produtos. Em uma tentativa de superar essa divergência de resultados, foram criados índices que conduzem a valores intermediários entre o índice de Laspeyres e o índice de Paasche.

O índice de preços de Fisher é, por definição, a média geométrica entre o índice de preços de Laspeyres e o índice de preços de Paasche, ou seja,

$$I_F(\mathbf{p}_t \mid \mathbf{p}_0) = \sqrt{I_L(\mathbf{p}_t \mid \mathbf{p}_0) I_P(\mathbf{p}_t \mid \mathbf{p}_0)} =$$

$$= \left(\frac{\sum_{i=1}^{n} P_{it}Q_{i0}}{\sum_{i=1}^{n} P_{i0}Q_{i0}} \cdot \frac{\sum_{i=1}^{n} P_{it}Q_{it}}{\sum_{i=1}^{n} P_{i0}Q_{it}} \right)^{\frac{1}{2}} \tag{16.18}$$

ou, em porcentagem,

$$I_F^* (\mathbf{p}_t \mid \mathbf{p}_0) = I_F (\mathbf{p}_t \mid \mathbf{p}_0) \, 100 \tag{16.19}$$

O índice de preços de Marshall-Edgeworth é dado por

$$I_E (\mathbf{p}_t \mid \mathbf{p}_0) = \frac{\sum_{i=1}^{n} P_{it} (Q_{i0} + Q_{it})}{\sum_{i=1}^{n} P_{i0} (Q_{i0} + Q_{it})} \tag{16.20}$$

ou, em porcentagem,

$$I_E^* = (\mathbf{p}_t \mid \mathbf{p}_0) = I_E (\mathbf{p}_t \mid \mathbf{p}_0) \, 100 \tag{16.21}$$

Se dividirmos o numerador e o denominador de (16.20) por 2, verificamos que o índice de preços de Marshall-Edgeworth pode ser interpretado como uma relação entre o custo de aquisição no período t e o custo de aquisição no período-base de uma cesta de mercadorias que contém, para cada produto, a média aritmética das quantidades vendidas no período-base e no período t.

Para os dados da Tabela 16.7, tomando o ano 1 como base, o índice de preços de Fisher no ano 2 é

$$I_F^* = (\mathbf{p}_2 \mid \mathbf{p}_1) = \sqrt{125 \cdot 75} = 96{,}8$$

e o índice de Marshall-Edgeworth nesse mesmo ano é

$$I_E^* = (\mathbf{p}_2 \mid \mathbf{p}_1) = \frac{30(3+1) + 10(1+3)}{20(3+1) + 20(1+3)} \cdot 100 = 100$$

Os valores dos índices de preços de Fisher e de Marshall-Edgeworth para os dados da Tabela 16.1, com base no ano de 2002, são apresentados na Tabela 16.8.

TABELA 16.8
Índices de preços de Fisher e de Marshall-Edgeworth para os três produtos da Tabela 16.1, no período 2001-2005, com base em 2002

Ano	$I_F^* (\mathbf{p}_t \mid \mathbf{p}_0)$	$I_E^* (\mathbf{p}_t \mid \mathbf{p}_0)$
2001	69,1	69,1
2002	100,0	100,0
2003	154,3	154,2
2004	210,8	210,3
2005	314,4	314,3

Note-se, na Tabela 16.8, que os índices de preços de Fisher e de Marshall-Edgeworth são quase iguais.

16.7 O ÍNDICE DE DIVISIA

O índice de Divisia é uma média geométrica ponderada dos preços relativos:

$$I_D(\mathbf{p}_t \mid \mathbf{p}_0) = \prod_{i=1}^{n} \left(\frac{P_{it}}{P_{i0}}\right)^{w_{it}} \tag{16.22}$$

ou

$$\ln I_D(\mathbf{p}_t \mid \mathbf{p}_0) = \sum_{i=1}^{n} w_{it} \ln \frac{P_{it}}{P_{i0}}, \tag{16.23}$$

com $\sum_{i=1}^{n} w_{it} = 1$

Pode-se adotar como fator de ponderação (w_i) a média aritmética das participações do produto no valor total nos dois períodos comparados, isto é,

$$w_{it} = \frac{1}{2}\left(\frac{P_{i0}Q_{i0}}{V_0} + \frac{P_{it}Q_{it}}{V_t}\right), \tag{16.24}$$

com $V_0 = \sum_{i=1}^{n} P_{i0}Q_{i0}$ e $V_t = \sum_{i=1}^{n} P_{it}Q_{it}$

O nome desse índice se deve a um trabalho de François Divisia publicado em 1925-26, mas ele já constava da extensa relação apresentada por Irving Fisher em "The making of index numbers" (1922). Törnqvist (1936) e Theil (1967) deram contribuições importantes para a interpretação e a difusão desse índice. O uso do índice de Divisia certamente foi limitado pela dificuldade de calcular uma média geométrica ponderada antes da generalização do uso de computadores.

Considerando os dados apresentados na Tabela 16.1, vejamos o cálculo do índice de preços de Divisia para 2004, adotando 2002 como base. Temos $V_0 = 250$ e $V_t = 600$. De acordo com (16.24), obtemos

$$w_1 = \frac{1}{2}(0{,}24 + 0{,}20) = 0{,}22$$

$$w_2 = \frac{1}{2}(0{,}36 + 0{,}35) = 0{,}355$$

e $\quad w_3 = \frac{1}{2}(0{,}40 + 0{,}45) = 0{,}425$

Utilizando (16.22) ou (16.23) e os preços relativos da 4ª linha da Tabela 16.2, obtemos

$$I_D(\mathbf{p}_4 \mid \mathbf{p}_2) = 2{,}10269$$

ou, em porcentagem e arredondando na primeira decimal,

$$I_D^* = 210{,}3$$

A Tabela 16.9 mostra o índice de Divisia para a série de 5 anos.

TABELA 16.9
Índice de preços de Divisia para o conjunto de produtos da Tabela 16.1, no período 2001-2005, tomando 2002 como ano-base

Ano	$I_D^* (p_t \mid p_0)$
2001	69,0
2002	100,0
2003	154,2
2004	210,3
2005	313,1

16.8 ÍNDICES DE QUANTIDADES

Para analisar a evolução da quantidade vendida de um produto podemos utilizar a quantidade relativa, dada por

$$I(Q_t \mid Q_0) = \frac{Q_t}{Q_0} \tag{16.25}$$

onde Q_t é a quantidade vendida no período t e Q_0 é a quantidade vendida no período-base. O valor porcentual é dado por

$$I^*(Q_t \mid Q_0) = \frac{Q_t}{Q_0} \cdot 100 \tag{16.26}$$

Para analisar as variações nas quantidades vendidas de um conjunto de produtos levando em consideração a importância econômica de cada produto, é necessário utilizar índices ponderados de quantidades. Utilizando a notação definida na seção 16.4, o índice de quantidades de Laspeyres, analogamente a (16.8), é a média ponderada das quantidades relativas utilizando os valores $P_{i0}Q_{i0}$ (com $i = 1, ..., n$) como fatores de ponderação, isto é,

$$I_L(\mathbf{q}_t \mid \mathbf{q}_0) = \frac{\sum_{i=1}^{n} \left(\frac{Q_{it}}{Q_{i0}}\right) Q_{i0} P_{i0}}{\sum_{i=1}^{n} Q_{i0} P_{i0}} \tag{16.27}$$

Simplificando, obtemos

$$I_L(\mathbf{q}_t \mid \mathbf{q}_0) = \frac{\sum_{i=1}^{n} Q_{it} P_{i0}}{\sum_{i=1}^{n} Q_{i0} P_{i0}} \tag{16.28}$$

Analogamente a (16.13), o índice de quantidades de Paasche é a média ponderada das quantidades relativas utilizando os valores $Q_{i0}P_{it}$ como fatores de ponderação, isto é,

$$I_p(\mathbf{q}_t \mid \mathbf{q}_0) = \frac{\sum_{i=1}^{n}\left(\dfrac{Q_{it}}{Q_{i0}}\right)Q_{i0}P_{it}}{\sum_{i=1}^{n}Q_{i0}P_{it}} \qquad (16.29)$$

Simplificando, obtemos

$$I_P(\mathbf{q}_t \mid \mathbf{q}_0) = \frac{\sum_{i=1}^{n}Q_{it}P_{it}}{\sum_{i=1}^{n}Q_{i0}P_{it}} \qquad (16.30)$$

O índice de quantidades de Fisher é a média geométrica do índice de quantidades de Laspeyres e do índice de quantidades de Paasche, ou seja,

$$I_F(\mathbf{q}_t \mid \mathbf{q}_0) = \sqrt{I_L(\mathbf{q}_t \mid \mathbf{q}_0) I_P(\mathbf{q}_t \mid \mathbf{q}_0)} = \left(\frac{\sum_{i=1}^{n}Q_{it}P_{i0}}{\sum_{i=1}^{n}Q_{i0}P_{i0}} \cdot \frac{\sum_{i=1}^{n}Q_{it}P_{it}}{\sum_{i=1}^{n}Q_{i0}P_{it}}\right)^{\frac{1}{2}} \qquad (16.31)$$

Analogamente a (16.20), o índice de quantidades de Marshall-Edgeworth é dado por

$$I_E(\mathbf{q}_t \mid \mathbf{q}_0) = \frac{\sum_{i=1}^{n}Q_{it}(P_{i0} + P_{it})}{\sum_{i=1}^{n}Q_{i0}(P_{i0} + P_{it})} \qquad (16.32)$$

Finalmente, de maneira análoga a (16.22), o índice de quantidades de Divisia é

$$I_D(\mathbf{q}_t \mid \mathbf{q}_0) = \prod_{i=1}^{n}\left(\frac{Q_{it}}{Q_{i0}}\right)^{w_{it}} \qquad (16.33)$$

16.9 QUALIDADES DOS NÚMEROS-ÍNDICES

Se considerarmos o preço de um produto em dois períodos, temos, de acordo com (16.1), que

$$I(P_2 \mid P_1) = \frac{P_2}{P_1} = \left(\frac{P_1}{P_2}\right)^{-1} = [I(P_1 \mid P_2)]^{-1},$$

isto é, o preço relativo no período 2, com base no período 1, é igual ao inverso do preço relativo no período 1, com base no período 2. O mesmo acontece com a quantidade relativa.

Considera-se desejável, então, que um índice ponderado também apresente essa propriedade. Essa condição é denominada teste da reversão no tempo.

Verifica-se, facilmente, que os índices de Laspeyres e de Paasche não atendem à condição de reversão no tempo e que os índices de Fisher, de Marshall-Edgeworth e de Divisia atendem a essa condição.

Consideremos, novamente, um único produto. Se multiplicamos o preço relativo no período 2 pela quantidade relativa no mesmo período, ambos com base no período 1, obtemos um número-índice simples do valor monetário ou índice relativo do valor monetário das vendas, ou seja,

$$I(P_2 \mid P_1) \, I(Q_2 \mid Q_1) = \frac{P_2 Q_2}{P_1 Q_1} = I(V_2 \mid V_1),$$

onde $V_2 = P_2 Q_2$ é o valor das vendas no período 2 e $V_1 = P_1 Q_1$ é o valor das vendas no período 1.

Considera-se desejável, então, que os índices ponderados de preços e quantidades também apresentem essa propriedade, denominada "critério da decomposição das causas".

Verifica-se que, multiplicando um índice de preços de Laspeyres por um índice de quantidades de Paasche, ou vice-versa, obtemos um índice simples do valor das vendas, isto é,

$$I_L(\mathbf{p}_t \mid \mathbf{p}_0) \, I_P(\mathbf{q}_t \mid \mathbf{q}_0) = I_P(\mathbf{p}_t \mid \mathbf{p}_0) \, I_L(\mathbf{q}_t \mid \mathbf{q}_0) = \frac{\sum_{i=1}^{n} P_{it} Q_{it}}{\sum_{i=1}^{n} P_{i0} Q_{i0}} = I(V_t \mid V_0) \quad (16.34)$$

Entretanto, o índice simples do valor das vendas *não* é obtido multiplicando-se um índice de preços de Laspeyres por um índice de quantidades de Laspeyres ou multiplicando-se um índice de preços de Paasche por um índice de quantidades de Paasche.

De (16.16), lembrando (16.9) e (16.28), obtemos

$$I(V_t \mid V_0) - I_L(\mathbf{p}_t \mid \mathbf{p}_0) \, I_L(\mathbf{q}_t \mid \mathbf{q}_0) = r\hat{\sigma}_X \hat{\sigma}_Y$$

Uma vez que, normalmente, $r\hat{\sigma}_X\hat{\sigma}_Y < 0$, temos

$$I_L(\mathbf{p}_t \mid \mathbf{p}_0) I_L(\mathbf{q}_t \mid \mathbf{q}_0) > I(V_t \mid V_0) \tag{16.35}$$

De acordo com (17.34), temos

$$I_L(\mathbf{p}_t \mid \mathbf{p}_0) I_P(\mathbf{q}_t \mid \mathbf{q}_0) I_P(\mathbf{p}_t \mid \mathbf{p}_0) I_L(\mathbf{q}_t \mid \mathbf{q}_0) = [I(V_t \mid V_0)]^2 \tag{16.36}$$

Dividindo, membro a membro, (16.35) por (16.36), obtemos

$$\frac{1}{I_P(\mathbf{p}_t \mid \mathbf{p}_0) I_P(\mathbf{q}_t \mid \mathbf{q}_0)} > \frac{1}{I(V_t \mid V_0)}$$

ou

$$I_P(\mathbf{p}_t \mid \mathbf{p}_0) I_P(\mathbf{q}_t \mid \mathbf{q}_0) < I(V_t \mid V_0) \tag{16.37}$$

De (16.35) e (16.37), concluímos que, em geral,

$$I_P(\mathbf{p}_t \mid \mathbf{p}_0) I_P(\mathbf{q}_t \mid \mathbf{q}_0) < I(V_t \mid V_0) < I_L(\mathbf{p}_t \mid \mathbf{p}_0) I_L(\mathbf{q}_t \mid \mathbf{q}_0)$$

Verifica-se, facilmente, que o produto de um índice de preços de Marshall-Edgeworth por um índice de quantidades de Marshall-Edgeworth não é igual ao índice relativo de valor das vendas.

O índice de Divisia também não atende ao critério da decomposição das causas, mas Theil (1967) mostrou que esse critério é *aproximadamente* atendido quando se usam os fatores de ponderação (16.24).

Finalmente, pode-se verificar que o produto de um índice de preços de Fisher por um índice de quantidades de Fisher é igual ao índice relativo de valor das vendas.

Verifica-se, portanto, que o índice de Fisher é o único dos índices ponderados analisados que atende aos dois critérios discutidos nesta seção. Foi por isso, em grande parte, que Fisher[1] denominou esse índice de "ideal".

Um inconveniente do índice de Fisher é que ele não é passível de uma interpretação econômica simples. Vimos que tanto o índice de preços de Laspeyres como o índice de preços de Paasche podem ser interpretados como uma relação entre o custo de aquisição da mesma cesta de mercadorias aos preços do período t e o custo de aquisição da mesma cesta de mercadorias aos preços do ano-base. Entretanto, tal tipo de interpretação deixa de ser válida quando, para obter o índice de preços de Fisher, calculamos a média geométrica do índice de preços de Laspeyres e do índice de preços de Paasche.

---

[1] O índice de Fisher é assim denominado em homenagem ao economista norte-americano Irving Fisher (1867-1947), e não ao estatístico inglês Ronald A. Fisher (1890-1962).

16.10 ÍNDICES EM CADEIA

Sejam P_1, P_2 e P_3 os preços de um produto em três períodos. Então, de acordo com (16.1), temos

$$I(P_3 \mid P_1) = \frac{P_3}{P_1} = \left(\frac{P_3}{P_2}\right)\left(\frac{P_2}{P_1}\right) = I(P_3 \mid P_2)\, I(P_2 \mid P_1),$$

isto é, o preço relativo no período 3, com base no período 1, é igual ao produto do preço relativo no período 3, com base no período 2, pelo preço relativo no período 2, com base no período 1. O mesmo acontece com as quantidades relativas.

Pode-se considerar desejável, então, que os índices ponderados apresentem essa propriedade. Essa exigência é denominada condição de encadeamento ou teste circular.

Verifica-se facilmente que nenhum dos índices ponderados analisados anteriormente atende a essa condição.[2]

Os índices em cadeia são construídos visando satisfazer o teste circular. Para obter um índice em cadeia, determinamos inicialmente os números-índices de elos, que são índices calculados de acordo com qualquer um dos métodos descritos, tomando-se sempre o período imediatamente anterior como período-base. Seja E_t o número-índice de elos no período t, que é calculado tomando como base o período $t-1$. Se estivéssemos calculando um índice de preços, e adotando o método de Laspeyres, teríamos

$$E_t = I_L(\mathbf{p}_t \mid \mathbf{p}_{t-1})$$

Obtida a série dos números-índices de elos, o índice em cadeia no período t é dado por

$$I_C(\mathbf{p}_t \mid \mathbf{p}_0) = \prod_{j=1}^{t} E_j \tag{16.38}$$

Uma vez que os números-índices de elos podem ser obtidos utilizando qualquer um dos métodos de cálculo de índices gerais, há vários tipos de índices em cadeia. Assim, por exemplo, o índice de preços em cadeia no período t, considerando o método de Laspeyres, é dado por

$$I_{CL}(\mathbf{p}_t \mid \mathbf{p}_0) = \prod_{j=1}^{t} I_L(\mathbf{p}_j \mid \mathbf{p}_{j-1}) \tag{16.39}$$

---

[2] Entretanto, o índice de Divisia atende ao teste circular se os fatores de ponderação w_i não variarem no tempo (por exemplo, utilizando sempre, como fator de ponderação, a participação do produto no valor total no período-base).

e o índice de preços em cadeia no período t, considerando o método de Paasche, é dado por

$$I_{CP}(\mathbf{p}_t \mid \mathbf{p}_0) = \prod_{j=1}^{t} I_P(\mathbf{p}_j \mid \mathbf{p}_{j-1}) \tag{16.40}$$

Na Tabela 16.10 são apresentados os valores desses índices em cadeia para os dados da Tabela 16.1. Como 2002 é tomado como ano-base, o índice em cadeia para 2001 é obtido dividindo 100 pelo número-índice de elos de 2002.

TABELA 16.10
Índices de preços em cadeia, considerando o método de Laspeyres e o método de Paasche, para os três produtos da Tabela 16.1, no período 2001-2005, com base em 2002

Ano	Método de Laspeyres		Método de Paasche	
	E_t	$I^*_{CL}(\mathbf{p}_t \mid \mathbf{p}_0)$	E_t	$I^*_{CP}(\mathbf{p}_t \mid \mathbf{p}_0)$
2001	–	69,0	–	69,2
2002	1,450	100,0	1,445	100,0
2003	1,568	156,8	1,518	151,8
2004	1,376	215,8	1,364	207,0
2005	1,450	313,0	1,439	297,8

16.11 ÍNDICE DE CUSTO DE VIDA

O índice de custo de vida se destina a medir em quanto as variações de preços afetam as despesas de uma família típica. Para isso é necessário considerar os preços das mercadorias consumidas (alimentos, vestuário, habitação, mobiliário, medicamentos, artigos de limpeza etc.) e dos serviços utilizados (transportes coletivos, fornecimento de água e de luz, educação, dentista, médico etc.) por essa família típica.

O índice de custo de vida é uma média ponderada dos preços relativos (ou índices relativos de preço) dessas mercadorias e desses serviços. O fator de ponderação do preço relativo de uma mercadoria ou de um serviço é a proporção (θ_i) das despesas com essa mercadoria ou esse serviço nas despesas totais da família, durante certo período. Admitindo que sejam considerados n itens (mercadorias e serviços), o índice de custo de vida no período (mês) t pode ser obtido por meio da expressão

$$I_{CV}(\mathbf{p}_t \mid \mathbf{p}_0) = \sum_{i=1}^{n} \frac{P_{it}}{P_{i0}} \theta_i, \tag{16.41}$$

com $\sum_{i=1}^{n} \theta_i = 1$.

Os fatores de ponderação θ_i são obtidos mediante uma pesquisa de orçamentos familiares. Uma vez delimitada a população de famílias cujo custo de vida queremos analisar, é selecionada uma amostra e para cada uma das famílias da amostra são registradas, durante certo período, todas as despesas. Os θ_i são calculados dividindo o valor médio das despesas com cada item, para as famílias da amostra, pelo valor médio das despesas totais por família.

Está claro que os valores de θ_i obtidos dessa maneira não representam, necessariamente, a proporção de despesas com cada item de nenhuma família real. A importância relativa de cada item varia com o nível de renda da família. Assim, a importância relativa das despesas com alimentos é maior no orçamento das famílias pobres do que nas ricas; isso se dá não porque os pobres comem mais do que os ricos, mas porque aos pobres sobra muito pouco dinheiro para gastar em outra coisa que não seja comida. Gastos com automóveis próprios, por exemplo, têm peso grande no orçamento das famílias ricas para possuírem um ou mais carros e têm peso zero no orçamento das famílias que não podem ter carro. Outros fatores que afetam a importância relativa dos vários itens no orçamento doméstico são o número e a idade das crianças, o local de residência, os costumes alimentares etc.

Para se obterem indicações melhores sobre a evolução do custo de vida de diferentes famílias, a população deveria ser estratificada, um dos critérios de estratificação sendo, obviamente, o nível de renda. Pesquisas de orçamentos familiares em cada um dos estratos forneceriam os fatores de ponderação relevantes, e poderiam ser calculados, então, índices de custo de vida para os diferentes estratos.

Outro problema é que, com o passar dos anos, são introduzidos novos produtos, costumes se alteram e, conseqüentemente, os valores de θ_i obtidos em uma pesquisa de orçamentos familiares vão deixando de ser representativos da composição orçamentária média. Por isso é necessário refazer, periodicamente, a pesquisa de orçamentos familiares.

No Brasil, a Fundação Getulio Vargas (FGV) publica mensalmente, na revista *Conjuntura Econômica*, índices de custo de vida em várias capitais. Para São Paulo, temos também o índice de custo de vida da família assalariada, para três estratos de renda, publicado mensalmente pelo Departamento Intersindical de Estatística e Estudos Socioeconômicos (Dieese) e o índice de custo de vida da Fipe (Fundação Instituto de Pesquisas Econômicas de São Paulo).

Vejamos como se pode determinar a variação relativa no índice de custo de vida associada à alteração do preço de cada um dos serviços ou mercadorias.

O aumento do custo de vida em um mês, com relação ao mês anterior, é dado por

$$I_{CV}(\mathbf{p}_1 \mid \mathbf{p}_0) = \sum_{i=1}^{n} \frac{P_{i1}}{P_{i0}} \theta_i \qquad (16.42)$$

Seja $100\delta_i\%$ a variação percentual no preço do i-ésimo item do orçamento, de maneira que

$$P_{i1} = (1 + \delta_i) P_{i0} \qquad (16.43)$$

Substituindo (16.43) em (16.42), obtemos

$$I_{CV}(\mathbf{p}_1 \mid \mathbf{p}_0) = \sum_{i=1}^{n}(1 + \delta_i)\theta_i$$

Lembrando que $\Sigma \theta_i = 1$, segue-se que

$$I_{CV}(\mathbf{p}_1 \mid \mathbf{p}_0) = 1 + \sum_{i=1}^{n}\delta_i\theta_i$$

ou, em porcentagem,

$$I^*_{CV}(\mathbf{p}_1 \mid \mathbf{p}_0) = 100 + 100 \sum_{i=1}^{n}\delta_i\theta_i \qquad (16.44)$$

Essa expressão mostra que a variação percentual no valor do índice de custo de vida de um mês, em relação ao mês anterior, é dada por $100\Sigma\delta_i\theta_i$. Obviamente, $100\delta_i\theta_i$ é a variação percentual causada pela variação no preço do i-ésimo item do orçamento. Assim, se as despesas com leite fresco representam 3% do orçamento doméstico médio ($\theta_i = 0{,}03$) e o preço desse produto sofre um acréscimo de 20% ($\delta_i = 0{,}20$), o índice de custo de vida apresentará um acréscimo, mantidos constantes os preços dos demais itens do orçamento familiar, de $100 \cdot 0{,}20 \cdot 0{,}03 = 0{,}6\%$.

Como alternativa para a expressão (16.41), o índice de custo de vida também pode ser calculado como um índice do tipo Divisia:[3]

$$I_{CD}(\mathbf{p}_t \mid \mathbf{p}_0) = \prod_{i=1}^{n}\left(\frac{P_{it}}{P_{i0}}\right)^{\theta_i} \qquad (16.45)$$

Substituindo (16.43) em (16.45), obtemos

$$I_{CD}(\mathbf{p}_t \mid \mathbf{p}_0) = \prod_{i=1}^{n}(1 + \delta_i)^{\theta_i} \qquad (16.46)$$

Nesse caso, o acréscimo δ_i no preço do i-ésimo item do orçamento corresponde a um aumento no índice de custo de vida dado pelo fator $(1 + \delta_i)^{\theta_i}$, que representa um acréscimo percentual de

$$[(1 + \delta_i)^{\theta_i} - 1]\,100\% \qquad (16.47)$$

---

[3] Utilizado no cálculo do índice de custo de vida da Fipe (Fundação Instituto de Pesquisas Econômicas de São Paulo).

Para um acréscimo de 20% ($\delta_i = 0{,}20$) no preço de um item que representa 3% do orçamento ($\theta_i = 0{,}03$), o crescimento do custo de vida, *ceteris paribus*, é

$$(1{,}2^{0{,}03} - 1)\,100 = 0{,}55\%$$

O leitor pode verificar que, para acréscimos no preço da ordem de 1% ($\delta = 0{,}01$), o crescimento do índice (16.41), dado por $100\delta_i\theta_i$, é praticamente igual ao crescimento do índice (16.45), dado por (16.47).

16.12 CÁLCULO DE VALORES REAIS OU DEFLACIONADOS

Se temos duas medidas de comprimento, uma em polegadas e a outra em decímetros, sabemos que é necessário uniformizar a unidade de medida antes de fazer qualquer comparação ou operação aritmética envolvendo essas medidas. Assim, devemos transformar a primeira medida, que está em polegadas, para decímetros ou transformar a segunda medida, que está em decímetros, para polegadas ou, ainda, transformar ambas as medidas para uma terceira unidade como, por exemplo, centímetros.

Consideremos agora que temos dois valores monetários pagos ou recebidos em diferentes datas. Para exemplificar, consideremos x = R$ 120,00 recebidos em setembro de 1997 e y = R$ 240,00 recebidos em setembro de 2003. À primeira vista não há aqui necessidade de modificar a unidade de medida de nenhum dos dois valores, já que ambos são medidos em reais. Entretanto, devido à inflação ou desvalorização da moeda, o real de setembro de 2003 é uma unidade de medida de valor de troca bastante diferente do real de setembro de 1997 e, conseqüentemente, antes de fazer qualquer comparação ou operação aritmética envolvendo os valores de x e de y, é necessário uniformizar a unidade de medida.[4] Isso será feito por meio de um índice de preços que possa ser utilizado como uma medida da desvalorização da moeda. Essa é uma das principais aplicações dos números-índices em uma economia inflacionária.

O índice de preços utilizado como medida da inflação ou desvalorização da moeda é denominado *deflator*. Os valores de x e de y medidos em reais da data em que o pagamento é efetuado são denominados *valores nominais* ou *valores em moeda corrente*. Caso se trate de preços de um produto, são denominados *preços correntes*. Vimos que, antes de fazer qualquer comparação ou operação aritmética envolvendo os valores em moeda corrente, é necessário uniformizar a unidade de medida, ou seja, é necessário calcular, utilizando o deflator, os *valores reais* ou *valores deflacionados*.

---

[4] Geralmente, quando comparamos quantias monetárias que serão pagas ou recebidas em diferentes datas, além de uniformizar a unidade de medida, é necessário considerar os juros que podem ser obtidos por aquele que possui o dinheiro. Aqui vamos analisar apenas o problema da uniformização da unidade de medida.

Vejamos como são calculados os valores reais. Seja V_t um dos valores em moeda corrente (ou preços correntes) para os quais desejamos obter os correspondentes valores deflacionados. O índice t de V_t indica que a sua unidade de medida é a moeda corrente no período t. Admitamos que se queira obter os valores deflacionados medidos em moeda do período k. Sejam I_k e I_t os valores numéricos, nos períodos k e t, respectivamente, do índice de preços que será usado como deflator. O valor deflacionado ou valor real (V_r), medido em moeda do período k, correspondente a V_t é, então, obtido por meio da seguinte regra de três:

$$I_k \text{ --------- } I_t$$
$$V_r \text{ --------- } V_t$$

Da qual

$$V_r = \frac{I_k}{I_t} V_t \tag{16.48}$$

Se, por exemplo, a inflação entre o período k e o período t tivesse sido de 100%, isto é, se o valor da moeda tivesse se reduzido à metade, teríamos $I_t = 2I_k$ e $V_r = \frac{V_t}{2}$, ou seja, o valor real, medido em moeda do ano k, seria igual à metade do valor em moeda corrente.

Geralmente, quando se calculam valores reais, a finalidade é apenas uniformizar a unidade de medida. Então, por facilidade de cálculo, são obtidos os valores reais medidos em moeda do período-base do deflator, isto é, em lugar de I_k, consideramos $I_0 = 100$. Nesse caso, a expressão (16.48) fica

$$V_r = \frac{V_t}{I_t} 100 \tag{16.49}$$

Freqüentemente se usa, como deflator, o índice geral de preços referente a produtos e serviços em disponibilidade no País, calculado pela Fundação Getulio Vargas (FGV). O IGP-DI (Índice Geral de Preços – Disponibilidade Interna) é uma média ponderada do índice de preços por atacado (peso 6), de um índice de preços ao consumidor (peso 3) e do índice nacional de custo da construção (peso 1). A metodologia de cálculo é descrita em *Conjuntura Econômica* 44(4), abr. 1990, p. 79-95.

Devemos ressaltar que, em muitos casos, o IGP-DI não é o deflator mais apropriado. Se, por exemplo, queremos calcular o valor real do salário dos operários de uma cidade, o deflator apropriado é um índice do custo de vida das famílias de operários nessa cidade.

Para exemplificar o cálculo de valores reais, consideremos, novamente, as quantias x = R\$ 120,00 recebidos em setembro de 1997 e y = R\$ 240,00, recebidos em setembro de 2003. Trata-se dos valores correntes do salário mínimo vigente nesses dois meses, que delimitam um período de 6 anos. Um deflator apropriado, nesse caso, é o INPC ou *Índice Nacional de Preços ao Consumidor Restrito*, calculado pelo Instituto Brasileiro de Geografia e Estatística (IBGE) para medir o custo de vida das famílias cujos chefes são assalariados em sua ocupação principal e cujo rendimento monetário disponível situe-se entre 1 e 5 salários mínimos. Com base em dezembro de 1993, o INPC é igual a R$ 1.415,18 em setembro de 1997 e é igual a R$ 2.288,16 em setembro de 2003. Então, de acordo com (16.48), o valor deflacionado de y em reais de setembro de 1997 é

$$\frac{1.415,18}{2.288,16} \cdot 240 = 148,44$$

Alternativamente, podemos calcular o valor real de x em moeda de setembro de 2003:

$$\frac{2.288,16}{1.415,18} \cdot 120 = 194,02$$

Os dados e os resultados desse exemplo estão reunidos na Tabela 16.11.

TABELA 16.11
Cálculo de valores reais

Mês	Valor em moeda corrente	INPC (base: dez. 93)	Valor deflacionado	
			Em R$ de set. 1997	Em R$ de set. 2003
Set. 1997	120,00	1.415,18	120,00	194,02
Set. 2003	240,00	2.288,16	148,44	240,00

Usando o INPC como deflator, verifica-se que o valor real do salário mínimo aumentou 23,7% entre setembro de 1997 e setembro de 2003.

Exercícios

16.1 Calcule o índice relativo de valor das vendas para os dados da Tabela 16.1, adotando o ano de 2002 como base.

16.2 Calcule o índice de quantidades de Laspeyres para os dados da Tabela 16.1, tomando 2002 como ano-base, e verifique que o produto desse índice pelo índice de preços de Paasche (Tabela 16.6) reproduz o índice de valor das vendas.

16.3 Calcule o índice de quantidades de Fisher para os dados da Tabela 16.1, adotando 2002 como ano-base, e verifique que o produto desse índice pelo índice de preços de Fisher (Tabela 16.8) reproduz o índice de valor das vendas.

16.4 Utilizando (16.22), (16.24) e (16.33), calcule os índices de preços e de quantidades de Divisia para os dados da Tabela 16.1, adotando 2002 como ano-base (mantendo 4 decimais), e verifique que o produto desses dois índices, expresso em porcentagem e arredondado na primeira decimal, é igual ao índice relativo de valor das vendas. Nesse sentido, observa-se que, para esse exemplo, o índice de Divisia praticamente atende ao critério de decomposição das causas.

16.5 Admite-se que entre o período-base e o período t, os preços de um conjunto de n produtos sofrem todos eles uma mesma variação proporcional, isto é, $P_{it} = (1 + \theta) P_{i0}$ para $i = 1, ..., n$. Mostre que o índice de preços do período t, considerando qualquer um dos métodos descritos nas seções 16.3, 16.4, 16.6 e 16.7, é igual a $(1 + \theta) 100\%$.

16.6 Considere os seguintes dados hipotéticos:

Ano	Deflator (índice geral de preços, com base em 1973)	Produto A		Produto B	
		Preço corrente	Quantidade	Preço corrente	Quantidade
1975	200	4,00	10	8,00	20
1976	300	6,00	12	9,00	30

a) Calcule o preço real do produto A e o preço real do produto B no ano de 1976, em cruzeiros de 1975.

b) Calcule o índice ponderado de preços reais para os produtos A e B em 1976, com base em 1975, pelo método de Laspeyres, pelo método de Paasche e pelo método de Fisher.

16.7 Mostre que o índice de preços de Paasche é igual à média harmônica ponderada dos preços relativos, utilizando o valor das vendas de cada produto no período para o qual se está calculando o índice ($P_{it}Q_{it}$) como fator de ponderação, isto é, mostre que

$$I_P(\mathbf{p}_t \mid \mathbf{p}_0) = \left[\frac{\sum_{i=1}^{n} \left(\frac{P_{it}}{P_{i0}}\right)^{-1} (P_{it}Q_{it})}{\sum_{i=1}^{n} P_{it}Q_{it}} \right]^{-1}$$

Respostas

16.1 52,4; 100; 170; 240 e 316

16.6 a) 4,00 e 6,00

b) $I_L(\mathbf{p}_{76} \mid \mathbf{p}_{75}) = 80,0$
$I_P(\mathbf{p}_{76} \mid \mathbf{p}_{75}) = 79,2$
$I_F(\mathbf{p}_{76} \mid \mathbf{p}_{75}) = 79,6$

17

Medidas de Desigualdade

17.1 INTRODUÇÃO

Nos capítulos 4 e 5 vimos que, dada uma distribuição, existem várias medidas de tendência central (média aritmética, média geométrica, mediana, moda e valor central entre os extremos) e várias medidas de dispersão (amplitude, desvio médio, diferença média e desvio padrão). Da mesma maneira, existem várias medidas do grau de desigualdade de uma distribuição.

O índice de Gini, a variância dos logaritmos e os índices T e L de Theil são algumas das medidas de desigualdade que examinaremos neste capítulo.[1] Essas medidas têm sido comumente utilizadas na análise da distribuição da renda, mas é possível usá-las para medir o grau de desigualdade de qualquer distribuição estatística. Assim, podemos medir o grau de desigualdade da posse da terra em uma região, o grau de desigualdade da distribuição da população urbana de um país pelas cidades, o grau de desigualdade de uma indústria, considerando o valor da produção ou o número de empregados de cada empresa etc.

Freqüentemente, neste capítulo, com o intuito de facilitar a compreensão de certos conceitos, faremos referência ao problema da mensuração do grau de desigualdade da distribuição da renda em uma população.

Existe uma estreita relação entre medidas de dispersão e medidas de desigualdade. Várias medidas de desigualdade são medidas da dispersão relativa da distribuição, como é o caso do coeficiente de variação, que é igual a $\frac{\sigma}{\mu}$ ou $\frac{100\sigma}{\mu}$ %, onde σ e μ são, respectivamente, o desvio padrão e a média da distribuição.

Medidas de assimetria de distribuições de renda também têm sido utilizadas como medidas de desigualdade. Entretanto, como assinala Sen (1973, p. 31), isso constitui uma confusão entre "igualdade" e "simetria". É fácil verificar que distribuições perfeitamente simétricas podem apresentar diferentes graus de desigualdade.

---

[1] Freqüentemente, as palavras *desigualdade* e *concentração* são utilizadas como sinônimos. Em certos contextos é necessário utilizar um conceito distinto de concentração, que é analisado no Capítulo 18.

17.2 A CURVA DE LORENZ E O ÍNDICE DE GINI

Utilizando os dados da Pesquisa Nacional por Amostra de Domicílios (Pnad) de 2003, organizamos a distribuição de freqüências na Tabela 17.1, na qual as pessoas ocupadas são classificadas em 8 estratos, conforme a renda obtida na atividade exercida. São considerados tanto os assalariados como as pessoas que trabalham por conta própria e os empregadores, desde que obtenham alguma renda da sua atividade. As porcentagens da renda total foram arredondadas para o inteiro mais próximo.

TABELA 17.1
Distribuição das pessoas ocupadas conforme a renda obtida na atividade exercida, no Brasil, de acordo com a Pnad de 2003

Estrato	Porcentagem no estrato		Porcentagem acumulada	
	Da população	Da renda total	Da população ($100\,p$)	Da renda total ($100\,\Phi$)
I	30	7	30	7
II	20	9	50	16
III	20	13	70	29
IV	10	10	80	39
V	10	16	90	55
VI	5	13	95	68
VII	4	19	99	87
VIII	1	13	100	100

A partir das porcentagens da população e da renda correspondentes a cada estrato, podemos obter facilmente as porcentagens acumuladas apresentadas nas duas últimas colunas da Tabela 17.1. Observa-se, por exemplo, que os 70% das pessoas ocupadas com rendimentos mais baixos auferem 29% da renda total.

Seja p o valor da proporção acumulada da população até certo estrato e seja Φ o valor da correspondente proporção acumulada da renda. Os pares de valores (p, Φ), para os diversos estratos, definem pontos em um sistema de eixos cartesianos ortogonais, como ilustra a Figura 17.1. É claro que, se a população for dividida em um maior número de estratos, outros pontos serão obtidos. Esses pontos estão sobre a curva de Lorenz, que mostra como a proporção acumulada da renda (Φ) varia em função da proporção acumulada da população (p), com os indivíduos ordenados de acordo com valores crescentes da renda.

A área α, compreendida entre a curva de Lorenz e o bissetor do 1º quadrante, que está hachurada na Figura 17.1, é denominada "área de desigualdade".

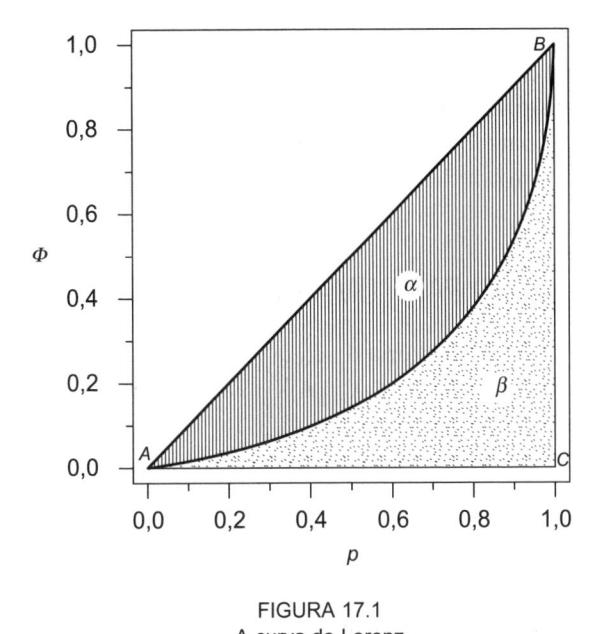

FIGURA 17.1
A curva de Lorenz

Para estudar a amplitude de variação da área α, imaginemos primeiro uma distribuição de renda com perfeita igualdade, isto é, uma população em que todos recebem a mesma renda. Nesse caso, a uma proporção p da população corresponde uma igual proporção Φ da renda total, ou seja, temos sempre $\Phi = p$. Portanto, a "curva" de Lorenz dessa distribuição se reduz a um segmento de reta sobre o bissetor do 1º quadrante (o segmento de reta AB na Figura 17.1), denominado, por isso, de "linha da perfeita igualdade". É claro que, nesse caso, a área de desigualdade é igual a zero.

Imaginemos agora uma distribuição de renda com o máximo de desigualdade. Desde que não admitimos a possibilidade de renda negativa, esse seria o caso de uma população com n indivíduos em que um deles recebe toda a renda e os $n - 1$ restantes nada recebem. Nesse caso, a proporção acumulada da renda é igual a zero até o ponto de abscissa $\frac{(n-1)}{n}$, tornando-se $\Phi = 1$ quando incluímos o indivíduo que recebe toda a renda. Para uma população bastante grande, a "curva" de Lorenz, nesse caso, confunde-se com a poligonal ACB, e a área de desigualdade é praticamente igual à área do triângulo ABC (ver Figura 17.1), que é numericamente igual a 0,5.

Por definição, o índice de Gini (G) é uma relação entre a área de desigualdade, indicada por α, e a área do triângulo ABC, isto é,

$$G = \frac{\alpha}{0{,}5} = 2\alpha \tag{17.1}$$

Uma vez que $0 \leq \alpha < 0{,}5$, temos $0 \leq G < 1$.

Assinale-se que o índice de Gini é um número adimensional.

Na próxima seção será dada uma definição mais formal da curva de Lorenz e do índice de Gini, para o caso de uma distribuição discreta qualquer, e será deduzida a relação entre o índice de Gini e a diferença média.

17.3 O ÍNDICE DE GINI PARA UMA DISTRIBUIÇÃO DISCRETA

Consideremos uma variável aleatória discreta X_i ($i = 1, ..., n$) cujos valores estão em ordem crescente, isto é, $X_1 \leq X_2 \leq ... \leq X_{n-1} \leq X_n$. Vamos admitir que os n valores são igualmente prováveis.

A proporção acumulada do número de elementos, até o i-ésimo elemento, é

$$p_i = \frac{i}{n} \quad (i = 1, ..., n) \tag{17.2}$$

A correspondente proporção acumulada de X, até o i-ésimo elemento, é

$$\Phi_i = \frac{\sum_{j=1}^{i} X_j}{\sum_{j=1}^{n} X_j} = \frac{1}{n\mu} \sum_{j=1}^{i} X_j \tag{17.3}$$

onde

$$\mu = \frac{1}{n} \sum_{j=1}^{n} X_j$$

Se X representa a renda individual e se $X_i < X_{i+1}$, Φ_i representa a fração da renda total apropriada pelos indivíduos com renda inferior ou igual a X_i.

As expressões (17.2) e (17.3) definem as coordenadas $(p_i, \Phi_i,$ com $i = 1, ..., n)$ de n pontos da "curva" de Lorenz. A rigor não existe, nesse caso, uma curva, mas uma poligonal cujos vértices são a origem dos eixos e os pontos de coordenadas (p_i, Φ_i). Como ilustração, é dada, na Figura 17.2, a poligonal de Lorenz para uma população com apenas 8 elementos com $X_1 = X_2 = X_3 = 1$, $X_4 = 2$, $X_5 = 4$, $X_6 = 8$, $X_7 = 13$ e $X_8 = 20$.

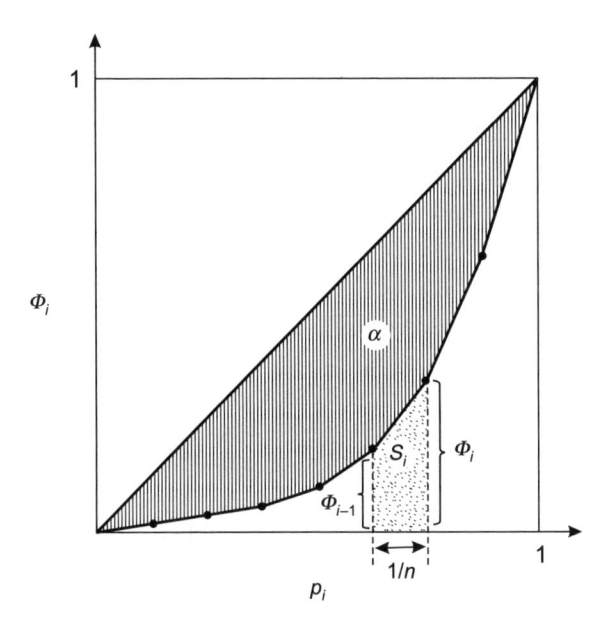

FIGURA 17.2
A poligonal de Lorenz no caso de uma distribuição discreta

Vejamos como calcular o índice de Gini a partir dos valores X_i ($i = 1, ..., n$) da variável.

Seja β a área compreendida entre a curva ou poligonal de Lorenz e o eixo das abscissas. Então, na Figura 17.1 é fácil ver que

$$\alpha = 0{,}5 - \beta \qquad (17.4)$$

Substituindo (17.4) em (17.1), obtemos

$$G = 1 - 2\beta \qquad (17.5)$$

Observando a Figura 17.2, verificamos que a área β, compreendida entre a poligonal de Lorenz e o eixo das abscissas, pode ser obtida somando a área de n trapézios (desde que se considere o triângulo retângulo com um dos vértices na origem dos eixos e catetos iguais a $\dfrac{1}{n}$ e Φ_1 como um trapézio cuja base menor é igual a zero).

Nessa figura, pontilhamos a área do i-ésimo trapézio, que é dada por

$$S_i = \frac{1}{2}\,(\Phi_{i-1} + \Phi_i)\,\frac{1}{n}$$

Fazendo $\Phi_0 = 0$, temos

$$\beta = \sum_{i=1}^{n} S_i = \frac{1}{2n} \sum_{i=1}^{n} (\Phi_{i-1} + \Phi_i)$$

Substituindo esse resultado em (17.5), obtemos

$$G = 1 - \frac{1}{n} \sum_{i=1}^{n} (\Phi_{i-1} + \Phi_i) \tag{17.6}$$

Considerando (17.3) e lembrando que $\Phi_0 = 0$, segue-se que

$$G = 1 - \frac{1}{n^2 \mu} [(2n-1)X_1 + (2n-3)X_2 + \ldots + 3X_{n-1} + X_n] \tag{17.7}$$

Na Seção 5.2 vimos que, por definição, a diferença (absoluta) média é

$$\Delta = \frac{1}{n^2} \sum_{i=1}^{n} \sum_{j=1}^{n} |X_i - X_j|$$

De acordo com (5.11), temos que

$$\Delta = 2\mu - \frac{2}{n^2} [(2n-1)X_1 + (2n-3)X_2 + \ldots + 3X_{n-1} + X_n] \tag{17.8}$$

Comparando (17.7) e (17.8), concluímos que

$$G = \frac{\Delta}{2\mu} \tag{17.9}$$

Pode-se tomar (17.9) como a definição do índice de Gini e, então, ao contrário do que foi feito aqui, demonstrar que seu valor é numericamente igual a duas vezes a área de desigualdade.

Tratando-se da distribuição da renda em uma população, a relação (17.9) mostra, como assinala Sen (1973, p. 31), que o índice de Gini, como medida do grau de desigualdade, apresenta a vantagem de medir diretamente as diferenças de renda, levando em consideração diferenças entre as rendas de *todos* os pares de indivíduos.

Uma vez que Δ é uma medida de dispersão da distribuição, a relação (17.9) mostra que o índice de Gini é uma medida de dispersão relativa. Nesse caso, o conceito de desigualdade de uma distribuição se confunde com o conceito de dispersão relativa.

De (5.13) e (17.9), segue-se que

$$G = \frac{2}{n^2 \mu} \sum_{i=1}^{n} iX_i - \frac{1}{n} - 1 \tag{17.10}$$

Essa expressão mostra que, no cálculo do índice de Gini, cada valor (X_i) da variável aparece ponderado por i, ou seja, pelo respectivo número de ordem na seqüência dos valores ordenados.

Para ilustrar a aplicação de algumas das expressões deduzidas, consideremos o exemplo numérico que serviu de base para o traçado da Figura 17.2, isto é, uma população com apenas 8 elementos cujos valores estão na Tabela 17.2.

TABELA 17.2
Valores de X_i, p_i, Φ_i e $\Phi_{i-1} + \Phi_i$ para uma população hipotética com 8 elementos

i	p_i	X_i	$\sum_{j=1}^{i} X_j$	Φ_i	$\Phi_{i-1} + \Phi_i$
1	0,125	1	1	0,02	0,02
2	0,250	1	2	0,04	0,06
3	0,375	1	3	0,06	0,10
4	0,500	2	5	0,10	0,16
5	0,625	4	9	0,18	0,28
6	0,750	8	17	0,34	0,52
7	0,875	13	30	0,60	0,94
8	1,000	20	50	1,00	1,60

Ao calcular o primeiro elemento da última coluna da Tabela 17.2, devemos lembrar que, por definição, $\Phi_0 = 0$. Somando os elementos dessa coluna, obtemos

$$\sum_{i=1}^{8} (\Phi_{i-1} + \Phi_i) = 3{,}68$$

Substituindo esse resultado em (17.6) e lembrando que $n = 8$, obtemos

$$G = 1 - \frac{3{,}68}{8} = 1 - 0{,}46 = 0{,}54$$

O leitor deve verificar que, de acordo com a definição da diferença média, obtemos

$$\Delta = \frac{1}{n^2} \sum_i \sum_j |X_i - X_j| = \frac{432}{64} = \frac{27}{4}$$

Temos também que $\mu = \dfrac{\sum X_i}{n} = 6{,}25$. Substituindo esses valores de Δ e μ em (17.9), obtemos, novamente, $G = 0{,}54$.

O leitor deve verificar ainda que o mesmo resultado pode ser obtido por meio de (17.10).

17.4 A DISCREPÂNCIA MÁXIMA

Outra medida de desigualdade associada à curva de Lorenz é a discrepância máxima (D). Essa medida é, por definição, o valor máximo da diferença entre a abscissa (p) e a ordenada (Φ) da curva de Lorenz. Uma vez que na linha de perfeita igualdade a ordenada é sempre igual à abscissa, a discrepância máxima é igual ao valor máximo da diferença ($p - \Phi$) entre a ordenada dessa linha e a ordenada da curva de Lorenz. Na Figura 17.3, reproduzimos a poligonal de Lorenz da Figura 17.2, assinalando a discrepância máxima.

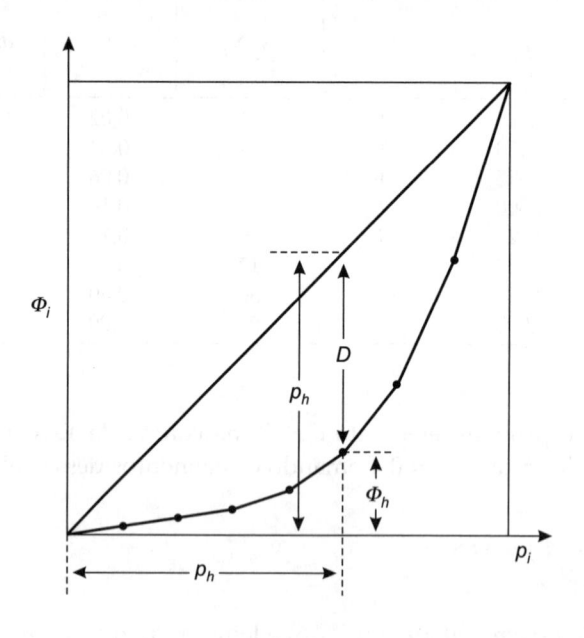

FIGURA 17.3
A discrepância máxima

Para analisar como se pode determinar o valor da discrepância máxima de uma distribuição, vejamos, inicialmente, o significado da declividade da curva de Lorenz. Para isso, consideremos, novamente, a distribuição analisada da seção anterior. Podemos verificar, observando a Figura 17.2, que a declividade (d_i) de um segmento da poligonal de Lorenz é dada por

$$d_i = \frac{\Phi_i - \Phi_{i-1}}{\frac{1}{n}} = n(\Phi_i - \Phi_{i-1})$$

Considerando (17.3), segue-se que

$$d_i = \frac{X_i}{\mu}, \tag{17.11}$$

isto é, essa declividade mostra o valor relativo, em comparação com a média da distribuição, do i-ésimo elemento na seqüência de valores colocados em ordem crescente. Tratando-se da distribuição da renda em certa população, a declividade da curva de Lorenz, em certo ponto, dá a relação entre a renda individual, nesse ponto, e a renda média da população.

Percorrendo uma curva (ou poligonal) de Lorenz a partir da origem dos eixos, verifica-se que, enquanto $X_i < \mu$, a declividade da curva de Lorenz é menor do que 1 e o valor da diferença $p - \Phi$ aumenta. Depois de certo ponto, com $X_i > \mu$, a declividade da curva de Lorenz é maior do que 1 e o valor da diferença $p - \Phi$ passa a diminuir.

Dada uma seqüência de valores ordenados de uma variável discreta, isto é, dados $X_1 \leq X_2 \leq ... \leq X_n$, sendo válida pelo menos uma desigualdade, seja h um inteiro positivo, tal que

$$X_i < \mu \text{ para } 1 \leq i \leq h$$

e

$$X_i \geq \mu \text{ para } h < i \leq n$$

Nessas condições, se estamos percorrendo a seqüência de valores em ordem crescente, o valor de $p_i - \Phi_i$ aumenta até a inclusão do h-ésimo elemento. Concluímos, então, que a discrepância máxima é dada por

$$D = p_h - \Phi_h \tag{17.12}$$

Considerando (17.2) e (17.3), segue-se que

$$D = \frac{h}{n} - \frac{1}{n\mu} \sum_{i=1}^{h} X_i$$

ou

$$D = \frac{1}{n\mu} \left(h\mu - \sum_{i=1}^{h} X_i \right) \tag{17.13}$$

ou ainda,

$$D = \frac{1}{n\mu} \sum_{i=1}^{h} (\mu - X_i) \tag{17.14}$$

Na Seção 5.2, vimos que o desvio (absoluto) médio de um conjunto de n valores é

$$\delta = \frac{1}{n} \sum_{i=1}^{n} |X_i - \mu|$$

De acordo com (5.9), e notando que a definição do valor de h dada na Seção 5.2 é idêntica à definição dada nesta seção, temos que

$$\delta = \frac{2}{n} \sum_{i=1}^{h} (\mu - X_i) \qquad (17.15)$$

Comparando (17.14) e (17.15), concluímos que

$$D = \frac{\delta}{2\mu} \qquad (17.16)$$

Uma vez que δ é uma medida de dispersão da distribuição, a relação (17.16) mostra que a discrepância máxima, da mesma maneira que o índice de Gini, é uma medida de dispersão relativa.

O leitor deve verificar que para os dados da Tabela 17.2 temos, de acordo com (17.12), $D = 0{,}625 - 0{,}180 = 0{,}445$. O mesmo resultado é obtido calculando-se $\delta = \frac{89}{16}$ e, em seguida, utilizando a relação (17.16).

17.5 O PRINCÍPIO DE PIGOU-DALTON E O ÍNDICE DE GINI

Consideremos uma população com apenas dois indivíduos cujas rendas são X_1 e X_2. Então, $\mu = \frac{(X_1 + X_2)}{2}$. No caso de perfeita igualdade, temos $X_1 = X_2 = \mu$. Dada uma certa distribuição com $X_1 \neq X_2$, é óbvio que uma transferência regressiva de renda, isto é, uma transferência de renda do mais pobre para o mais rico, mantendo a renda média constante, aumenta o grau de desigualdade.

Parece razoável generalizar essa idéia, estabelecendo que em uma população qualquer, com dada distribuição da renda, uma transferência regressiva de renda, ou seja, uma transferência de renda de um indivíduo para outro que já era mais rico, ou uma série de tais transferências, aumenta o grau de desigualdade. A condição de Pigou-Dalton, assim denominada por ter sido apresentada por Dalton (1920, p. 351), seguindo uma indicação de Pigou, estabelece que as medidas de desigualdade devem ter seus valores aumentados quando há transferências regressivas de renda.

Podemos verificar que o índice de Gini obedece à condição de Pigou-Dalton. De acordo com (17.10), temos

$$G = \frac{2}{n^2\mu}(X_1 + 2X_2 + \ldots + iX_i + \ldots + jX_j + \ldots + nX_n) - \frac{1}{n} - 1 \qquad (17.17)$$

onde $j > i$ e $X_1 \leq X_2 \leq \ldots \leq X_i \leq \ldots \leq X_j \leq \ldots \leq X_n$, isto é, as rendas estão em ordem crescente.

Uma transferência regressiva de renda consiste em subtrair um montante θ de X_i e acrescentá-lo a X_j, com $X_j > X_i$. Consideremos, inicialmente, uma transferência regressiva de um montante (θ), tal que não seja necessária a reordenação dos valores, isto é, $\theta \leq X_i - X_{i-1}$ e $\theta \leq X_{j+1} - X_j$. Se G_1 e G_2 são, respectivamente, os valores do índice de Gini para a distribuição inicial e após a transferência regressiva, verifica-se, de acordo com (17.17), que

$$G_2 = G_1 + \frac{2}{n^2\mu}(j-i)\theta \qquad (17.18)$$

Como $j > i$, temos $G_2 > G_1$, ou seja, o valor do índice de Gini aumenta quando é feita uma transferência regressiva que não exige reordenação dos elementos.

Pode-se demonstrar que uma transferência regressiva que determina uma reordenação dos elementos equivale a uma série de transferências sem reordenação. Consideremos, por exemplo, o conjunto de dados

$$A = \{2, 3, 4, 5, 6\}$$

Transferindo 2 unidades do 2º para o 4º elemento, obtemos, após reordenação, o conjunto

$$B = \{1, 2, 4, 6, 7\}$$

É fácil verificar que o mesmo resultado seria obtido com duas transferências de uma unidade, do 1º para o 5º e do 2º para o 4º elemento, sem necessidade de reordenação.

Concluímos, portanto, que uma transferência regressiva de renda sempre faz que aumente o valor do índice de Gini da distribuição.

17.6 A POSIÇÃO DA CURVA DE LORENZ E AS TRANSFERÊNCIAS REGRESSIVAS

Consideremos que os conjuntos

$$X = \{X_1, X_2, \ldots, X_n\}$$

e

$$X^* = \{X_1^*, X_2^*, \ldots, X_n^*\}$$

constituem diferentes maneiras de distribuir a mesma renda total ($\Sigma X_i = \Sigma X_i^*$) entre n indivíduos. Vamos admitir que $X_1 \leq X_2 \leq ... \leq X_n$ e $X_1^* \leq X_2^* \leq ... \leq X_n^*$. É importante ressaltar que o i-ésimo indivíduo na distribuição X não é, necessariamente, o i-ésimo indivíduo na distribuição X^*. Para caracterizar o grau de desigualdade de uma distribuição, não interessa saber a que indivíduo caberá cada uma das rendas. Por exemplo, para uma população com duas pessoas, José e Maria, a distribuição, do ponto de vista estatístico, é a mesma se José recebe 7 e Maria recebe 3 ou se José recebe 3 e Maria recebe 7; em qualquer desses casos, teríamos $X_1 = 3$ e $X_2 = 7$.

Consideremos as seguintes afirmativas:

(a) A curva de Lorenz relativa à distribuição X^* "contém" a curva de Lorenz relativa à distribuição X, isto é,

$$\Phi_i \geq \Phi_i^*,$$

sendo a desigualdade ($\Phi_i > \Phi_i^*$) válida para ao menos um valor de i. De acordo com (17.3), e lembrando que o valor de $n\mu$ é o mesmo para as duas distribuições, temos que

$$\sum_{j=1}^{i} X_j \geq \sum_{j=1}^{i} X_j^* \ (i = 1, ..., n),$$

sendo a desigualdade válida para ao menos um valor de i. Isso significa que a distribuição X é, no que se refere à posição da curva de Lorenz, menos desigual do que a distribuição X^*.

(b) A distribuição X^* pode ser obtida a partir da distribuição X fazendo-se transferências regressivas de renda.

Pode-se demonstrar que as afirmativas (a) e (b) são equivalentes, isto é, (a) implica (b) e (b) implica (a) (Rothschild e Stiglitz, 1973).

É importante notar que o critério da curva de Lorenz, que é equivalente ao critério da transferência regressiva, nem sempre permite ordenar duas distribuições; basta que as curvas de Lorenz se interceptem para que esse critério não permita afirmar qual das duas distribuições apresenta maior grau de desigualdade (ver Exercício 17.4). Esse foi um dos motivos que levou Sen (1974) a propor que a desigualdade de uma distribuição de renda ou riqueza seja considerada uma variável que leva apenas a uma quase-ordenação.

17.7 CÁLCULO DO ÍNDICE DE GINI QUANDO SE DISPÕE APENAS DE DADOS POR ESTRATOS DE RENDA

Consideremos uma população dividida em k estratos. Seja n_h (com $h = 1, ..., k$) o número de elementos no h-ésimo estrato e seja X_{hi} ($h = 1, ..., k; i = 1, ..., n_h$) a renda recebida pelo *i*-ésimo elemento do *h*-ésimo estrato. O número total de elementos na população é

$$N = \sum_{h=1}^{k} n_h$$

Se a renda média da população é μ, a fração da renda total apropriada pelo *i*-ésimo elemento do *h*-ésimo estrato é

$$y_{hi} = \frac{X_{hi}}{N\mu} \tag{17.19}$$

A proporção da população que se situa no *h*-ésimo estrato é

$$\pi_h = \frac{n_h}{N}$$

e a correspondente proporção da renda total é

$$Y_h = \sum_{i=1}^{n_h} y_{hi}$$

A renda média no *h*-ésimo estrato é

$$\mu_h = \frac{1}{n_h} \sum_{i=1}^{n_h} X_{hi} = \frac{Y_h}{\pi_h} \mu \tag{17.20}$$

No ponto correspondente ao limite superior do *h*-ésimo estrato, as coordenadas da curva de Lorenz são

$$p_h = \frac{1}{N} \sum_{j=1}^{h} n_j = \sum_{j=1}^{h} \pi_j \tag{17.21}$$

e

$$\Phi_h = \sum_{j=1}^{h} Y_j = \frac{1}{\mu} \sum_{j=1}^{h} \mu_j \pi_j = \frac{1}{N\mu} \sum_{j=1}^{h} n_j \mu_j \tag{17.22}$$

Mostraremos que

$$G = G_e + \sum_{h=1}^{k} \pi_h Y_h G_h \tag{17.23}$$

onde

    a) G é o índice de Gini para toda a população;
    b) G_h é o índice de Gini da distribuição dentro do h-ésimo estrato;
    c) G_e é o índice de Gini da desigualdade entre os estratos, isto é, o índice de Gini da população se dentro de cada estrato houvesse perfeita igualdade na distribuição da renda.

Para demonstrar (17.23), vamos considerar a Figura 17.4, para cujo traçado admitimos que N é muito grande e que existem somente 3 estratos.

Vejamos, inicialmente, como se pode obter o valor de G_e, que seria o índice de Gini da distribuição se dentro de cada estrato todos os elementos recebessem a mesma renda (μ_h). A correspondente "curva" de Lorenz é, por isso, linear dentro do intervalo correspondente a um estrato, de acordo com (17.11). Seja α_e a área de desigualdade correspondente e seja $\beta_e = 0{,}5 - \alpha_e$ a área compreendida entre essa "curva" de Lorenz e o eixo das abscissas. Na Figura 17.4, pode-se notar que, analogamente ao que foi visto na Seção 17.3, a área β_e pode ser obtida como a soma das áreas de uma série de k trapézios (desde que se considere um triângulo como um trapézio cuja base menor é igual a zero). A área do h-ésimo trapézio é dada por

$$\frac{1}{2}(\Phi_{h-1} + \Phi_h)\pi_h$$

Então, com $\Phi_0 = 0$,

$$\beta_e = \frac{1}{2} \sum_{h=1}^{k} (\Phi_{h-1} + \Phi_h)\pi_h$$

De acordo com (17.5), segue-se que

$$G_e = 1 - \sum_{h=1}^{k} (\Phi_{h-1} + \Phi_h)\pi_h \qquad (17.24)$$

De acordo com (17.6), os índices de Gini referentes às desigualdades dentro dos estratos são dados por

$$G_h = 1 - \frac{1}{n_h} \sum_{i=1}^{n_h} (\Phi_{h,i-1} + \Phi_{hi}) \qquad (17.25)$$

onde $\Phi_{h0} = 0$ e $\Phi_{hi} = \dfrac{1}{n_h \mu_h} \sum_{j=1}^{i} X_{hi}$

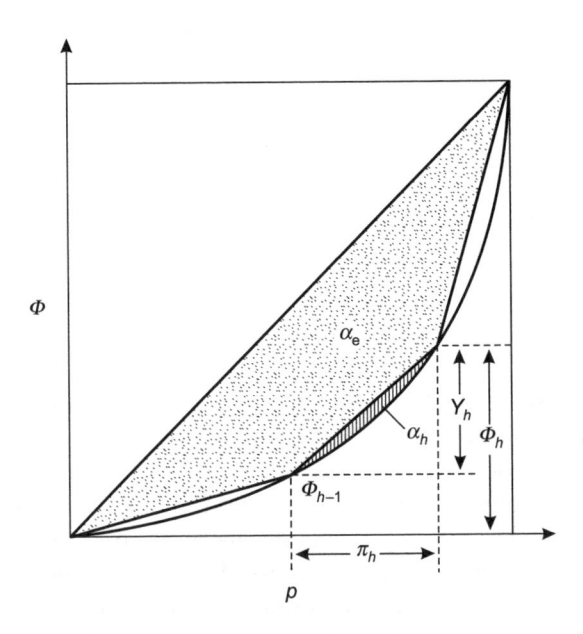

FIGURA 17.4
Áreas correspondentes à desigualdade entre estratos (α_e) e dentro de cada estrato (α_h)

De acordo com (17.1), sabemos que

$$G_e = 2\alpha_e \qquad (17.26)$$

A Figura 17.4 mostra que, para a população como um todo, e levando-se em consideração as desigualdades dentro dos estratos, a área de desigualdade é

$$\alpha = \alpha_e + \sum_{h=1}^{k} \alpha_h \qquad (17.27)$$

onde α_h corresponde à desigualdade dentro do h-ésimo estrato.

A Figura 17.4 mostra que a área α_h está dentro de um triângulo cuja base é igual a π_h e cuja altura, de acordo com (17.22), é igual a Y_h. Uma mudança de escala nos dois eixos que tornasse a base e a altura desse triângulo iguais a um transformaria a área α_h na área de desigualdade da distribuição dentro do h-ésimo estrato. O respectivo índice de Gini é

$$G_h = \frac{2\alpha_h}{\pi_h Y_h} \qquad (17.28)$$

De (17.1) e (17.27), segue-se que o índice de Gini da distribuição global é

$$G = 2\alpha = 2\alpha_e + 2 \sum_{h=1}^{k} \alpha_h$$

Considerando (17.26) e (17.28), concluímos que

$$G = G_e + \sum_{h=1}^{k} \pi_h Y_h G_h$$

que é a relação (17.23), c.q.d. Devemos frisar que o último termo dessa relação *não* é uma média ponderada dos índices de Gini relativos às desigualdades dentro de cada estrato, uma vez que $\Sigma \pi_h Y_h < 1$.

Em um estudo sobre distribuição de renda, quando dispomos apenas das informações apresentadas em uma tabela de distribuição de freqüências (como a Tabela 17.1), podemos calcular G_e, pois para isso basta ter os valores de π_h e Y_h, mas não podemos calcular os G_h nem G. É comum, então, tomar G_e como medida da desigualdade da distribuição. Sabemos que isso constitui uma subestimação do verdadeiro grau de desigualdade (G), uma vez que não estamos considerando as desigualdades dentro dos estratos. Entretanto, quando o número de estratos é bastante grande, de maneira que as áreas como α_h na Figura 17.4 sejam desprezíveis, esse procedimento é aceitável. Por outro lado, nos casos em que o número de estratos é pequeno e/ou o intervalo (π_h) correspondente a um ou mais estratos é grande, o erro de subestimação pode se tornar bastante grande.

Embora existam diversos procedimentos para obter uma estimativa do índice de Gini de uma distribuição levando em consideração a provável desigualdade dentro dos estratos, tal assunto não será discutido neste livro.[2]

O leitor deve verificar, aplicando (17.24), que para os dados da Tabela 17.1 temos $G_e = 0{,}539$. Utilizando os dados individuais de toda a amostra da Pnad de 2003, incluindo 151.992 pessoas ocupadas que informaram valor positivo para a renda obtida da sua atividade, verifica-se, por meio de um computador, que o índice de Gini é igual a 0,555.

17.8 ALGUNS CONCEITOS DA TEORIA DA INFORMAÇÃO

Em 1967, Theil introduziu duas novas medidas de desigualdade baseadas em conceitos da teoria da informação. Tendo em vista a utilização crescente dessas medidas, apresentamos, nesta seção, os conceitos da teoria da informação necessários ao bom entendimento do significado das medidas de desigualdade de Theil.

---

[2] Ver Hoffmann (1998), em que esse problema é analisado.

Seja x a probabilidade de ocorrer o evento E. Então, para $x = 1$, a mensagem "E ocorreu" não tem nenhum conteúdo informativo. Entretanto, se o valor de x é pequeno, a mensagem tem alto conteúdo informativo. Esse é o caso, por exemplo, de uma notícia que nos causa surpresa ou de um "furo" de imprensa. Quando x tende a zero, o conteúdo informativo da mensagem "E ocorreu" tende a infinito.

Matematicamente, o conteúdo informativo da mensagem que afirma que determinado evento ocorreu é dado por

$$h(x) = \log \frac{1}{x} = -\log x \tag{17.29}$$

A escolha da função logarítmica se fundamenta na propriedade de atividade do conteúdo informativo no caso de eventos independentes. Assim, se E_1 e E_2 são dois eventos independentes com probabilidades x_1 e x_2, respectivamente, a probabilidade de que ambos os eventos ocorram é $x_1 x_2$. O conteúdo informativo da mensagem de que ambos os eventos ocorreram será

$$h(x_1 x_2) = \log \frac{1}{x_1 x_2} = \log \frac{1}{x_1} + \log \frac{1}{x_2} = h(x_1) + h(x_2)$$

Em teoria da informação, normalmente utilizamos logaritmos de base 2 ou logaritmos naturais. Quando utilizamos logaritmos de base 2, dizemos que o conteúdo informativo é medido em *bits*, e quando utilizamos logaritmos naturais, dizemos que o conteúdo informativo é medido em *nits*. Temos, então, as equivalências: 1 bit = 0,693 nit e 1 nit = 1,443 bit.

Generalizando o conceito de informação, veremos, a seguir, como se mede o conteúdo informativo de uma mensagem sujeita a erro, ou mensagem incerta.

Para isso, vamos admitir que a probabilidade de chover em um dia determinado, em certo local, estabelecida com base em séries históricas, seja $x_1 = 0{,}5$. Nesse caso, o conteúdo da informação "chove" será

$$h(x_1) = \log \frac{1}{0{,}5} = 1 \text{ bit}$$

Vamos supor agora que uma previsão de tempo estabeleceu que iria chover. Vamos supor ainda que, tendo em vista os resultados anteriores de tais previsões, a probabilidade de que realmente chova passa a ser $y_1 = 0{,}68$. Agora, o conteúdo da informação "chove" é

$$h(y_1) = \log \frac{1}{0{,}68} = 0{,}5564 \text{ bit}$$

O conteúdo informativo da previsão é

$$h(x_1) - h(y_1) = \log \frac{1}{x_1} - \log \frac{1}{y_1} = \log \frac{y_1}{x_1} = 1 - 0{,}5564 = 0{,}4436 \text{ bit}$$

De modo geral, o conteúdo informativo de uma mensagem sujeita a erro ou mensagem incerta, como é o caso de uma previsão, é dado por

$$\log \frac{y}{x} \qquad (17.30)$$

onde x é a probabilidade *ex-ante* ou probabilidade de que o evento ocorra antes de recebida a mensagem, e y é a probabilidade *ex-post* ou probabilidade de que o evento ocorra uma vez recebida a mensagem.

Vejamos, a seguir, o conceito de *entropia* de uma distribuição. Consideremos o universo de n possíveis eventos E_i ($i = 1, ..., n$) mutuamente exclusivos aos quais associamos as probabilidades x_i. Sabemos que $\Sigma x_i = 1$. A informação esperada de uma mensagem certa, ou seja, a esperança matemática do conteúdo informativo da mensagem "ocorreu E_i", também denominada entropia da distribuição, é

$$H(x) = E[h(x_i)] = \sum_{i=1}^{n} x_i h(x_i) = \sum_{i=1}^{n} x_i \log \frac{1}{x_i} = - \sum_{i=1}^{n} x_i \log x_i \qquad (17.31)$$

Para o caso particular de $x_i = 0$, adotamos a definição

$$x \log x = 0 \text{ se } x = 0 \qquad (17.32)$$

uma vez que

$$\lim_{x \to 0} (x \log x) = 0$$

Para $0 < x_i \leq 1$, temos $\frac{1}{x_i} \geq 1$ e $\log \frac{1}{x_i} \geq 0$

Concluímos, então, que

$$H(x) = \Sigma x_i \log \frac{1}{x_i} = - \Sigma x_i \log x_i \geq 0$$

O valor mínimo de $H(x)$ ocorre quando uma das probabilidades é 1 e as demais, conseqüentemente, são nulas. Nesse caso, $H(x) = 0$.

Para determinar o valor máximo de $H(x)$, sujeito a $\Sigma x_i = 1$, utilizamos o método do multiplicador de Lagrange, formando a função

$$- \Sigma x_i \log x_i - \lambda(\Sigma x_i - 1) \qquad (17.33)$$

Igualando a zero as derivadas parciais de (17.33) em relação a x_i, admitindo que estejamos utilizando logaritmos naturais, obtemos

$$\log x_i = - (1 + \lambda) \text{ para } i = 1, ..., n$$

Podemos concluir que o máximo de $H(x)$ ocorre quando todas as probabilidades são iguais entre si e, portanto, iguais a $\frac{1}{n}$. Nesse caso,

$$H(x) = \sum x_i \log \frac{1}{x_i} = \sum \frac{1}{n} \log n = \log n$$

Em resumo, temos que

$$0 \leq H(x) \leq \log n \tag{17.34}$$

A entropia da distribuição é máxima, ou seja, há um máximo de incerteza a respeito do que pode ocorrer, quando todos os possíveis eventos são igualmente prováveis, isto é, quando há um máximo de "desordem" no sistema.

Vejamos, finalmente, o conceito de informação esperada de uma mensagem incerta. Tendo em vista o universo de n possíveis eventos E_i, mutuamente exclusivos, com probabilidades x_i ($i = 1, ..., n$), consideremos uma mensagem incerta (uma previsão ou mensagem duvidosa) que transforma as probabilidades *a priori* x_i em probabilidades *a posteriori* y_i (y_i é a probabilidade de ocorrência do evento E_i depois de recebida a mensagem). Lembrando (17.30), verifica-se que a esperança matemática do conteúdo informativo da mensagem é

$$I(y : x) = \sum_{i=1}^{n} y_i \log \frac{y_i}{x_i} \tag{17.35}$$

A definição (17.29) (conteúdo informativo de uma mensagem certa) é apenas um caso particular de (17.35), em que uma probabilidade *a posteriori* é igual a um e todas as outras são iguais a zero, isto é, $y_j = 1$ e $y_i = 0$ para todo $i \neq j$.

17.9 AS MEDIDAS DE DESIGUALDADE DE THEIL

Consideremos uma população com n pessoas em que cada uma recebe uma fração não-negativa ($y_i \geq 0$, com $i = 1, ..., n$) da renda total. Se a renda média é μ e X_i é a renda da i-ésima pessoa,

$$y_i = \frac{X_i}{n\mu}$$

Evidentemente,

$$\sum_{i=1}^{n} y_i = 1$$

Os valores de y_i têm as mesmas propriedades que as probabilidades associadas a um universo de eventos. Por isso, podemos, lembrando (17.31), definir a *entropia* da distribuição de renda considerada como sendo

$$H(y) = \sum_{i=1}^{n} y_i \log \frac{1}{y_i}$$

De acordo com (17.34), temos

$$0 \leq H(y) \leq \log n$$

No caso de perfeita igualdade na distribuição da renda ($y_i = \frac{1}{n}$ para $i = 1, ..., n$), temos $H(y) = \log n$, e no caso de perfeita desigualdade ($y_j = 1$ e $y_i = 0$ para todo $i \neq j$), temos $H(y) = 0$. A entropia é, portanto, uma medida do grau de igualdade da distribuição.

Theil (1967) mostrou que é mais interessante utilizar uma medida de desigualdade obtida subtraindo a entropia de seu próprio valor máximo. Essa medida, denominada índice T de Theil da distribuição, é dada por

$$T = \log n - H(y) = \sum_{i=1}^{n} y_i \log n\, y_i \tag{17.36}$$

Ao calcular o índice T de Theil, podemos utilizar logaritmos naturais ou de base 2, obtendo o valor de T em nits ou bits, respectivamente. Na prática, é tão usual utilizar logaritmos naturais que não é necessário, nesse caso, especificar que o resultado está em nits.

Está claro que

$$0 \leq T \leq \log n \tag{17.37}$$

sendo que $T = 0$ no caso de uma distribuição com perfeita igualdade e $T = \log n$ no caso de perfeita desigualdade.

De (17.36), temos

$$T = \sum_{i=1}^{n} y_i \log \frac{y_i}{\frac{1}{n}} \tag{17.38}$$

Comparando essa expressão com (17.35), verificamos que o índice T de Theil corresponde à esperança do valor informativo de uma mensagem incerta, em que as probabilidades *a posteriori* são as frações da renda total apropriadas pelas pessoas, e as probabilidades *a priori* são iguais a $\frac{1}{n}$, isto é, iguais à fração da população correspondente a cada pessoa.

A outra medida de desigualdade proposta por Theil (1967), denominada índice L de Theil, corresponde à esperança do valor informativo de uma mensagem incerta, em que as probabilidades *a posteriori* são as frações da população ($1/n$) e as probabilidades *a priori* são as frações da renda (y_i):

$$L = \sum_{i=1}^{n} \frac{1}{n} \log \frac{\frac{1}{n}}{y_i} = \frac{1}{n} \sum_{i=1}^{n} \log \frac{1}{ny_i} \qquad (17.39)$$

Verifica-se que o índice L é igual a zero no caso de perfeita igualdade ($y_i = 1/n$ para todo i). Basta uma das rendas se aproximar de zero para que o valor de L tenda a infinito, fazendo que o índice L seja inútil quando se trata de comparar distribuições de renda que incluem valores nulos.

Uma importante vantagem das medidas de desigualdade de Theil na análise da distribuição da renda ou da riqueza é que, quando os dados podem ser agrupados segundo um critério qualquer (conforme regiões, por exemplo), os valores de T e L podem ser decompostos em uma medida de desigualdade *entre* grupos (inter-regional) e uma média ponderada das medidas de desigualdade *dentro* de grupos (dentro das regiões). No caso do índice de Gini, a decomposição é mais complexa e de difícil interpretação.

Vamos supor que dispomos de dados sobre k grupos. Seja n_h ($h = 1, ..., k$) o número de elementos do h-ésimo grupo e seja y_{hi} ($h = 1, ..., k; i = 1, ..., n_h$) a fração da renda total da população apropriada pelo i-ésimo elemento do h-ésimo grupo. O número total de elementos na população é

$$N = \sum_{h=1}^{k} n_h$$

A fração da população total que pertence ao h-ésimo grupo é

$$\pi_h = \frac{n_h}{N}$$

A fração da renda total da população apropriada pelo h-ésimo grupo é

$$Y_h = \sum_{i=1}^{n_h} y_{hi}$$

Vejamos a decomposição do índice T de Theil. De acordo com (17.36), temos que

$$T = \sum_{h=1}^{k} \sum_{i=1}^{n_h} y_{hi} \log N y_{hi}$$

Dessa expressão, somando e subtraindo

$$\sum_{h=1}^{k} Y_h \log \frac{NY_h}{n_h} = \sum_{h=1}^{k} \sum_{i=1}^{n_h} y_{hi} \log \frac{NY_h}{n_h}$$

obtemos

$$T = \sum_{h=1}^{k} Y_h \log \frac{NY_h}{n_h} + \sum_{h=1}^{k} Y_h \sum_{i=1}^{n_h} \frac{y_{hi}}{Y_h} \left(\log Ny_{hi} - \log \frac{NY_h}{n_h} \right)$$

ou

$$T = \sum_{h=1}^{k} Y_h \log \frac{Y_h}{\frac{n_h}{N}} + \sum_{h=1}^{k} Y_h \sum_{i=1}^{n_h} \frac{y_{hi}}{Y_h} \log n_h \frac{y_{hi}}{Y_h}$$

ou ainda

$$T = \sum_{h=1}^{k} Y_h \log \frac{Y_h}{\pi_h} + \sum_{h=1}^{k} Y_h T_h \qquad (17.40)$$

onde

$$T_h = \sum_{i=1}^{n_h} \frac{y_{hi}}{Y_h} \log n_h \frac{y_{hi}}{Y_h} \qquad (17.41)$$

Como $\frac{y_{hi}}{Y_h}$ é a fração da renda total do h-ésimo grupo apropriada pelo i-ésimo indivíduo desse grupo, concluímos, lembrando (17.36), que T_h é a medida da desigualdade *dentro* do h-ésimo grupo. O último termo de (17.40) é, portanto, uma média ponderada das medidas de desigualdade dentro dos grupos.

No caso de haver perfeita igualdade na distribuição da renda dentro dos grupos, temos $y_{hi} = \frac{Y_h}{n_h}$ e $T_h = 0$ para $h = 1, ..., k$. Nesse caso, o valor do índice T de Theil da população, de acordo com (17.40), se reduz a

$$T_e = \sum_{h=1}^{k} Y_h \log \frac{Y_h}{\pi_h} \qquad (17.42)$$

que é, portanto, o valor da medida T para a desigualdade entre grupos.

Como π_h é a proporção da população no h-ésimo grupo, verificamos, lembrando (17.35), que a expressão (17.42), da mesma maneira que (17.38), corresponde à informação esperada de uma mensagem incerta que "transforma" as frações da população nas respectivas frações da renda total apropriada.

De (17.40) e (17.42), segue-se que

$$T = T_e + \sum_{h=1}^{k} Y_h T_h \qquad (17.43)$$

Analogamente, para o índice L de Theil, podemos deduzir que

$$L = L_e + \sum_{h=1}^{k} \pi_h L_h, \tag{17.44}$$

em que L_e é a medida da desigualdade entre os k grupos, dada por

$$L_e = \sum_{h=1}^{k} \pi_h \log \frac{\pi_h}{Y_h} \tag{17.45}$$

e L_h é a medida da desigualdade dentro do h-ésimo grupo, dada por

$$L_h = \frac{1}{n_h} \sum_{i=1}^{n_h} \log \frac{Y_h}{n_h y_{hi}} \tag{17.46}$$

Se, ao analisar a distribuição da renda em uma população, dispusermos apenas dos dados (número de elementos e renda total recebida) para k estratos de renda, podemos, utilizando (17.42) e (17.45), calcular as medidas de Theil para a desigualdade entre estratos (T_e e L_e). Devemos lembrar que esses valores subestimam as medidas de desigualdade da distribuição, já que não estamos considerando a desigualdade dentro dos estratos.

Note-se que, na decomposição do T de Theil, as medidas da desigualdade dentro dos grupos (T_h) são ponderadas pela sua participação na renda total (Y_h), como mostra a expressão (17.43). Por outro lado, na decomposição do L de Theil, as medidas de desigualdade dentro dos grupos (L_h) são ponderadas pela sua participação na população (π_h), como mostra a expressão (17.44). Isso mostra que, se a população for dividida em estratos de renda, o índice T é mais sensível a modificações na distribuição dentro dos estratos ricos, para os quais Y_h é relativamente elevado e π_h é relativamente baixo, ao passo que o índice L é mais sensível a modificações na distribuição dentro dos estratos pobres, para os quais Y_h é relativamente baixo e π_h é relativamente elevado.

17.10 AS MEDIDAS DE DESIGUALDADE DE THEIL E A CONDIÇÃO DE PIGOU-DALTON

Demonstraremos, nesta seção, que as medidas de desigualdade de Theil obedecem à condição de Pigou-Dalton, isto é, que os valores de T e L aumentam quando é realizada uma transferência regressiva de renda.

Consideremos, inicialmente, uma população com apenas 2 indivíduos, com rendas X_1 e X_2. Então,

$$y_1 = \frac{X_1}{X_1 + X_2} \text{ e } y_2 = \frac{X_2}{X_1 + X_2}$$

De $y_1 + y_2 = 1$, diferenciando, temos

$$dy_1 + dy_2 = 0 \qquad (17.47)$$

Utilizando logaritmos naturais, o índice T de Theil para essa população, de acordo com (17.36), é

$$T = y_1 \ln 2 y_1 + y_2 \ln 2 y_2 \qquad (17.48)$$

De (17.37), temos

$$0 \leq T \leq \ln 2,$$

sendo que $T = 0$ quando $y_1 = y_2 = 0{,}5$ e $T = \ln 2$ quando $y_1 = 0$ e $y_2 = 1$ ou quando $y_1 = 1$ e $y_2 = 0$.

De (17.47) e (17.48), obtemos

$$\frac{dT}{dy_1} = \ln \frac{y_1}{y_2}$$

Portanto, T é uma função decrescente de y_1 enquanto $y_1 < y_2$, passa por um mínimo quando $y_1 = y_2$, e é uma função crescente de y_1 para $y_1 > y_2$, como ilustra a Figura 17.5.

Concluímos que uma transferência regressiva de renda sempre aumenta o valor de T referente à desigualdade da distribuição da renda entre duas pessoas.

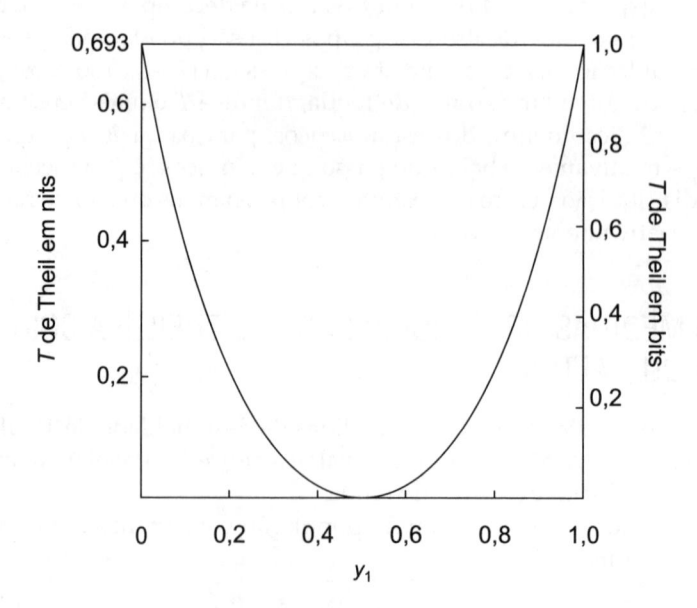

FIGURA 17.5
Variação do índice T de Theil em uma população com duas pessoas

Vejamos agora o que ocorre com a medida de desigualdade T de uma população com $N > 2$ indivíduos quando fazemos uma transferência regressiva de renda. Para isso, dividimos a população em dois grupos:

(a) Grupo 1, constituído pelas duas pessoas envolvidas na transferência regressiva de renda;
(b) Grupo 2, constituído pelas demais pessoas.

De acordo com (17.40), o índice T de Theil para a população é

$$T = Y_1 \log \frac{Y_1}{\pi_1} + Y_2 \log \frac{Y_2}{\pi_2} + Y_1 T_1 + Y_2 T_2$$

Nessa expressão, T_1 é o único elemento cujo valor será afetado pela transferência regressiva de renda dentro do grupo 1. Como T_1 é a medida da desigualdade da distribuição entre duas pessoas, que, como vimos, aumenta com uma transferência regressiva de renda, concluímos que o valor de T para toda a população aumenta em conseqüência de uma transferência regressiva de renda, c.q.d.

A demonstração de que a medida L obedece à condição de Pigou-Dalton pode ser feita de maneira análoga e será apresentada de modo sumário. Para uma população com apenas 2 pessoas, de acordo com (17.39), temos

$$L = \frac{1}{2} \left(\ln \frac{1}{2y_1} + \ln \frac{1}{2y_2} \right) = -\frac{1}{2} (2 \ln 2 + \ln y_i + \ln y_2) \qquad (17.49)$$

De (17.49) e (17.47), obtemos

$$\frac{dL}{dy_1} = \frac{y_1 - y_2}{2y_1 y_2}$$

Então, L é uma função decrescente de y_1 enquanto $y_1 < y_2$, passa por um mínimo quando $y_1 = y_2$, e é uma função crescente de y_1 quando $y_1 > y_2$. Concluímos que uma transferência regressiva de renda sempre aumenta o valor de L referente à desigualdade da distribuição de renda entre duas pessoas.

Passemos a considerar o efeito sobre L de uma transferência regressiva em uma população com mais de duas pessoas. A população é dividida em 2 grupos, destacando as duas pessoas envolvidas na transferência, da mesma maneira que fizemos na análise da medida T. De acordo com (17.44) e (17.45), temos

$$L = \pi_1 \ln \frac{\pi_1}{Y_1} + \pi_2 \ln \frac{\pi_2}{Y_2} + \pi_1 L_1 + \pi_2 L_2$$

Nessa expressão, L_1 é o único elemento cujo valor é afetado pela transferência regressiva, e já mostramos que esse valor aumenta. Concluímos que o valor de L para toda a população necessariamente aumenta quando é feita uma transferência regressiva de renda.

17.11 A VARIÂNCIA DOS LOGARITMOS

A variância dos logaritmos das rendas é freqüentemente utilizada como medida da desigualdade da distribuição da renda em uma população. Para uma população com n pessoas, em que a renda da i-ésima pessoa é indicada por X_i ($i = 1, ..., n$), a variância dos logaritmos das rendas é dada por

$$V(Z) = \frac{1}{n} \sum_{i=1}^{n} (Z_i - \bar{Z})^2 \tag{17.50}$$

onde

$$Z_i = \log X_i$$

e

$$\bar{Z} = \frac{1}{n} \sum_{i=1}^{n} Z_i$$

É claro que $V(Z)$ só é definida para $X_i > 0$ ($i = 1, ..., n$).
Indicando por X^* a média geométrica dos X_i, temos

$$V(Z) = \frac{1}{n} \sum_{i=1}^{n} \left(\log \frac{X_i}{X^*} \right)^2 \tag{17.51}$$

A variância dos logaritmos, da mesma maneira que as medidas T e L de Theil, é uma medida de desigualdade que, quando os dados podem ser agrupados segundo um critério qualquer, pode ser decomposta em um componente que corresponde à desigualdade entre os grupos e uma média ponderada das variâncias dos logaritmos dentro dos grupos. Vamos supor que a população está dividida em k grupos, sendo n_h o número de elementos do h-ésimo grupo e X_{hi} ($h = 1, ..., k$; $i = 1, ..., n_h$) a renda recebida pelo i-ésimo elemento do h-ésimo grupo. Então,

$$V(Z) = \frac{1}{N} \sum_{h=1}^{k} \sum_{i=1}^{n'_h} (Z_{hi} - \bar{Z})^2 \tag{17.52}$$

onde $Z_{hi} = \log X_{hi}$,

$$N = \sum_{h=1}^{k} n_h$$

e

$$\bar{Z} = \frac{1}{N} \sum_{h=1}^{k} \sum_{i=1}^{n_h} Z_{hi}$$

De acordo com o que foi deduzido na Seção 14.3, sabemos que

$$\sum_{h=1}^{k} \sum_{i=1}^{n_h} (Z_{hi} - \bar{Z})^2 = \sum_{h=1}^{k} n_h (\bar{Z}_h - \bar{Z})^2 + \sum_{h=1}^{k} \sum_{i=1}^{n_h} (Z_{hi} - \bar{Z}_h)^2$$

onde

$$\bar{Z}_h = \frac{1}{n_h} \sum_{i=1}^{n_h} Z_{hi}$$

Então,

$$V(Z) = \sum_{h=1}^{k} \pi_h (\bar{Z}_h - \bar{Z})^2 + \sum_{h=1}^{k} \pi_h V_h \tag{17.53}$$

com

$$\pi_h = \frac{n_h}{N}$$

e

$$V_h = \frac{1}{n_h} \sum_{i=1}^{n_h} (Z_{hi} - \bar{Z}_h)^2$$

O primeiro termo no segundo membro de (17.53) é a variância dos logaritmos entre grupos e o último termo é uma média ponderada das variâncias dentro de grupos, sendo fatores de ponderação as proporções da população em cada grupo.

Indicando por X_h^* a média geométrica das rendas do h-ésimo grupo, a expressão (17.53) pode ser escrita

$$V(Z) = \sum_{h=1}^{k} \pi_h \left(\log \frac{X_h^*}{X^*} \right)^2 + \sum_{h=1}^{k} \pi_h V_h \tag{17.54}$$

onde

$$V_h = \frac{1}{n_h} \sum_{i=1}^{n_h} \left(\log \frac{X_{hi}}{X_h^*} \right)^2$$

É interessante comparar as expressões relativas à decomposição da variância dos logaritmos com as expressões relativas à decomposição das medidas T e L de Theil (ver Seção 17.9). As variâncias dentro de grupos são ponderadas pelas proporções da população que pertencem a cada grupo (π_h), analogamente ao que acontece na decomposição de L.

É importante ressaltar que, na decomposição da variância dos logaritmos, a parcela que se refere às desigualdades entre grupos reflete as diferenças entre as médias *geométricas* das rendas de cada grupo. No Exercício 17.14, temos um exemplo numérico em que, apesar de os dois grupos terem a mesma renda média (aritmética), mais de um quinto do total da variância dos logaritmos corresponde à variância entre grupos.

Na decomposição das medidas T e L de Theil, entretanto, o componente relativo às diferenças entre grupos será igual a zero sempre que as médias aritméticas das rendas de cada grupo forem iguais.

De acordo com (17.20), temos

$$\frac{\mu_h}{\mu} = \frac{Y_h}{\pi_h} \qquad (17.55)$$

Então, se $\mu_h = \mu$ para todos os grupos, teremos $Y_h / \pi_h = 1$ para todos os grupos e, lembrando (17.42) e (17.45), concluímos que $T_e = L_e = 0$.

Antes de encerrar esta seção, vamos mostrar que a variância dos logaritmos *não* obedece à condição de Pigou-Dalton.

Consideremos, inicialmente, uma população constituída por apenas duas pessoas. Para esse caso, de (17.50), obtemos

$$V(Z) = \frac{(Z_2 - Z_1)^2}{4}$$

Essa expressão mostra que, nesse caso, uma transferência regressiva de renda faz que aumente o valor da variância dos logaritmos.

Entretanto, no caso geral de uma população com n indivíduos, com $n > 2$, é fácil dar exemplos nos quais uma transferência regressiva faz diminuir o valor da variância dos logaritmos, contrariando a condição de Pigou-Dalton.

Nas tabelas 17.3 e 17.4, vemos como sucessivas transferências regressivas entre as pessoas mais ricas de uma população de 10 pessoas afetam o valor de várias medidas de desigualdade. Os valores do índice de Gini e das medidas T e L sempre aumentam em conseqüência de uma transferência regressiva, obedecendo à condição de Pigou-Dalton, de acordo com o que foi demonstrado anteriormente. A variância dos logaritmos, entretanto, diminui sucessivamente em conseqüência das transferências regressivas realizadas para passar da distribuição I para a distribuição IV.

TABELA 17.3
Distribuição da renda em uma população com 10 pessoas e renda média igual a 5. As distribuições II a V são obtidas a partir da distribuição I fazendo-se sucessivas transferências regressivas de renda entre as pessoas relativamente ricas da população

Pessoa	Distribuição				
	I	II	III	IV	V
A	1	1	1	1	1
B	1	1	1	1	1
C	1	1	1	1	1
D	2	2	2	2	2
E	2	2	2	2	2
F	3	3	3	3	3
G	4	4	4	4	3
H	6	6	4	4	3
I	10	6	6	4	3
J	20	24	26	28	31

TABELA 17.4
Valor de diversas medidas de desigualdade para as distribuições da Tabela 17.3

Medida de desigualdade	Distribuição				
	I	II	III	IV	V
G	0,5320	0,5480	0,5640	0,5720	0,5960
T (nits)	0,4967	0,5783	0,6430	0,7107	0,8388
L	0,5133	0,5462	0,5787	0,6118	0,6880
$V(Z)$ (log nat.)	0,9561	0,9305	0,9213	0,9085	0,9090

Exercícios

17.1 Os 5 valores igualmente prováveis assumidos por uma variável aleatória discreta são 1, 4, 5, 7 e 8. Obtenha o valor do índice de Gini para essa distribuição, verificando que o mesmo resultado ($G = 0{,}272$) é obtido utilizando (17.6), (17.9) ou (17.10).

17.2 Seja X_i a renda da i-ésima pessoa de uma população com n pessoas. Vamos admitir que $X_i \geq 0$. Mostre que o valor máximo do índice de Gini da distribuição da renda entre essas n pessoas é $1 - 1/n$.

17.3 Considere uma população com n pessoas em que a renda de m (com $m < n$) pessoas é igual a zero e a renda total é eqüitativamente distribuída entre as $n - m$ pessoas restantes. Mostre que o índice de Gini da distribuição da renda nessa população é $G = m/n$.

17.4 São dadas as distribuições

$\mathbf{x} = \{1, 3, 5, 7, 9\}$

$\mathbf{y} = \{1, 2, 6, 8, 8\}$

$\mathbf{z} = \{1, 3, 4, 4, 5, 7, 9\}$

$\mathbf{w} = \{1, 2, 4, 4, 6, 8, 8\}$

Note que a distribuição **y** pode ser obtida a partir da distribuição **x**, transferindo uma unidade da pessoa que recebe 3 para a que recebe 5 e transferindo uma unidade da pessoa que recebe 9 para a que recebe 7. Note também que, fazendo as mesmas transferências na distribuição **z**, obtém-se a distribuição **w**. Verifique que as poligonais de Lorenz para as distribuições **x** e **y** se interceptam e que $G_x = G_y = 0{,}32$. Verifique também que as poligonais de Lorenz para as distribuições **z** e **w** também se interceptam e que $G_z = \dfrac{66}{231} < G_w = \dfrac{70}{231}$.

Por que o mesmo tipo de transferência deixa inalterado o índice de Gini no caso da distribuição **x** e faz aumentar o índice de Gini no caso da distribuição **z**?

Note que, de acordo com (17.18), o efeito de uma transferência que não exige reordenação sobre o índice de Gini depende da posição das rendas afetadas na ordenação dos valores, mas não depende do valor dessas rendas.

17.5 Mostre que qualquer transferência de renda entre pessoas com renda acima da média ou entre pessoas com renda abaixo da média não altera o valor do desvio médio. Com base nesse resultado, demonstre que a discrepância máxima é uma medida de desigualdade que não obedece à condição de Pigou-Dalton.

17.6 Sendo β a área compreendida entre a curva (poligonal) de Lorenz e o eixo das abscissas e sendo γ a área compreendida entre a curva (poligonal) de Lorenz e o eixo das ordenadas (ver figura a seguir), mostre que o índice de Gini é dado por $G = \gamma - \beta$. Considerando o caso de uma variável aleatória discreta X_i ($i = 1, \ldots, n$) a cujos valores, colocados em ordem crescente ($X_1 \leq X_2 \leq \ldots \leq X_n$), estão associadas as probabilidades π_i ($i = 1, \ldots, n$), desenvolva expressões que dêem o valor das áreas β e γ em função das coordenadas dos vértices da poligonal de Lorenz, que são

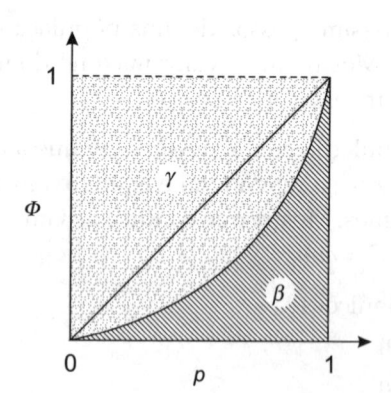

$$p_i = \sum_{j=1}^{i} \pi_j \quad \text{e} \quad \Phi_i = \frac{1}{\mu} \sum_{j=1}^{i} X_j \pi_j \qquad \pi_h$$

A seguir mostre que

$$G = \sum_{i=2}^{n} (p_{i-1} \Phi_i - p_i \Phi_{i-1})$$

17.7 Partindo de (17.36), e lembrando que $y_i = X_i/(n\mu)$, mostre que

$$T = \frac{1}{n\mu} \sum_{i=1}^{n} X_i \log X_i - \log \mu$$

17.8 Partindo de (17.39), e lembrando que $y_i = X_i/(n\mu)$, mostre que

$$L = \log \mu - \frac{1}{n} \sum_{i=1}^{n} \log X_i$$

17.9 Se X^* é a média geométrica das rendas X_i, mostre que

$$L = \log \frac{\mu}{X^*}$$

17.10 Uma população é constituída por 9 pessoas cujas rendas (X_i) são 1, 1, 1, 1, 2, 2, 4, 8 e 16. Calcule o índice de Gini, a discrepância máxima (da curva de Lorenz), as medidas T e L de Theil e a variância dos logaritmos. Para facilitar os cálculos, é aconselhável usar logaritmos de base 2.

17.11 Calcule o índice de Gini e os índices T e L de Theil referentes à desigualdade entre estratos para os dados apresentados no Exercício 3.2.

17.12 Com base nos dados da Pesquisa Nacional por Amostra de Domicílios (Pnad) de 2003, foram obtidas as seguintes coordenadas de 12 pontos da curva de Lorenz da distribuição do rendimento domiciliar *per capita* no Brasil (excluindo a área rural de RO, AC, AM, RR, PA e AP, que não é abrangida pela pesquisa):

Porcentagem acumulada da população (*p*) e porcentagem acumulada da renda (Φ), após ordenar as pessoas conforme valores crescentes da renda domiciliar *per capita*

p	Φ
10	0,8
20	2,6
30	5,1
40	8,6
50	13,1
60	19,0
70	26,6
80	37,0
90	53,2
95	66,6
99	86,7
100	100,0

Note que a proporção da renda apropriada pelo 1% mais rico (13,3%) é maior do que a proporção que fica com os 50% mais pobres (13,1%).

Verifique que o índice de Gini e o índice T de Theil referentes à desigualdade entre os 12 estratos são $G_e = 0{,}581$ e $T_e = 0{,}673$. Utilizando os dados individuais da amostra da Pnad, obtemos $G = 0{,}587$ e $T = 0{,}705$. O índice L não pode ser calculado, pois 1% do total de pessoas está em domicílios com renda declarada igual a zero.

17.13 Considere uma população com 3 pessoas cujas rendas (X_i) são 1, 1.000 e 1.000.

a) Calcule o índice de Gini, as medidas de desigualdade de Theil e a variância dos logaritmos para essa distribuição.

b) Faça uma transferência regressiva de 950 unidades da segunda para a terceira pessoa. Quais são os novos valores das medidas de desigualdade mencionadas?

17.14 Uma população está dividida em dois grupos, com 5 pessoas em cada grupo. As rendas individuais são:

Grupo 1	Grupo 2
8	1
8	1
8	2
8	4
8	32

Note que $\mu_1 = \mu_2 = 8$.
Verifique que o índice T de Theil para a desigualdade entre grupos é igual a zero e que o valor de T para a população é igual a 0,625 bits. Verifique também que o componente da variância dos logaritmos (com base 2) relativo às diferenças dentro de grupos é igual a 1,72 e que a variância entre grupos é igual a 0,49, correspondendo a 22,2% do total.

17.15 Considere uma população dividida em dois grupos, com 5 pessoas em cada grupo. A renda de cada pessoa é dada na tabela a seguir.

Rendas (X)	
Grupo 1	Grupo 2
1	16
1	16
2	16
4	16
32	16

a) Calcule o índice de Gini da desigualdade dentro do Grupo I (G_1), dentro do Grupo 2 (G_2) e para toda a população (G).

b) Calcule as medidas de Theil para a desigualdade dentro do Grupo 1 (T_1 e L_1), dentro do grupo 2 (T_2 e L_2), entre os dois grupos (T_e e L_e) e para toda a população (T e L). Para facilitar os cálculos, é aconselhável o uso de logaritmos de base 2.

c) Admita agora que a renda de todas as pessoas do grupo 1 seja dobrada, permanecendo constante a renda das pessoas do grupo 2. Quais são agora os valores de $G_1, G_2, G, T_1, T_2, T_e, T, L_1, L_2, L_e$ e L?

d) Tendo em vista os resultados obtidos, responda a seguinte questão: É possível aumentar a desigualdade global mantendo a desigualdade dentro de cada grupo e diminuindo a desigualdade entre grupos? Explique.

Respostas

17.10 $G = \dfrac{44}{81}$, $D = \dfrac{4}{9}$, $T = L = \dfrac{7}{9}$ e $V(Z) = \dfrac{158}{81}$, com logaritmos de base 2

17.11 $G = 0{,}6$ e $T = L = 0{,}8318$ nits

17.13 a) $G = 0{,}3328$, $T = 0{,}4015$ nits, $L = 1{,}8976$ e $V(Z) = 10{,}6038$
b) $G = 0{,}6493$, $T = 0{,}9775$ nits, $L = 2{,}6736$ e $V(Z) = 9{,}5683$
Todos os cálculos foram feitos usando logaritmos naturais. Note-se a substancial redução na variância dos logaritmos depois da transferência regressiva.

17.15 a) $G_1 = 0{,}65$, $G_2 = 0$, $G = 0{,}4083$

b) Usando sempre logaritmos de base 2, obtemos
$T_1 = 1{,}25$, $T_2 = 0$, $T_e = 0{,}0817$, $T = 0{,}4984$
$L_1 = 1{,}4$, $L_2 = 0$, $L_e = 0{,}0850$, $L = 0{,}785$

c) $G_1 = 0{,}65$, $G_2 = 0$, $G = 0{,}4625$
$T_1 = 1{,}25$, $T_2 = 0$, $T_e = 0$, $T = 0{,}625$
$L_1 = 1{,}4$, $L_2 = 0$, $L_e = 0$, $L = 0{,}7$

d) Sim, para o índice T de Theil, aumentando o peso do grupo com maior desigualdade.

18

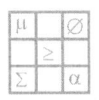

Medidas de Concentração

18.1 INTRODUÇÃO

Nos estudos sobre a distribuição da renda em uma população, as expressões "maior concentração" ou "maior desigualdade" têm exatamente o mesmo significado. Há, entretanto, certos contextos em que a palavra "concentração" é utilizada com um significado distinto de "desigualdade". Isso ocorre, tipicamente, nos estudos sobre concentração industrial.[1]

As medidas de desigualdade envolvem a comparação entre duas *proporções*. A curva de Lorenz da distribuição da renda em uma população mostra como, ordenando as pessoas da mais pobre até a mais rica, a *proporção* acumulada da renda total cresce com a *proporção* acumulada da população. A proporção da renda total recebida pelos 10% mais ricos é uma medida usual de desigualdade.

Para analisar o grau de concentração de uma indústria, é necessário conhecer a proporção da produção total controlada por um *número* pequeno de empresas. Vamos admitir que se saiba que 10% das empresas de uma indústria controlam 80% da produção. Isso caracteriza um alto grau de desigualdade na distribuição da produção entre empresas. Mas, para conhecer o grau de *concentração*, é necessário saber o número de empresas envolvidas. Se a indústria tem 20 empresas, 10% são apenas duas empresas. Então, teríamos duas empresas controlando 80% da produção, o que caracteriza uma grande concentração da produção, isto é, uma situação de oligopólio.

Se, por outro lado, a indústria tem 30.000 empresas, 10% correspondem a 3.000 empresas. É claro que o fato de 3.000 empresas controlarem 80% da produção não pode ser considerado uma situação com elevada concentração industrial. A desigualdade da distribuição da produção entre empresas pode ser a mesma nas duas situações consideradas, mas o grau de concentração é tanto maior quanto menor for o número de empresas.

Consideremos uma população com n unidades e seja X_i (com $i = 1, ..., n$) o valor da variável relevante (renda das pessoas ou valor da produção de cada empresa).

---

[1] Ver Utton (1970) e Braga e Mascolo (1982).

Se μ é o valor médio da variável, então o total é $\Sigma X_i = n\mu$. Um alto grau de *desigualdade* ocorre quando uma grande proporção do valor total corresponde a uma pequena *proporção* das unidades. Um alto grau de *concentração* ocorre quando uma grande proporção do valor total corresponde a um pequeno *número* de unidades.

A distinção entre desigualdade e concentração fica evidente se considerarmos uma indústria com n empresas iguais. Nesse caso, não há desigualdade na distribuição da produção entre empresas (o índice de Gini e as outras medidas de desigualdade apresentadas no Capítulo 17 são todas iguais a zero). O grau de concentração, entretanto, vai depender do valor de n. Se n for igual a 1.000, por exemplo, a concentração é muito pequena. Por outro lado, se n for igual a dois, a concentração é elevada, havendo um duopólio no mercado do produto.

No estudo da concentração industrial, é usual utilizar como variável o valor da produção, o valor adicionado, o número de empregados ou o valor do capital de cada empresa. A escolha da variável depende da finalidade do estudo e da disponibilidade de dados. Deve-se ressaltar, entretanto, que uma análise da concentração do poder econômico exige um exame das ligações entre empresas mediante cruzamentos de diretoria (uma mesma pessoa participando das diretorias de duas ou mais empresas), empresas *holding* etc.[2]

A seguir serão examinadas as medidas mais comumente utilizadas em estudos de concentração industrial, que são: a razão de concentração, o índice de Hirschman-Herfindahl, o índice de Rosenbluth e a entropia.

18.2 RAZÃO DE CONCENTRAÇÃO

Para facilitar a apresentação das diversas medidas de concentração, vamos admitir que se esteja medindo a concentração da produção em uma indústria, adotando como variável o valor da produção de cada empresa.

A *razão de concentração* das k maiores empresas é, por definição, a proporção do valor total da produção da indústria que corresponde às k maiores empresas.

Seja X_i o valor da produção da i-ésima empresa e seja μ o valor médio dessa variável para as n empresas da indústria. Então, a participação da i-ésima empresa no valor da produção da indústria é

$$y_i = \frac{X_i}{n\mu} \tag{18.1}$$

Vamos admitir que as empresas estão ordenadas de maneira que

$$X_1 \geq X_2 \geq X_3 \geq \ldots \geq X_n$$

---

[2] Ver o estudo sobre grupos econômicos no Brasil coordenado por Queiroz (1965).

Então, a razão de concentração das k maiores empresas é[3]

$$CR_k = \sum_{i=1}^{k} y_i \qquad (18.2)$$

É comum utilizar a razão de concentração das quatro maiores empresas ($k = 4$). Uma descrição mais completa do grau de concentração em uma indústria seria dada pela *curva de concentração*, que mostra como CR_k varia em função de k.

Para exemplificar, vamos admitir que uma indústria seja constituída por 5 empresas cujos valores de produção estão na Tabela 18.1. Temos $n = 5$ e $\mu = 20/5 = 4$, obtendo-se facilmente os valores da participação de cada empresa no valor da produção da indústria, que são apresentados na mesma tabela.

TABELA 18.1
Valor da produção (X_i) das 5 empresas de uma indústria e respectiva participação (y_i) no total

Empresa	X_i	y_i
A	12	0,60
B	4	0,20
C	2	0,10
D	1	0,05
E	1	0,05

Verifica-se, para esses dados artificiais, que a razão de concentração da maior empresa é $CR_1 = 0,6$ e que a razão de concentração das 4 maiores empresas é $CR_4 = 0,95$. A Figura 18.1 mostra a correspondente curva de concentração.

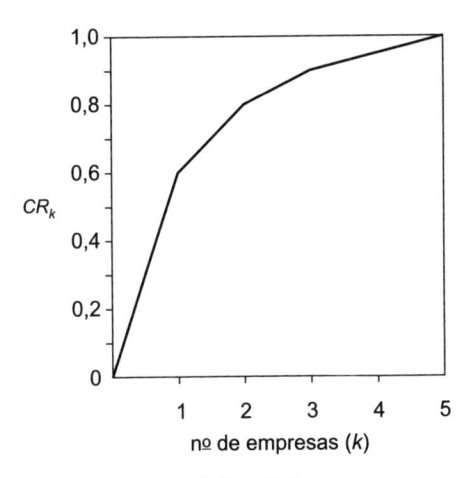

FIGURA 18.1
A curva de concentração para os dados da Tabela 18.1

---
[3] A razão de concentração é comumente indicada por CR, que é a sigla da expressão inglesa "*concentration ratio*".

18.3 O ÍNDICE DE HIRSCHMAN-HERFINDAHL

O índice de Hirschman-Herfindahl é definido por

$$H = \sum_{i=1}^{n} y_i^2 \tag{18.3}$$

O valor máximo desse índice ocorre quando a indústria é constituída por uma única empresa. Nesse caso, tem-se $H = 1$. O valor do índice de Hirschman-Herfindahl se aproxima de zero quando todos os y_i são diminutos, isto é, quando a produção está dividida de maneira relativamente igualitária por um grande número de empresas.

Para o exemplo numérico da Tabela 18.1, obtemos $H = 0{,}415$.

Pode-se demonstrar (ver Exercício 18.4) que

$$H = \frac{1}{n}(C^2 + 1), \tag{18.4}$$

em que C é o coeficiente de variação da produção por empresa ($C = \sigma/\mu$). Essa expressão mostra que, para um dado valor do coeficiente de variação, o índice de Hirschman-Herfindahl é inversamente proporcional ao número de empresas. Por outro lado, para n fixo, o índice de concentração H varia diretamente com o coeficiente de variação, que é uma medida de desigualdade.

18.4 O ÍNDICE DE ROSENBLUTH

Se as empresas de uma indústria estão ordenadas de maneira que

$$y_1 \geq y_2 \geq \ldots \geq y_n,$$

então o índice de Rosenbluth é

$$B = \frac{1}{2\sum iy_i - 1} \tag{18.5}$$

Para o exemplo numérico da Tabela 18.1, obtemos $\sum iy_i = 1{,}75$ e $B = 0{,}4$.

Quando a indústria é constituída por uma única empresa, o índice de Rosenbluth atinge seu valor máximo, que é $B = 1$. O valor desse índice se aproxima de zero quando a produção está dividida de maneira relativamente igualitária por um grande número de empresas.

Pode-se demonstrar (ver Exercício 18.5) que

$$B = \frac{1}{n(1-G)}, \tag{18.6}$$

onde G é o índice de Gini da distribuição da produção entre as empresas da indústria. Essa expressão mostra que, para um dado valor do índice de Gini, o índice de

Rosenbluth é inversamente proporcional ao número de empresas. Por outro lado, para n fixo, o índice de concentração B cresce com a medida de desigualdade G.

18.5 A ENTROPIA

De acordo com o que foi visto na Seção 17.8 e no início da Seção 17.9, a *entropia* da distribuição da produção entre as empresas de uma indústria é definida por

$$E = \sum_{i=1}^{n} y_i \log \frac{1}{y_i}$$

Vimos que $0 \leq E \leq \log n$. Quando a indústria é constituída por uma única empresa, que é a situação de concentração máxima, temos $E = 0$. Quando a indústria é constituída por n empresas com a mesma produção, temos $E = \log n$. Verifica-se, portanto, que o valor de E cresce quando a concentração diminui. Conclui-se que a entropia é uma medida de *desconcentração* industrial.

Para o exemplo numérico da Tabela 18.1, utilizando logaritmos neperianos, obtemos $E = 1{,}158$.

Exercícios

18.1 Considere uma indústria com 6 empresas cujas produções são 3, 12, 3, 3, 6 e 3. Calcule a razão de concentração das duas maiores empresas, a razão de concentração das 4 maiores empresas, o índice de Hirschman-Herfindahl, o índice de Rosenbluth e a entropia.

18.2 Para uma indústria constituída por n empresas iguais, mostre que $CR_1 = H = B = 1/n$.

18.3 Uma indústria é formada por 5 empresas com valores de produção iguais a 90, 15, 15, 15 e 15. Outra indústria é formada por 3 empresas idênticas entre si. Compare o grau de concentração nessas duas indústrias.

18.4 Temos

$$\sigma^2 = \frac{1}{n} \sum (X_i - \mu)^2 = \frac{1}{n} \sum X_i^2 - \mu^2$$

Verifique a seguir que

$$C^2 = \frac{\sigma^2}{\mu^2} = \frac{1}{n\mu^2} \sum X_i^2 - 1$$

Prove, finalmente, que

$$\frac{1}{n}(C^2 + 1) = \sum y_i^2 = H$$

18.5 Se os valores de X são ordenados de maneira que $X_1 \leq X_2 \leq ... \leq X_n$ e lembrando que $y_j = X_j/(n\mu)$, sabemos, de acordo com (17.10), que o índice de Gini é dado por

$$G = \frac{2}{n} \sum_{j=1}^{n} jy_j - \frac{1}{n} - 1$$

Consideremos agora que os valores de X são reordenados de maneira que $X_1 \geq X_2 \geq ... \geq X_n$. O novo número de ordem é $i = n - j + 1$. Então, $j = n - i + 1$ e a expressão para o índice de Gini fica

$$G = \frac{2}{n} \sum_{i=1}^{n} (n - i + 1) y_i - \frac{1}{n} - 1$$

Após algumas transformações algébricas, verifica-se que

$$G = 1 + \frac{1}{n} - \frac{2}{n} \Sigma i y_i$$

A partir desse resultado e da definição (18.5), deduza a relação (18.6).

Respostas

18.1 $CR_2 = 0{,}6$, $CR_4 = 0{,}8$, $H = 0{,}24$, $B = 0{,}238$ e $E = 1{,}609$.

18.3 As curvas de concentração se cruzam. O valor de CR_1 é maior na primeira indústria (0,6 > 0,333), mas o valor de CR_3 é maior na segunda indústria (1 > 0,8). O índice de Hirschman-Herfindahl indica concentração maior na primeira indústria (0,4 > 0,333), o índice de Rosenbluth é igual a 1/3 nos dois casos, e a entropia indica concentração maior na segunda indústria ($E = 1{,}228$ na primeira e $E = 1{,}099$ na segunda indústria, utilizando logaritmos neperianos).

19

Medidas de Pobreza

19.1 O CONCEITO DE POBREZA E AS DIFICULDADES PARA MENSURÁ-LA

A pobreza pode ser medida por meio de suas manifestações, como as condições habitacionais inapropriadas, a desnutrição das pessoas, a incidência de doenças associadas a deficiências na alimentação e nas condições de higiene, a falta de acesso a serviços básicos como água encanada e eletricidade, a taxa de mortalidade infantil elevada etc. Mas aqui vamos analisar apenas as medidas de pobreza obtidas a partir de informações sobre renda das pessoas (ou das famílias). São consideradas pobres todas as pessoas cuja renda é igual ou inferior a um valor preestabelecido, denominado *linha de pobreza*.

Devemos assinalar que a mensuração da pobreza com base exclusivamente na renda das pessoas apresenta pelo menos dois defeitos bastante sérios.

Em primeiro lugar, a renda é uma medida bastante imperfeita das condições de vida de uma pessoa (ou família), embora seja, nas economias de mercado, a melhor medida isolada dessas condições. Dado um certo nível de renda para uma família, as condições de saúde de seus membros, por exemplo, podem fazer que esta família esteja ou não em situação de pobreza. É claro que a situação de pobreza não é determinada apenas pelo nível de renda, mas também pelas despesas exigidas pelas condições de cada família. O lema da utopia igualitária não consiste em que todos devem receber a mesma renda, mas, sim, que todos devem receber de acordo com suas necessidades.

O segundo problema é a ausência de um critério claro para estabelecer a linha de pobreza, fazendo a escolha desse valor ter muito de arbitrário. Pode-se afirmar que a linha de pobreza é o nível de renda que permite à pessoa ter uma vida digna. Entretanto, isso apenas transfere o problema para a definição do que é "necessário" para uma vida digna. Em alguns trabalhos, determina-se a linha de pobreza calculando o valor do conjunto de bens e serviços considerados essenciais. Uma maneira de contornar o problema é calcular as medidas de pobreza para vários valores da linha de pobreza.

Quando são feitas comparações ao longo do tempo, o problema da definição da linha de pobreza se torna mais delicado. Dever-se-ia considerar, nas duas datas em comparação, o valor do *mesmo conjunto de bens e serviços* tidos como essenciais? É óbvio que esse procedimento não leva em consideração a possibilidade de surgimento de novos bens e serviços, e de desaparecimento de outros. Uma alternativa é manter fixo o valor *real* da linha de pobreza, usando como deflator um índice de custo de vida. É desnecessário lembrar que os resultados vão depender do índice de custo de vida escolhido.

Quando, em comparações ao longo do tempo, fixamos o valor real da linha de pobreza, estamos medindo a evolução da *pobreza absoluta*.

Todos os estudiosos do assunto reconhecem que existe um aspecto *relativo* na pobreza, pois o conjunto de bens e serviços considerados "necessários" aumenta com o desenvolvimento e o crescimento da renda *per capita* na população. Por isso, alguns autores propuseram que a linha de pobreza fosse definida com base na renda média ou como um percentil da distribuição. Assim, seriam considerados pobres aqueles cuja renda estivesse abaixo do 3º decil, por exemplo. Nesse caso, a medida da pobreza se confunde com a medida do grau de desigualdade da distribuição da renda.

Talvez a solução ideal, em comparações ao longo do tempo, fosse utilizar uma linha de pobreza cujo valor real crescesse, refletindo o aumento de despesas exigido pelas novas condições de vida; por exemplo, o crescente custo de transporte devido ao agigantamento das concentrações urbanas e as crescentes exigências de escolaridade para ingressar no mercado de trabalho. São óbvias, entretanto, as dificuldades de quantificar esses fenômenos.

Outro problema metodológico dos estudos sobre pobreza ou desigualdade da distribuição da renda em uma população é a escolha da unidade de análise e da variável. As unidades de análise podem ser as pessoas (todas, sem restrição) economicamente ativas, apenas as pessoas ocupadas, as famílias ou os domicílios. A variável analisada pode ser a renda recebida pelas pessoas, a renda familiar, a renda por domicílio ou a renda familiar *per capita*. É claro que a disponibilidade de dados determina, em grande parte, a unidade de análise e a variável que serão utilizadas.

De acordo com os ideais democráticos, cada pessoa tem direito, individualmente, ao bem-estar. Assim, a unidade de análise para mensuração da pobreza deve ser a pessoa. Por outro lado, se considerarmos que dentro das famílias há um intenso processo de redistribuição da renda, verifica-se que o nível de consumo (e bem-estar) de uma pessoa não é determinado pela sua renda pessoal, mas, sim, pela renda *per capita* da família à qual pertence. É aconselhável, portanto, utilizar dados sobre a distribuição das pessoas de acordo com a sua renda familiar *per capita* ou sua renda domiciliar *per capita*.

Um aperfeiçoamento adicional consistiria em calcular uma renda familiar por adulto-equivalente, levando em consideração a variação das necessidades de consumo com a idade das pessoas e as "economias de escala" nas despesas familiares.

19.2 A PROPORÇÃO DE POBRES, A INSUFICIÊNCIA DE RENDA E O ÍNDICE DE POBREZA DE SEN

Dada uma população com n indivíduos (ou famílias), seja X_i (com $i = 1, ..., n$) a renda do i-ésimo indivíduo. Vamos admitir que os indivíduos estão ordenados conforme valores crescentes da renda, isto é,

$$X_1 \leq X_2 \leq ... \leq X_n$$

São considerados pobres os indivíduos com renda inferior ou igual a z. O valor de z é denominado *linha de pobreza*.

Vamos admitir que há k indivíduos pobres. Então,

$$X_k \leq z$$

e

$$X_{k+1} > z$$

A proporção de pobres na população é dada por

$$H = \frac{k}{n} \tag{19.1}$$

Verifica-se que

$$0 \leq H \leq 1 \tag{19.2}$$

É claro que o valor de H é um indicador de incidência ou extensão da pobreza na população. Essa medida do grau de pobreza é, entretanto, totalmente insensível a variações na intensidade da pobreza, uma vez que o valor de H não é afetado se a renda dos pobres for reduzida.

Outra medida do grau de pobreza é a *razão de insuficiência de renda*, dada por

$$I = \frac{1}{kz} \sum_{i=1}^{k} (z - X_i) \tag{19.3}$$

A diferença $z - X_i$ (com $i \leq k$) mostra em quanto deveria crescer a renda de um pobre para atingir a linha de pobreza. Essa é a "insuficiência de renda" desse indivíduo. A insuficiência de renda para o conjunto dos pobres é

$$S = \sum_{i=1}^{k} (z - X_i) \tag{19.4}$$

Verifica-se, portanto, que I é a razão entre a insuficiência de renda e o montante de renda que deveria ser recebido pelos k indivíduos pobres para que aquela insuficiência de renda fosse eliminada.

De (19.3), obtemos

$$I = 1 - \frac{1}{kz} \sum_{i=1}^{k} X_i \qquad (19.5)$$

Indicando a renda média dos pobres por m, temos

$$m = \frac{1}{k} \sum_{i=1}^{k} X_i \qquad (19.6)$$

De (19.5) e (19.6), segue-se que

$$I = 1 - \frac{m}{z} = \frac{z - m}{z} \qquad (19.7)$$

Verifica-se que

$$0 \leq I \leq 1, \qquad (19.8)$$

com $I = 1$ apenas na situação extrema em que todos os pobres têm renda igual a zero.

A expressão (19.7) mostra que, dados os valores de z e m, o valor da razão de insuficiência de renda é insensível ao número de pobres.

As medidas H e I apresentam, portanto, defeitos e qualidades complementares. Enquanto H é insensível à intensidade da pobreza de cada indivíduo (medida pela insuficiência de renda), I é insensível ao número de pobres.

Uma idéia bastante simples seria utilizar como medida de pobreza o produto HI, que denominamos de *índice de insuficiência de renda*. De (19.2) e (19.8), decorre que

$$0 \leq HI \leq 1$$

É claro que o valor de HI é afetado tanto pela extensão da pobreza (número de pobres) como pela intensidade da pobreza.

Entretanto, o valor de HI não é afetado por uma redistribuição da renda entre os pobres. Se um montante de renda é transferido de um pobre para outro, sem que aquele que recebe a renda adicional deixe de ser pobre, tanto o número de pobres como a insuficiência de renda não são alterados e, portanto, o valor de HI permanece o mesmo.

Levando em consideração a desigualdade da distribuição da renda entre os pobres, Sen (1976) propôs a seguinte medida de pobreza:

$$P = H[I + (1 - I)G^*], \qquad (19.9)$$

onde G^* é o índice de Gini da desigualdade da distribuição da renda entre os pobres. Note-se que, quando todos os pobres têm a mesma renda, o valor de G^* é igual a zero e o índice de pobreza de Sen é igual ao produto HI.

Para ilustrar o cálculo dessas medidas de pobreza, consideremos a população hipotética de 8 pessoas apresentadas na Tabela 17.2 (p. 341). Adotando $z = 4$ como linha de pobreza, verifica-se que há $k = 5$ pessoas pobres e que a proporção de pobres é

$$H = \frac{5}{8} = 0{,}625$$

A insuficiência de renda para as 5 pessoas pobres é $S = 11$, e a razão de insuficiência de renda, de acordo com (19.3), é

$$I = \frac{11}{20} = 0{,}55$$

O índice de insuficiência de renda é

$$HI = \frac{11}{32} = 0{,}344$$

Utilizando (17.6) ou (17.10), pode-se calcular o índice de Gini entre os 5 pobres, que é $G^* = 0{,}311$. Finalmente, substituindo os valores de H, I e G^* em (19.9), obtém-se o índice de pobreza de Sen, que é $P = 0{,}431$.

A razão entre a insuficiência de renda (S) e a renda total da população ($n\mu$) também tem sido utilizada como medida de pobreza. Para os dados numéricos analisados, essa razão é

$$\frac{11}{50} = 0{,}22 \text{ ou } 22\%$$

Esse resultado mostra que, para esses dados hipotéticos, 22% da renda total teria de ser transferida para os pobres para que sua renda atingisse a linha de pobreza.

19.3 O ÍNDICE DE FOSTER, GREER E THORBECKE

Vamos continuar considerando uma população com n pessoas cujas rendas (X_i) estão em ordem crescente. Há k pessoas pobres, isto é, k pessoas cuja renda não supera a linha de pobreza z.

Foster, Greer e Thorbecke, em artigo publicado em 1984, analisaram a família de índices de pobreza dada pela expressão

$$\varphi(\alpha) = \frac{1}{nz^\alpha} \sum_{i=1}^{k} (z - X_i)^\alpha, \text{ com } \alpha \geq 0 \tag{19.10}$$

Pode-se verificar que essa medida é igual à proporção de pobres (H) quando $\alpha = 0$ e é igual a HI quando $\alpha = 1$. Denomina-se índice de Foster, Greer e Thorbecke o valor obtido com $\alpha = 2$:

$$\varphi = \frac{1}{nz^2} \sum_{i=1}^{k}(z - X_i)^2 \qquad (19.11)$$

Da mesma maneira que o índice de Sen, o índice de Foster, Greer e Thorbecke varia de zero a um, com $\varphi = 1$ quando todas as rendas são iguais a zero.

Para ilustrar o cálculo dessa medida de pobreza, consideremos, novamente, a população hipotética de 8 pessoas apresentada na Tabela 17.2 (p. 341), adotando uma linha de pobreza $z = 4$. De acordo com (19.11), obtemos

$$\varphi = \frac{31}{128} = 0{,}242 \qquad (19.12)$$

Pode-se demonstrar que

$$\varphi = H[I^2 + (1 - I)^2 C_*^2], \qquad (19.13)$$

onde C_* é o coeficiente de variação das rendas dos pobres, H é a proporção de pobres e I é a razão de insuficiência de renda. É interessante observar a semelhança entre as expressões (19.9) e (19.13), lembrando que C_* é uma medida da desigualdade da distribuição da renda entre os pobres.

Para o exemplo numérico considerado anteriormente, a renda média dos pobres é $m = 1{,}8$ e a variância das rendas dos pobres é

$$\sigma_*^2 = \frac{1}{k} \sum_{i=1}^{k} (X_i - m)^2 = \frac{1}{k} \sum_{i=1}^{k} X_i^2 - m^2 = 1{,}36$$

Segue-se que

$$C_*^2 = \frac{1{,}36}{1{,}8^2} = \frac{136}{324} = \frac{34}{81}$$

Substituindo esse valor, $H = 0{,}625$ e $I = 0{,}55$ em (19.13), obtemos $\varphi = 0{,}242$, da mesma maneira que em (19.12).

Uma importante vantagem do índice de Foster, Greer e Thorbecke, em comparação com o índice de Sen, é a possibilidade de sua decomposição quando a população é dividida em grupos conforme regiões, setores ou outro critério qualquer.

Consideremos uma população dividida em h grupos. Seja X_{ij} (com $i = 1, ..., h$ e $j = 1, ..., n_i$) a renda da j-ésima pessoa do i-ésimo grupo. Vamos admitir que no i-ésimo grupo haja k_i pobres, isto é, k_i pessoas cuja renda não supera a linha da pobreza z. O número total de pessoas na população é

$$N = \sum_{i=1}^{h} n_i$$

De acordo com (19.11), o índice de Foster, Greer e Thorbecke dentro do i-ésimo grupo é

$$\varphi_i = \frac{1}{n_i z^2} \sum_{j=1}^{k_i} (z - X_{ij})^2 \qquad (19.14)$$

e o valor dessa medida de pobreza para toda a população é

$$\varphi = \frac{1}{Nz^2} \sum_{i=1}^{h} \sum_{j=1}^{k_i} (z - X_{ij})^2 \qquad (19.15)$$

A partir de (19.14) e (19.15), pode-se deduzir que

$$\varphi = \sum_{i=1}^{h} \frac{n_i}{N} \varphi_i \qquad (19.16)$$

Essa expressão mostra que o valor do índice de Foster, Greer e Thorbecke para toda a população é uma média ponderada dos valores do índice dentro de cada grupo, sendo fator de ponderação a participação do grupo na população. O valor de $(n_i/N)\varphi_i$ é a *contribuição* do i-ésimo grupo para a pobreza em toda a população (φ).

É interessante notar que as expressões (19.14), (19.15) e (19.16) podem ser facilmente adaptadas para a situação em que são adotadas linhas de pobreza diferentes para cada grupo: basta substituir z pela linha de pobreza específica de cada grupo (z_i). Esse seria, por exemplo, o caso de uma análise de pobreza no Brasil em que fosse adotada uma linha de pobreza diferente para cada região, em função de diferenças regionais no custo de vida.

Para ilustrar a decomposição do índice de Foster, Greer e Thorbecke, vamos considerar uma população de 10 pessoas dividida em dois grupos de 5 pessoas. As rendas das pessoas no grupo 1 são $X_{11} = X_{12} = X_{13} = 120$, $X_{14} = 240$ e $X_{15} = 400$. As rendas das pessoas no grupo 2 são $X_{21} = X_{22} = 80$, $X_{23} = 280$, $X_{24} = 320$ e $X_{25} = 360$. Adotando uma linha de pobreza $z = 200$, verifica-se que o grupo 1 tem $k_1 = 3$ pobres e o grupo 2 tem $k_2 = 2$ pobres. De acordo com (19.14) e (19.15), obtemos

$$\varphi_1 = 0{,}096,\ \varphi_2 = 0{,}144\ \text{e}\ \varphi = 0{,}120$$

Verifica-se que cada grupo tem 50% da população e que $\varphi = 0{,}5\varphi_1 + 0{,}5\varphi_2$. O grupo 1 contribui com 40% da pobreza total medida por meio do índice de Foster, Greer e Thorbecke.

Exercícios

19.1 Uma população é formada por 10 pessoas cujas rendas são 1, 1, 1, 2, 3, 4, 8, 8, 16 e 16. Se a linha de pobreza é $z = 6$, calcule a proporção de pobres, a razão de insuficiência de renda, o índice de pobreza de Sen e o índice de pobreza de Foster, Greer e Thorbecke.

19.2 Seja r a razão entre a insuficiência de renda e a renda total da população, isto é, $r = S/(n\mu)$. Prove que

$$r = H\,\frac{z-m}{\mu} = HI\,\frac{z}{\mu}$$

19.3 Uma população está dividida em dois grupos. No grupo 1 há quatro pessoas cujas rendas são 3, 1, 7 e 3. No grupo 2 há seis pessoas cujas rendas são 1, 4, 2, 9, 1 e 8. Admitindo que a linha de pobreza é igual a 5, determine:

a) o índice de pobreza de Foster, Greer e Thorbecke para a população;

b) o valor desse índice para cada grupo;

c) a contribuição do grupo 1 para o valor do índice na população;

d) a contribuição do grupo 1 para o número de pobres na população.

Respostas

19.1 $H = 0{,}6$ $I = 2/3 = 0{,}667$
$P = 83/180 = 0{,}461$ $\varphi = 13/45 = 0{,}289$

19.3 a) 0,264   b) $\varphi_1 = 0{,}240$ e $\varphi_2 = 0{,}280$
c) 36,36%   d) 42,86%

20

Determinação do Padrão de Variação Estacional em uma Série Temporal

20.1 INTRODUÇÃO

Neste capítulo, veremos como se pode determinar o padrão de variação estacional em uma série temporal. Para facilitar a exposição do método, vamos considerar a determinação do padrão de variação estacional do preço de um produto agrícola. Devido, em grande parte, à estacionalidade da produção, os preços dos produtos agropecuários apresentam, em geral, uma variabilidade muito maior do que os preços dos bens industriais.

As variações nos preços dos produtos agropecuários têm diferentes causas, conforme a duração do período considerado. Variações a longo prazo são determinadas por desvalorização da moeda, crescimento da população, urbanização, desenvolvimento tecnológico, variações na renda *per capita* e na distribuição da renda, nos gostos e costumes etc. Variações a curto prazo podem ser causadas pela estacionalidade da produção, por perdas de safra devidas a problemas climáticos ou à incidência de pragas ou doenças etc.

Os preços dos produtos agropecuários exibem uma variação cíclica com o decorrer das estações do ano. Na época da safra (ou de maior produção), o preço é relativamente baixo, aumentando depois até a época em que o suprimento do produto é mínimo. Em mercados competitivos, espera-se que esse aumento de preço seja igual ao custo adicional de produzir o bem "fora de estação", ou, então, igual ao custo de armazenamento.

O conhecimento da variação estacional dos preços é de suma importância para a orientação dos produtores agrícolas e dos comerciantes, bem como para a formulação da política agrícola do governo. Para o próprio consumidor, principalmente no caso de cooperativas de consumo ou de grandes consumidores (hotéis, hospitais etc.), esse conhecimento também é de interesse para escolher a melhor ocasião de efetuar suas compras. Ademais, o conhecimento do índice de variação estacional do preço de um produto agropecuário é essencial para a previsão de seu preço em determinada época do ano.

20.2 FUNDAMENTOS

Indiquemos por v_t os valores de uma série temporal como, por exemplo, a série de preços mensais de um produto ou a série das produções anuais de um bem econômico.

Por definição, os valores da média aritmética móvel com k termos são obtidos somando k termos consecutivos da série e dividindo por k. Assim, dada a série de valores v_t, com $t = 1, 2, ..., n$, os valores da média aritmética móvel com k termos são dados por $(v_1 + v_2 + ... + v_k)/k$, $(v_2 + v_3 + ... + v_{k+1})/k$, $(v_3 + v_4 + ... + v_{k+2})/k$, ..., $(v_{n-k+1} + ... + v_{n-1} + v_n)/k$.

Vamos demonstrar agora que, se as únicas variações apresentadas por uma série temporal são flutuações periódicas, elas são eliminadas calculando-se uma média móvel com número de termos igual ao número de termos que corresponde a um período de flutuação da série ou a um múltiplo desse número de termos.

Se v_t apresenta apenas flutuações periódicas e se cada período inclui exatamente θ termos da série, temos

$$v_t = v_{t+\theta} = v_{t+2\theta} = ... = v_{t+m\theta} \tag{20.1}$$

onde m é um número inteiro qualquer.

Um valor da média aritmética móvel com θ termos é dado por

$$\frac{1}{\theta}(v_t + v_{t+1} + ... + v_{t+\theta-1}) \tag{20.2}$$

Vê-se facilmente que o valor subseqüente da média móvel, que é dado por

$$\frac{1}{\theta}(v_{t+1} + ... + v_{t+\theta-1} + v_{t+\theta}), \tag{20.3}$$

é igual ao valor precedente. De fato, de acordo com (20.1), o último termo de (20.3) é igual ao primeiro termo de (20.2), e os demais termos são os mesmos nas duas expressões.

De modo semelhante, pode-se provar que todas as médias móveis que compreendem dois, três ou, generalizando, m períodos da série periódica são iguais entre si.

Para exemplificar, consideremos a seguinte série de valores anuais: 2, 6, 7, 2, 6, 7, 2, 6, 7, ... Note-se que essa série apresenta flutuações cíclicas com um período de 3 anos. É fácil verificar que a média aritmética móvel de 3 termos é sempre igual a 5.

Interessa-nos, freqüentemente, comparar os valores da série temporal dada com os valores da média móvel. Para isso é necessário definir o valor da média móvel correspondente a um valor v_t, qualquer, da série dada. No caso de uma média móvel de um número ímpar de termos, isto é, se temos uma média móvel de $k = 2\lambda + 1$ termos, em que λ é um inteiro positivo, a média móvel correspondente a v_t é, evidentemente,

$$M_t = \frac{1}{k}(v_{t-\lambda} + v_{t-\lambda+1} + ... + v_t + ... + v_{t+\lambda-1} + v_{t+\lambda}) \tag{20.4}$$

Entretanto, no caso de uma média móvel de um número par de termos, isto é, se $k = 2\lambda$, um valor qualquer da média móvel não corresponde exatamente a nenhum dos termos da série dada. Por exemplo, uma média móvel de 4 termos corresponde a um intervalo entre o segundo e o terceiro termo considerado no seu cálculo. Para resolver esse problema, define-se a média aritmética móvel *centralizada* de $k = 2\lambda$ termos correspondente ao valor v_t, dada por

$$M_t = \frac{1}{k} (0{,}5v_{t-\lambda} + v_{t-\lambda+1} + \ldots + v_t + \ldots + v_{t+\lambda-1} + 0{,}5v_{t+\lambda}) \tag{20.5}$$

20.3 MODELOS

A seguir, analisaremos dois modelos teóricos relativos ao comportamento de uma série de preços mensais de um produto, tendo em vista justificar o método de obtenção do padrão de variação estacional.

Vamos admitir que temos os preços mensais de um produto, de janeiro a dezembro, durante n anos. Seja P_t a t-ésima observação nessa série de preços mensais. O preço em determinado mês também pode ser representado por P_{ij}, em que $i = 1, \ldots, n$ indica o ano e $j = 1, \ldots, 12$ indica o mês. É fácil verificar que os índices t, i e j obedecem à relação

$$t = 12(i-1) + j \tag{20.6}$$

Em um primeiro modelo, vamos admitir que o preço seja o resultado da *soma* de três componentes:

a) uma tendência linear $a + bt$, na qual a e b são parâmetros;

b) um componente estacional e_j, tal que

$$\sum_{j=1}^{12} e_j = 0 \tag{20.7}$$

c) um termo aleatório u_t, com $E(u_t) = 0$.

Então, temos

$$P_t = P_{ij} = a + bt + e_j + u_t \tag{20.8}$$

Nessa expressão, todos os termos têm a mesma unidade de medida que o preço, que é reais por unidade do produto.

Demonstraremos a seguir que estimativas não-tendenciosas dos componentes estacionais podem ser obtidas subtraindo dos preços mensais as respectivas médias aritméticas móveis centralizadas de 12 meses.

De acordo com (20.5), a média aritmética móvel centralizada correspondente a P_t é

$$M_{ij} = M_t = \frac{1}{12}(0{,}5P_{t-6} + P_{t-5} + \ldots + P_t + \ldots + P_{t+5} + 0{,}5P_{t+6}) \tag{20.9}$$

De (20.8) e (20.9), obtemos

$$M_t = \frac{1}{12}\left(12a + 12bt + \sum_{j=1}^{12} e_j + 0{,}5u_{t-6} + u_{t-5} + \ldots + u_{t+5} + 0{,}5u_{t+6}\right)$$

Lembrando (20.7), segue-se que

$$M_t = a + bt + \frac{1}{12}(0{,}5u_{t-6} + u_{t-5} + \ldots + u_{t+5} + 0{,}5u_{t+6})\qquad(20.10)$$

Sejam d_{ij} as diferenças entre os preços e as respectivas médias móveis centralizadas, isto é, $d_{ij} = d_t = P_{ij} - M_{ij} = P_t - M_t$.

De acordo com (20.8) e (20.10), obtemos

$$d_t = d_{ij} = e_j + u_t - \frac{1}{12}(0{,}5u_{t-6} + u_{t-5} + \ldots + u_{t+5} + 0{,}5u_{t+6})$$

Se $E(u_t) = 0$ para todo t, temos

$$E(d_{ij}) = e_j,\qquad(20.11)$$

ou seja, $d_{ij} = P_{ij} - M_{ij}$ é um estimador não-tendencioso do componente estacional e_j.

Se temos os preços mensais do produto para n anos, isto é, se temos $12n$ valores da série de preços, obteremos $12(n - 1)$ valores para a média móvel centralizada, pois não poderemos calcular os valores da média móvel correspondentes aos 6 primeiros e aos 6 últimos meses. Então podemos obter, para cada mês, $n - 1$ estimativas de e_j, dadas por $d_{ij} = d_t$. A média aritmética dessas estimativas para o mês j é

$$\bar{d}_j = \frac{1}{n-1}\sum_{i=1}^{n-1} d_{ij}\qquad(20.12)$$

se $7 \le j \le 12$, e é

$$\bar{d}_j = \frac{1}{n-1}\sum_{i=2}^{n} d_{ij}\qquad(20.13)$$

se $1 \le j \le 6$.

Está claro que essas médias são estimadores dos componentes estacionais mais eficientes (com variância menor) do que cada um dos d_{ij}.

De acordo com (20.7), é desejável que as 12 estimativas dos e_j também apresentem soma igual a zero. Então, se a soma dos $\bar{d}_j$ for diferente de zero, calculamos a correção

$$c = \frac{1}{12}\sum_{j=1}^{12} \bar{d}_j,\qquad(20.14)$$

que é subtraída de cada um dos $\bar{d}_j$, obtendo-se, assim, as estimativas $\hat{e}_j$ dos componentes estacionais, isto é,

$$\hat{e}_j = \bar{d}_j - c \qquad (j = 1, \ldots, 12)\qquad(20.15)$$

Consideremos agora um modelo em que o preço é o resultado do *produto* de três componentes:

a) uma tendência exponencial $AB^t = \exp\{a + bt\}$, onde $a = \ln A$ e $b = \ln B$ são parâmetros;[1]

b) um componente estacional adimensional ε_j, tal que

$$\prod_{j=1}^{12} \varepsilon_j = 1 \qquad (20.16)$$

c) um fator aleatório adimensional U_t, com $E(\ln U_t) = 0$.

Então, temos

$$P_t = P_{ij} = AB^t \, \varepsilon_j U_t \qquad (20.17)$$

Aplicando logaritmos neperianos, obtemos

$$\ln P_t = \ln A + t \ln B + \ln \varepsilon_j + \ln U_t.$$

Fazendo $\ln \varepsilon_j = e_j$ e $\ln U_t = u_t$, segue-se que

$$\ln P_t = a + bt + e_j + u_t \qquad (20.18)$$

Verifica-se, portanto, que nesse modelo o logaritmo do preço é igual à soma de três componentes: uma tendência linear $a + bt$, um componente estacional $e_j = \ln \varepsilon_j$ e um termo aleatório $u_t = \ln U_t$, com $E(u_t) = 0$.

De acordo com o que vimos ao analisar o modelo anterior, o componente estacional (20.18) pode ser eliminado calculando-se a média aritmética móvel centralizada de 12 meses, dada por

$$g_t = \frac{1}{12}\left(0{,}5\ln P_{t-6} + \ln P_{t-5} + \ldots + \ln P_t + \ldots + \ln P_{t+5} + 0{,}5 \ln P_{t+6}\right) \qquad (20.19)$$

Verifica-se que $g_t = \ln G_t$, sendo G_t a média geométrica móvel centralizada de 12 termos da série de preços, isto é,

$$G_t = \sqrt[12]{P_{t-6}^{0{,}5} \, P_{t-5} \ldots P_t \ldots P_{t+5} P_{t+6}^{0{,}5}} \qquad (20.20)$$

A seguir, obtemos as diferenças $d_{ij} = d_t = \ln P_t - g_t$ ou $d_{ij} = \ln D_{ij}$, com $D_{ij} = D_t = \dfrac{P_t}{G_t}$. Os valores de $100 \, D_t = 100 \exp(d_t)$ são denominados *índices estacionais*.

Analogamente a (20.11), pode-se verificar que as diferenças $d_{ij} = d_t$ são estimativas não-tendenciosas dos componentes estacionais em (20.18), isto é,

$$E(d_{ij}) = e_j = \ln \varepsilon_j \qquad (20.21)$$

---

[1] O componente AB^t tem a mesma unidade de medida que o preço, que é reais por unidade do produto.

Estimativas mais eficientes são obtidas calculando a média aritmética dos valores de d_{ij} referentes a um mesmo mês, como indicado em (20.12) e (20.13).

Verifica-se que

$$\bar{d}_j = \ln D_j^*$$

em que D_j^* é a média geométrica dos valores de D_{ij} para o j-ésimo mês, ou seja,

$$D_j^* = \left(\prod_{i=1}^{n-1} D_{ij} \right)^{\frac{1}{n-1}} \quad (20.22)$$

se $7 \le j \le 12$ e

$$D_j^* = \left(\prod_{i=2}^{n} D_{ij} \right)^{\frac{1}{n-1}} \quad (20.23)$$

se $1 \le j \le 6$.

De (20.16), obtemos

$$\sum_{j=1}^{12} \ln \varepsilon_j = \sum_{j=1}^{12} e_j = 0 \quad (20.24)$$

É desejável, então, que as 12 estimativas dos e_j também apresentem soma igual a zero. Se a soma dos $\bar{d}_j$ for diferente de zero, o valor da correção (20.14) é subtraído de cada um dos $\bar{d}_j$, obtendo-se

$$\hat{e}_j = \bar{d}_j - c \text{ para } j = 1, ..., 12 \quad (20.25)$$

Os valores dados por (20.25) são estimativas dos $e_j = \ln \varepsilon_j$. Então, as estimativas dos fatores estacionais ε_j são dadas por

$$\hat{\varepsilon}_j = \exp(\hat{e}_j) \text{ para } j = 1, ..., 12 \quad (20.26)$$

Os valores de $100\hat{\varepsilon}_j$ são denominados *índices sazonais*; eles caracterizam o padrão de variação estacional do preço do produto.

Os $\hat{\varepsilon}_j$ também podem ser determinados a partir dos D_j^* obtidos por meio de (20.22) e (20.23). De acordo com (20.16), é desejável que o produto das 12 estimativas dos ε_j seja igual a 1. Então, se o produtório dos D_j^* for diferente de 1, cada um deles é dividido pela correção

$$C = \left(\prod_{j=1}^{12} D_j^* \right)^{\frac{1}{12}}, \quad (20.27)$$

obtendo-se

$$\hat{\varepsilon}_j = \frac{D_j^*}{C} \quad (20.28)$$

No que se refere ao componente estacional, a diferença essencial entre os modelos (20.8) e (20.17) é que, no primeiro, o componente estacional é *adicionado* à tendência, e no segundo, o componente estacional é *multiplicado* pela tendência. Por isso, no modelo (20.8), a amplitude das flutuações de P_t independe do nível do preço, dado pela tendência, ao passo que no modelo (20.17) a amplitude das flutuações estacionais de P_t cresce com o nível do preço (ver Exercício 20.1).

20.4 O MÉTODO DA MÉDIA GEOMÉTRICA MÓVEL CENTRALIZADA

Para exemplificar melhor o método de determinação do padrão de variação estacional em uma série de dados mensais, nesta seção desenvolveremos, etapa por etapa, um exemplo.

Na Tabela 20.1 estão os preços mensais de ovos em Santa Catarina, de janeiro de 1970 a dezembro de 1976, de acordo com publicações do Centro de Estudos Agrícolas da Fundação Getulio Vargas.

TABELA 20.1
Preço corrente, em cruzeiros por dúzia de ovos, recebidos pelos produtores de Santa Catarina, de janeiro de 1970 a dezembro de 1976

Mês	Ano						
	1970	1971	1972	1973	1974	1975	1976
Jan.	1,18	1,41	1,65	2,00	2,93	3,46	4,10
Fev.	1,26	1,47	1,78	2,12	3,08	3,62	4,47
Mar.	1,38	1,66	1,99	2,33	3,38	4,00	5,12
Abr.	1,43	1,80	2,07	2,48	3,78	4,11	5,95
Maio	1,51	1,82	2,13	2,62	4,00	4,25	6,31
Jun.	1,50	1,84	2,06	2,68	4,06	4,35	6,29
Jul.	1,46	1,84	1,98	2,68	3,95	4,21	6,22
Ago.	1,35	1,60	1,95	2,66	3,64	4,01	5,99
Set.	1,24	1,46	1,84	2,56	3,26	3,89	5,71
Out.	1,26	1,42	1,82	2,54	3,26	3,74	5,52
Nov.	1,22	1,43	1,86	2,78	3,17	3,81	5,70
Dez.	1,34	1,44	1,96	2,81	3,30	4,04	5,87

Fonte: Centro de Estudos Agrícolas da FGV.

A Figura 20.1 mostra a variação do preço de ovos para os produtores de Santa Catarina. Verifica-se que as flutuações estacionais do preço são mais intensas quando o nível de preços é mais elevado. Isso significa que o modelo (20.17) é mais apropriado do que o modelo (20.8). Então calculamos, por meio de (20.19), os valores da média geométrica móvel centralizada, $G_t = \exp(g_t)$, apresentados na Tabela 20.2 e representados graficamente na Figura 20.1.

A seguir calculamos os índices estacionais, dados por

$$100 D_t = 100 \frac{P_t}{G_t} \qquad (20.29)$$

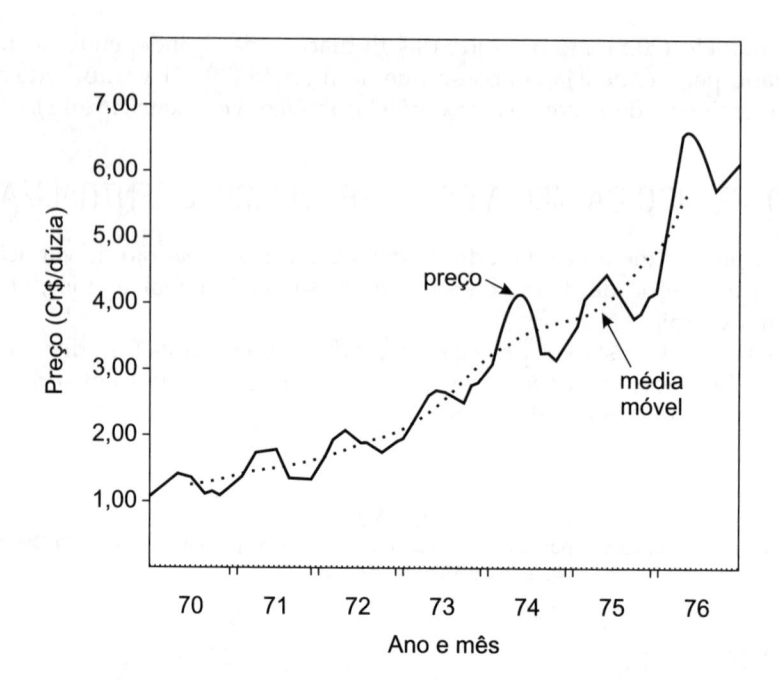

FIGURA 20.1
Variação do preço da dúzia de ovos recebido pelos produtores de Santa Catarina
e da respectiva média geométrica móvel centralizada

TABELA 20.2
Média geométrica móvel centralizada de 12 meses para o preço de ovos recebidos pelos produtores
de Santa Catarina, de julho de 1970 a junho de 1976

Mês	Ano						
	1970	1971	1972	1973	1974	1975	1976
Jan.	...	1,49	1,72	2,14	3,11	3,69	4,65
Fev.	...	1,51	1,74	2,20	3,20	3,71	4,80
Mar.	...	1,53	1,78	2,26	3,28	3,75	4,96
Abr.	...	1,55	1,81	2,32	3,35	3,80	5,13
Maio	...	1,57	1,85	2,39	3,40	3,85	5,30
Jun.	...	1,58	1,89	2,47	3,44	3,92	5,47
Jul.	1,35	1,60	1,93	2,55	3,49	3,98	...
Ago.	1,37	1,62	1,96	2,63	3,54	4,04	...
Set.	1,39	1,65	1,99	2,71	3,59	4,12	...
Out.	1,41	1,67	2,02	2,81	3,62	4,23	...
Nov.	1,44	1,69	2,05	2,91	3,65	4,36	...
Dez.	1,46	1,71	2,09	3,01	3,67	4,50	...

ou

$$100 D_t = 100 \exp(d_t),$$

onde

$$d_t = \ln P_t - g_t \tag{20.30}$$

Os índices estacionais são apresentados na Tabela 20.3 e suas flutuações podem ser mais facilmente visualizadas na Figura 20.2.

Se, de acordo com (20.29), dividirmos os preços da Tabela 20.1 pelas respectivas médias geométricas móveis centralizadas da Tabela 20.2 e multiplicarmos o quociente por 100, os valores obtidos não serão exatamente iguais aos valores apresentados na Tabela 20.3 porque as médias geométricas na Tabela 20.2 estão arredondadas no terceiro algarismo significativo[2] e os índices estacionais apresentados na Tabela 20.3 foram calculados em computador, com erros de aproximação muito menores.

TABELA 20.3
Índice estacional do preço de ovos recebido pelos produtores de Santa Catarina, de julho de 1970 a junho de 1976, de acordo com o método da média geométrica móvel centralizada

Mês	Ano						
	1970	1971	1972	1973	1974	1975	1976
Jan.	...	94,8	95,7	93,3	94,2	93,9	88,2
Fev.	...	97,2	102,1	96,4	96,1	97,6	93,0
Mar.	...	108,2	112,1	103,1	103,1	106,6	103,1
Abr.	...	116,0	114,3	106,8	113,0	108,1	116,1
Maio	...	115,9	115,1	109,4	117,6	110,3	119,1
Jun.	...	116,1	108,7	108,4	118,0	111,1	114,9
Jul.	108,2	115,0	102,3	105,1	113,2	105,9	...
Ago.	98,6	98,5	99,2	101,1	102,9	99,2	...
Set.	89,3	88,5	92,4	94,3	90,9	94,4	...
Out.	89,2	85,0	90,1	90,5	90,0	88,5	...
Nov.	84,9	84,5	90,6	95,7	87,0	87,3	...
Dez.	91,7	84,1	93,6	93,4	90,0	89,7	...

---

[2] Os algarismos significativos de um número são os que correspondem a valores efetivamente observados, medidos ou calculados; os algarismos zero que aparecem no número apenas para indicar a ordem de grandeza da medida não são algarismos significativos. Os números 207 cm = 2,07 m = 0,00207 km e 351 · 10⁶ ou 351 milhões têm todos três algarismos significativos.

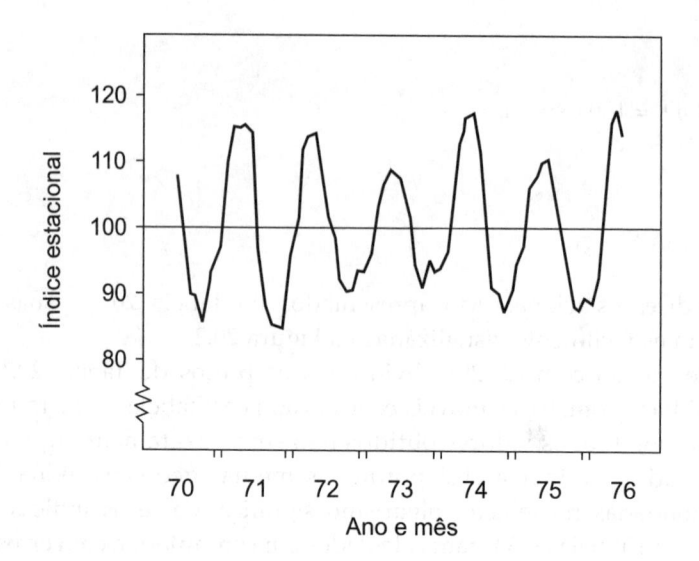

FIGURA 20.2
Índice estacional do preço de ovos recebido pelos produtores de Santa Catarina, de julho de 1970 a junho de 1976, de acordo com o método da média geométrica móvel centralizada

Em seguida, determinamos a média geométrica dos índices estacionais para cada mês, dada por 100 D_j^*, onde o valor de D_j^* é obtido por meio de (20.22) ou (20.23). O valor de D_j^* também pode ser obtido utilizando-se (20.12) ou (20.13) e lembrando que $D_j^* = \exp(\overline{d}_j)$. Para janeiro, por exemplo, temos

$$D_1^* = \left(\prod_{i=2}^{7} D_{i1}\right)^{\frac{1}{6}} = (0{,}948 \cdot 0{,}957 \cdot 0{,}933 \cdot 0{,}942 \cdot 0{,}939 \cdot 0{,}882)^{\frac{1}{6}} \quad (20.23)$$

ou

$$\ln D_1^* = \overline{d}_1 = \frac{1}{6}(\ln 0{,}948 + \ln 0{,}957 + \ldots + \ln 0{,}882)$$

Utilizando qualquer um desses dois métodos para efetuar os cálculos, o resultado é 100 $D_1^* = 93{,}3$. Os valores de 100 D_j^* para os 12 meses do ano são apresentados na Tabela 20.4.

Por meio de (20.14) ou (20.27), verifica-se que a média geométrica dos 12 valores de D_j^* é

$$e^c = C = 0{,}998$$

De acordo com (20.28), os valores do índice sazonal (100 $\hat{\varepsilon}_j$), apresentados na Tabela 20.4, foram obtidos dividindo os valores de 100 D_j^* por $C = 0{,}998$.

A dispersão dos d_{ij} relativos a um mês pode ser medida por meio da estimativa do desvio padrão, dada por

$$s_j = \sqrt{\frac{1}{n-2} \sum_{i=1}^{n-1} (d_{ij} - \bar{d}_j)^2} \qquad (20.31)$$

se $7 \leq j \leq 12$, e por

$$s_j = \sqrt{\frac{1}{n-2} \sum_{i=2}^{n} (d_{ij} - \bar{d}_j)^2} \qquad (20.32)$$

se $1 \leq j \leq 6$.

Por definição, o índice de irregularidade (S_j) é

$$S_j = \exp(s_j) \qquad (20.33)$$

Como $D_{ij} = \exp(d_{ij})$, o valor de S_j é uma medida da dispersão dos D_{ij} relativa ao j-ésimo mês.

Os valores do índice de irregularidade calculados são apresentados na Tabela 20.4.

TABELA 20.4
Média geométrica dos índices estacionais (100 D_j^*), índice sazonal (100 $\hat{\varepsilon}_j$) e índice de irregularidade (S_j) relativos ao preço de ovos recebido pelos produtores de Santa Catarina, 1970-1976

Mês	Média geométrica dos índices estacionais (100 D_j^*)	Índice sazonal (100 $\hat{\varepsilon}_j$)	Índice de irregularidade (S_j)
Jan.	93,3	93,5	1,029
Fev.	97,0	97,2	1,030
Mar.	106,0	106,2	1,035
Abr.	112,3	112,5	1,037
Maio	114,5	114,7	1,035
Jun.	112,8	113,0	1,036
Jul.	108,2	108,4	1,046
Ago.	99,9	100,1	1,017
Set.	91,6	91,8	1,028
Out.	88,9	89,0	1,024
Nov.	88,3	88,4	1,048
Dez.	90,4	90,6	1,040

A Figura 20.3 mostra a variação do índice sazonal (100 $\hat{\varepsilon}_j$) do preço de ovos recebido pelos produtores de Santa Catarina no período de julho de 1970 a junho de 1976. Nessa figura foi assinalado também, para cada mês, um intervalo indicativo da dispersão dos índices estacionais cujos limites, superior e inferior, são obtidos multiplicando e dividindo o índice sazonal pelo índice de irregularidade.

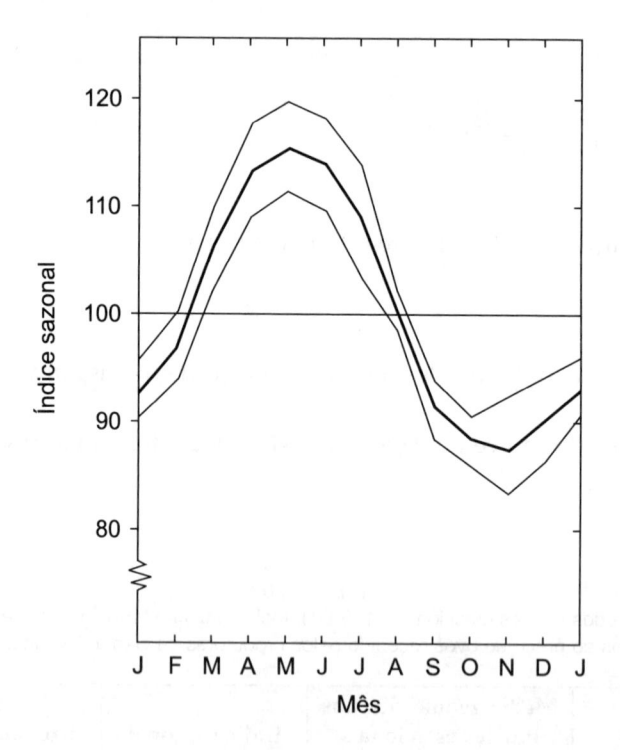

FIGURA 20.3
Variação estacional do preço de ovos recebido pelos produtores de Santa Catarina.
Índice sazonal obtido pelo método da média geométrica móvel centralizada utilizando preços correntes no período 1970-1976

Na seção anterior, vimos que, se os preços mensais variam de acordo com o modelo (20.17), os valores de $d_{ij} = d_t = \ln D_t$ são estimadores não-tendenciosos dos componentes estacionais $e_j = \ln \varepsilon_j$. Devemos ressaltar, entretanto, que dificilmente se pode admitir que o preço de um produto agropecuário obedeça ao modelo (20.17). Além de a tendência não ser necessariamente dada por uma função exponencial, os preços apresentam variações de ano para ano, em razão de modificações na conjuntura econômica ou de perdas de safra causadas por problemas climáticos e incidência de pragas ou doenças, que não são consideradas no modelo (20.17).

Nessas condições, a justificativa para o método apresentado é bem menos rigorosa. Admite-se que o valor do preço P_t é igual ao produto de três componentes:

a) um fator X_t que inclui não só a tendência, mas também todas as variações no nível de preços entre anos;

b) um fator ε_j, como no modelo (20.17), que representa as variações estacionais; e

c) um fator U_t, correspondente às variações aleatórias nos preços mensais.

Então, temos

$$P_{ij} = P_t = X_t \varepsilon_j U_t \qquad (20.34)$$

Argumenta-se que, ao calcular a média geométrica móvel centralizada (G_t), são eliminadas as variações estacionais e grande parte das variações aleatórias, de maneira que G_t é aproximadamente igual a X_t. Portanto, o valor de $D_{ij} = D_t = \dfrac{P_t}{G_t}$ será aproximadamente igual a $\varepsilon_j U_t$. Finalmente, ao calcular a média aritmética dos $d_{ij} = \ln D_{ij}$ para cada mês, elimina-se a maior parte das variações aleatórias e, conseqüentemente, essas médias deverão ser aproximadamente iguais aos $e_j = \ln \varepsilon_j$.

Os índices estacionais foram aqui calculados utilizando os preços correntes. Os cálculos também podem ser feitos utilizando-se preços reais, isto é, deflacionando-se previamente os preços. Entretanto, como o efeito da inflação é captado pela média móvel, ele é praticamente eliminado quando, para obter os índices estacionais, se divide o preço mensal pela correspondente média geométrica móvel centralizada. Os índices obtidos a partir dos preços correntes são muito semelhantes aos obtidos utilizando preços reais. Portanto, é dispensável calcular previamente os preços reais.

Vejamos, sumariamente, como se explica o padrão de variação estacional do preço de ovos em Santa Catarina, apresentado na Figura 20.3. Observa-se que o valor do índice sazonal é relativamente elevado (maior do que 112) em abril, maio e junho, e é relativamente baixo (menor do que 91) em outubro, novembro e dezembro. Isso ocorre porque as galinhas são sensíveis ao fotoperiodismo, isto é, ao tempo de exposição à luz. Lembremos que, a partir de 21 de dezembro (solstício de verão), os dias vão se tornando mais curtos, até o dia 21 de junho (solstício de inverno). A tendência natural das aves é sofrer a muda ou renovação das penas durante o verão e o outono, determinando uma queda na produção de ovos. A partir de julho, a produção retoma impulso, aumentando gradativamente a oferta desse produto no mercado. Embora sejam relativamente menos importantes, também há variações estacionais na demanda. Costumes religiosos causam um aumento na demanda de ovos no mês de abril, o que contribui para explicar o elevado valor do índice sazonal nesse mês.

20.5 ANÁLISE DE VARIÂNCIA DOS ÍNDICES ESTACIONAIS E MEDIDAS DA INTENSIDADE DAS FLUTUAÇÕES ESTACIONAIS

Se utilizarmos os preços mensais do produto para n anos, isto é, se utilizarmos $12n$ valores da série de preços, obtemos $12(n-1)$ valores para o índice estacional $100 \, D_{ij} = 100 \, \exp(d_{ij})$.

Ao procurar justificar o método de cálculo do índice sazonal com base no modelo (20.34), vimos que $D_{ij} = D_t$ é aproximadamente igual a $\varepsilon_j U_t$. Então, $d_{ij} = d_t = \ln D_t$ é aproximadamente igual a $\ln \varepsilon_j + \ln U_t = e_j + u_t$. Por isso, para comparar as variações no valor do índice estacional entre meses com as variações dentro de meses, podemos fazer uma análise de acordo com o seguinte esquema:

	Análise de Variância		
Causas de variação (C.V.)	Graus de liberdade (G.L.)	Soma dos quadrados (S.Q.)	Quadrados médios (Q.M.)
Meses (estacionalidade)	11		
Resíduo	$12(n-2)$		
Total	$12(n-1)-1$		

De acordo com o que foi visto no Capítulo 14, temos:

$$\text{S.Q.Total} = \sum_i \sum_j d_{ij}^2 - \frac{1}{12(n-1)} (\sum_i \sum_j d_{ij})^2$$

$$\text{S.Q.Meses} = \frac{1}{n-1} \sum_j (\sum_i d_{ij})^2 - \frac{1}{12(n-1)} (\sum_i \sum_j d_{ij})^2$$

$$\text{S.Q.Resíduo} = \sum_i \sum_j d_{ij}^2 - \frac{1}{n-1} \sum_j (\sum_i d_{ij})^2$$

Os quadrados médios são obtidos dividindo as somas de quadrados pelos correspondentes graus de liberdade.

O quociente da divisão do quadrado médio de meses pelo quadrado médio do resíduo não tem, nesse caso, distribuição de F, pois os termos aleatórios que fazem parte dos d_{ij} não são independentes. Entretanto, esse quociente mostra a importância da variação entre meses (variação estacional) em comparação com a variação residual.

Na Tabela 20.5, apresentamos a análise de variância dos valores de $d_{ij} = d_t = \ln D_t$ correspondentes aos índices estacionais (100 D_t) da Tabela 20.3.

TABELA 20.5
Análise da Variância dos valores de d_{ij} relativos ao preço de ovos recebido pelos produtores de Santa Catarina no período de julho de 1970 a junho de 1976

C.V.	G.L.	S.Q.	Q.M.
Meses (estacionalidade)	11	0,65456	0,05951
Resíduo	60	0,06991	0,00117
Total	71	0,72447	

Verifica-se que (Q.M.Meses)/(Q.M.Resíduo) = 51, o que é um valor relativamente elevado, mostrando a importância da estacionalidade nas variações do preço de ovos pago aos produtores de Santa Catarina no período analisado.

A intensidade da variação estacional é dada pela dispersão dos valores do índice sazonal. Essa dispersão pode ser medida pela amplitude do índice sazonal. Para os dados da Tabela 20.4, a amplitude é 114,7 – 88,4 = 26,3. Outras medidas da intensidade da variação estacional são o desvio padrão e o desvio absoluto médio do logaritmo do índice sazonal, dados, respectivamente, por

$$s(\hat{e}) = \sqrt{\frac{1}{11} \sum_{j=1}^{12} \hat{e}_j^2}$$

e

$$\delta(\hat{e}) = \frac{1}{12} \sum_{j=1}^{12} |\hat{e}_j|$$

Para os valores de $\hat{e}_j = \ln \hat{\varepsilon}_j$ relativos à variação estacional do preço de ovos pago aos produtores de Santa Catarina no período de julho de 1970 a junho de 1976, obtivemos $s(\hat{e}) = 0,09959$ e $\delta(\hat{e}) = 0,08664$.

20.6 MODIFICAÇÕES NO PADRÃO DE VARIAÇÃO ESTACIONAL

O padrão de variação estacional do preço de um produto em certo mercado pode sofrer modificações causadas por variações na renda *per capita* e mudanças nos gostos e costumes dos consumidores ou, mais comumente, em razão de alterações na tecnologia de produção e comercialização do produto.

Para exemplificar, consideremos a série dos preços mensais de ovos recebidos pelos produtores de Santa Catarina desde 1966 até 1976. Os preços para os anos de 1970 a 1976 já foram dados na Tabela 20.1 e os preços para os anos de 1966 a 1969 estão na Tabela 20.6.

TABELA 20.6
Preço corrente, em cruzeiros por dúzia de ovos, recebido pelos produtores de Santa Catarina de janeiro de 1966 a dezembro de 1969

Mês	Ano			
	1966	1967	1968	1969
Jan.	0,49	0,71	0,73	0,93
Fev.	0,51	0,76	0,80	1,02
Mar.	0,63	0,89	0,89	1,15
Abr.	0,71	0,89	0,97	1,24
Maio	0,69	0,95	1,09	1,23
Jun.	0,68	0,91	1,04	1,26
Jul.	0,63	0,88	1,00	1,21
Ago.	0,56	0,76	0,82	1,08
Set.	0,52	0,63	0,73	0,97
Out.	0,53	0,61	0,72	0,93
Nov.	0,55	0,62	0,76	0,98
Dez.	0,64	0,71	0,84	1,12

Fonte: Centro de Estudos Agrícolas da FGV.

Uma maneira de verificar se houve modificações no padrão de variação estacional do preço de um produto consiste em comparar os valores do índice sazonal calculado para dois períodos com o mesmo número de anos. Assim, utilizando os dados das tabelas 20.1 e 20.6, calculamos os valores do índice sazonal para o preço de ovos recebido pelos produtores de Santa Catarina no período de julho de 1966 a junho de 1971 e no período de julho de 1971 a junho de 1976. Note que os dois períodos têm 5 anos (60 meses). Os índices obtidos estão na Tabela 20.7.

Comparando os índices sazonais referentes aos dois períodos, verifica-se que diminuiu a intensidade da variação estacional do preço de ovos. A amplitude do índice sazonal diminuiu de 39,2, no período de julho de 1966 a junho de 1971, para 25,6, no período de julho de 1971 a junho de 1976. O desvio padrão do logaritmo do índice sazonal diminuiu de 0,14572, no primeiro período, para 0,09707, no segundo período, e o desvio absoluto médio do logaritmo do índice sazonal diminuiu de 0,12442 para 0,08483. A modificação no padrão de variação estacional do preço de ovos em Santa Catarina pode ser vista na Figura 20.4.

TABELA 20.7
Índice sazonal (100 $\hat{e}_j$) e índice de irregularidade (S_j) referentes ao preço de ovos recebido pelos produtores de Santa Catarina no período de julho de 1966 a junho de 1971 e no período de julho de 1971 a junho de 1976

Mês	Período de julho de 1966 a junho de 1971		Período de julho de 1971 a junho de 1976	
	Índice sazonal (100 $\hat{e}_j$)	Índice de irregularidade (S_j)	Índice sazonal (100 $\hat{e}_j$)	Índice de irregularidade (S_j)
Jan.	96,3	1,038	93,3	1,032
Fev.	101,7	1,033	97,3	1,034
Mar.	112,6	1,045	105,8	1,037
Abr.	117,1	1,030	111,9	1,037
Maio	120,8	1,055	114,6	1,039
Jun.	117,6	1,030	112,5	1,037
Jul.	110,8	1,040	108,5	1,052
Ago.	95,5	1,039	100,5	1,018
Set.	83,8	1,043	92,3	1,027
Out.	81,6	1,055	89,0	1,026
Nov.	82,4	1,027	89,2	1,049
Dez.	91,6	1,026	90,4	1,044

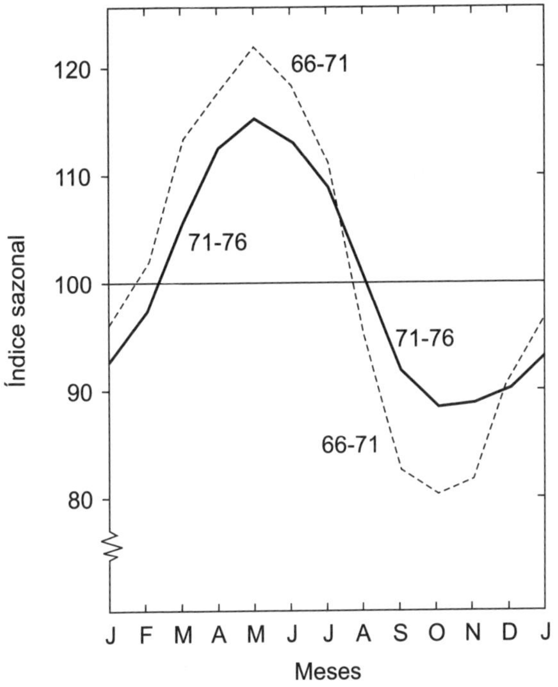

FIGURA 20.4
Comparação dos padrões de variação estacional do preço de ovos recebido pelos produtores de Santa Catarina no período de julho de 1966 a junho de 1971 e no período de julho de 1971 a junho de 1976

A diminuição na intensidade da variação estacional do preço de ovos se deve, basicamente, ao fato de que uma parte crescente da produção provém de granjas modernas que trabalham com galinhas de linhagens aperfeiçoadas, usam iluminação artificial e realizam o descarte das más poedeiras, diminuindo, assim, a variação estacional da produção.

Outra maneira de constatar se houve ou não modificações no padrão estacional consiste em examinar as séries de índices estacionais para cada mês (as linhas de uma tabela como a Tabela 20.3, incluindo os índices estacionais de julho de 1966 a junho de 1970). Fazendo, para cada mês, uma regressão do valor de d_{ij} contra o tempo, em anos, pode-se verificar se existe tendência de o índice aumentar ou diminuir. Se, por exemplo, for constatado que os índices estacionais referentes aos meses em que o preço é relativamente alto apresentam tendência decrescente, e os índices estacionais referentes aos meses em que o preço é relativamente baixo apresentam tendência crescente, conclui-se que a intensidade da variação estacional está diminuindo.

Exercícios

20.1 a) Considere o modelo (20.8) sem o componente aleatório, isto é,

$$P_{ij} = P_t = a + bt + e_j$$

e admita que

$a = 100$, $b = 3$, $e_1 = -30$, $e_2 = e_{12} = -25$, $e_3 = e_{11} = -15$,
$e_4 = e_{10} = 0$, $e_5 = e_9 = 15$, $e_6 = e_8 = 25$ e $e_7 = 30$.

Note que $\sum_{j=1}^{12} e_j = 0$.

Calcule os valores de P_t para $t = 0, 1, ..., 24$ e faça um gráfico mostrando a variação de P_t em função de t.

b) A seguir, considere o modelo (20.17), também sem o componente aleatório, isto é,

$$P_t = AB^t \varepsilon_j$$

e admita que

$A = 100$, $B = 1{,}023$, $\varepsilon_1 = 0{,}72$, $\varepsilon_2 = \varepsilon_{12} = 0{,}76$,
$\varepsilon_3 = \varepsilon_{11} = 0{,}87$, $\varepsilon_4 = \varepsilon_{10} = 1{,}00$, $\varepsilon_5 = \varepsilon_9 = 1{,}18$,
$\varepsilon_6 = \varepsilon_8 = 1{,}30$ e $\varepsilon_7 = 1{,}35$.

Verifique que $\prod_{j=1}^{12} \varepsilon_j = 1$.

Calcule os valores de P_t para $t = 0, 1, ..., 24$ e faça um gráfico mostrando a variação de P_t em função de t.

c) Comparando os dois gráficos verifica-se que, no caso do modelo $P_{ij} = P_t = a + bt + e_j$, as flutuações no segundo ano são iguais às flutuações no primeiro ano, ao passo que no modelo $P_t = AB^t \varepsilon_j$ as flutuações no segundo ano são mais intensas do que no primeiro ano. Nesse último modelo, a intensidade das flutuações é constante se for medida em escala logarítmica, isto é, se for feito o gráfico das variações de $\ln P_t$ em função de t.

20.2 Utilizando os dados das tabelas 20.1 e 20.6, obtenha os índices apresentados na Tabela 20.7 e calcule as medidas de intensidade da variação estacional nos dois períodos considerados.

Apêndice

TABELA I
Valor de $P(0 < Z < Z_0) = \Phi(Z_0) - \Phi(0)$, onde Z é a variável normal reduzida e $\Phi(Z)$ é a respectiva função de distribuição

Z_0	Segunda decimal de Z_0									
	0,00	0,01	0,02	0,03	0,04	0,05	0,06	0,07	0,08	0,09
0,0	0,0000	0,0040	0,0080	0,0120	0,0160	0,0199	0,0239	0,0279	0,0319	0,0359
0,1	0,0398	0,0438	0,0478	0,0517	0,0557	0,0596	0,0636	0,0675	0,0714	0,0753
0,2	0,0793	0,0832	0,0871	0,0910	0,0948	0,0987	0,1026	0,1064	0,1103	0,1141
0,3	0,1179	0,1217	0,1255	0,1293	0,1331	0,1368	0,1406	0,1443	0,1480	0,1517
0,4	0,1554	0,1591	0,1628	0,1664	0,1700	0,1736	0,1772	0,1808	0,1844	0,1879
0,5	0,1915	0,1950	0,1985	0,2019	0,2054	0,2088	0,2123	0,2157	0,2190	0,2224
0,6	0,2257	0,2291	0,2324	0,2357	0,2389	0,2422	0,2454	0,2486	0,2517	0,2549
0,7	0,2580	0,2611	0,2642	0,2673	0,2703	0,2734	0,2764	0,2794	0,2823	0,2852
0,8	0,2881	0,2910	0,2939	0,2967	0,2995	0,3023	0,3051	0,3078	0,3106	0,3133
0,9	0,3159	0,3186	0,3212	0,3238	0,3264	0,3289	0,3315	0,3340	0,3365	0,3389
1,0	0,3413	0,3438	0,3461	0,3485	0,3508	0,3531	0,3554	0,3577	0,3599	0,3621
1,1	0,3643	0,3665	0,3686	0,3708	0,3729	0,3749	0,3770	0,3790	0,3810	0,3830
1,2	0,3849	0,3869	0,3888	0,3907	0,3925	0,3944	0,3962	0,3980	0,3997	0,4015
1,3	0,4032	0,4049	0,4066	0,4082	0,4099	0,4115	0,4131	0,4147	0,4162	0,4177
1,4	0,4192	0,4207	0,4222	0,4236	0,4251	0,4265	0,4279	0,4292	0,4306	0,4319
1,5	0,4332	0,4345	0,4357	0,4370	0,4382	0,4394	0,4406	0,4418	0,4429	0,4441
1,6	0,4452	0,4463	0,4474	0,4484	0,4495	0,4505	0,4515	0,4525	0,4535	0,4545
1,7	0,4554	0,4564	0,4573	0,4582	0,4591	0,4599	0,4608	0,4616	0,4625	0,4633
1,8	0,4641	0,4649	0,4658	0,4664	0,4671	0,4678	0,4686	0,4693	0,4699	0,4706
1,9	0,4713	0,4719	0,4726	0,4732	0,4738	0,4744	0,4750	0,4756	0,4761	0,4767
2,0	0,4772	0,4778	0,4783	0,4788	0,4793	0,4798	0,4803	0,4808	0,4812	0,4817
2,1	0,4821	0,4826	0,4830	0,4834	0,4838	0,4842	0,4846	0,4850	0,4854	0,4857
2,2	0,4861	0,4864	0,4868	0,4871	0,4875	0,4878	0,4881	0,4884	0,4887	0,4890
2,3	0,4893	0,4896	0,4898	0,4901	0,4904	0,4906	0,4909	0,4911	0,4913	0,4916
2,4	0,4918	0,4920	0,4922	0,4925	0,4927	0,4929	0,4931	0,4932	0,4934	0,4936
2,5	0,4938	0,4940	0,4941	0,4943	0,4945	0,4946	0,4948	0,4949	0,4951	0,4952
2,6	0,4953	0,4955	0,4956	0,4957	0,4959	0,4960	0,4961	0,4962	0,4963	0,4964
2,7	0,4965	0,4966	0,4967	0,4968	0,4969	0,4970	0,4971	0,4972	0,4973	0,4974
2,8	0,4974	0,4975	0,4976	0,4977	0,4977	0,4978	0,4979	0,4979	0,4980	0,4981
2,9	0,4981	0,4982	0,4982	0,4983	0,4984	0,4984	0,4985	0,4985	0,4986	0,4986
3,0	0,4987	0,4987	0,4987	0,4988	0,4988	0,4989	0,4989	0,4989	0,4990	0,4990

TABELA II
Dígitos aleatórios

03991	10461	93716	16894	98953	73231	39528	72484	82474	25593
38555	95554	32886	59780	09958	18065	81616	18711	53342	44276
17546	73704	92052	46215	15917	06253	07586	16120	82641	22820
32643	52861	95819	06831	19640	99413	90767	04235	13574	17200
69572	68777	39510	35905	85244	35159	40188	28193	29593	88627
24122	66591	27699	06494	03152	19121	34414	82157	86887	55087
61196	30231	92962	61773	22109	78508	63439	75363	44989	16822
30532	21704	10274	12202	94205	20380	67049	09070	93399	45547
03788	97599	75867	20717	82037	10268	79495	04146	52162	90286
48228	63379	85783	47619	87481	37220	91704	30552	04737	21031
88618	19161	41290	67312	71857	15957	48545	35247	18619	13674
71299	23853	05870	01119	92784	26340	75122	11724	74627	73707
27954	58909	82444	99005	04921	73701	92904	13141	32392	19763
80863	00514	20247	81759	45197	25332	69902	63742	78464	22501
33564	60780	48460	85558	15191	18782	94972	11598	62095	36787
90899	75754	60833	25983	01291	41349	19152	00023	12302	80783
78038	70267	43529	06318	38384	74761	36024	00867	76378	41605
55986	66485	88722	56736	66164	49431	94458	74284	05041	49807
87539	08823	94813	31900	54155	83436	54158	34243	46978	35482
16818	60311	74457	90561	72848	11834	75051	93029	47665	64382
34677	58300	74910	64345	19325	81549	60365	94653	35075	33949
45305	07521	61318	31855	14413	70951	83799	42402	56623	34442
59747	67277	76503	34513	39663	77544	32960	07405	36409	83232
16520	69676	11654	99893	02181	68161	19322	53845	57620	52606
68652	27376	92852	55866	88448	03584	11220	94747	07399	37408
79375	95220	01159	63267	10622	48391	31751	57260	68980	05339
33521	26665	55823	47641	86225	31704	88492	99382	14454	04504
59589	49067	66821	41575	49767	04037	30934	47744	07481	83828
20554	91409	96277	48257	50816	97616	22888	48893	27499	98748
59404	72059	43947	51680	43852	59693	78212	16993	35902	91386
42614	29297	01918	28316	25163	01889	70014	15021	68971	11403
34994	41374	70071	14736	65251	07629	37239	33295	18477	65622
99385	41600	11133	07586	36815	43625	18637	37509	14707	93997
66497	68646	78138	66559	64397	11692	05327	82162	83745	22567
48509	23929	27482	45476	04515	25624	95096	67946	16930	33361
15470	48355	88651	22596	83761	60873	43253	84145	20368	07126
20094	98977	74843	93413	14387	06345	80854	09279	41196	37480
73788	06533	28597	20405	51321	92246	80088	77074	66919	31678
60530	45128	74022	84617	72472	00008	80890	18002	35352	54131
44372	15486	65741	14014	05466	55306	93128	18464	79982	68416
18611	19241	66083	24653	84609	58232	41849	84547	46850	52326
58319	15997	08355	60860	29735	47762	46352	33049	69248	93460
61199	67940	55121	29281	59076	07936	11087	96294	14013	31792
18627	90872	00911	98936	76355	93779	52701	08337	56303	87315
00441	58997	14060	40619	29549	69616	57275	36898	81304	48585
32624	68691	14845	46672	61958	77100	20857	73156	70284	24326
65961	73488	41839	55382	17267	70943	15633	84924	90415	93614
20288	34060	39685	23309	10061	68829	92694	48297	39904	02115
59362	95938	74416	53166	35208	33374	77613	19019	88152	00080
99782	93478	53152	67433	35663	52972	38688	32486	45134	63545

TABELA II
Dígitos aleatórios (*continuação*)

27767	43584	85301	88977	29490	69714	94015	64874	32444	48277
13025	14338	54066	15243	47724	66733	74108	88222	88570	74015
80217	36292	98525	24335	24432	24896	62880	87873	95160	59221
10875	62004	90391	61105	57411	06368	11748	12102	80580	41867
54127	57326	26629	19087	24472	88779	17944	05600	60478	03343
60311	42824	37301	42678	45990	43242	66067	42792	95043	52680
49739	71484	92003	98086	76668	73209	54244	91030	45547	70818
78626	51594	16453	94614	39014	97066	30945	57589	31732	57260
66692	13986	99837	00582	81232	44987	69170	37403	86995	90307
44071	28091	07362	97703	76447	42537	08345	88975	35841	85771
59820	96163	78851	16499	87064	13075	73035	41207	74699	09310
25704	91035	26313	77463	55387	72681	47431	43905	31048	56699
22304	90314	78438	66276	18396	73538	43277	58874	11466	16082
17710	59621	15292	76139	59526	52113	53856	30743	08670	84741
25852	58905	55018	56374	35824	71708	30540	27886	61732	75454
46780	56487	75211	10271	36633	68424	17374	52003	70707	70214
59849	96169	87195	46092	26787	60939	59202	11973	02902	33250
47670	07654	30342	40277	11049	72049	83012	09832	25571	77628
94304	71803	73465	09819	58869	35220	09504	96412	90193	79568
08105	59987	21437	36786	49226	77837	98524	97831	65704	09514
64281	61826	18555	64937	64654	25843	41145	42820	14924	39650
66847	70495	32350	02985	01755	14750	48968	38603	70312	05682
72461	33230	21529	53424	72877	17334	39283	04149	90850	64618
21032	91050	13058	16218	06554	07850	73950	79552	24781	89683
95362	67011	06651	16136	57216	39618	49856	99326	40902	05069
49712	97380	10404	55452	09971	59481	37006	22186	72682	07385
58275	61764	97586	54716	61459	21647	87417	17198	21443	41808
89514	11788	68224	23417	46376	25366	94746	49580	01176	28838
15472	50669	48139	36732	26825	05511	12459	91314	80582	71944
12120	86124	51247	44302	87112	21476	14713	71181	13177	55292
95294	00556	70481	06905	21785	41101	49386	54480	23604	23554
66986	34099	74474	20740	47458	64809	06312	88940	15995	69321
80620	51790	11436	38072	40405	68032	60942	00307	11897	92674
55411	85667	77535	99892	71209	92061	92329	98932	78284	46347
95083	06783	28102	57816	85561	29671	77936	63574	31384	51924
90726	57166	98884	08583	95889	57067	38101	77756	11657	13897
68984	83620	89747	98882	92613	89719	39641	69457	91339	22502
36421	16489	18059	51061	67667	60631	84054	40455	99396	63680
92638	40333	67054	16067	24700	71594	47468	03577	57649	63266
21036	82808	77501	97427	76479	68562	43321	31370	28977	23896
13173	33365	41468	85149	49554	17994	91178	10174	29420	90438
86716	38746	94559	37559	49678	53119	98189	81851	29651	84215
92581	02262	41615	70360	64114	58660	96717	54244	10701	41393
12470	56500	50273	93113	41794	86861	39448	93136	25722	08564
01016	00857	41396	80504	90670	08289	58137	17820	22751	36518
34030	60726	25807	24260	71529	78920	47648	13885	70669	93406
50259	46345	06170	97965	88302	98041	11947	56203	19324	20504
73959	76145	60808	54444	74412	81105	69181	96845	38525	11600
46874	37088	80940	44893	10408	36222	14004	23153	69249	05747
60883	52109	19516	90120	46759	71643	62342	07589	08899	05985

Fonte: Hoel e Jessen (1971), p. 409-410.

TABELA III
Distribuição de t de Student. Valor crítico t_0 tal que $P(t > t_0) = P(t < -t_0) = \alpha/2$

Número de graus de liberdade	Nível de significância para o teste bilateral (α)					
	0,20	0,10	0,05	0,02	0,01	0,005
1	3,078	6,314	12,706	31,821	63,657	127,32
2	1,886	2,920	4,303	6,965	9,925	14,089
3	1,638	2,353	3,182	4,541	5,841	7,453
4	1,533	2,132	2,776	3,747	4,604	5,598
5	1,476	2,015	2,571	3,365	4,032	4,773
6	1,440	1,943	2,447	3,143	3,707	4,317
7	1,415	1,895	2,365	2,998	3,499	4,029
8	1,397	1,860	2,306	2,896	3,355	3,832
9	1,383	1,833	2,262	2,821	3,250	3,690
10	1,372	1,812	2,228	2,764	3,169	3,581
11	1,363	1,796	2,201	2,718	3,106	3,497
12	1,356	1,782	2,179	2,681	3,055	3,428
13	1,350	1,771	2,160	2,650	3,012	3,372
14	1,345	1,761	2,145	2,624	2,977	3,326
15	1,341	1,753	2,131	2,602	2,947	3,286
16	1,337	1,746	2,120	2,583	2,921	3,252
17	1,333	1,740	2,110	2,567	2,898	3,222
18	1,330	1,734	2,101	2,552	2,878	3,197
19	1,328	1,729	2,093	2,539	2,861	3,174
20	1,325	1,725	2,086	2,528	2,845	3,153
21	1,323	1,721	2,080	2,518	2,831	3,135
22	1,321	1,717	2,074	2,508	2,819	3,119
23	1,319	1,714	2,069	2,500	2,807	3,104
24	1,318	1,711	2,064	2,492	2,797	3,090
25	1,316	1,708	2,060	2,485	2,787	3,078
26	1,315	1,706	2,056	2,479	2,779	3,067
27	1,314	1,703	2,052	2,473	2,771	3,056
28	1,313	1,701	2,048	2,467	2,763	3,047
29	1,311	1,699	2,045	2,462	2,756	3,038
30	1,310	1,697	2,042	2,457	2,750	3,030
40	1,303	1,684	2,021	2,423	2,704	2,971
60	1,296	1,671	2,000	2,390	2,660	2,915
120	1,289	1,658	1,980	2,358	2,617	2,860
∞	1,282	1,645	1,960	2,326	2,576	2,807

Interpolações devem ser feitas com base nos recíprocos dos graus de liberdade (interpolação harmônica).
Fonte: Theil (1971), p. 717, e Hoel (1968), p. 295.

TABELA IV
Distribuição de qui-quadrado. Valor crítico χ_0^2 tal que $P(\chi_k^2 > \chi_0^2) = \alpha$

Número de graus de liberdade (k)	α					
	0,995	0,975	0,050	0,025	0,010	0,005
1	3927×10^{-8}	9821×10^{-7}	3,841	5,024	6,635	7,879
2	0,010025	0,05064	5,991	7,378	9,210	10,60
3	0,07172	0,2158	7,815	9,348	11,34	12,84
4	0,2070	0,4844	9,488	11,14	13,28	14,86
5	0,4117	0,8312	11,07	12,83	15,09	16,75
6	0,6757	1,237	12,59	14,45	16,81	18,55
7	0,9893	1,690	14,07	16,01	18,48	20,28
8	1,344	2,180	15,51	17,53	20,09	21,96
9	1,735	2,700	16,92	19,02	21,67	23,59
10	2,156	3,247	18,31	20,48	23,21	25,19
11	2,603	3,816	19,68	21,92	24,72	26,76
12	3,074	4,404	21,03	23,34	26,22	28,30
13	3,565	5,009	22,36	24,74	27,69	29,82
14	4,075	5,629	23,68	26,12	29,14	31,32
15	4,601	6,262	25,00	27,49	30,58	32,80
16	5,142	6,908	26,30	28,85	32,00	34,27
17	5,697	7,564	27,59	30,19	33,41	35,72
18	6,265	8,231	28,87	31,53	34,81	37,16
19	6,844	8,907	30,14	32,85	36,19	38,58
20	7,434	9,591	31,41	34,17	37,57	40,00
21	8,034	10,28	32,67	35,48	38,93	41,40
22	8,643	10,98	33,92	36,78	40,29	42,80
23	9,260	11,69	35,17	38,08	41,64	44,18
24	9,886	12,40	36,42	39,36	42,98	45,56
25	10,52	13,12	37,65	40,65	44,31	46,93
26	11,16	13,84	38,89	41,92	45,64	48,29
27	11,81	14,57	40,11	43,19	46,96	49,64
28	12,46	15,31	41,34	44,46	48,28	50,99
29	13,12	16,05	42,56	45,72	49,59	52,34
30	13,79	16,79	43,77	46,98	50,89	53,67
40	20,71	24,43	55,76	59,34	63,69	66,77
50	27,99	32,36	67,50	71,42	76,15	79,49
60	35,53	40,48	79,08	83,30	88,38	91,95
70	43,28	48,76	90,53	95,02	100,4	104,2
80	51,17	57,15	101,9	106,6	112,3	116,3
90	59,20	65,65	113,1	118,1	124,1	128,3
100	67,33	74,22	124,3	129,6	135,8	140,2

Fonte: Theil (1971), p. 718-719.

TABELA V
Distribuição de F. Valor crítico F_0 tal que $P(F > F_0) = 0{,}10$

Nº de gr. de lib. do denom.	Número de graus de liberdade do numerador								
	1	2	3	4	5	6	7	8	9
1	39,9	49,5	53,6	55,8	57,2	58,2	58,9	59,4	59,9
2	8,53	9,00	9,16	9,24	9,29	9,33	9,35	9,37	9,38
3	5,54	5,46	5,39	5,34	5,31	5,28	5,27	5,25	5,24
4	4,54	4,32	4,19	4,11	4,05	4,01	3,98	3,95	3,94
5	4,06	3,78	3,62	3,52	3,45	3,40	3,37	3,34	3,32
6	3,78	3,46	3,29	3,18	3,11	3,05	3,01	2,98	2,96
7	3,59	3,26	3,07	2,96	2,88	2,83	2,78	2,75	2,72
8	3,46	3,11	2,92	2,81	2,73	2,67	2,62	2,59	2,56
9	3,36	3,01	2,81	2,69	2,61	2,55	2,51	2,47	2,44
10	3,29	2,92	2,73	2,61	2,52	2,46	2,41	2,38	2,35
11	3,23	2,86	2,66	2,54	2,45	2,39	2,34	2,30	2,27
12	3,18	2,81	2,61	2,48	2,39	2,33	2,28	2,24	2,21
13	3,14	2,76	2,56	2,43	2,35	2,28	2,23	2,20	2,16
14	3,10	2,73	2,52	2,39	2,31	2,24	2,19	2,15	2,12
15	3,07	2,70	2,49	2,36	2,27	2,21	2,16	2,12	2,09
16	3,05	2,67	2,46	2,33	2,24	2,18	2,13	2,09	2,06
17	3,03	2,64	2,44	2,31	2,22	2,15	2,10	2,06	2,03
18	3,01	2,62	2,42	2,29	2,20	2,13	2,08	2,04	2,00
19	2,99	2,61	2,40	2,27	2,18	2,11	2,06	2,02	1,98
20	2,97	2,59	2,38	2,25	2,16	2,09	2,04	2,00	1,96
21	2,96	2,57	2,36	2,23	2,14	2,08	2,02	1,98	1,95
22	2,95	2,56	2,35	2,22	2,13	2,06	2,01	1,97	1,93
23	2,94	2,55	2,34	2,21	2,11	2,05	1,99	1,95	1,92
24	2,93	2,54	2,33	2,19	2,10	2,04	1,98	1,94	1,91
25	2,92	2,53	2,32	2,18	2,09	2,02	1,97	1,93	1,89
26	2,91	2,52	2,31	2,17	2,08	2,01	1,96	1,92	1,88
27	2,90	2,51	2,30	2,17	2,07	2,00	1,95	1,91	1,87
28	2,89	2,50	2,29	2,16	2,06	2,00	1,94	1,90	1,87
29	2,89	2,50	2,28	2,15	2,06	1,99	1,93	1,89	1,86
30	2,88	2,49	2,28	2,14	2,05	1,98	1,93	1,88	1,85
40	2,84	2,44	2,23	2,09	2,00	1,93	1,87	1,83	1,79
60	2,79	2,39	2,18	2,04	1,95	1,87	1,82	1,77	1,74
120	2,75	2,35	2,13	1,99	1,90	1,82	1,77	1,72	1,68
∞	2,71	2,30	2,08	1,94	1,85	1,77	1,72	1,67	1,63

TABELA V
Distribuição de F. Valor crítico F_0 tal que $P(F > F_0) = 0{,}10$ (*continuação*)

Nº de gr. de lib. do denom.	Número de graus de liberdade do numerador									
	10	12	15	20	24	30	40	60	120	∞
1	60,2	60,7	61,2	61,7	62,0	62,3	62,5	62,8	63,1	63,3
2	9,39	9,41	9,42	9,44	9,45	9,46	9,47	9,47	9,48	9,49
3	5,23	5,22	5,20	5,18	5,18	5,17	5,16	5,15	5,14	5,13
4	3,92	3,90	3,87	3,84	3,83	3,82	3,80	3,79	3,78	3,76
5	3,30	3,27	3,24	3,21	3,19	3,17	3,16	3,14	3,12	3,10
6	2,94	2,90	2,87	2,84	2,82	2,80	2,78	2,76	2,74	2,72
7	2,70	2,67	2,63	2,59	2,58	2,56	2,54	2,51	2,49	2,47
8	2,54	2,50	2,46	2,42	2,40	2,38	2,36	2,34	2,32	2,29
9	2,42	2,38	2,34	2,30	2,28	2,25	2,23	2,21	2,18	2,16
10	2,32	2,28	2,24	2,20	2,18	2,16	2,13	2,11	2,08	2,06
11	2,25	2,21	2,17	2,12	2,10	2,08	2,05	2,03	2,00	1,97
12	2,19	2,15	2,10	2,06	2,04	2,01	1,99	1,96	1,93	1,90
13	2,14	2,10	2,05	2,01	1,98	1,96	1,93	1,90	1,88	1,85
14	2,10	2,05	2,01	1,96	1,94	1,91	1,89	1,86	1,83	1,80
15	2,06	2,02	1,97	1,92	1,90	1,87	1,85	1,82	1,79	1,76
16	2,03	1,99	1,94	1,89	1,87	1,84	1,81	1,78	1,75	1,72
17	2,00	1,96	1,91	1,86	1,84	1,81	1,78	1,75	1,72	1,69
18	1,98	1,93	1,89	1,84	1,81	1,78	1,75	1,72	1,69	1,66
19	1,96	1,91	1,86	1,81	1,79	1,76	1,73	1,70	1,67	1,63
20	1,94	1,89	1,84	1,79	1,77	1,74	1,71	1,68	1,64	1,61
21	1,92	1,88	1,83	1,78	1,75	1,72	1,69	1,66	1,62	1,59
22	1,90	1,86	1,81	1,76	1,73	1,70	1,67	1,64	1,60	1,57
23	1,89	1,84	1,80	1,74	1,72	1,69	1,66	1,62	1,59	1,55
24	1,88	1,83	1,78	1,73	1,70	1,67	1,64	1,61	1,57	1,53
25	1,87	1,82	1,77	1,72	1,69	1,66	1,63	1,59	1,56	1,52
26	1,86	1,81	1,76	1,71	1,68	1,65	1,61	1,58	1,54	1,50
27	1,85	1,80	1,75	1,70	1,67	1,64	1,60	1,57	1,53	1,49
28	1,84	1,79	1,74	1,69	1,66	1,63	1,59	1,56	1,52	1,48
29	1,83	1,78	1,73	1,68	1,65	1,62	1,58	1,55	1,51	1,47
30	1,82	1,77	1,72	1,67	1,64	1,61	1,57	1,54	1,50	1,46
40	1,76	1,71	1,66	1,61	1,57	1,54	1,51	1,47	1,42	1,38
60	1,71	1,66	1,60	1,54	1,51	1,48	1,44	1,40	1,35	1,29
120	1,65	1,60	1,55	1,48	1,45	1,41	1,37	1,32	1,26	1,19
∞	1,60	1,55	1,49	1,42	1,38	1,34	1,30	1,24	1,17	1,00

Interpolações devem ser feitas com base nos recíprocos dos graus de liberdade (interpolação harmônica).
Fonte: Scheffé (1959), p. 424-425.

TABELA VI
Distribuição de F. Valor crítico F_0 tal que $P(F > F_0) = 0{,}05$

Nº de gr. de lib. do denom.	Número de graus de liberdade do numerador								
	1	2	3	4	5	6	7	8	9
1	161	200	216	225	230	234	237	239	241
2	18,5	19,0	19,2	19,2	19,3	19,3	19,4	19,4	19,4
3	10,1	9,55	9,28	9,12	9,01	8,94	8,89	8,85	8,81
4	7,71	6,94	6,59	6,39	6,26	6,16	6,09	6,04	6,00
5	6,61	5,79	5,41	5,19	5,05	4,95	4,88	4,82	4,77
6	5,99	5,14	4,76	4,53	4,39	4,28	4,21	4,15	4,10
7	5,59	4,74	4,35	4,12	3,97	3,87	3,79	3,73	3,68
8	5,32	4,46	4,07	3,84	3,69	3,58	3,50	3,44	3,39
9	5,12	4,26	3,86	3,63	3,48	3,37	3,29	3,23	3,18
10	4,96	4,10	3,71	3,48	3,33	3,22	3,14	3,07	3,02
11	4,84	3,98	3,59	3,36	3,20	3,09	3,01	2,95	2,90
12	4,75	3,89	3,49	3,26	3,11	3,00	2,91	2,85	2,80
13	4,67	3,81	3,41	3,18	3,03	2,92	2,83	2,77	2,71
14	4,60	3,74	3,34	3,11	2,96	2,85	2,76	2,70	2,65
15	4,54	3,68	3,29	3,06	2,90	2,79	2,71	2,64	2,59
16	4,49	3,63	3,24	3,01	2,85	2,74	2,66	2,59	2,54
17	4,45	3,59	3,20	2,96	2,81	2,70	2,61	2,55	2,49
18	4,41	3,55	3,16	2,93	2,77	2,66	2,58	2,51	2,46
19	4,38	3,52	3,13	2,90	2,74	2,63	2,54	2,48	2,42
20	4,35	3,49	3,10	2,87	2,71	2,60	2,51	2,45	2,39
21	4,32	3,47	3,07	2,84	2,68	2,57	2,49	2,42	2,37
22	4,30	3,44	3,05	2,82	2,66	2,55	2,46	2,40	2,34
23	4,28	3,42	3,03	2,80	2,64	2,53	2,44	2,37	2,32
24	4,26	3,40	3,01	2,78	2,62	2,51	2,42	2,36	2,30
25	4,24	3,39	2,99	2,76	2,60	2,49	2,40	2,34	2,28
26	4,23	3,37	2,98	2,74	2,59	2,47	2,39	2,32	2,27
27	4,21	3,35	2,96	2,73	2,57	2,46	2,37	2,31	2,25
28	4,20	3,34	2,95	2,71	2,56	2,45	2,36	2,29	2,24
29	4,18	3,33	2,93	2,70	2,55	2,43	2,35	2,28	2,22
30	4,17	3,32	2,92	2,69	2,53	2,42	2,33	2,27	2,21
40	4,08	3,23	2,84	2,61	2,45	2,34	2,25	2,18	2,12
60	4,00	3,15	2,76	2,53	2,37	2,25	2,17	2,10	2,04
120	3,92	3,07	2,68	2,45	2,29	2,17	2,09	2,02	1,96
∞	3,84	3,00	2,60	2,37	2,21	2,10	2,01	1,94	1,88

TABELA VI
Distribuição de F. Valor crítico F_0 tal que $P(F > F_0) = 0,05$ (continuação)

Nº de gr. de lib. do denom.	Número de graus de liberdade do numerador									
	10	12	15	20	24	30	40	60	120	∞
1	242	244	246	248	249	250	251	252	253	254
2	19,4	19,4	19,4	19,4	19,5	19,5	19,5	19,5	19,5	19,5
3	8,79	8,74	8,70	8,66	8,64	8,62	8,59	8,57	8,55	8,53
4	5,96	5,91	5,86	5,80	5,77	5,75	5,72	5,69	5,66	5,63
5	4,74	4,68	4,62	4,56	4,53	4,50	4,46	4,43	4,40	4,36
6	4,06	4,00	3,94	3,87	3,84	3,81	3,77	3,74	3,70	3,67
7	3,64	3,57	3,51	3,44	3,41	3,38	3,34	3,30	3,27	3,23
8	3,35	3,28	3,22	3,15	3,12	3,08	3,04	3,01	2,97	2,93
9	3,14	3,07	3,01	2,94	2,90	2,86	2,83	2,79	2,75	2,71
10	2,98	2,91	2,85	2,77	2,74	2,70	2,66	2,62	2,58	2,54
11	2,85	2,79	2,72	2,65	2,61	2,57	2,53	2,49	2,45	2,40
12	2,75	2,69	2,62	2,54	2,51	2,47	2,43	2,38	2,34	2,30
13	2,67	2,60	2,53	2,46	2,42	2,38	2,34	2,30	2,25	2,21
14	2,60	2,53	2,46	2,39	2,35	2,31	2,27	2,22	2,18	2,13
15	2,54	2,48	2,40	2,33	2,29	2,25	2,20	2,16	2,11	2,07
16	2,49	2,42	2,35	2,28	2,24	2,19	2,15	2,11	2,06	2,01
17	2,45	2,38	2,31	2,23	2,19	2,15	2,10	2,06	2,01	1,96
18	2,41	2,34	2,27	2,19	2,15	2,11	2,06	2,02	1,97	1,92
19	2,38	2,31	2,23	2,16	2,11	2,07	2,03	1,98	1,93	1,88
20	2,35	2,28	2,20	2,12	2,08	2,04	1,99	1,95	1,90	1,84
21	2,32	2,25	2,18	2,10	2,05	2,01	1,96	1,92	1,87	1,81
22	2,30	2,23	2,15	2,07	2,03	1,98	1,94	1,89	1,84	1,78
23	2,27	2,20	2,13	2,05	2,01	1,96	1,91	1,86	1,81	1,76
24	2,25	2,18	2,11	2,03	1,98	1,94	1,89	1,84	1,79	1,73
25	2,24	2,16	2,09	2,01	1,96	1,92	1,87	1,82	1,77	1,71
26	2,22	2,15	2,07	1,99	1,95	1,90	1,85	1,80	1,75	1,69
27	2,20	2,13	2,06	1,97	1,93	1,88	1,84	1,79	1,73	1,67
28	2,19	2,12	2,04	1,96	1,91	1,87	1,82	1,77	1,71	1,65
29	2,18	2,10	2,03	1,94	1,90	1,85	1,81	1,75	1,70	1,64
30	2,16	2,09	2,01	1,93	1,89	1,84	1,79	1,74	1,68	1,62
40	2,08	2,00	1,92	1,84	1,79	1,74	1,69	1,64	1,58	1,51
60	1,99	1,92	1,84	1,75	1,70	1,65	1,59	1,53	1,47	1,39
120	1,91	1,83	1,75	1,66	1,61	1,55	1,50	1,43	1,35	1,25
∞	1,83	1,75	1,67	1,57	1,52	1,46	1,39	1,32	1,22	1,00

Interpolações devem ser feitas com base nos recíprocos dos graus de liberdade (interpolação harmônica).
Fonte: Scheffé (1959), p. 426-427.

TABELA VII
Distribuição de F. Valor crítico F_0 tal que $P(F > F_0) = 0{,}01$

Nº de gr. de lib. do denom.	Número de graus de liberdade do numerador								
	1	2	3	4	5	6	7	8	9
1	4052	5000	5403	5625	5764	5859	5928	5982	6022
2	98,5	99,0	99,2	99,2	99,3	99,3	99,4	99,4	99,4
3	34,1	30,8	29,5	28,7	28,2	27,9	27,7	27,5	27,3
4	21,2	18,0	16,7	16,0	15,5	15,2	15,0	14,8	14,7
5	16,3	13,3	12,1	11,4	11,0	10,7	10,5	10,3	10,2
6	13,7	10,9	9,78	9,15	8,75	8,47	8,26	8,10	7,98
7	12,2	9,55	8,45	7,85	7,46	7,19	6,99	6,84	6,72
8	11,3	8,65	7,59	7,01	6,63	6,37	6,18	6,03	5,91
9	10,6	8,02	6,99	6,42	6,06	5,80	5,61	5,47	5,35
10	10,0	7,56	6,55	5,99	5,64	5,39	5,20	5,06	4,94
11	9,65	7,21	6,22	5,67	5,32	5,07	4,89	4,74	4,63
12	9,33	6,93	5,95	5,41	5,06	4,82	4,64	4,50	4,39
13	9,07	6,70	5,74	5,21	4,86	4,62	4,44	4,30	4,19
14	8,86	6,51	5,56	5,04	4,69	4,46	4,28	4,14	4,03
15	8,68	6,36	5,42	4,89	4,56	4,32	4,14	4,00	3,89
16	8,53	6,23	5,29	4,77	4,44	4,20	4,03	3,89	3,78
17	8,40	6,11	5,18	4,67	4,34	4,10	3,93	3,79	3,68
18	8,29	6,01	5,09	4,58	4,25	4,01	3,84	3,71	3,60
19	8,18	5,93	5,01	4,50	4,17	3,94	3,77	3,63	3,52
20	8,10	5,85	4,94	4,43	4,10	3,87	3,70	3,56	3,46
21	8,02	5,78	4,87	4,37	4,04	3,81	3,64	3,51	3,40
22	7,95	5,72	4,82	4,31	3,99	3,76	3,59	3,45	3,35
23	7,88	5,66	4,76	4,26	3,94	3,71	3,54	3,41	3,30
24	7,82	5,61	4,72	4,22	3,90	3,67	3,50	3,36	3,26
25	7,77	5,57	4,68	4,18	3,85	3,63	3,46	3,32	3,22
26	7,72	5,53	4,64	4,14	3,82	3,59	3,42	3,29	3,18
27	7,68	5,49	4,60	4,11	3,78	3,56	3,39	3,26	3,15
28	7,64	5,45	4,57	4,07	3,75	3,53	3,36	3,23	3,12
29	7,60	5,42	4,54	4,04	3,73	3,50	3,33	3,20	3,09
30	7,56	5,39	4,51	4,02	3,70	3,47	3,30	3,17	3,07
40	7,31	5,18	4,31	3,83	3,51	3,29	3,12	2,99	2,89
60	7,08	4,98	4,13	3,65	3,34	3,12	2,95	2,82	2,72
120	6,85	4,79	3,95	3,48	3,17	2,96	2,79	2,66	2,56
∞	6,63	4,61	3,78	3,32	3,02	2,80	2,64	2,51	2,41

TABELA VII
Distribuição de F. Valor crítico F_0 tal que $P(F > F_0) = 0{,}01$ (continuação)

Nº de gr. de lib. do denom.	Número de graus de liberdade do numerador									
	10	12	15	20	24	30	40	60	120	∞
1	6056	6106	6157	6209	6235	6261	6287	6313	6339	6366
2	99,4	99,4	99,4	99,4	99,5	99,5	99,5	99,5	99,5	99,5
3	27,2	27,1	26,9	26,7	26,6	26,5	26,4	26,3	26,2	26,1
4	14,5	14,4	14,2	14,0	13,9	13,8	13,7	13,7	13,6	13,5
5	10,1	9,89	9,72	9,55	9,47	9,38	9,29	9,20	9,11	9,02
6	7,87	7,72	7,56	7,40	7,31	7,23	7,14	7,06	6,97	6,88
7	6,62	6,47	6,31	6,16	6,07	5,99	5,91	5,82	5,74	5,65
8	5,81	5,67	5,52	5,36	5,28	5,20	5,12	5,03	4,95	4,86
9	5,26	5,11	4,96	4,81	4,73	4,65	4,57	4,48	4,40	4,31
10	4,85	4,71	4,56	4,41	4,33	4,25	4,17	4,08	4,00	3,91
11	4,54	4,40	4,25	4,10	4,02	3,94	3,86	3,78	3,69	3,60
12	4,30	4,16	4,01	3,86	3,78	3,70	3,62	3,54	3,45	3,36
13	4,10	3,96	3,82	3,66	3,59	3,51	3,43	3,34	3,25	3,17
14	3,94	3,80	3,66	3,51	3,43	3,35	3,27	3,18	3,09	3,00
15	3,80	3,67	3,52	3,37	3,29	3,21	3,13	3,05	2,96	2,87
16	3,69	3,55	3,41	3,26	3,18	3,10	3,02	2,93	2,84	4,75
17	3,59	3,46	3,31	3,16	3,08	3,00	2,92	2,83	2,75	2,65
18	3,51	3,37	3,23	3,08	3,00	2,92	2,84	2,75	2,66	2,57
19	3,43	3,30	3,15	3,00	2,92	2,84	2,76	2,67	2,58	2,49
20	3,37	3,23	3,09	2,94	2,86	2,78	2,69	2,61	2,52	2,42
21	3,31	3,17	3,03	2,88	2,80	2,72	2,64	2,55	2,46	2,36
22	3,26	3,12	2,98	2,83	2,75	2,67	2,58	2,50	2,40	2,31
23	3,21	3,07	2,93	2,78	2,70	2,62	2,54	2,45	2,35	2,26
24	3,17	3,03	2,89	2,74	2,66	2,58	2,49	2,40	2,31	2,21
25	3,13	2,99	2,85	2,70	2,62	2,54	2,45	2,36	2,27	2,17
26	3,09	2,96	2,81	2,66	2,58	2,50	2,42	2,33	2,23	2,13
27	3,06	2,93	2,78	2,63	2,55	2,47	2,38	2,29	2,20	2,10
28	3,03	2,90	2,75	2,60	2,52	2,44	2,35	2,26	2,17	2,06
29	3,00	2,87	2,73	2,57	2,49	2,41	2,33	2,23	2,14	2,03
30	2,98	2,84	2,70	2,55	2,47	2,39	2,30	2,21	2,11	2,01
40	2,80	2,66	2,52	2,37	2,29	2,20	2,11	2,02	1,92	1,80
60	2,63	2,50	2,35	2,20	2,12	2,03	1,94	1,84	1,73	1,60
120	2,47	2,34	2,19	2,03	1,95	1,86	1,76	1,66	1,53	1,38
∞	2,32	2,18	2,04	1,88	1,79	1,70	1,59	1,47	1,32	1,00

Interpolações devem ser feitas com base nos recíprocos dos graus de liberdade (interpolação harmônica).
Fonte: Scheffé (1959), p. 430-431 e Christ (1966), p. 671.

TABELA VIII
Valor crítico q_0 da amplitude total estudentizada (q) tal que $P(q > q_0) = 0,10$

Nº de gr. de lib. do resíduo	Número de tratamentos (k)																		
	2	3	4	5	6	7	8	9	10	11	12	13	14	15	16	17	18	19	20
1	8,93	13,4	16,4	18,5	20,2	21,5	22,6	23,6	24,5	25,2	25,9	26,5	27,1	27,6	28,1	28,5	29,0	29,3	29,7
2	4,13	5,73	6,77	7,54	8,14	8,63	9,05	9,41	9,72	10,0	10,3	10,5	10,7	10,9	11,1	11,2	11,4	11,5	11,7
3	3,33	4,47	5,20	5,74	6,16	6,51	6,81	7,06	7,29	7,49	7,67	7,83	7,98	8,12	8,25	8,37	8,48	8,58	8,68
4	3,01	3,98	4,59	5,03	5,39	5,68	5,93	6,14	6,33	6,49	6,65	6,78	6,91	7,02	7,13	7,23	7,33	7,41	7,50
5	2,85	3,72	4,26	4,66	4,98	5,24	5,46	5,65	5,82	5,97	6,10	6,22	6,34	6,44	6,54	6,63	6,71	6,79	6,86
6	2,75	3,56	4,07	4,44	4,73	4,97	5,17	5,34	5,50	5,64	5,76	5,87	5,98	6,07	6,16	6,25	6,32	6,40	6,47
7	2,68	3,45	3,93	4,28	4,55	4,78	4,97	5,14	5,28	5,41	5,53	5,64	5,74	5,83	5,91	5,99	6,06	6,13	6,19
8	2,63	3,37	3,83	4,17	4,43	4,65	4,83	4,99	5,13	5,25	5,36	5,46	5,56	5,64	5,72	5,80	5,87	5,93	6,00
9	2,59	3,32	3,76	4,08	4,34	4,54	4,72	4,87	5,01	5,13	5,23	5,33	5,42	5,51	5,58	5,66	5,72	5,79	5,85
10	2,56	3,27	3,70	4,02	4,26	4,47	4,64	4,78	4,91	5,03	5,13	5,23	5,32	5,40	5,47	5,54	5,61	5,67	5,73
11	2,54	3,23	3,66	3,96	4,20	4,40	4,57	4,71	4,84	4,95	5,05	5,15	5,23	5,31	5,38	5,45	5,51	5,57	5,63
12	2,52	3,20	3,62	3,92	4,16	4,35	4,51	4,65	4,78	4,89	4,99	5,08	5,16	5,24	5,31	5,37	5,44	5,49	5,55
13	2,50	3,18	3,59	3,88	4,12	4,30	4,46	4,60	4,72	4,83	4,93	5,02	5,10	5,18	5,25	5,31	5,37	5,43	5,48
14	2,49	3,16	3,56	3,85	4,08	4,27	4,42	4,56	4,68	4,79	4,88	4,97	5,05	5,12	5,19	5,26	5,32	5,37	5,43
15	2,48	3,14	3,54	3,83	4,05	4,23	4,39	4,52	4,64	4,75	4,84	4,93	5,01	5,08	5,15	5,21	5,27	5,32	5,38
16	2,47	3,12	3,52	3,80	4,03	4,21	4,36	4,49	4,61	4,71	4,81	4,89	4,97	5,04	5,11	5,17	5,23	5,28	5,33
17	2,46	3,11	3,50	3,78	4,00	4,18	4,33	4,46	4,58	4,68	4,77	4,86	4,93	5,01	5,07	5,13	5,19	5,24	5,30
18	2,45	3,10	3,49	3,77	3,98	4,16	4,31	4,44	4,55	4,65	4,75	4,83	4,90	4,98	5,04	5,10	5,16	5,21	5,26
19	2,45	3,09	3,47	3,75	3,97	4,14	4,29	4,42	4,53	4,63	4,72	4,80	4,88	4,95	5,01	5,07	5,13	5,18	5,23
20	2,44	3,08	3,46	3,74	3,95	4,12	4,27	4,40	4,51	4,61	4,70	4,78	4,85	4,92	4,99	5,05	5,10	5,16	5,20
24	2,42	3,05	3,42	3,69	3,90	4,07	4,21	4,34	4,44	4,54	4,63	4,71	4,78	4,85	4,91	4,97	5,02	5,07	5,12
30	2,40	3,02	3,39	3,65	3,85	4,02	4,16	4,28	4,38	4,47	4,56	4,64	4,71	4,77	4,83	4,89	4,94	4,99	5,03
40	2,38	2,99	3,35	3,60	3,80	3,96	4,10	4,21	4,32	4,41	4,49	4,56	4,63	4,69	4,75	4,81	4,86	4,90	4,95
60	2,36	2,96	3,31	3,56	3,75	3,91	4,04	4,16	4,25	4,34	4,42	4,49	4,56	4,62	4,67	4,73	4,78	4,82	4,86
120	2,34	2,93	3,28	3,52	3,71	3,86	3,99	4,10	4,19	4,28	4,35	4,42	4,48	4,54	4,60	4,65	4,69	4,74	4,78
∞	2,33	2,90	3,24	3,48	3,66	3,81	3,93	4,04	4,13	4,21	4,28	4,35	4,41	4,47	4,52	4,57	4,61	4,65	4,69

Fonte: Scheffé (1959), p. 434.

TABELA IX
Valor crítico q_0 da amplitude total estudentizada (q) tal que $P(q > q_0) = 0,05$

Nº de gr. de lib. do resíduo	Número de tratamentos (k)																		
	2	3	4	5	6	7	8	9	10	11	12	13	14	15	16	17	18	19	20
1	18,0	27,0	32,8	37,1	40,4	43,1	45,4	47,4	49,1	50,6	52,0	53,2	54,3	55,4	56,3	57,2	58,0	58,8	59,6
2	6,08	8,33	9,80	10,9	11,7	12,4	13,0	13,5	14,0	14,4	14,7	15,1	15,4	15,7	15,9	16,1	16,04	16,6	16,8
3	4,50	5,91	6,82	7,50	8,04	8,48	8,85	9,18	9,46	9,72	9,95	10,2	10,3	10,5	10,7	10,8	11,0	11,1	11,2
4	3,93	5,04	5,76	6,29	6,71	7,05	7,35	7,60	7,83	8,03	8,21	8,37	8,52	8,66	8,79	8,91	9,03	9,13	9,23
5	3,64	4,60	5,22	5,67	6,03	6,33	6,58	6,80	6,99	7,17	7,32	7,47	7,60	7,72	7,83	7,93	8,03	8,12	8,21
6	3,46	4,34	4,90	5,30	5,63	5,90	6,12	6,32	6,49	6,65	6,79	6,92	7,03	7,14	7,24	7,34	7,43	7,51	7,59
7	3,34	4,16	4,68	5,06	5,36	5,61	5,82	6,00	6,16	6,30	6,43	6,55	6,66	6,76	6,85	6,94	7,02	7,10	7,17
8	3,26	4,04	4,53	4,89	5,17	5,40	5,60	5,77	5,92	6,05	6,18	6,29	6,39	6,48	6,57	6,65	6,73	6,80	6,87
9	3,20	3,95	4,41	4,76	5,02	5,24	5,43	5,59	5,74	5,87	5,98	6,09	6,19	6,28	6,36	6,44	6,51	6,58	6,64
10	3,15	3,88	4,33	4,65	4,91	5,12	5,30	5,46	5,60	5,72	5,83	5,93	6,03	6,11	6,19	6,27	6,34	6,40	6,47
11	3,11	3,82	4,26	4,57	4,82	5,03	5,20	5,35	5,49	5,61	5,71	5,81	5,90	5,98	6,06	6,13	6,20	6,27	6,33
12	3,08	3,77	4,20	4,51	4,75	4,95	5,12	5,27	5,39	5,51	5,61	5,71	5,80	5,88	5,95	6,02	6,09	6,15	6,21
13	3,06	3,73	4,15	4,45	4,69	4,88	5,05	5,19	5,32	5,43	5,53	5,63	5,71	5,79	5,86	5,93	5,99	6,05	6,11
14	3,03	3,70	4,11	4,41	4,64	4,83	4,99	5,13	5,25	5,36	5,46	5,55	5,64	5,71	5,79	5,85	5,91	5,97	6,03
15	3,01	3,67	4,08	4,37	4,59	4,78	4,94	5,08	5,20	5,31	5,40	5,49	5,57	5,65	5,72	5,78	5,85	5,90	5,96
16	3,00	3,65	4,05	4,33	4,56	4,74	4,90	5,03	5,15	5,26	5,35	5,44	5,52	5,59	5,66	5,73	5,79	5,84	5,90
17	2,98	3,63	4,02	4,30	4,52	4,70	4,86	4,99	5,11	5,21	5,31	5,39	5,47	5,54	5,61	5,67	5,73	5,79	5,84
18	2,97	3,61	4,00	4,28	4,49	4,67	4,82	4,96	5,07	5,17	5,27	5,35	5,43	5,50	5,57	5,63	5,69	5,74	5,79
19	2,96	3,59	3,98	4,25	4,47	4,65	4,79	4,92	5,04	5,14	5,23	5,31	5,39	5,46	5,53	5,59	5,65	5,70	5,75
20	2,95	3,58	3,96	4,23	4,45	4,62	4,77	4,90	5,01	5,11	5,20	5,28	5,36	5,43	5,49	5,55	5,61	5,66	5,71
24	2,92	3,53	3,90	4,17	4,37	4,54	4,68	4,81	4,92	5,01	5,10	5,18	5,25	5,32	5,38	5,44	5,49	5,55	5,59
30	2,89	3,49	3,85	4,10	4,30	4,46	4,60	4,72	4,82	4,92	5,00	5,08	5,15	5,21	5,27	5,33	5,38	5,43	5,47
40	2,86	3,44	3,79	4,04	4,23	4,39	4,52	4,63	4,73	4,82	4,90	4,98	5,04	5,11	5,16	5,22	5,27	5,31	5,36
60	2,83	3,40	3,74	3,98	4,16	4,31	4,44	4,55	4,65	4,73	4,81	4,88	4,94	5,00	5,06	5,11	5,15	5,20	5,24
120	2,80	3,36	3,68	3,92	4,10	4,24	4,36	4,47	4,56	4,64	4,71	4,78	4,84	4,90	4,95	5,00	5,04	5,09	5,13
∞	2,77	3,31	3,63	3,86	4,03	4,17	4,29	4,39	4,47	4,55	4,62	4,68	4,74	4,80	4,85	4,89	4,93	4,97	5,01

Fonte: Scheffé (1959), p. 435.

TABELA X
Valor crítico q_0 da amplitude total estudentizada (q) tal que $P(q > q_0) = 0{,}01$

Nº de gr. de lib. do resíduo	Número de tratamentos (k)																		
	2	3	4	5	6	7	8	9	10	11	12	13	14	15	16	17	18	19	20
1	90,0	135	164	186	202	216	227	237	246	253	260	266	272	277	282	286	290	294	298
2	14,0	19,0	22,3	24,7	26,6	28,2	29,5	30,7	31,7	32,6	33,4	34,1	34,8	35,4	36,0	36,5	37,0	37,5	37,9
3	8,26	10,6	12,2	13,3	14,2	15,0	15,6	16,2	16,7	17,1	17,5	17,9	18,2	18,5	18,8	19,1	19,3	19,5	19,8
4	6,51	8,12	9,17	9,96	10,6	11,1	11,5	11,9	12,3	12,6	12,8	13,1	13,3	13,5	13,7	13,9	14,1	14,2	14,4
5	5,70	6,97	7,80	8,42	8,91	9,32	9,67	9,97	10,2	10,5	10,7	10,9	11,1	11,2	11,4	11,6	11,7	11,8	11,9
6	5,24	6,33	7,03	7,56	7,97	8,32	8,61	8,87	9,10	9,30	9,49	9,65	9,81	9,95	10,1	10,2	10,3	10,4	10,5
7	4,95	5,92	6,54	7,01	7,37	7,68	7,94	8,17	8,37	8,55	8,71	8,86	9,00	9,12	9,24	9,35	9,46	9,55	9,65
8	4,74	5,63	6,20	6,63	6,96	7,24	7,47	7,68	7,87	8,03	8,18	8,31	8,44	8,55	8,66	8,76	8,85	8,94	9,03
9	4,60	5,43	5,96	6,35	6,66	6,91	7,13	7,32	7,49	7,65	7,78	7,91	8,03	8,13	8,23	8,32	8,41	8,49	8,57
10	4,48	5,27	5,77	6,14	6,43	6,67	6,87	7,05	7,21	7,36	7,48	7,60	7,71	7,81	7,91	7,99	8,07	8,15	8,22
11	4,39	5,14	5,62	5,97	6,25	6,48	6,67	6,84	6,99	7,13	7,25	7,36	7,46	7,56	7,65	7,73	7,81	7,88	7,95
12	4,32	5,04	5,50	5,84	6,10	6,32	6,51	6,67	6,81	6,94	7,06	7,17	7,26	7,36	7,44	7,52	7,59	7,66	7,73
13	4,26	4,96	5,40	5,73	5,98	6,19	6,37	6,53	6,67	6,79	6,90	7,01	7,10	7,19	7,27	7,34	7,42	7,48	7,55
14	4,21	4,89	5,32	5,63	5,88	6,08	6,26	6,41	6,54	6,66	6,77	6,87	6,96	7,05	7,12	7,20	7,27	7,33	7,39
15	4,17	4,83	5,25	5,56	5,80	5,99	6,16	6,31	6,44	6,55	6,66	6,76	6,84	6,93	7,00	7,07	7,14	7,20	7,26
16	4,13	4,78	5,19	5,49	5,72	5,92	6,08	6,22	6,35	6,46	6,56	6,66	6,74	6,82	6,90	6,97	7,03	7,09	7,15
17	4,10	4,74	5,14	5,43	5,66	5,85	6,01	6,15	6,27	6,38	6,48	6,57	6,66	6,73	6,80	6,87	6,94	7,00	7,05
18	4,07	4,70	5,09	5,38	5,60	5,79	5,94	6,08	6,20	6,31	6,41	6,50	6,58	6,65	6,72	6,79	6,85	6,91	6,96
19	4,05	4,67	5,05	5,33	5,55	5,73	5,89	6,02	6,14	6,25	6,34	6,43	6,51	6,58	6,65	6,72	6,78	6,84	6,89
20	4,02	4,64	5,02	5,29	5,51	5,69	5,84	5,97	6,09	6,19	6,29	6,37	6,45	6,52	6,59	6,65	6,71	6,76	6,82
24	3,96	4,54	4,91	5,17	5,37	5,54	5,69	5,81	5,92	6,02	6,11	6,19	6,26	6,33	6,39	6,45	6,51	6,56	6,61
30	3,89	4,45	4,80	5,05	5,24	5,40	5,54	5,65	5,76	5,85	5,93	6,01	6,08	6,14	6,20	6,26	6,31	6,36	6,41
40	3,82	4,37	4,70	4,93	5,11	5,27	5,39	5,50	5,60	5,69	5,77	5,84	5,90	5,96	6,02	6,07	6,12	6,17	6,21
60	3,76	4,28	4,60	4,82	4,99	5,13	5,25	5,36	5,45	5,53	5,60	5,67	5,73	5,79	5,84	5,89	5,93	5,98	6,02
120	3,70	4,20	4,50	4,71	4,87	5,01	5,12	5,21	5,30	5,38	5,44	5,51	5,56	5,61	5,66	5,71	5,75	5,79	5,83
∞	3,64	4,12	4,40	4,60	4,76	4,88	4,99	5,08	5,16	5,23	5,29	5,35	5,40	5,45	5,49	5,54	5,57	5,61	5,65

Fonte: Scheffé (1959), p. 436.

TABELA XI

Distribuições binomiais com $p = 1/2$ e n de 5 a 25. Valor da função de distribuição $P(y \leq k) = \dfrac{1}{2^n} \sum_{Y=0}^{n} \binom{n}{Y}$

n	0	1	2	3	4	5	6	7	8	9	10	11	12	13	14	15
5	0,031	0,188	0,500	0,812	0,969	1,000										
6	0,016	0,109	0,344	0,656	0,891	0,984	1,000									
7	0,008	0,062	0,227	0,500	0,773	0,938	0,992	1,000								
8	0,004	0,035	0,145	0,363	0,637	0,855	0,965	0,996	1,000							
9	0,002	0,020	0,090	0,254	0,500	0,746	0,910	0,980	0,998	1,000						
10	0,001	0,011	0,055	0,172	0,377	0,623	0,828	0,945	0,989	0,999	1,000					
11		0,006	0,033	0,113	0,274	0,500	0,726	0,887	0,967	0,994	1,000	1,000				
12		0,003	0,019	0,073	0,194	0,387	0,613	0,806	0,927	0,981	0,997	1,000	1,000			
13		0,002	0,011	0,046	0,133	0,291	0,500	0,709	0,867	0,954	0,989	0,998	1,000	1,000		
14		0,001	0,006	0,029	0,090	0,212	0,395	0,605	0,788	0,910	0,971	0,994	0,999	1,000	1,000	
15			0,004	0,018	0,059	0,151	0,304	0,500	0,696	0,849	0,941	0,982	0,996	1,000	1,000	1,000
16			0,002	0,011	0,038	0,105	0,227	0,402	0,598	0,773	0,895	0,962	0,989	0,998	1,000	1,000
17			0,001	0,006	0,025	0,072	0,166	0,315	0,500	0,685	0,834	0,928	0,975	0,994	0,999	1,000
18			0,001	0,004	0,015	0,048	0,119	0,240	0,407	0,593	0,760	0,881	0,952	0,985	0,996	0,999
19				0,002	0,010	0,032	0,084	0,180	0,324	0,500	0,676	0,820	0,916	0,968	0,990	0,998
20				0,001	0,006	0,021	0,058	0,132	0,252	0,412	0,588	0,748	0,868	0,942	0,979	0,994
21				0,001	0,004	0,013	0,039	0,095	0,192	0,332	0,500	0,668	0,808	0,905	0,961	0,987
22					0,002	0,008	0,026	0,067	0,143	0,262	0,416	0,584	0,738	0,857	0,933	0,974
23					0,001	0,005	0,017	0,047	0,105	0,202	0,339	0,500	0,661	0,798	0,895	0,953
24					0,001	0,003	0,011	0,032	0,076	0,154	0,271	0,419	0,581	0,729	0,846	0,924
25						0,002	0,007	0,022	0,054	0,115	0,212	0,345	0,500	0,655	0,788	0,885

Fonte: Siegel (1956), p. 250.

TABELA XII

Valores críticos de W para o teste de Wilcoxon-Mann-Whitney. W_{01} e W_{02} são valores críticos tais que $P(W \leq W_{01}) = P(W \geq W_{02}) = \pi$. Os valores de π dados são os mais próximos de 0,025 e 0,05 que existem. Para fazer um teste com nível de significância próximo de 5%, devemos considerar os valores críticos com π próximo a 0,025 se o teste for bilateral e devemos considerar os valores críticos com π próximo de 0,05 se o teste for unilateral

(n_1, n_2)	W_{01}	W_{02}	π	(n_1, n_2)	W_{01}	W_{02}	π	(n_1, n_2)	W_{01}	W_{02}	π
(2, 4)	3	11	0,067	(4, 4)	12	24	0,057	(6, 7)	30	54	0,051
(2, 5)	3	13	0,048	(4, 5)	12	28	0,032	(6, 8)	29	61	0,021
(2, 6)	3	15	0,036	(4, 5)	13	27	0,056	(6, 8)	32	58	0,054
(2, 6)	4	14	0,071	(4, 6)	12	32	0,019	(6, 9)	31	65	0,025
(2, 7)	3	17	0,028	(4, 6)	14	30	0,057	(6, 9)	33	63	0,044
(2, 7)	4	16	0,056	(4, 7)	13	35	0,021	(6, 10)	33	69	0,028
(2, 8)	3	19	0,022	(4, 7)	15	33	0,055	(6, 10)	35	67	0,047
(2, 8)	4	18	0,044	(4, 8)	14	38	0,024	(7, 7)	37	68	0,027
(2, 9)	3	21	0,018	(4, 8)	16	36	0,055	(7, 7)	39	66	0,049
(2, 9)	4	20	0,036	(4, 9)	15	41	0,025	(7, 8)	39	73	0,027
(2, 10)	4	22	0,030	(4, 9)	17	39	0,053	(7, 8)	41	71	0,047
(2, 10)	5	21	0,061	(4, 10)	16	44	0,027	(7, 9)	41	78	0,027
(3, 3)	6	15	0,050	(4, 10)	18	42	0,053	(7, 9)	43	76	0,045
(3, 4)	6	18	0,029	(5, 5)	18	37	0,028	(7, 10)	43	83	0,028
(3, 4)	7	17	0,057	(5, 5)	19	36	0,048	(7, 10)	46	80	0,054
(3, 5)	6	21	0,018	(5, 6)	19	41	0,026	(8, 8)	49	87	0,025
(3, 5)	7	20	0,036	(5, 6)	20	40	0,041	(8, 8)	52	84	0,052
(3, 6)	7	23	0,024	(5, 7)	20	45	0,024	(8, 9)	51	93	0,023
(3, 6)	8	22	0,048	(5, 7)	22	43	0,053	(8, 9)	54	90	0,046
(3, 7)	8	25	0,033	(5, 8)	21	49	0,023	(8, 10)	54	98	0,027
(3, 7)	9	24	0,058	(5, 8)	23	47	0,047	(8, 10)	57	95	0,051
(3, 8)	8	28	0,024	(5, 9)	22	53	0,021	(9, 9)	63	108	0,025
(3, 8)	9	27	0,042	(5, 9)	25	50	0,056	(9, 9)	66	105	0,047
(3, 9)	9	30	0,032	(5, 10)	24	56	0,028	(9, 10)	66	114	0,027
(3, 9)	10	29	0,050	(5, 10)	26	54	0,050	(9, 10)	69	111	0,047
(3, 10)	9	33	0,024	(6, 6)	26	52	0,021	(10, 10)	79	131	0,026
(3, 10)	11	31	0,056	(6, 6)	28	50	0,047	(10, 10)	83	127	0,053
(4, 4)	11	25	0,029	(6, 7)	28	56	0,026				

Fonte: Hoel (1968), p. 298.

TABELA XIII
Função de distribuição do número de chorrilhos, $F(u) = P(u \leq u_0)$, para valores de n_1 e n_2
(número de atributos de cada tipo) de 2 a 10

(n_1, n_2)	u_0								
	2	3	4	5	6	7	8	9	10
(2, 3)	0,200	0,500	0,900	1,000					
(2, 4)	0,133	0,400	0,800	1,000					
(2, 5)	0,095	0,333	0,714	1,000					
(2, 6)	0,071	0,286	0,643	1,000					
(2, 7)	0,056	0,250	0,583	1,000					
(2, 8)	0,044	0,222	0,533	1,000					
(2, 9)	0,036	0,200	0,491	1,000					
(2, 10)	0,030	0,182	0,455	1,000					
(3, 3)	0,100	0,300	0,700	0,900	1,000				
(3, 4)	0,057	0,200	0,543	0,800	0,971	1,000			
(3, 5)	0,036	0,143	0,429	0,714	0,929	1,000			
(3, 6)	0,024	0,107	0,345	0,643	0,881	1,000			
(3, 7)	0,017	0,083	0,283	0,583	0,833	1,000			
(3, 8)	0,012	0,067	0,236	0,533	0,788	1,000			
(3, 9)	0,009	0,055	0,200	0,491	0,745	1,000			
(3, 10)	0,007	0,045	0,171	0,455	0,706	1,000			
(4, 4)	0,029	0,114	0,371	0,629	0,886	0,971	1,000		
(4, 5)	0,016	0,071	0,262	0,500	0,786	0,929	0,992	1,000	
(4, 6)	0,010	0,048	0,190	0,405	0,690	0,881	0,976	1,000	
(4, 7)	0,006	0,033	0,142	0,333	0,606	0,833	0,954	1,000	
(4, 8)	0,004	0,024	0,109	0,279	0,533	0,788	0,929	1,000	
(4, 9)	0,003	0,018	0,085	0,236	0,471	0,745	0,902	1,000	
(4, 10)	0,002	0,014	0,068	0,203	0,419	0,706	0,874	1,000	
(5, 5)	0,008	0,040	0,167	0,357	0,643	0,833	0,960	0,992	1,000
(5, 6)	0,004	0,024	0,110	0,262	0,522	0,738	0,911	0,976	0,998
(5, 7)	0,003	0,015	0,076	0,197	0,424	0,652	0,854	0,955	0,992
(5, 8)	0,002	0,010	0,054	0,152	0,347	0,576	0,793	0,929	0,984
(5, 9)	0,001	0,007	0,039	0,119	0,287	0,510	0,734	0,902	0,972
(5, 10)	0,001	0,005	0,029	0,095	0,239	0,455	0,678	0,874	0,958
(6, 6)	0,002	0,013	0,067	0,175	0,392	0,608	0,825	0,933	0,987
(6, 7)	0,001	0,008	0,043	0,121	0,296	0,500	0,733	0,879	0,966
(6, 8)	0,001	0,005	0,028	0,086	0,226	0,413	0,646	0,821	0,937
(6, 9)	0,000	0,003	0,019	0,063	0,175	0,343	0,566	0,762	0,902
(6, 10)	0,000	0,002	0,013	0,047	0,137	0,288	0,497	0,706	0,864
(7, 7)	0,001	0,004	0,025	0,078	0,209	0,383	0,617	0,791	0,922
(7, 8)	0,000	0,002	0,015	0,051	0,149	0,296	0,514	0,704	0,867
(7, 9)	0,000	0,001	0,010	0,035	0,108	0,231	0,427	0,622	0,806
(7, 10)	0,000	0,001	0,006	0,024	0,080	0,182	0,355	0,549	0,743
(8, 8)	0,000	0,001	0,009	0,032	0,100	0,214	0,405	0,595	0,786
(8, 9)	0,000	0,001	0,005	0,020	0,069	0,157	0,319	0,500	0,702
(8, 10)	0,000	0,000	0,003	0,013	0,048	0,117	0,251	0,419	0,621
(9, 9)	0,000	0,000	0,003	0,012	0,044	0,109	0,238	0,399	0,601
(9, 10)	0,000	0,000	0,002	0,008	0,029	0,077	0,179	0,319	0,510
(10, 10)	0,000	0,000	0,001	0,004	0,019	0,051	0,128	0,242	0,414

TABELA XIII
Função de distribuição do número de chorrilhos, $F(u) = P(u \leq u_0)$, para valores de n_1 e n_2
(número de atributos de cada tipo) de 2 a 10 (*continuação*)

				u_0					(n_1, n_2)
11	12	13	14	15	16	17	18	19	
									(2, 3)
									(2, 4)
									(2, 5)
									(2, 6)
									(2, 7)
									(2, 8)
									(2, 9)
									(2, 10)
									(3, 3)
									(3, 4)
									(3, 5)
									(3, 6)
									(3, 7)
									(3, 8)
									(3, 9)
									(3, 10)
									(4, 4)
									(4, 5)
									(4, 6)
									(4, 7)
									(4, 8)
									(4, 9)
									(4, 10)
1,000									(5, 5)
1,000									(5, 6)
1,000									(5, 7)
1,000									(5, 8)
1,000									(5, 9)
									(5, 10)
0,998	1,000								(6, 6)
0,992	0,999	1,000							(6, 7)
0,984	0,998	1,000							(6, 8)
0,972	0,994	1,000							(6, 9)
0,958	0,990	1,000							(6, 10)
0,975	0,996	0,999	1,000						(7, 7)
0,949	0,988	0,998	1,000	1,000					(7, 8)
0,916	0,975	0,994	0,999	1,000					(7, 9)
0,879	0,957	0,990	0,998	1,000					(7, 10)
0,900	0,968	0,991	0,999	1,000	1,000				(8, 8)
0,843	0,939	0,980	0,996	0,999	1,000	1,000			(8, 9)
0,782	0,903	0,964	0,990	0,998	1,000	1,000			(8, 10)
0,762	0,891	0,956	0,988	0,997	1,000	1,000	1,000		(9, 9)
0,681	0,834	0,923	0,974	0,992	0,999	1,000	1,000	1,000	(9, 10)
0,586	0,758	0,872	0,949	0,981	0,996	0,999	1,000	1,000	(10, 10)

Fonte: Draper e Smith (1966), p. 98-99, que utilizaram o trabalho de Swed e Eisenhart (1943).

TABELA XIV

Valores críticos (r_0) do coeficiente de correlação ordinal de Spearman (r_s), tais que $P(r_s \geq r_0) = P(r_s \leq -r_0) = \alpha$. Para $n \leq 10$, é dado o maior valor de r_0 para o qual $P(r_s \geq r_0) = P(r_s \leq -r_0) \leq \alpha$.

Tamanho da amostra (n)	α		
	0,10	0,05	0,01
4	1,000	1,000	
5	0,800	0,900	1,000
6	0,657	0,829	0,943
7	0,571	0,714	0,893
8	0,524	0,643	0,833
9	0,483	0,600	0,783
10	0,455	0,564	0,745
11	0,405	0,520	0,735
12	0,397	0,506	0,712
13	0,370	0,475	0,671
14	0,355	0,456	0,645
15	0,342	0,440	0,622
16	0,331	0,425	0,601
17	0,320	0,411	0,582
18	0,311	0,399	0,564
19	0,302	0,388	0,548
20	0,294	0,377	0,534
21	0,287	0,368	0,520
22	0,280	0,359	0,508
23	0,273	0,351	0,496
24	0,267	0,343	0,485
25	0,262	0,336	0,475
26	0,256	0,329	0,465
27	0,251	0,323	0,456
28	0,247	0,317	0,448
29	0,242	0,311	0,440
30	0,238	0,305	0,432

Fonte: Obtida com base nos valores de Σd_i^2 apresentados em Olds (1938).

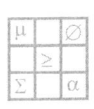

Bibliografia

ATKINSON, A. B. On the measurement of inequality. *Journal of Economic Theory*, v. 2, p. 244-263, 1970.

BRAGA, H. C.; MASCOLO, J. L. Mensuração da concentração industrial no Brasil. *Pesquisa e Planejamento Econômico*, v. 12, n. 2, p. 399-454, 1982.

BROWNLEE, K. A. *Statistical theory and methodology in science and engineering.* 2. ed. Nova York: John Wiley & Sons, 1965.

CASELLA, G.; BERGER, R. L. *Statistical inference.* Pacific Grove, CA: Wadsworth & Brooks/Cole, 1990.

CEPAL. *La distribución del ingreso en Brasil.* Rio de Janeiro: Escritório CEPAL-ILPES no Brasil, 1970.

CHRIST, C. F. *Econometric models and methods.* Nova York: John Wiley & Sons, 1966.

COCHRAN, W. G. The χ^2 test of goodness of fit. *Annals of Math. Stat.*, v. 23, p. 315-345, 1952.

_____. Some methods for strengthening the common χ^2 tests. *Biometrics*, v. 10, p. 417-451, 1954.

_____. Approximate significance levels of the Behrens-Fisher test. *Biometrics*, v. 20, p. 191-195, 1964.

_____. *Técnicas de amostragem.* Rio de Janeiro: Fundo de Cultura, 1965.

COSTA NETO, P. L. O. *Estatística.* São Paulo: Edgard Blücher, 1977.

DALTON, H. The measurement of the inequality of incomes. *Economic Journal*, v. 30, p. 348-361, 1920.

DRAPER, N.; SMITH, H. *Applied regression analysis.* 2. ed. Nova York: John Wiley & Sons, 1981.

FISHER, R. A.; YATES, F. *Tabelas estatísticas para pesquisa em biologia, medicina e agricultura.* Polígono: Edusp, 1971.

FISHLOW, A. Brazilian size distribution of income. *American Economic Review*, v. 62, p. 391-402, 1972. [Uma versão em português foi publicada em TOLIPAN, R.; TINELLI, A. C. (org.) *A controvérsia sobre distribuição de renda e desenvolvimento*. Rio de Janeiro: Zahar, 1975.]

GASTWIRTH, J. L. The estimation of the Lorenz Curve and Gini Index. *Review of Economics and Statistics*, v. 54, p. 306-316, 1972.

HADLEY, G. *Introduction to probability and statistical decision theory*. San Francisco: Holden-Day, 1967.

HOEL, P. G. *Introduction to mathematical statistics*. 3. ed. Nova York: John Wiley & Sons, 1962.

_____. *Estatística elementar*. 2. ed. Rio de Janeiro: Fundo de Cultura, 1968.

HOEL, P. G.; JESSEN, R. J. *Basic statistics for business and economics*. Nova York: John Wiley & Sons, 1971.

HOFFMANN, R. *Distribuição de renda*: medidas de desigualdade e pobreza. São Paulo: Edusp, 1998.

_____. *Análise de regressão* – uma introdução à econometria. 4. ed. São Paulo: Hucitec, 2006.

HOFFMANN, R.; DUARTE, J. C. A Distribuição da renda no Brasil. *Revista de Administração de Empresas*, v. 12, p. 46-66, 1972.

HOLLANDER, M.; WOLFE, D. A. *Nonparametric statistical methods*. Nova York: John Wiley & Sons, 1973.

KARMEL, P. H.; POLASEK, M. *Estatística geral e aplicada para economistas*. São Paulo: Atlas-Edusp, 1972.

LANGE, O. *Introdução à econometria*. 2. ed. Rio de Janeiro: Fundo de Cultura, 1967.

LANGONI, C. G. *Distribuição da renda e desenvolvimento econômico do Brasil*. Rio de Janeiro: Expressão e Cultura, 1973.

LEHMANN, E. L. *Nonparametrics*: statistical methods based on ranks. San Francisco: Holden-Day, 1975.

LI, C. C. *Introduction to experimental statistics*. Nova York: McGraw-Hill, 1964.

OLDS, E. G. Distributions of sums of squares of rank differences for small numbers of individuals. *Annals of Math Stat*, v. 20, p. 117-118, 1938.

PIMENTEL GOMES, F. *Curso de estatística experimental*. 3. ed. Piracicaba: Esalq-USP. 1966.

QUEIROZ, M. V. de. Os grupos multibilionários. *Revista do Instituto de Ciências Sociais*, v. 2, n. 1, p. 43-78, 1965.

RODRIGUES, M. da S. *Dicionário brasileiro de estatística*. 2. ed. Rio de Janeiro: Fundação IBGE, 1970.

ROTHSCHILD, M.; STIGLITZ, J. E. Some further results on the measurement of inequality. *Journal of Economic Theory*, v. 6, p. 188-204, 1973.

SATTERTHWAITE, F. E. An approximate distribution of variance components. *Biometrics Bull*, v. 2, p. 110-4, 1946.

SCHEFFÉ, H. *The analysis of variance*. Nova York: John Wiley & Sons, 1959.

SEN, A. *On economic inequality*. Oxford: Clarendon Press, 1959.

_____. Poverty: an ordinal approach to measurement. *Econometrica*, v. 44, n. 2, p. 219-231, 1976.

SIEGEL, S. *Nonparametric statistics*. Nova York: McGraw-Hill, 1956.

SILVA LEME, R. A. da. *Curso de estatística*. 2. ed. Rio de Janeiro: Livro Técnico, 1972.

SMITH, H. F. The problem of comparing the results of two experiments with unequal errors. *Journal of the Council of Scientific and Industrial Research*, v. 9, p. 211-212, 1936.

SNEDECOR, G. W.; COCHRAN, W. G. *Statistical Methods*. 6. ed. Ames: The Iowa State University Press, 1967.

SOUZA, J. de. *Dualidade e concentração*. II ENCONTRO ANUAL DA ASSOCIAÇÃO NACIONAL DE CENTROS DE PÓS-GRADUAÇÃO EM ECONOMIA, Belo Horizonte, Cedeplar-UFMG, 1974.

_____. *Estatística econômica e social*. Rio de Janeiro: Campus, 1977.

SPIEGEL. *Theory and problems of statistics*. Nova York: Schaum, 1961.

SWED, F. S.; EISENHART, C. Tables for testing randomness of grouping in a sequence of alternatives. *Annals of Math. Stat.*, v. 14, p. 66-87, 1943.

THEIL, H. *Economics and information theory*. Chicago: Rand McNally, 1967.

_____. *Principles of econometrics*. Nova York: John Wiley & Sons, 1971.

UTTON, M. A. *Industrial concentration*. Harmondsworth: Penguin Books, 1970.

WADA, R. S. *A questão da heterocedasticia na comparação de duas médias*. Piracicaba, 1985. Dissertação (Mestrado) – Escola Superior de Agricultura Luiz de Queiroz, Universidade de São Paulo, 1985.

WONNACOTT, T. H.; WONNACOTT, R. J. *Introductory statistics for business and economics*. Nova York: John Wiley & Sons, 1972.

Índice Analítico

A
Amostra, 4
   aleatória simples, 113-117
   estratificada, 138-140
Amostragem, 113-117, 138
Amplitude, 47
Análise de variância, 243-263
Análise de variância da regressão, 293-296
Anamorfose, 300-302
Assimetria, 34-39, 71-73

B
Bayes (teorema de), 14-16
Bits, 351
Blocos, 255
Braga, H. C., 369, 425

C
Christ, C. F., 415, 425
Cochran, W. G., 119, 197, 215, 275, 425
Coeficiente de assimetria, 72-73
Coeficiente de correlação de Pearson, 234, 279-284
Coeficiente de correlação ordinal de Spearman, 234-237
Coeficiente de curtose, 73-75
Coeficiente de determinação, 294
Coeficiente de regressão, 290
Coeficiente de variação, 76
Concentração, 335, 369-373
Condição de Pigou-Dalton, 344
Conjuntos, 1-4
Contraste de médias, 264
Contrastes ortogonais, 265
Convergência em média quadrática, 134-136
Convergência em probabilidade, 133-135
Correção de continuidade, 103-104, 188, 190, 215
Correlação, 66, 279-287
Covariância, 66
Curtose, 73-75
Curva característica de operação, 167-170
Curva de concentração, 371
Curva de Lorenz, 336-339, 342, 345-346

D
Decis, 76
Densidade de probabilidade, 58
Desigualdade, 335-363, 369-370, 372
Desvio médio, 50, 52, 344
Desvio padrão, 49
Diagrama de dispersão, 279-280
Diferença média, 50-52, 340
Discrepância máxima, 342-344
Distribuição, 57-58
   assimétrica (*ver* assimetria)
   binomial, 81-85, 93-95, 103-104
   condicional, 60
   conjunta, 59-61, 285-286
   de F, 251-253, 262, 272, 274-275, 295
   de freqüências, 24-26
   de Poisson, 89-90
   de qui-quadrado, 205-206, 250, 261

hipergeométrica, 87-88
leptocúrtica, 74
marginal, 60-61
mesocúrtica, 75
normal, 93-105
platicúrtica, 74-75
simétrica, 70-71
t de Student, 146, 254, 267
uniforme, 58
Draper, N., 422, 425
Duarte, J. C., 426

E
Efeitos de blocos, 256
Efeitos de tratamentos, 245, 256
Eficiência relativa, 127
Eisenhart, C., 232, 422, 427
Entropia, 352-354, 373
Erro tipo I, 159
Erro tipo II, 159
Escalas, 23-24
Espaço amostral, 7-8
Esperança matemática
    Definição, 59
    Propriedades, 63-64
Estatística descritiva, xi
Estimador, 117
    assintoticamente eficiente, 132-133, 137
    assintoticamente não-tendencioso, 132
    consistente, 133-137
    de máxima verossimilhança, 128-131
    de mínimos quadrados, 128, 289-293
    de variância mínima, 126-128
    eficiente, 127, 137
    imparcial, 119
    não-tendencioso, 119, 137
    não-viciado, 119
    não-viesado, 119
Estimativa, 118
    por intervalo, 145
    por ponto, 145
Eventos, 7-8
Eventos independentes, 14
Experimento, 7, 243, 255

F
Fisher, I., 325
Fisher, R. A., 325, 425

Fishlow, A., 426
Foster, 379-381
Freqüência relativa, 8, 24-26
Função de densidade, 58, 62, 94, 96
Função de distribuição, 58-59, 100

G
Gastwirth, J. L., 426
Gini (ver Índice de Gini)
Gráfico de barras, 26-27
Greer, 379-381

H
Hadley, G., 172, 426
Heterocedasticia, 244
Hipergeométrica (ver Distribuição hipergeométrica)
Hipótese (ver teste de hipóteses)
Histograma, 26-28
Hoel, P. G., 25, 95, 124, 407, 420, 426
Hoffmann, R., 293, 350, 426
Hollander, M., 226, 229, 426
Homocedasticia, 244, 288

I
Índice
    de custo de vida, 327-330
    de Divisia, 321-325, 329
    de Fisher, 319-320, 323, 325
    de Foster, Greer e Thorbecke, 379-381
    de Gini, 336-341, 344-350, 372
    de Hirschman-Herfindahl, 372
    de insuficiência de renda, 378
    de Laspeyres, 313-314, 316-319, 322-327
    de Marshall-Edgeworth, 319-320, 323, 325
    de Paasche, 315-319, 323-327
    de Rosenbluth, 372-373
    de Sen, 378
    em cadeia, 326-327
    estacional, 387, 389, 391-392
    L de Theil, 354-359
    sazonal, 388, 392-394
    simples de preços agregados, 311-312
    T de Theil, 354-359
Inferência estatística, xi
Insuficiência de renda, 377

Intervalo de confiança, 143-148, 167, 207-208,
223, 271-272, 298-299
Intervalo de previsão, 298-300

J
Jessen, R. J., 407, 426

L
Langoni, C. G., 426
Linha de pobreza, 375-377
Lorenz (*ver* Curva de Lorenz)

M
Mascolo, J. L., 369, 425
Média
    Aritmética, 31, 40, 41-43
    de uma variável aleatória (*ver* Esperança
        Matemática)
    geométrica, 39-41
    harmônica, 39-41
    ponderada, 41
Mediana, 32-39, 41-44, 73, 76
Medida, níveis de, 23-24
Medidas de concentração (*ver* Concentração)
Medidas de desigualdade (*ver* Desigualdade)
Medidas de dispersão, 47-52, 335
Medidas de tendência central, 31, 335
Moda, 33-39, 41-42
Momentos, 70-74

N
Nits, 351
Nível de significância, 159, 175-179
Números-índices, 309-327

O
Olds, E. G., 423, 426

P
Parâmetro, 117
Pareto, 302, 304, 306
Pearson (coeficiente de correlação de), 234
Pearson (teste de aderência de), 212
Percentis, 76
Pobreza, 375-382
Poder do teste, 159, 167-171

Poisson (*ver* Distribuição de Poisson)
Polígono de freqüências, 26, 28
População, 4
Precisão, 145, 149
Preço relativo, 310-311
Princípio de Pigou-Dalton, 344
Probabilidade, 8-9
    caudal do teste, 180, 185, 253, 296
    condicional, 11-13
    teorema do produto, 11-12
    teorema da soma, 10, 13

Q
Quadrado médio, 250-251, 261, 295
Quantis, 76
Quartis, 76
Queiroz, M. V., 370, 426
Quintis, 76
Qui-quadrado, 205-217

R
Razão de concentração, 370
Razão de insuficiência de renda, 377
Região de aceitação, 158
Região de rejeição, 158
Regressão, 287
Rothschild, M., 346, 427

S
Scheffé, H., 270-273, 275, 411, 413, 415-418, 427
Sen, A., 335, 340, 346, 377-379
Separatrizes, 75-76
Siegel, S., 215, 237, 419, 427
Silva Leme, 95, 427
Smith, H., 422, 425
Snedecor, G. W., 197, 275, 427
Soma de quadrados
    de blocos, 257-258
    de regressão, 293-294
    de tratamentos, 246, 257-258
    dos desvios, 245, 256, 289, 294
    residual, 245, 256, 258, 294
    total, 246, 257, 293-294
Souza, J. de, 427
Spearman (coeficiente de correlação de), 234-237
Satterthwaite, F. E., 186, 427

Smith, H. F., 186, 427
Stiglitz, J. E., 346, 427
Swed, F. S., 232, 422, 427

T
Tendenciosidade, 119
Teorema
    da soma, 10-11
    de Bayes, 14-16
    do limite central, 97-99
    do produto, 11-12
Teoria da informação, 350-353
Teoria das decisões, 171-175
Teste
    da ordenação casual, 229-234
    de aderência de Pearson, 212
    de hipóteses (conceitos básicos), 157-165
    de Scheffé, 272-273
    de Tukey, 270-272
    de Wilcoxon-Mann-Whitney, 225-229
    dos sinais, 222, 224-225
    F, 185, 221, 251-254, 262-264, 270, 272-275, 295-296
    não-paramétrico, 221
    paramétrico, 221
    t, 180, 183, 187, 221, 254, 264-270, 298

Theil, H., 350, 353-359, 408-409, 427
Thorbecke, 379-381
Tratamento, 244

U
Utton, M. A., 369, 427

V
Variância, 48, 65-67, 70
Variância dos logaritmos, 360-363
Variáveis independentes, 60-61, 63, 67
Variável
    aleatória, 57-58
    dependente, 288
    explanatória, 288
    reduzida, 93
Viés, 119

W
Wada, R. S., 186, 427
Wolfe, D. A., 226, 229, 426
Wonnacott, 196, 427

Y
Yates (correção de), 215

Impressão e Acabamento
Bartira
Gráfica
(011) 4393-2911